Friedrich Nietzsche, geboren am 15. Oktober 1844 in Röcken bei Lützen, ist am 25. August 1900 in Weimar gestorben.

Mehr als 2800 Briefe hat Nietzsche geschrieben. Das Korpus dieser Briefe liest sich auch in der Auswahl von 165 Briefen so spannend wie ein Roman. Es ist der Roman einer unverwechselbaren, einer beispiellosen Existenz. Und so verfolgt der Leser den Weg des 20jährigen Friedrich Nietzsche über Jahrzehnte hin bis zum Jahre 1888. Freundschaften, die Erfolge und Anstrengungen der Arbeit, die Lektüre, Fluchten und Reisen, aber auch Krankheitsbilder – wir nehmen seine Alltagsbedürfnisse wahr, seine Vorlieben, seine Irrtümer und Idiosynkrasien.

Diese Briefauswahl erschien erstmals 1922 im Insel Verlag.

insel taschenbuch 1546
Friedrich Nietzsche
Briefe

FRIEDRICH NIETZSCHE BRIEFE

Ausgewählt von Richard Oehler
Mit einem Essay von
Ralph-Rainer Wuthenow

Insel Verlag

insel taschenbuch 1546
Erste Auflage 1993

Hinweise zu dieser Ausgabe am Schluß des Bandes
Vertrieb durch den Suhrkamp Taschenbuch Verlag
Umschlag nach Entwürfen von Willy Fleckhaus
Satz: Satz-Offizin Hümmer, Waldbüttelbrunn
Druck: Nomos Verlagsgesellschaft, Baden-Baden
Printed in Germany

1 2 3 4 5 6 – 98 97 96 95 94 93

Inhalt

1. An Mutter und Schwester

Pforta, September 1863.
(am Tage nach dem Examen
befreundeter Abiturienten.)

Meine Lieben!

Nicht wahr, ein paar Zeilen von mir kommen Euch jetzt recht erwartet, da ich heute selbst doch nicht kommen konnte. Ob ich zwar gleich selbst nichts erlebt habe; hingegen dachte ich im Fluß voriger Woche einen Bogen voll der buntesten, niedlichsten Erlebnisse zu bekommen; aber die Woche ist vorübergehinkt und hat mir nur einen Zettel gebracht, aus dem ich erfuhr, daß Ihr meiner noch gedächtet und daß meine Wäsche schmutzig sein müsse, was wirklich seltsamerweise auch wahr war.

Also heute einige Zeilen, damit Ihr erfahrt, daß ich noch lebe, Bücher um mich gewälzt habe und bis nächsten Sonnabend nicht daran denken kann, aus dieser Verschanzung herauszukommen. Dabei bin ich heiter, mitunter verstimmt, erlebe bald gute und lustige, bald verdrießliche Dinge, aber das Uhrwerk ist im Gang und schnurrt fort, ob eine Fliege sich auch darauf setzt oder eine Nachtigall dabei singt.

Allerdings der Herbst und seine gereifte Luft hat die Nachtigallen vertrieben, und die Fliegen haben sich dabei eine Erkältung zugezogen. Und ich liebe den Herbst sehr, ob ich ihn gleich mehr durch meine Erinnerung und durch meine Gedichte kenne.

Aber die Luft ist so kristallklar, und man sieht so scharf von Erde nach Himmel, die Welt liegt wie nackt vor den Augen.

Wenn ich minutenlang denken darf, was ich will, da suche ich Worte zu einer Melodie, die ich habe, und eine Melodie zu Worten, die ich habe, und beides zusammen, was ich habe, stimmt nicht, ob es gleich aus einer Seele kam. Aber das ist mein Los!

Nun gehen sie wieder ab, die Schwalben, die nach dem Süden zu die Segel richten, und wir singen wieder sentimental hinterdrein und schwenken die Seidel, und mancher wischt sich die Nase vor Rührung, denn der Postillion bläst: Schier dreißig Jahre bist du alt!

Das nennt man heutzutage einen Lebensabschnitt, und mancher Abiturient stellt sich jetzt das Leben wie einen Kuchen vor, von dem er das kleinere, etwas verbrannte Stück vertilgt hat, und nun geht er mit Energie und würdiger Vorbereitung daran, das größere süßere Schnittchen zu beseitigen.

Und siehe, es bleibt ein schäbiger Rest, den nennt man Lebenserfahrung, und geniert sich, ihn den Hunden vorzuwerfen. Aus Pietät vielleicht. Denn er hat einem viel Zähne gekostet. -

Bis hierher die wahrheits- und dichtungsvolle Einleitung meines Briefes. Jetzt kommt die Hauptsache, bestehend in dem Tatbestand, daß ich Euer oft gedenke, zweitens, daß ich weiße Taschentücher brauche, da ich vor lauter Schnupfen blühe, und drittens, daß ich folgende Noten brauche als Leibesnotdurft.

Schumann, Phantasien, 2 Hefte, »Abends« usw.

Schumann, Kinderszenen, 1. Heft.

Volkmann, Visegrad.

Lisbeth, bitte, besorge mir beides ja recht hübsch von Domrich und schicke es mir ja Dienstag heraus. Es ist für Fräulein Anna Redtel. Ich habs versprochen. Bitte!

Fritz,

der Euch Mittwoch in Almrich zu sehen hofft; es ist Abiturientenabgang. Lebt recht wohl!

2. An die Schwester

Bonn, November 1864.

Meine liebe Lisbeth,

gar gerne möchte ich als Motto meines Briefes darüber schreiben »interessant und geistreich«, ich gehe nämlich von der Ansicht aus, daß ein Brief immer so ist, wie er aufgenommen wird, und vielleicht darf ich in dieser Beziehung die besten Hoffnungen haben.

Das war ein Posaunenstoß zur Einleitung. Jetzt kommt Schilderung der Situation.

Ich schreibe jetzt, morgens, eben des Bettes mich entwunden habend, zur direkten Widerlegung der Ansicht, daß ich Kater hätte. Du wirst diese geschwänzten Tiere nicht kennen. Gestern war großer Kommersabend mit dem feierlichen Landesvater und unendlichen Bowlenströmen; Gäste aus Heidelberg und Göttingen; mehrere Professoren, darunter Schaarschmidt, waren eingeladen und haben sehr nette Reden geredet. Deussen hielt eine famose Fuchsrede; unendliche Telegramms von allen Weltenden und Burschenschaften, von Wien, Königsberg, Berlin usw. Wir waren über 40 Mann zusammen, die Kneipe war prächtig geschmückt. Ich habe eine sehr angenehme Bekanntschaft gemacht, die des Doktors Deiters, der fabelhafter Schumannfreund ist; wir haben uns unsere gegenseitigen Besuche versprochen; nun habe ich doch endlich einen tüchtigen Musikkenner gefunden. Die gestrige Gemütlichkeit war eine herrliche, erhebende. Weißt Du, an solchen Kommersabenden herrscht ein allgemeiner Seelenschwung, da gibt es keine Biergemütlichkeit. Heute mittag ist großer Auszug durch die Hauptstraßen mit Paradeanzügen und fabelhafter Renommage. Dann fahren wir mit Schiff nach Rolandseck, dort ist großes Diner im Hotel Croyen, und was weiter folgt, das steht im subjektiven Belieben. – Vorgestern abend fing der Kommers an, wir tranken bis gegen 2 nachts, sammelten uns gestern um 11 morgens zu einem Frühschoppen, machten dann einen Markttrottoirbummel, aßen zu Mittag und tranken bei Kley gemeinsam Kaffee. Du siehst, die Tätigkeit und die Anstrengung ist groß – und ich habe recht, mit erhobenem Bewußtsein sagen zu können: ich habe keinen Kater.

Dies Schilderung der Situation. Jetzt kommt der literarische Briefkasten.

Viele von den Büchern, die Du beschreibst, sind mir nicht ganz unbekannt, die »Lebensrätsel« habe ich wohl auch einmal gelesen. Ich dächte, mehr noch als die Altejungferstube müßte Dir der junge Professor, der gegen Schluß antritt, gefallen haben. – Im Daheim lies doch »Marie und Maria«. »Hausse und Baisse«, das Du mir vielleicht nicht zu übersetzen brauchst, scheint mir vom philosophischen Katheder herabgeschrieben. »Durch Kreuz zur Krone« und »Gott ist mein Heil«, wie Morgen und Abend gegen das Vorhergehende verschieden, wird von der Kreuzzeitung gelobt. Die »Problematischen Naturen« habe ich auch noch nicht ausgelesen. Wie ich überhaupt in diesem Semester noch keinen Roman gelesen habe ...

Heute morgen setze ich den Brief fort und Du bekommst auf diese Weise eine vollständige Schilderung unseres Kommerses. Wir haben ein wunderschönes Wetter habt, der Auszug mit schöner Husarenmusik machte großes Aufsehen, der Rhein hatte die schönste blaue Farbe, wir hatten Wein mit auf das Dampfschiff genommen. Wie wir nach Rolandseck kamen, wurden Böller zu unserem Empfang gelöst. Wir tafelten nachher bis gegen 6 Uhr, waren ausnehmend vergnügt und sangen viele selbstverfaßte und sinnreiche Lieder. Draußen war es Dämmerung geworden, der Mondschein lag auf dem Rhein und beleuchtete die Gipfel des Siebengebirges, die aus dem bläulichen Nebel hervortraten. Nach Tische saß ich mit Gaßmann, vielleicht dem interessantesten Menschen der Frankonia und Bierzeitungsredakteur und Kneipwart, zusammen; wir blieben bei einem edlen Rheinwein, während die anderen Champagnerbowlen tranken. Die Gegend ist dort wirklich dreier Ausrufezeichen wert, besonders die reizende Insel Nonnenwerth, auf der ein Mädchenpensionat ist; darüber ragt der Drachenfels, diese mächtig steile Felswand. Der Ort macht den Eindruck der tiefsten Ruhe.

Nachher bin ich mit wenigen nach Bonn zurückgefahren, während die andern die Nacht dort geblieben sind und wahrscheinlich heute morgen eine Spritze in das Siebengebirge machen.

Heute morgen bin ich denn sehr froh und munter aufgestanden, denke zuerst an Dich und beendige den Brief, damit er noch zeitig genug eintrifft.

So hast Du denn ein Bild meiner letzten Tage, wunderschöner Tage, die Du Dir mit aller Phantasie ausmalen darfst. Allerdings habe ich bei dieser Überfülle des Stoffs Dir nur einiges Tatsächliche mitgeteilt und keine Gelegenheit gehabt, schöne und feine Bemerkungen zu machen. Lebe nun recht wohl und grüße die liebe Tante Rosalie, sowie alle, die sich meiner gern erinnern. Adieu, liebe Lisbeth.

Dein Fritz.

3. An Mutter und Schwester

Bonn, vor Weihnachten 1864.

Meine liebe Mama und Lisbeth.

Mein Wunsch ist, daß Ihr das kleine Paketchen erst am Weihnachtsabende aufschnürt, damit Ihr doch eine kleine Überraschung habt, vielleicht auch nur eine Enttäuschung. Meine Bitte ist: nehmt fürlieb, ich gebe Euch von dem Besten, was ich vermag, aber das ist nicht viel. Ihr werdet meine Mühe und meinen Fleiß daran erkennen; immer dachte ich dabei an Euch und wünschte den Moment bei Euch zu sein, wo Ihr Euch vielleicht darüber freut.

»Und solche liebliche Gedanken laben
»Die Arbeit selbst; ich bin am müßigsten,
»Wenn ich sie tue«

so heißt es in Shakespeares »Sturm« und so heißt es auch bei mir; müßige Arbeit und arbeitsvolle Muße!

Was sollte ich Euch auch geben, wenn nicht etwas Eigenes, etwas, worin Ihr mich im Bilde wiederseht. Darum habe ich auch noch den Schattenriß meines jetzigen Äußern voranklеben lassen, damit Ihr meine Gabe gern in die Hand nehmt und vielleicht auch oft.

Ihr merkt es schon, daß ich mit einer gewissen Eitelkeit von meinem Werkchen spreche, und es hat doch seinen ganzen Zweck verfehlt, wenn es Euch nicht gefallen sollte. Wenn Ihr nur einen Christbaum mit Lichtern habt! Denn es muß sich hübsch ausnehmen im Lichterglanz. Ich werde an dem Christabende natürlich lebhaft an Euch denken, und Ihr jedenfalls auch an mich. Es ist zwar recht gemütlich in meiner Wohnung, und ich will auch jenen Abend sehr angenehm verleben. Auch wir werden uns auf der Kneipe einen Lichterbaum anzünden, auch wir werden uns gegenseitig kleine Geschenke machen. Aber freilich, das ist nur eine matte Nachahmung einer heimatlichen Gewöhnung, an der eben die Hauptsache, die Familie, der Kreis der Verwandten fehlt.

Bonn ist doch ziemlich leer an Studenten geworden, da alles, was Flügel hatte, natürlich ausgeflogen ist. Deussen ist gestern nach Hause abgezogen, schwer bepackt mit Büchern und einem alten Reisesack. Wilhelm und Gustav werden wohl auch Naumburg aufgesucht haben. Saget ihnen doch, daß sie ihre Rückreise ja über Bonn nehmen möchten, sie möchten mir aber vorher Nachricht davon geben. Gustav könnt Ihr bitten, daß er Euch die Noten einmal vorspielt, was er sehr gern tun wird.

Wißt Ihr noch, wie gemütlich wir zusammen das vorige Weihnachten in Gorenzen verlebt haben! Sagte ich nicht damals, daß wir über ein Jahr wahrscheinlich nicht beisammen sein würden? Das ist nun eingetroffen. Es war schön in Gorenzen: das Haus und das Dorf im Schneefall, die Abendkirchen, die Melodienfülle in meinem Kopf, der Onkel Oskar, das Bisamfell, die Hochzeit und ich im Schlafrock, die Kälte und vieles Lustige und Ernste. Alles zusammen gibt eine angenehme Stimmung. Wenn ich meine »Sylvesternacht« spiele, höre ich diese Stimmung aus den Tönen heraus.

Und so sollt Ihr auch aus meinen jetzigen Kompositionen die Stimmungen dieses Vierteljahres heraushören. Sie sind sehr mannigfaltig, und ich freue mich, daß meine Seele mehr und häufiger musikalischen und lyrischen Schwung hat als früher. Darum stellt mich auch meine Photographie dar, wie ich komponiere, und ich glaube, daß sie deshalb besser geworden; denn ich dachte und empfand doch etwas in den Augenblicken der Aufnahme.

Nun lebt für heute recht wohl, genießt das schöne Fest und denkt meiner immer und besonders am Festabende gern und oft! Die mitgeschickten Briefe befördert Ihr wohl gefälligst! Grüße nach allen Seiten hin, auch an Frau von Busch, an Breslaus, an die Geheimrätin Lepsius, an Pinders und Krugs und die Frau Pastor Harseim, Grohmann und Caro! Adieu!

Euer
Friedrich Wilhelm Nietzsche
im Dezember 1864.

4. An Freiherrn von Gersdorff

Bonn, 25. Mai 1865.

Lieber Freund,

ich muß es Dir im voraus gestehn, daß ich Deinen ersten Brief aus Göttingen mit einer ganz besonderen Sehnsucht erwartet habe; denn ich hatte dabei außer dem freundschaftlichen noch ein psychologisches Interesse. Ich hoffte, daß er den Eindruck widerspiegeln werde, den gerade auf Dein Gemüt das Korpsleben mache, und ich war versichert, daß Du Dich offen darüber aussprechen würdest.

Das hast Du denn auch getan, und ich sage Dir meinen herzlichsten Dank dafür. Wenn Du also jetzt in bezug auf das Korpsleben die Ansicht Deines verehrten Bruders teilst, so kann ich nur die sittliche Kraft bewundern, mit der Du, um im Strome des Lebens schwimmen zu lernen, Dich sogar in ein beinahe schlammiges, trübes Wasser stürzt und darin Deine Übungen machst. Verzeihe die Härte des Bildes, aber ich glaube, es ist treffend.

Indessen kommt noch etwas Wichtiges hinzu. Wer als Studierender seine Zeit und sein Volk kennen lernen will, muß Farbenstudent werden; die Verbindungen und ihre Richtungen stellen meist den Typus der nächsten Generation von Männern möglichst scharf dar. Zudem sind die Fragen über eine Neuorganisation studentischer Verhältnisse brennend genug, um nicht den einzelnen zu veranlassen, die Zustände aus eigner Anschauung kennen zu lernen und zu beurteilen.

Freilich müssen wir uns hüten, daß wir dabei nicht selbst zu sehr beeinflußt werden. Die Gewöhnung ist eine ungeheure Macht. Man hat schon sehr viel verloren, wenn man die sittliche Entrüstung über etwas Schlechtes verliert, das in unserm Kreise täglich geschieht. Das gilt z. B. in betreff des Trinkens und der Trunkenheit, aber auch in der Mißachtung und Verhöhnung andrer Menschen, andrer Meinungen.

Ich gestehe Dir sehr gern, daß ähnliche Erfahrungen, wie Du sie gemacht hast, bis zu einem gewissen Grade sich auch mir aufdrängten, daß mir der Ausdruck der Geselligkeit auf den Kneipabenden oft im hohen Maße mißbehagte, daß ich einzelne Individuen ihres Biermaterialismus wegen kaum ausstehn konnte; ebenfalls daß mit unerhörter Anmaßung über Menschen und Meinungen *en masse* zu meinem größten Ärger abgeurteilt wurde. Trotzdem hielt ich gern in der Verbindung aus, da ich viel dadurch lernte und im allgemeinen auch das geistige Leben darin anerkennen mußte. Allerdings ist ein engerer Umgang mit einem oder zwei Freunden eine Notwendigkeit; hat man diese, so nimmt man die übrigen als eine Art Zukost mit, die einen als Pfeffer und Salz, die andern als Zucker, die andern als nichts.

Nochmals versichere ich, daß alles, was Du mir über Deine Kämpfe und Unruhen geschrieben hast, meine Achtung und Liebe zu Dir nur steigern kann.

Deine Gedanken über Deinen Beruf habe ich mit dem größten Behagen gelesen. Es war mir, als ob wir uns hierdurch noch einen Schritt näher treten müßten. Über das *jus* habe ich keine Ansicht. Von Dir aber weiß und glaube ich, daß Du, um deutsche Sprache und Literatur zu studieren, Neigung und Fähigkeit hast, ja daß Du, was das Wichtigste ist, auch den Willen haben wirst, die bedeutenden und nicht immer interessanten Arbeitsmassen auf diesem Gebiet zu bewältigen. Wir haben im allgemeinen eine gute Vorbereitung in Pforta dazu genossen, wir haben ein ausgezeichnetes Vorbild in Koberstein, den hier unser geistvoller Professor Springer für den bei weitem bedeutendsten Literarhistoriker unsrer Zeit erklärt hat. Du wirst in Leipzig Curtius, wichtig für Sprachvergleichung, finden, sodann Zarncke, dessen Nibelungenausgabe ich kenne und schätze, dann den eitlen Minckwitz, den Ästhetiker Flathe, den Nationalökonomiker Roscher, den Du natürlich hören wirst. Du wirst sodann mit allergrößter Wahrscheinlichkeit dort finden: unsern großen Ritschl, wie Du in den Zeitungen gelesen haben wirst. Damit ist die philosophische Fakultät Leipzigs die bedeutendste Deutschlands. Und nun kommt noch etwas Angenehmes. Sobald Du mir schriebst, daß Du nach Leipzig gehen wolltest, habe ich es auch fest beschlossen. So werden wir uns wiederfinden. Nachdem ich diesen Entschluß gefaßt hatte, hörte ich auch von Ritschls Abgang, und das bestärkte mich darin. Ich will in Leipzig womöglich gleich in das philologische Seminar kommen und muß tüchtig arbeiten. Musik und Theater können wir reichlich genießen. Natürlich bleibe ich Kamel.

Hier in Bonn herrscht immer noch die größte Aufregung, die größte Gehässigkeit wegen des Jahn-Ritschl-Streites. Ich gebe Jahn unbedingt recht. Es tut mir sehr leid, ihn Michaeli verlassen zu müssen. Er ist ungemein liebenswürdig. Meine Danaearbeit ist längst abgegeben, und ich bin außerordentliches Mitglied des Seminars geworden. Denke Dir, daß drei Pförtner jetzt ordentliche Mitglieder geworden sind, während bloß vier Stellen offen waren. Haushalter, Michael, Stedtefeld. Das ist ein besondrer Triumph für die alte Pforta. Zum Schulfest haben die hiesigen sämtlichen Pförtner dem Lehrerkollegium ein Telegramm zugeschickt und eine sehr freundliche Antwort erhalten. Gräfe, Bodenstein und Lauer sind in die Frankonia eingesprungen, das wirst Du wohl schon gehört haben.

Für dies Semester habe ich zunächst eine archäologische Arbeit für das Seminar zu machen. Sodann für den wissenschaftlichen Abend unsrer Burschenschaft eine größere Arbeit über die politischen Dichter Deutschlands, bei der ich viel zu lernen hoffe, aber auch gewaltig viel lesen und Material sammeln muß. Vor allem aber muß ich an einer größeren philologischen Arbeit, über deren Thema ich noch nicht klar bin, arbeiten, um durch sie in das Leipziger Seminar zu kommen.

Als Nebensache treibe ich jetzt Beethovens Leben nach dem Werk von Marx. Vielleicht komponiere ich auch wieder einmal, was ich bis jetzt in diesem Jahre ängstlich vermieden habe. Ebenso wird nicht mehr gedichtet. Pfingsten ist in Köln das rheinische Musikfest, bitte komm herüber von Göttingen. Zur Aufführung kommen vornehmlich Israel in Ägypten von Händel, Faustmusik von Schumann, Jahreszeiten von Haydn und und vieles andre. Ich bin ausübendes Mitglied. Gleich darauf beginnt die internationale Ausstellung in Köln. Alles Nähere findest Du in den Zeitungen.

Zum Schluß freue ich mich sehr, daß Du die »Problematischen Naturen« gelesen hast. Es ist bedauerlich, daß Spielhagen in seinem neusten Roman »Die von Hohenstein« keine Fortschritte zeigt. Es ist ein wüstes Parteigemälde. Seine adelfeindliche Richtung in den »Problematischen Naturen« ist hier zum ausgesprochenen Hasse geworden. – Ich bin außer mir über Feder und Tinte, schon seit vier Seiten hat mich alle Gemütlichkeit verlassen; ich referiere bloß noch auf das Trockenste einige Fakta. –

Einige Kapitel in den »Problematischen Naturen« habe

ich bewundert. Sie haben wirklich Goethische Kraft und Anschaulichkeit. So sind gleich die ersten Kapitel Meisterstücke.

Du hast doch auch die Fortsetzung »Durch Nacht zum Licht« gelesen? Die schwächste Partie ist die Romantik im Hineinspielen der Zigeuner.

Du kennst doch Freytags »Verlorene Handschrift«? –

Ich hoffe Spielhagen diesen Sommer kennen zu lernen.

So, lieber Freund, lebe recht wohl und denke meiner freundlichst. Ich freue mich auf unser Wiedersehn. Ich wünsche Dir Heiterkeit und Frohsinn, vor allem einen Menschen, dem Du Dich näher stellen kannst. Verzeihe mir meine unausstehliche Schrift und meinen Mißmut darüber; Du weißt, wie sehr ich mich darüber ärgere und wie meine Gedanken dabei aufhören.

Dein treuer Freund Fr. Nietzsche.

Bonn, am Tage der Himmelfahrt 1865.

5. An die Schwester

Bonn, 11. Juni 1865.

Liebe Lisbeth,

nach einem so anmutigen, mit mädchenhaften Dichtungen durchflochtenen Brief, wie ich ihn zuletzt von Dir empfing, würde es Unrecht und Undank sein, noch länger auf Antwort warten zu lassen, besonders da ich diesmal über ein reiches Material zu verfügen habe und ich nur mit großem Behagen die genossenen Freuden im Geiste »wiederkäue«.

Zuvor muß ich jedoch eine Stelle Deines Briefes berühren, die mit ebenso pastoraler Färbung als lamaartiger Herzlichkeit geschrieben ist. Mache Dir keine Sorgen, liebe

Lisbeth. Wenn der Wille so gut und entschieden ist, wie Du schreibst, werden die lieben Onkels nicht zuviel Mühe haben. Was Deinen Grundsatz betrifft, daß das Wahre immer auf der Seite des Schwereren ist, so gebe ich Dir dies zum Teil zu. Indessen, es ist schwer zu begreifen, daß 2×2 nicht 4 ist; ist es deshalb wahrer?

Andererseits, ist es wirklich so schwer, das alles, worin man erzogen ist, was allmählich sich tief eingewurzelt hat, was in den Kreisen der Verwandten und vieler guten Menschen als Wahrheit gilt, was außerdem auch wirklich den Menschen tröstet und erhebt, das alles einfach anzunehmen, ist das schwerer, als im Kampf mit Gewöhnung, in der Unsicherheit des selbständigen Gehens, unter häufigen Schwankungen des Gemüts, ja des Gewissens, oft trostlos, aber immer mit dem ewigen Ziel des Wahren, des Schönen, des Guten neue Bahnen zu gehen?

Kommt es denn darauf an, die Anschauung über Gott, Welt und Versöhnung zu bekommen, bei der man sich am bequemsten befindet? Ist nicht vielmehr für den wahren Forscher das Resultat seiner Forschung geradezu etwas Gleichgültiges? Suchen wir denn bei unserem Forschen Ruhe, Friede, Glück? Nein, nur die Wahrheit, und wäre sie höchst abschreckend und häßlich.

Noch eine letzte Frage: Wenn wir von Jugend an geglaubt hätten, daß alles Seelenheil von einem anderen, als Jesus ist, ausfließe, etwa von Muhamed, ist es nicht sicher, daß wir derselben Segnungen teilhaftig geworden wären? Gewiß, der Glaube allein segnet, - nicht das Objektive, was hinter dem Glauben steht. Dies schreibe ich Dir nun, liebe Lisbeth, um dem gewöhnlichsten Beweismittel gläubiger Menschen damit zu begegnen, die sich auf ihre inneren Erfahrungen berufen und daraus die Untrüglichkeit ihres Glaubens herleiten. Jeder wahre Glaube ist auch untrüglich: er leistet das, was die betreffende gläubige Person darin zu finden hofft; er bietet aber nicht den geringsten Anhalt zur Begründung einer objektiven Wahrheit.

Hier scheiden sich nun die Wege der Menschen; willst Du Seelenruhe und Glück erstreben, nun so glaube, willst Du ein Jünger der Wahrheit sein, so forsche.

Dazwischen gibt es eine Menge halber Standpunkte. Es kommt aber auf das Hauptziel an.

Verzeihe mir diese langweilige und nicht gerade gedankenreiche Auseinandersetzung. Du wirst Dir dies alles schon oftmals und immer besser und schöner gesagt haben.

Auf diesem ernsten Grundstock will ich aber nun ein um so lustigeres Gebäude aufführen. Ich kann Dir diesmal von wunderschönen Tagen erzählen.

Am Freitag den 2ten Juni reiste ich nach Köln hinüber zum niederrheinischen Musikfest. An demselben Tage wurde dort die internationale Ausstellung eröffnet. Köln machte in diesen Tagen einen weltstädtischen Eindruck. Ein unendliches Sprachen- und Trachtengewirr – ungeheuer viel Taschendiebe und andere Schwindler – alle Hotels bis in die entlegensten Räume gefüllt – die Stadt auf das anmutigste mit Fahnen geschmückt – das war der äußere Eindruck. Als Sänger bekam ich meine weißrote seidene Schleife auf die Brust und begab mich in die Probe. Du kennst leider den Gürzenichsaal nicht, ich habe Dir aber in den letzten Ferien eine fabelhafte Vorstellung erweckt durch den Vergleich mit dem Naumburger Börsensaal. Unser Chor bestand aus 182 Sopranen, 154 Alten, 113 Tenören und 172 Bässen. Dazu ein Orchester aus Künstlern bestehend von etwa 160 Mann, darunter 52 Violinen, 20 Violen, 21 Celli und 14 Kontrabässe. Sieben der besten Solosänger und Sängerinnen waren herangezogen worden. Das Ganze wurde von Hiller dirigiert. Von den Damen zeichneten sich viele durch Jugend und Schönheit aus. Bei den drei Hauptkonzerten erschienen sie alle in Weiß, mit blauen Achselschleifen und natürlichen oder gemachten Blumen im Haar. Eine jede hielt ein schönes Bukett in der Hand. Wir Herren alle in Frack und weißer Weste. Am ersten Abend saßen wir noch bis tief in die Nacht hinein zusammen, und ich schlief endlich bei einem alten Frankonen auf dem Lehnstuhl und war den Morgen ganz taschenmesserartig zusammengeknickt. Dazu leide ich, beiläufg bemerkt, seit den letzten Ferien an starkem Rheumatismus in dem linken Arm. Die nächste Nacht schlief ich wieder in Bonn. Den Sonntag war das erste große Konzert. »Israel in Ägypten« von Händel. Wir sangen mit unnachahmlicher Begeisterung bei 50 Grad Reaumur. Der Gürzenich war für alle drei Tage ausgekauft. Das Billett für das Einzelkonzert kostete 2 bis 3 Taler. Die Ausführung war nach aller Urteil eine vollkommene. Es kam zu Szenen, die ich nie vergessen werde. Als Staegemann und Julius Stockhausen, »der König aller Bässe«, ihr berühmtes Heldenduett sangen, brach ein unerhörter Sturm des Jubels aus, achtfache Bravos, Tusche der Trompeten, Dakapogeheul, sämtliche 300 Damen schleuderten ihre 300 Buketts den Sängern ins Gesicht, sie waren im eigentlichsten Sinne von einer Blumenwolke umhüllt. Die Szene wiederholte sich, als das Duett *da capo* gesungen war.

Am Abend begannen wir Bonner Herren alle zusammen zu kneipen, wurden aber von dem Kölner Männergesangverein in die Gürzenichrestauration eingeladen und blieben hier unter karnevalistischen Toasten und Liedern, worin der Kölner blüht, unter vierstimmigem Gesange und steigender Begeisterung beisammen. Um 3 Uhr morgens machte ich mich mit zwei Bekannten fort; und wir durchzogen die Stadt, klingelten an den Häusern, fanden nirgends ein Unterkommen, auch die Post nahm uns nicht auf – wir wollten in den Postwagen schlafen –, bis endlich nach anderthalb

Stunden ein Nachtwächter uns das Hotel du Dôme aufschloß. Wir sanken auf die Bänke des Speisesaals hin und waren in 2 Sekunden entschlafen. Draußen graute der Morgen. Nach 1 ½ Stunde kam der Hausknecht und weckte uns, da der Saal gereinigt werden mußte. Wir brachen in humoristisch verzweifelter Stimmung auf, gingen über den Bahnhof nach Deutz herüber, genossen ein Frühstück und begaben uns mit höchst gedämpfter Stimmung in die Probe. Wo ich mit großem Enthusiasmus einschlief (mit obligaten Posaunen und Pauken). Um so aufgeweckter war ich in der Aufführung am Nachmittag von 6–11 Uhr. Kamen darin doch meine liebsten Sachen vor, die Faustmusik von Schumann und die A-Dur-Sinfonie von Beethoven. Am Abend sehnte ich mich sehr nach einer Ruhestätte und irrte etwa in 13 Hotels herum, wo alles voll und übervoll war. Endlich im 14., nachdem auch hier der Wirt mir versicherte, daß alle Zimmer besetzt seien, erklärte ich ihm kaltblütig, daß ich hier bleiben würde, er möchte für ein Bett sorgen. Das geschah denn auch: in einem Restaurationszimmer wurden Feldbetten aufgeschlagen, für eine Nacht mit 20 Gr. zu bezahlen.

Am dritten Tage endlich fand das letzte Konzert statt, worin eine größere Anzahl von kleineren Sachen zur Aufführung kam. Der schönste Moment daraus war die Aufführung der Sinfonie von Hiller mit dem Motto »Es muß doch Frühling werden«: die Musiker waren in seltner Begeisterung, denn wir alle verehrten Hiller höchlichst; nach jedem Teile ungeheurer Jubel und nach dem letzten eine ähnliche Szene, nur noch gesteigert. Sein Thron wurde bedeckt mit Kränzen und Buketten, einer der Künstler setzte ihm den Lorbeerkranz auf, das Orchester stimmte einen dreifachen Tusch an, und der alte Mann bedeckte sein Gesicht und weinte. Was die Damen unendlich rührte.

Noch besonders will ich Dir eine Dame nennen, Frau

Szarvady aus Paris, die Klaviervirtuosin. Denke Dir eine kleine noch junge Persönlichkeit, ganz Feuer, unschön, interessant, schwarze Locken.

Die letzte Nacht habe ich aus gänzlichem Mangel an dem *nervus rerum* wieder bei dem alten Frankonen verbracht, und zwar auf der Erde. Was nicht sehr schön war. Morgens fuhr ich wieder nach Bonn zurück.

Es war eine »rein künstlerische Existenz«, wie eine Dame zu mir sagte.

Man kehrt mit förmlicher Ironie zu seinen Büchern, zu Textkritik und anderem Zeug zurück.

Daß ich nach Leipzig gehe, ist sicher. Der Jahn-Ritschl-Streit wütet fort. Beide Parteien drohen sich mit vernichtenden Publikationen. Deussen wird wahrscheinlich auch nach Leipzig gehn.

Zum Schulfest (21. Mai) sandten wir Bonner Pförtner ein Telegramm an das Lehrerkollegium und bekamen eine sehr freundliche Antwort.

Heute machen wir eine Pförtnerspritze nach Königswinter. – Unsre roten Stürmer mit goldner Litze sehen vorzüglich aus.

Ich werde nächstens an den lieben Rudolf schreiben, der mir einen so liebenswürdigen Brief geschickt hat. Sage der lieben Tante und dem lieben Onkel meine herzlichsten Empfehlungen.

Bonn, am Sonntag nach Pfingsten. Fritz.

6. An Freihherrn von Gersdorff

Naumburg, den 7. April 1866.

Lieber Freund,

gelegentlich kommen Stunden jener ruhigen Betrachtung, wo man in Freude und Trauer gemischt über seinem Leben steht, ähnlich jenen schönen Sommertagen, die sich breit und behaglich über die Hügel hinlagern, wie Emerson sie so vortrefflich beschreibt: dann wird die Natur vollkommen, wie er sagt, und wir: dann sind wir frei vom Banne des immer wachenden Willens, dann sind wir reines, anschauendes, interesseloses Auge. In dieser vor allem anderen zu ersehnenden Stimmung nehme ich die Feder zur Hand, um Dir auf Deinen freundlichen und gedankenreichen Brief zu antworten. Unsre gemeinsamen Besorgnisse sind bis zu einem kleinen Reste zusammengeschmolzen: wir haben wieder gesehen, wie von ein paar Federstrichen, schließlich vielleicht sogar von zufälligen Launen einzelner die Geschicke Unzähliger bestimmt werden, und überlassen es gern den Frommen, für diese zufälligen Launen ihrem Gotte Dank zu wissen. Es mag sein, daß uns diese Reflexion zum Lachen stimmt, wenn wir uns in Leipzig wiedersehen.

Von dem individuellsten Gesichtspunkt aus hatte ich mich bereits mit dem militärischen Gedanken vertraut gemacht. Ich wünschte mich öfter herausgerissen aus meinen gleichförmigen Arbeiten, ich war nach den Gegensätzen der Aufregung, des stürmischen Lebensdranges, der Begeisterung begierig. Denn so sehr ich mich auch angestrengt habe, so ist es mir doch täglich deutlicher geworden, daß man eine solche Arbeit nicht aus den Ärmeln schüttelt. Ich habe die Ferien sehr viel – relativ – gelernt, und mein Theognis findet mich nach den Ferien mindestens um ein Semester fortgeschrittner. Dabei habe ich manche einleuchtende Dinge gefunden, die eine Bereicherung meiner *quaestiones*

Theognideae werden sollen. Eingemauert bin ich in Bücher – durch Corssens ungemeine Gefälligkeit. Ebenso muß ich mich über Volkmann äußern, der mich redlich unterstützt hat, besonders mit der ganzen Suidasliteratur, deren Hauptkenner er ist. Ich habe mich so gut in dies Gebiet hineingelebt, daß ich es auch selbstständig angebaut habe, in dem ich kürzlich den Nachweis fand, warum das *Violarium* der Eudokia nicht auf Suidas, sondern auf die Hauptquelle des Suidas, eine *epitome* des Hesychius Milesius (natürlich verloren) zurückgeht: dies gibt für meinen Theognis ein überraschendes Resultat, das ich Dir später einmal darlegen will. Ich erwarte übrigens täglich einen Brief von *Dr.* Dilthey aus Berlin, einem Schüler Ritschls, der in Theognisfragen mehr wie ein andrer bewandert ist. Ich habe mich ihm ganz geöffnet und ihm weder meine Ergebnisse noch meinen Studentenstand verschwiegen. Ich hoffe, daß ich, in Leipzig angelangt, rüstig an das Niederschreiben gehen kann; ich habe mein Material ziemlich zusammen. Zu leugnen ist es übrigens nicht, daß ich mitunter kaum diese mir selbst aufgelegte Sorge verstehe, die mich von mir selbst abzieht (dazu von Schopenhauer – was oftmals eins ist), mich in ihren Folgen dem Urteile der Leute aussetzt und womöglich gar mich zur Maske einer Gelehrsamkeit zwingt, die ich nicht habe. Man verliert jedenfalls etwas dadurch, daß man gedruckt wird. Manche Aufhaltungen und Verdrießlichkeiten sind nicht ausgeblieben. Die Berliner Bibliothek wollte die Theognisausgaben des 16. und 17. Jahrhunderts nicht herausrücken. Eine Anzahl sehr nötiger Bücher hatte ich mir von der Leipziger Bibliothek ausgebeten durch Roschers Vermittlung. Roscher aber schrieb mir, daß seine Gewissenhaftigkeit nicht zuließe, Bücher, die auf seinen Namen geschrieben wären, aus der Hand zu geben. Welche Gewissenhaftigkeit zu tadeln mir nicht einfällt, nur kam sie mir unbequem genug.

Drei Dinge sind meine Erholungen, aber seltne Erholungen: mein Schopenhauer, Schumannsche Musik, endlich einsame Spaziergänge. Gestern stand ein stattliches Gewitter am Himmel, ich eilte auf einen benachbarten Berg, »Leusch« genannt (vielleich kannst Du mir dies Wort deuten), fand oben eine Hütte, einen Mann, der zwei Zicklein schlachtete, und seinen Jungen. Das Gewitter entlud sich höchst gewaltig mit Sturm und Hagel, ich empfand einen unvergleichlichen Aufschwung, und ich erkannte recht, wie wir erst dann die Natur recht verstehen, wenn wir zu ihr aus unsern Sorgen und Bedrängnissen heraus flüchten müssen. Was war mir der Mensch und sein unruhiges Wollen! Was war mir das ewige »Du sollst«, »Du sollst nicht«! Wie anders der Blitz, der Sturm, der Hagel: freie Mächte, ohne Ethik! Wie glücklich, wie kräftig sind sie, reiner Wille, ohne Trübungen durch den Intellekt!

Dagegen habe ich Beispiele genug erfahren, wie trübe oftmals der Intellekt bei den Menschen ist. Neulich sprach ich einen, der als Missionar in Kürze ausgehen wollte – nach Indien. Ich fragte ihn etwas aus; er hatte kein indisches Buch gelesen, kannte den Oupnekhat nicht dem Namen nach und hatte sich vorgenommen, mit den Brahmanen sich nicht einzulassen, – weil sie philosophisch durchgebildet wären. Heiliger Ganges!

Heute hörte ich eine geistreiche Predigt Wenkels über das Christentum, »Der Glaube, der die Welt überwunden hat«, unerträglich hochmütig gegen alle Völker, die nicht Christen sind, und doch wieder sehr schlau. Alle Augenblicke nämlich substituierte er dem Worte Christentum etwas anderes, was immer einen richtigen Sinn gab, auch für unsre Auffassung. Wenn der Satz »das Christentum hat die Welt überwunden« mit dem Satz »das Gefühl der Sünde, kurz, ein metaphysisches Bedürfnis hat die Welt überwunden« vertauscht wird, so hat das für uns nichts Anstößiges, man muß nur konsequent sein und sagen, »die wahren Inder sind Christen«, und auch »die wahren Christen sind Inder«. Im Grunde aber ist die Vertauschung solcher Worte und Begriffe, die einmal fixiert sind, nicht recht ehrlich; es werden nämlich die Schwachen im Geiste vollends verwirrt. Heißt Christentum »Glaube an ein geschichtliches Ereignis oder an eine geschichtliche Person«, so habe ich mit diesem Christentum nichts zu tun. Heißt es aber kurz Erlösungsbedürftigkeit, so kann ich es höchst schätzen und nehme ihm selbst das nicht übel, daß es die Philosophen zu disziplinieren sucht: als welche zu wenige sind gegen die ungeheure Masse der Erlösungsbedürftigen, zudem aus gleichem Stoffe gemacht. Ja und wären alle, die Philosophie treiben, Anhänger Schopenhauers! Aber nur zu oft steckt hinter der Maske des Philosophen die hohe Majestät des »Willens«, der seine Selbstverherrlichung ins Werk zu setzen sucht. Herrschen die Philosophen, so wäre τὸ πλῆθος verloren; herrscht diese Masse, wie jetzt, so steht es dem Philosophen, *raro in gurgite vasto*, immer noch zu, δίχα ἄλλων wie Äschylus, φρονέειν.

Dabei ist es für uns allerdings höchst lästig, unsre noch jungen und kräftigen Schopenhauergedanken so halb ausgesprochen zurückzuhalten und im ganzen diese unglückliche Differenz zwischen Theorie und Praxis immer auf dem Herzen lasten zu haben. Wofür ich gar keinen Trost weiß, im Gegenteil trostesbedürftig bin. Mir ist es so, als müßten wir den Kern milder beurteilen. Er steckt auch in dieser Kollision.

Damit lebe wohl, lieber Freund, empfiehl mich Deinen Angehörigen, wie die meinen Dich bestens grüßen lassen; und es bleibt dabei, wenn wir uns wiedersehen, so lächeln wir – mit Recht.

Dein Freund Friedrich Nietzsche.

7. Apr. 1866. Naumburg.

7. An Mutter und Schwester

Leipzig, Mai 1866.

Liebe Mama und Lisbeth,

mein erster Brief aus meiner neuen Wohnung. Der Mittwoch war ein mühseliger Tag; ich fand bei Rohn gegen 20 Adressen und begann sogleich herumzulaufen, lange Zeit ohne eine Spur von Erfolg. Dazu war es warm, ja heiß und sehr staubig. Endlich nach der Mittagsstunde fand ich ein Logis, das mir geeignet schien. Es war aber erst Donnerstag abend zu beziehen, weil neue Möbel hineinkommen sollten. Dies nahm ich dann, es liegt »*rue de Lama*« oder deutsch Elisenstraße Nr. 7 parterre, und zeichnet sich mehrfach aus. Allerdings bloß eine Stube, aber eine sehr hohe, kühl und ruhig – soweit ich ermessen kann –, schöner Teppich, großer Spiegel, großes Ölgemälde in Goldrahmen, einen alten Mann darstellend, als welches das Zimmer sehr ziert. Außerdem Sekretär, Waschtisch, Tisch, Ofen, Bett, Bücherbrett und zwei Stühle. Der Besitzer ist ein Maschinenfabrikant, Leute, die sehr elegant wohnen und offenbar wohlhabend sind. Das Haus selbst ist schön und durchaus nicht alt. Ich denke, daß Ihr mich einmal besuchen werdet. Ich zahle monatlich mit Bedienung 4 ½ Taler, was nicht zu viel ist. Morgens trinke ich Milch, 2 Glas mit 2 Brödchen, die vorzüglich ist und gar nicht der Vorstellung entspricht, die ich mir gemacht hatte. Die Wirtsfamilie trinkt nämlich ebenfalls Milch, und so werde ich es wohl gut getroffen haben. Etwas, was mir noch fehlt, ist eine Decke über das Bett. Ich werde recht oft überziehen lassen, denn sonst ist aus dem Zimmer der Bettgeruch gar nicht zu vertreiben.

Der erste Brief, den ich in der Wohnung bekam, war von einem total fremden Menschen, der mich Du anredet und mir anzeigt, daß er in den Ferien gebummelt und geraucht hätte, große Neuigkeiten, als welche ich durchaus nicht zu schätzen verstehe. [--]

Meine Freunde und Bekannte habe ich hier glücklich angetroffen. Wir gehen oft zusammen durch die Meßbuden und waren bei Renz, sowie in einem vortrefflichen Konzert im Hotel de Pologne. Um an die Ausarbeitung meines Büchleins zu gehen, muß erst die Messe vorüber sein, die allzusehr die Ruhe des Denkens stört. Zudem erhole ich mich etwas, besonders durch weitere Spaziergänge. Kaum genießbar sind jetzt die Speisen, die man in den Restaurationen bekommt. Dazu wimmelt alles von abscheulichen geistlosen Affen und anderen Kaufleuten. So daß ich mich herzlich nach Beseitigung dieses Intermezzos sehne. Endlich habe ich mit Gersdorff eine Kneipe gefunden, wo man nicht Schmelzbutter und Judenfratzen zu genießen hat, sondern wo wir regelmäßig die einzigen Gäste sind. Das ist die Postrestauration, die mir schon vom alten Mushacke bestens empfohlen war.

Ich bekomme wieder Massen von der Bibliothek. Der Transport meiner Habseligkeiten war mehr als bequem, 2 Dienstleute, für 15 Gr. zusammen, haben alles eingepackt und sehr gut transportiert, die Bücher in einem großen Bücherkorb. – Deussen ist noch nicht erschienen, dagegen ein anderer, eine Art Vorläufer von ihm, ein gewisser Eyffert, der in mein altes Logis zu Rohn gezogen ist. (Das übrigens neu tapeziert ist und neu gestrichen, so daß daran Hoffnungen anzuknüpfen sind.)

Mushacke hat mir von Berlin geschrieben, gestern habe ich auch den Diltheybrief bekommen, ich will mich bei Ritschl nach der Adresse erkundigen. Jedenfalls ist die Verzögerung ärgerlich, παππάξ! Ich bin aber froh, daß in meinem Briefe keine militärisch kriegerischen, sondern nur philologisch friedliche Auseinandersetzungen standen. Denn ein Kriegsrat ist ein greuliches Tier.

Fünf Wochen sind also vorübergejagt.
Damit lebt heute wohl und denkt meiner freundiglich.

Grüßt alle die Bekanten
Mit einem Gruß von mir
Und sagt den alten Tanten,
Ich käm einmal abhanden
Als preußischer Grenadier.

Einer der kriegsbereit ist.
Fr. W. N.

Sonntag früh. Datum ist mir nicht bekannt.
Leipzig, Elisenstraße Nr. 7 parterre,
(nämlich erhöhtes Parterre).

8. An Mutter und Schwester

Leipzig, zweite Hälfte Juni 1866.

Liebe Mama und Lisbeth,

ich hoffe, daß Ihr Euch eine Zeitung haltet, so daß Ihr mit Eifer verfolgt habt, was die letzten Wochen für entscheidende Ereignisse gebracht haben. Die Gefahr, in der Preußen steckt, ist ungeheuer groß: daß es gar durch einen vollkommenen Sieg imstande wäre, sein Programm durchzusetzen, ist ganz unmöglich. Auf diese revolutionäre Weise den deutschen Einheitsstaat zu gründen, ist ein starkes Stück Bismarcks: Mut und rücksichtslose Konsequenz besitzt er, aber er unterschätzt die moralischen Kräfte im Volke. Immerhin sind aber die letzten Schachzüge vorzüglich: vor allem hat er es verstanden, auf Östreich einen gewaltigen, wenn nicht den größten Teil der Schuld zu wälzen.

Unsre Lage ist sehr einfach. Wenn ein Haus brennt, fragt man nicht zuerst, wer den Brand verschuldet hat, sondern löscht. Preußen steht in Brand. Jetzt gilt es zu retten. Das ist das allgemeine Gefühl.

Mit dem Moment, wo der Krieg begann, traten alle nebensächlichen Rücksichten zurück. Ich bin ein ebenso enragierter Preuße, wie z. B. der Vetter ein Sachse ist. Für alle Sachsen ist es aber eine besonders schwere Zeit. Ihr Land vollkommen in Feindeshand. Ihre Armee ruhig und untätig. Ihr König fern von den Seinen. Einem andern König und einem Kurfürsten hat man einfach das Garaus gemacht. Das ist die neueste Erklärung des Fürstentums »von Gottes Gnaden«. Da begreift man es, wenn der alte Gerlach mit einigen westfälischen Borneos gegen den Bund mit der gekrönten (Victor Eman.) und nicht gekrönten Demokratie schimpft.

Am Ende ist diese preußische Art, die Fürsten loszuwerden, die bequemste von der Welt. Es ist geradzu ein Glück, daß sich Hannover und Kurhessen nicht an Preußen anschlossen: sonst wären wir in Ewigkeit nicht von diesen Herren losgekommen.

Wir leben also in der preußischen Stadt Leipzig. Heute ist der Kriegsstand für ganz Sachsen erklärt worden. Allmählich lebt man wie auf einer Insel, weil die telegraphischen Nachrichten und die Postverbindung und die Eisenbahnen in fortwährender Störung sind. Nach Naumburg natürlich, wie überhaupt nach Preußen, geht alles wie sonst. Aber z. B. einen Brief an Deussen nach Tübingen zu befördern, ist kaum eine Möglichkeit.

Dabei dauern die Vorlesungen ungestört fort. Wie ich neulich von Naumburg zurückkam, fand ich einen Brief von Ritschl vor, worin er mir die Ankunft der römischen Collation anzeigt. Die Pariser kommt Ende dieser Woche.

Trotzdem bin ich mir immer bewußt, daß der Tag sehr

nahe ist, wo ich einberufen werde. Dazu ist es nachgerade unehrenhaft, zu Hause zu sitzen, wo das Vaterland einen Kampf um Leben oder Tod beginnt.

Erkundigt Euch einmal ganz genau auf dem Land[rats]-amte, wann die Einberufung der Einjährig-Freiwilligen stattfindet, und gebt mir in Kürze Nachricht.

Das Erfreulichste, was noch Leipzig bietet, ist die Hedwig Raabe, als welche fortfährt, vor ausverkauften Häusern zu spielen, in einer Zeit, wo das Dresdener Theater z. B. eines Tages 6 Taler einnahm.

Lebt heute recht wohl und laßt mir bald wieder Wäsche und Nachrichten zuteil werden. Ich grüße Euch herzlich

F. W. N.

Fortsetzung.

Da der Brief liegengeblieben ist, so wird es Euch schwerlich wütend stimmen, wenn Ihr noch einen Nachtrag bekommt. Ich bin 3 Tage krank gewesen, aber heute geht es wieder. Die Hitze muß mir geschadet haben. Das ist aber gleichgültig. Wichtig ist aber, daß unsre Soldaten ihren ersten größern Sieg erfochten haben. Vorgestern abend wurde es durch unsern Stadtkommandanten bekanntgemacht, der sogleich eine immense schwarzweiße Flagge an seinem Hotel aufhissen ließ. Die Stimmung der Bevölkerung ist sehr geteilt. Man glaubt den armseligen Wiener Lügen, nach denen alle diese letzten Treffen ebenso viele Verluste für die Preußen sind, man erzählt sich von einer Gefangennahme von 15 000 Mann Preußen. Das glaube der Teufel. In Wien werden ja zur Ermutigung der Massen alle Depeschen gefälscht und umgedreht.

Ich bin beiläufig äußerst ergötzt über den glänzenden Durchfall (παπαπαξ) der Naumburg-Zeitzer Konservativen bei den letzten Wahlen. Wir wünschen keine Egoisten in der Kammer, die, um sich zu fördern, schön tun, nach dem Mund reden, sklavisch wedeln und vor lauter Ergebenheit platzen wie die Bofiste. Und es gab einen großen Gestank.

Euren Brief mit dem Gersdorffs bekam ich und kann Euch der Angst entledigen. Als ob Ihr so viel sicherer wäret als ich in Leipzig. Jetzt bleibe ich hier und möchte in diesen Zeiten wirklich nicht gern in einem etwas schläfrigen, zeitungslosen und kreuzzeitungsdunstaushauchenden Neste stecken.

Ich habe für Gersdorffs ersten Bruder rechte Besorgnisse. Die Ziethenschen Husaren waren die ersten im Feuer und sollen stark gelitten haben. Unser Gersdorff hofft in frühstens 3 Monaten Offizier zu werden, wenn nicht etwa alberne Kadetten ihm vorgezogen werden.

Hiermit gehabt Euch wohl; wenn das Lama Geburtstag feiert, dürfte ich nach Naumburg kommen. Ich bitte aber vorher um einen Brief wegen der Aushebungsgeschichte.

F. W. N.

9. An Freiherrn von Gersdorff

Leipzig, Juli 1866.

Lieber Freund,

Du hast wohl eine schleunigere Beantwortung Deines Briefes und auch mit Recht erwartet. Aber ich war ein paar Tage verreist und komme also erst heute dazu, Dir meinen Dank und meine Freude über Deinen Brief auszusprechen. Wie schnell laufen jetzt die Ereignisse. Was liegt zwischen dem Tage Deines Schreibens und dem heutigen für eine Fülle von Erlebnissen, von großen freudigen Erlebnissen. Ich kann nicht abstreiten, daß ich in den Wochen der böhmischen Aktion mit der lebhaftesten Besorgnis Deiner Brüder gedachte; nun habe ich jetzt von Deinem ältesten Bruder Nachricht. Er ist verwundet, am Kopf, aber nicht schwer. Dagegen ist mir von einem Soldaten, der hier im Lazarett liegt, über seine massive Tapferkeit berichtet worden, daß ich mich auch in Deine Seele hinein sehr gefreut habe. Der Soldat sagte, sie hätten seinem Ungestüm gar nicht nachkommen können; er sei immer vorweg gewesen und sei im Kampfe mit dreien durch einen Säbelhieb verwundet worden. Das wird für Dich eine schwere Zeit der Aufregung gewesen sein. Aber stolz müssen wir sein, eine solche Armee zu haben, ja sogar – *horribile dictu* – eine solche Regierung zu besitzen, die das nationale Programm nicht bloß auf dem Papiere hat, sondern mit der größten Energie, mit ungeheurem Aufwand an Geld und Blut, sogar gegenüber dem französischen großen Versucher *Louis le diable*, aufrechterhält. Im Grunde ist jede Partei, die diese Ziele der Politik gutheißt, eine liberale, und so vermag ich auch in der bedeutenden konservativen Masse des Abgeordnetenhauses nur eine neue Schattierung des Liberalismus zu sehen. Denn ich vermag nicht zu glauben, daß diese Männer sämtlich nur Regierungsmänner sind, Leute, die blindlings jeder regierenden Gewalt sich anschmiegen und etwa 6 Monate vorher in Östreich den Hort der konservativen Interessen erblicken, 6 Monate später aber einem nationalen Krieg gegen dasselbe die Mittel bewilligen. Es schadet aber gar nichts, wenn der Name »konservativ« für unsre Regierungsform beibehalten wird. Für die Einsichtigen ist es ein Name, für die Vorsichtigen ein Versteck, endlich für unsern vortrefflichen König eine Art Tarnkappe, die ihm selbst seine Augen verhüllt und ihn auf seinen freisinnigen und erstaunlich kühnen Pfaden ruhig weitergehen läßt.

Immerhin kommt jetzt erst, wo das Ausland sich auf das bedenklichste einzumischen beginnt, die große Prüfezeit, die Feuerprobe für den Ernst des nationalen Programms. Jetzt muß man erkennen, wieviel unter dieser Firma sich an rein dynastischen Interessen verbirgt. Ein Krieg gegen

Frankreich muß ja eine Gesinnungseinheit in Deutschland hervorrufen; und wenn die Bevölkerungen eins sind, dann mag sich Herr von Beust samt allen mittelstaatlichen Fürsten einbalsamieren lassen. Denn ihre Zeit ist vorbei.

Niemals seit 50 Jahren sind wir der Erfüllung unsrer deutschen Hoffnungen so nahe gewesen. Ich beginne allmählich zu begreifen, daß es doch wohl keinen anderen, milderen Weg gab als den entsetzlichen eines Vernichtungskrieges. Die Zeit ist noch nicht fern, wo die Ansicht von Corssen, »daß nur auf Östreichs Trümmern sich die deutsche Zukunft erbaue«, für entsetzlich rot galt. Nun zertrümmert sich aber so ein altes Gebäude nicht so leicht. Mag es noch so baufällig sein, so wird es doch immer »gute und getreue« Nachbarn geben, welche es stützen; es könnten ja ihre eignen Häuser bei seinem Sturz einen Schaden erleiden. Dies, angewandt auf unsre europäischen Zustände, ist die napoleonische Lehre vom Gleichgewicht, einem Gleichgewicht, wo das Zentrum in Paris liegen soll. An dieses Zentrum appelliert das bedrängte Östreich. Und solange in Paris das Zentrum ist, wird es in Europa im ganzen beim alten bleiben. Es wird also unsern nationalen Bestrebungen nicht erspart bleiben, europäische Zustände umzuwälzen, jedenfalls ihre Umwälzung zu versuchen. Mißlingt es, so haben wir beide hoffentlich die Ehre, von einer französischen Kugel getroffen auf dem Kampfplatz zu fallen.

Nach diesen allgemeinen Betrachtungen, die jetzt übrigens ein jeder anstellt, komme ich auf die Leipziger und schließlich auf meine Zustände. Du hast hoffentlich im »Daheim« die zwei ausgezeichneten Bilder gesehen »Preußische Kriegsknechte mit den Töchtern des Landes verkehrend«, Szenen aus dem Pleißenburghofe, wie sie die Wirklichkeit jeden Abend bietet. Das ist eine Illustration unsrer Leipziger Verhältnisse. Man ist nun einmal hier eines lebhaften Hasses wie einer lebhaften Zuneigung nicht recht fähig. Aber gemütlich ist man unter allen Umständen, und man fügt sich. Ich habe mich bei einem Soldaten Deines Regiments nach Deinem Herrn Schwager erkundigt und mir von Spandau erzählen lassen.

Eine Erholung seltner Art haben wir hier inmitten der aufregendsten Ereignisse gehabt, das ungewöhnlich lange Gastspiel der Hedwig Raabe, die vom Leipziger Publikum als »blonder Engel« förmlich angebetet wird. Ihren Gipfelpunkt erreichte die Freude, als sie mit Devrient zusammen in der »Waisen von Lowood« auftrat. Sie lebt übrigens seit einiger Zeit bei einer ihr befreundeten Familie in Gohlis, und zwar bei niemand anderem als meinem Onkel. Ich ärgere mich gewaltig, daß ich im vorigen Winter diese Familie so vernachlässigt habe. Ich ertrage es jetzt als eine Strafe meiner ungeselligen Gesinnung.

Nun wirst Du auch wissen wollen, was mein Theognis macht. Vor zwei Wochen bekam ich die römische Kollation; vorgestern kam ich nachts von einer Reise zurück und fand einen Brief von Ritschl vor mit der Notiz: »*Theognidea Parisina praesto sunt teque expectant.*« Ich holte sie mir denn am folgenden Mittag ab und erfuhr dabei Wichtiges. Zwei Gelehrte nämlich beabsichtigen eine neue Ausgabe des Theognis, dessen gesamte *codices* sie neu verglichen haben. Also *periculum in mora*. Ritschl empfahl mir also, einstweilen von einer Ausgabe abzustehn und meine Ergebnisse möglichst schnell in Form eines Aufsatzes drucken zu lassen. Er bot mir dazu das Rheinische Museum für Philologie an. Ich bin über diese Wendung sehr glücklich. Denn ich hatte schon den ganzen Plan aufgegeben und wußte doch nicht recht, wie ich mich meiner Verpflichtungen gegen Ritschl entledigen sollte. So ist es vortrefflich. In drei Wochen muß der Aufsatz fertig sein. Dann wird er, wie Ritschl versprochen hat, sehr schnell gedruckt. Dann habe ich die Hand für nächstes Semester frei und brauche nicht in Leipzig zu bleiben. Übrigens ist Ritschl jetzt liebenswürdiger als je und hat mir auch z. B. im Vertrauen mitgeteilt, daß meine Aufstellung der *codices*-Gruppen auch nach den neuesten Untersuchungen sich durchaus bestätige.

Jetzt will ich Dir noch von Deussen einiges mitteilen, der Dir seine Grüße sendet. Woher? Aus Tübingen. Als was? Als *theologus*, und zwar als unwiderruflicher. Ich schrieb ihm einen Brief mit den triftigsten Gründen. Aber es scheint bei ihm Sache des Willens zu sein: da wirken die Gründe nicht mehr. Er schrieb mir z.B., »ich sollte ihm folgende Möglichkeiten widerlegen: es könnte ja doch einen Gott geben, dieser Gott könnte sich doch offenbart haben, diese Offenbarung könnte ja in der Bibel enthalten sein«. Heiliger Brahma! Wenn man seinen Lebenslauf bestimmen soll auf drei solche Möglichkeiten hin! Und die soll ich noch widerlegen!

Nun lebe recht wohl. Niemals habe ich so viel Deiner gedacht wie jetzt – schon weil ich trotz meiner vielen Bekanntschaften etwas vereinsamt bin –, aber ich fürchte, daß ich die nächste Zeit fortwährende Besorgnisse für Dich haben muß. Mich will man nicht zum Soldat haben. Teile mir doch, wenn Du zur Armee abgehst, es ganz kurz mit. Meine Adresse ist, wie immer, Elisenstraße 7.

Ich soll Dir auch noch von Brockhaus viele herzliche Grüße sagen, ebenso vom Vetter.

Zum Schluß unser beiderseitiges Motto:

κάλλιστον τὸ δικαιότατον, λῷστον δ'ὑγιαίνειν,
πρῆγμα δὲ τερπνότατον τοῦ τις ἐρᾷ τὸ τυχεῖν.

Dein Freund F.W.N.
philologischer Lumpensammler.

10. An Mutter und Schwester

Leipzig, 31. Oktober 1866.

Liebe Mama und Lisbeth,

endlich kommt mein Brief, und zwar ziemlich inhaltsarm; wenigstens gibt er Euch Gewißheit über mein Leben, wenn ich gleich hoffe, daß Ihr Euch darüber keine Zweifel gemacht habt. Sonst enthält er nichts, als was meine Arbeiten betrifft, dergleichen Dinge Ihr zwar nebenbei mit in den Kauf nehmt, aber ungern genug.

Unser Kösener Leben, sowie überhaupt dieses letzte in Eurer Nähe zugebrachte Vierteljahr ist mir in seiner naiven Harmlosigkeit eine angenehme Erinnerung, vornehmlich deshalb, weil ich gemächlich arbeiten konnte und nicht zu oft mit den unvermeidlichen Vergnügungen der Städter belästigt wurde; als welche in zu engem oder gar gepumptem Fracke einherzugehen pflegen. Hier in Leipzig bin ich wieder in meine alte Ordnung eingetreten oder vielmehr in eine ordentlichere Ordnung als z. B. in diesem Sommersemester, das durch seine kriegerischen Aufregungen auch den Frieden der Studierstube recht unliebsam unterbrach und verwirrte. Besonders bin ich befriedigt darüber, eher hier eingetroffen zu sein, als die ganze Schar der »Musensöhne« und die alltäglichen Kollegien sich wieder beeinander eingefunden haben. Einige meiner näheren Bekannten, wie Windisch, Roscher, Romundt, sind auch schon hier, und so vermisse ich auch den Umgang mit Freunden nicht.

Dindorf habe ich einen, Ritschl zwei Besuche gemacht und bin von beiden mit sehr viel Freundlichkeit aufgenommen worden. Ich hoffe, daß die Äschylusangelegenheit einen guten Gang nimmt, und zwar so, daß ich mir nichts Übermäßiges aufbürde und nicht zuviel Verantwortung trage, dabei aber anständig honoriert werde. Wenn Du Dich erinnerst, liebe M., was ich nach *Dr.* Simons Vorstellung und nach der allgemeinen Sitte von einem Verleger bei dem ersten Werk fordern kann – nämlich gar nichts –, so wird Dir die Summe von c. 500 Tlr. ziemlich beträchtlich vorkommen; diese will mir Dindorf bei Teubner durch seinen Einfluß auswirken. Also ungefähr ist der Bogen mit 10 Tlr. bezahlt. Dabei ist die Arbeit eine viel leichtere, als ich mir vorgestellt hatte, und, wie gesagt, auch die Verantwortung ist eine geringere. Einige andre kleinere Arbeiten, wo ich aber mehr mit dem Kopfe leisten muß als in der Äschylusarbeit mit der Hand, zeigen sich auch wieder – dank Ritschl – in der Ferne. Durch die Empfehlung des genannten Mannes habe ich auch jetzt Zutritt zu der Ratsbibliothek Leipzigs und zu ihren zahlreichen handschriftlichen Schätzen. Dort bin ich oft in den Nachmittagsstunden und vergleiche eben einen Kodex des 11. Jahrhunderts.

Auch die Universitätsbibliothek muß mir täglich Bücher ausspeien, und doch fehlt mir immer so viel. Dindorf verlangt, daß ich eine leidliche Bibliothek besitze, d. h. er hält es ebenso für notwendig wie ich selbst. Von Simon habe ich nun Nachricht aus Berlin, werde aber doch nicht auf seine Propositionen eingehen. Nämlich: außer den besorgten 60 Tlr. jährlich sind immer noch die Zinsen der übrigbleibenden Summe nachzuzahlen, so daß ich zwar 500 Tlr. Bücher sogleich bekomme, diese aber in 12 Jahren mit 720 Tlr. c. bezahle: was mir doch zu unpraktisch vorkommt, wie ihm übrigens selbst. Dagegen wirst Du, sowie der Vormund nichts dagegen haben, wenn ich mir in Hinblick auf die zu erwartenden 500 Tlr. etwa für 60 Tlr. die nötigsten Bücher zulege. Worüber ich nächstens an ihn schreiben werde.

Aus Pforte habe ich noch keine Nachricht: Du wirst mir einen Gefallen tun und einmal an Schenk schreiben: »er möge zu dem Hausverwalter gehen, ihm sagen, daß mir kein Schreiben aus Pforte zugekommen wäre, daß ich zu wissen wünschte, was ich ihm zu schicken hätte, wenn ich das betreffende Stipendium bekommen sollte«.

Zuletzt bitte ich Euch, in betreff meiner Angelegenheiten gegen jedermann stumm zu sein; auch gegen solche, die zum Teil etwas davon wissen. Ich studiere in Leipzig, und es geht mir leidlich: dies beides ist kein Geheimnis, und Ihr dürft es sagen. Ebenso daß der grünweiße Patriotismus in Sachsen blüht, daß grünweiße und schwarzrotgoldne Fahnen an den Häusern flattern und neulich die ersten sächsischen Truppenzüge von vielen Tausenden auf dem Bahnhofe empfangen wurden [--].

Euer

Friedrich Nietzsche, als Sohn und Bruder.

31. Oktober 1866.

11. An Freiherrn von Gersdorff

Leipzig, Ende Januar 1867.

Mein lieber Freund,

es war ebenfalls in den ersten Tagen des Januar, wo auch ich in Naumburg an einem Sterbebette stand, an dem einer nahen Verwandten, die nächst Mutter und Schwester die nächsten Anrechte auf meine Liebe und Verehrung hatte, die treulich an meinem Lebenswege Anteil genommen hatte und mit der ein ganzes Stück meiner Vergangenheit und vornehmlich meiner Kindheit von uns gewichen ist. Und doch, als ich Deinen Brief empfing, mein lieber, armer, schwergetroffner Freund, ergriff mich ein viel heftigerer Schmerz: war doch auch der Unterschied der beiden Sterbefälle so groß. Dort war ein Leben vollbracht, mit guten Handlungen ausgenützt, mit schwachem Körper bis zum Alter getragen: wir hatten alle die Empfindung, daß die Kräfte des Körpers und Geistes verzehrt waren und daß der Tod nur für unsre Liebe zu früh komme. Aber was schied mit Deinem auch von mir stets bewunderten und verehrten Bruder.

Es schied von uns eine jener seltenen, edlen Römernaturen, auf die Rom in seiner besten Zeit stolz gewesen wäre, auf die Du als Bruder noch viel mehr Anrecht hast stolz zu sein. Denn wie selten bringt unsre erbärmliche Zeit solche Heldengestalten hervor. Aber Du weißt ja, wie die Alten darüber denken: »Der Götter Lieblinge sterben früh.«

Was hätte eine solche Kraft noch tun können. Wie hätte sie als Vorbild eines selbsteignen, rühmlichen Strebens, als Beispiel eines entschiedenen, in sich klaren, um Welt und Weltmeinung unbekümmerten Charakters Tausenden in des Lebens Wirren Stärkung und Trost sein können. Wohl weiß ich, daß dieser *vir bonus* im schönsten Sinne Dir noch mehr war, daß er Dein anzustrebendes Ideal, wie Du mir oft früher sagtest, Dein sicherer Leitstern für die wechselvollen und durchaus nicht bequemen Bahnen des Lebens war. Vielleicht war dieser Tod der größte Schmerz, der Dich überhaupt treffen konnte.

Nun, lieber Freund, Du hast jetzt – das merke ich an dem Tone Deines Briefes – jetzt selbst an Dir erfahren, warum unser Schopenhauer das Leiden und die Trübsale als ein herrliches Geschick, als den δεύτερος πλοῦς zur Verneinung des Willens preist. Du hast auch die läuternde, innerlich beruhigende und festigende Kraft des Schmerzes erfahren und empfunden. Es ist eine Zeit, in der Du selbst erproben kannst, was wahr ist an der Lehre Schopenhauers. Wenn das vierte Buch seines Hauptwerkes jetzt auf Dich einen häßlichen, trüben, lästigen Eindruck macht, wenn es nicht die Kraft hat, Dich zu erheben und Dich aus dem äußeren heftigen Schmerze hindurchzuführen zu jener wehmütigen, aber glücklichen Stimmung, die uns auch beim Anhören edler Musik ergreift, zu jener Stimmung, in der man die irdischen Hüllen von sich abfallen sieht: dann mag auch ich nichts mehr mit dieser Philosophie zu tun haben. Der Schmerzerfüllte kann und darf allein über solche Dinge ein entscheidendes Wort sagen: wir anderen, mitten im Strome der Dinge und des Lebens stehend, jene Verneinung des Willens nur ersehnend als ein glückseliges Eiland, wir können es nicht beurteilen, ob der Trost solcher Philosophie auch für die Zeiten tiefer Trauer ausreicht.

Es wird mir schwer, auf etwas anderes überzugehen: denn ich weiß nicht, ob Dich nicht Erzählungen über mein Geschick und Ergehen in dieser Stimmung verdrießen. Doch wird Dir lieb sein zu hören, daß Einsiedel und ich infolge gemeinsamen Schmerzes jetzt öfter zusammengekommen sind und auf Mittel und Wege sinnen, wie wir Dir eine kleine Freude und Erholung verschaffen können. Überhaupt hast Du an Einsiedel einen sehr teilnehmenden und mitfühlenden Freund; soeben habe ich ihm Deinen schönen, ausführlichen und mit herzlichster Liebe geschriebenen Brief vorgelesen. Wir wünschen beide nichts sehnlicher, als Dich einmal sehen und sprechen zu können.

Mir geht es wohl. Die Arbeit ist groß, aber fruchtbringend, darum erfreuend. Ich schätze ein stetiges und konzentriertes Arbeiten von Tag zu Tage mehr. Augenblicklich versuche ich meine Kräfte an einer Preisaufgabe der hiesigen Universität *»de fontibus Diogenis Laertii«*; ich habe dabei die wohltuende Empfindung, nicht erst durch Anlockung von Ehre und Geld auf dies Thema gekommen zu sein, sondern es mir selbst gestellt zu haben. Das wußte Ritschl und war so gefällig, nachher dies Thema als Preisaufgabe vorzuschlagen. Ich habe einige Mitstreiter, wenn ich recht berichtet bin: doch habe ich in diesem Falle nicht geringes

Selbstvertrauen, da ich bis jetzt lauter sehr schöne Resultate gefunden habe. Schließlich kommt es allein auf Förderung der Wissenschaft an: sollte ein anderer noch mehr gefunden haben, so soll mich dies nicht sehr kränken.

Von Deussen habe ich im neuen Jahre Nachricht: er ist wieder Philolog, bravo: und empfindet, wie er selbst schreibt, wieder festen Boden unter sich. Er studiert in Bonn und scheint allmählich in das Fahrwasser zu kommen. Er schickte mir seine Übersetzung eines französischen Buches: »Theodor Parkers Biographie« mit, mit der er sich Geld verdient hat.

Zum Schluß, lieber Freund, bitte ich Dich um eins: belästige Dich nicht mit Briefschreiben. In kurzer Zeit bekommst Du von mir wieder Nachricht in einem recht ausführlichen Briefe, den heute zu schreiben mit nicht möglich ist. Dasselbe läßt Dir auch Einsiedel sagen.

Ich schließe mit einem warmen Lebewohl und einem Spruch des Aristoteles:

τί γάρ ἐστιν ἄνθρωπος; ἀσθενείας ὑπόδειγμα,
καιροῦ λάφυρον, τύχης παίγνιον, μεταπτώσεως
εἰκών, φθόνου καὶ συμφορᾶς πλάστιγξ.

Dein treuer, gleichfalls tief getroffner Freund
Friedrich Nietzsche.

Leipzig, Mittwoch.

12. An Freiherrn von Gersdorff

Naumburg, 6. April 1867.

Mein lieber Freund,

mein langes Stillschweigen hat Gott weiß worin seine Ursache. Denn nie bin ich dankbarer und freudiger gestimmt, als wenn Deine Briefe ankommen und mir von Deinen Erlebnissen und Stimmungen treue Kunde geben.

Sehr oft kommt die Gelegenheit, von Dir zu sprechen; als welche ich nie vorübergehen lasse. Noch häufiger läuft mein Gedanke zu Dir, wenn ich gerade mitten drin in Büchern stecke und an alle möglichen gelehrten Dinge denken sollte, die Dir mit Recht etwas abschmeckend sind. Und trotzdem schreibe ich nicht. Mitunter wundere ich mich selbst darüber. Jetzt eben fällt mir ein, was der Grund sein wird. Die Hand, die den ganzen Tag schreibt, das Auge, das von früh bis Abend weißes Papier schwarz werden sieht, verlangt nach Abwechslung oder Ruhe. Heute aber am ganzen Nachmittag mußten Suidas und Laertius warten, weil ich Besuch hatte: darum werden sie auch heute abend warten müssen. Warum geben sie ihr Regiment aus den Händen? Mögen sie nun den Nachteil haben, ich habe wenigstens einen Vorteil dabei, ich kann mich mit meinem lieben Freunde brieflich unterhalten und brauche nicht die beiden alten Knaben zu beaufsichtigen, deren Torheiten mich für gewöhnlich beschäftigen.

In diesen Ferien nämlich will ich meine Arbeit über die Quellen des Laertius zu Papier bringen und stehe jetzt noch ziemlich in den Anfängen. Ich will zu deiner Belustigung gestehen, was mir die meiste Mühe und Sorge macht: mein deutscher Stil (vom lateinischen nicht zu reden: habe ich mich mit der Muttersprache auseinandergesetzt, so sollen auch fremde Sprachen daran kommen). Mir fallen die Schuppen von den Augen: ich lebte allzulange in einer stilistischen Unschuld. Der kategorische Imperativ »Du sollst und mußt schreiben« hat mich aufgeweckt. Ich suchte nämlich, was ich nie gesucht hatte außer auf dem Gymnasium: gut zu schreiben, und plötzlich erlahmte die Feder in der Hand. Ich konnte es nicht und ärgerte mich. Dazu dröhnten mir die Ohren von Lessingschen, Lichtenbergschen, Schopenhauerschen Stilvorschriften. Ein Trost war mir immer, daß diese drei Autoritäten einstimmig behaupten, es sei schwer, gut zu schreiben, von Natur habe kein Mensch einen guten Stil, man müsse arbeiten und hartes Holz bohren, ihn zu erwerben. Ich möchte wahrhaftig nicht wieder so hölzern und trocken, nach der logischen Schnürbrust schreiben, wie ich es z. B. in meinem Theognisaufsatz getan habe: an dessen Wiege keine Grazien gesessen haben (vielmehr brummte es aus der Ferne wie von Königgrätz her). Es wäre sehr unglücklich, nicht besser schreiben zu können und es doch warum zu wünschen. Vor allem müssen wieder einige muntere Geister in meinem Stil entfesselt werden, ich muß darauf wie auf einer Klaviatur spielen lernen, aber nicht nur eingelernte Stücke, sondern freie Phantasien, so frei wie möglich, aber doch immer logisch und schön.

Zweitens beunruhigt mich ein andrer Wunsch. Einer meiner ältesten Freunde, Wilhelm Pinder aus Naumburg, steht jetzt dicht vor seinem ersten juristischen Examen; die wohlbekannten Ängste in solchen Zeitläuften kennen wir auch. Aber was mir gefällt, ja mich zur Nachahmung anstachelt, liegt nicht im Examen, sondern in der Vorbereitung dazu. Wie nützlich, ja wie erhebend muß es sein, etwa in einem Semester alle Disziplinen seiner Wissenschaft an sich vorübermarschieren zu lassen und somit wirklich einmal eine Gesamtanschauung über dieselbe zu bekommen. Ist es nicht ebenso, als ob ein Offizier, stets nur gewöhnt, seine Kompagnie einzuexerzieren, plötzlich in einer Schlacht zum Begriffe dessen kommt, was seine kleinen Bemühungen für große Früchte zeitigen können. Denn wir wollen es nicht leugnen, jene erhebende Gesamtanschauung des Altertums fehlt den meisten Philologen, weil sie sich zu nahe vor das Bild stellen und einen Ölfleck untersuchen, anstatt die großen und kühnen Züge des ganzen Gemäldes zu bewundern und – was mehr ist – zu genießen. Wann, frage ich, haben wir doch einmal jenen reinen Genuß unsrer Altertumsstudien, von dem wir leider oft genug reden.

Drittens ist überhaupt unsre ganze Art zu arbeiten entsetzlich. Die 100 Bücher vor mir auf dem Tische sind ebenso viele Zangen, die den Nerv des selbständigen Denkens ausglühen. Ich glaube, lieber Freund, Du hast mit kühnem Griff das allerbeste Los gewählt. Nämlich einen wirksamen Kontrast, eine umgedrehte Anschauungsweise, eine entgegengesetzte Stellung zum Leben, zum Menschen, zur Arbeit, zur Pflicht. Ich lobe wahrhaftig damit nicht Deinen jetzigen Beruf als solchen, sondern nur, soweit er Negation Deines vorigen Lebens, Strebens, Denkens war. Unter solchen Kontrasten bleibt Seele und Leib gesund und bringt nicht jene notwendigen Krankheitsformen hervor, die sowohl das Übergewicht gelehrter Tätigkeit als das übermäßige Vorherrschen der körperlichen erzeugen, die der Gelehrte so gut als der Bauerntölpel hat. Nur daß bei diesem diese Krankheiten anders sich zeigen als bei jenem. Die Griechen waren keine Gelehrten, sie waren aber auch nicht geistlose Turner. Müssen wir denn so notwendig eine Wahl zwischen der einen oder andern Seite treffen, ist vielleicht hier auch durch das »Christentum« ein Riß in die Menschennatur gekommen, den das Volk der Harmonie nicht kannte? Sollte nicht das Bild eines Sophokles jeden »Gelehrten« beschämen, der so elegant zu tanzen und Ball zu schlagen verstand und dabei doch auch einige Geistesfertigkeiten aufzeigte. Doch es geht uns in diesen Dingen, wie es uns im ganzen Leben geht: wir bringen es schon zur Erkennung eines Übelstandes, aber damit ist auch noch kein Finger gerührt, ihn zu beseitigen. Und hier könnte ich wirklich ein viertes Lamento beginnen: als welches ich vor meinem militärischen Freunde zurückhalte. Denn einem Krieger müssen solche Klagen viel mehr zuwider sein als einem Stubenhocker, als ich jetzt bin.

Da fällt mir eine jüngsterlebte Geschichte ein, die zwar eine Illustration der gelehrten Krankheitsformen ist und als solche verschwiegen werden dürfte, die Dich aber amüsieren wird, weil sie nur die Übersetzung des Schopenhauerschen Aufsatzes »über die Philosophieprofessoren« in die Wirklichkeit zu sein scheint.

Es gibt eine Stadt, in der ein junger Mann, mit besonderen Denkfähigkeiten ausgerüstet und besonders zu philosophischer Spekulation befähigt, den Plan faßt, sich die Doktorwürde zu erwerben. Zu diesem Zwecke stellt er sein in einigen Jahren mühsam zusammengedachtes System »über die Grundschemen der Vorstellung« zusammen und ist glücklich und stolz, es getan zu haben. Mit solchen Gefühlen überreicht er es der philosophischen Fakultät jenes Ortes, an dem sich zufällig eine Universität befindet. Zwei Philosophieprofessoren haben ihr Gutachten abzugeben und geben es dahin ab, daß der eine äußert, die Arbeit zeige Geist, aber vertrete Anschauungen, die hier gar nicht gelehrt würden, der andre aber erklärt, die Ansichten entsprächen nicht dem gemeinen Menschenverstand und wären paradox. Somit wurde die Arbeit zurückgewiesen und dem Betreffenden der Doktorhut nicht aufgesetzt. Glücklicherweise ist der Betroffene nicht demütig genug, in diesem Urteil die Stimme der Weisheit zu hören, ja ist so übermütig, zu behaupten, daß eine gewisse philosophische Fakultät die philosophische *facultas* vermissen lasse.

Kurzum, lieber Freund, man kann nicht selbständig genug seine Bahnen gehn. Die Wahrheit wohnt selten dort, wo man ihr Tempel gebaut und Priester ordiniert hat. Was wir gut oder dumm machen, das haben wir auszubaden, nicht diejenigen, die uns den guten oder dummen Rat erteilen. Man lasse uns doch wenigstens das Vergnügen, eine Dummheit aus freien Stücken zu begehen. Ein allgemeines Rezept, wie jedem Menschen zu helfen ist, gibt es nicht. Man muß an sich selbst sein Arzt sein, zugleich aber auch an sich die ärztlichen Erfahrungen sammeln. Wir denken wirklich an unser Wohl zu wenig; unser Egoismus ist nicht klug genug, unsre Vernunft nicht egoistisch genug.

Damit, lieber Freund, sei es heute genug. Leider habe ich Dir gar nichts »Solides«, »Reelles« oder wie sonst die Schlagwörter der jungen Kaufleute heißen, zu berichten: aber Du wirst auch nicht danach verlangen. Daß ich mich mit Dir freue, wenn Du einen unsrer Gesinnungsgenossen entdeckst und dazu noch so einen tüchtigen und liebenswerten wie Krüger – das versteht sich. Unsre Freimaurerei mehrt sich und breitet sich aus, obschon ohne Abzeichen, Mysterien und Bekenntnisformeln.

Es ist späte Nacht, und draußen heult der Wind. Du weißt, daß ich in Leipzig auch im nächsten Semester bleiben werde. Meine Wünsche tragen mich, den Philologen, nach Paris in die kaiserliche Bibliothek, wohin ich vielleicht im nächsten Jahre abgehe, wenn bis dahin der Vulkan nicht ausgebrochen ist. Mich, den Menschen, aber tragen meine Gedanken oft genug und so auch heute nacht zu Dir, dem ich hiermit von Herzen »Gute Nacht« sage.

Friedrich Nietzsche
in treuer Freundschaft.

Naumburg, den 6. April: als welchen Ort ich am 30. April verlassen werde. Meine neue Wohnung in Leipzig, Weststraße 59, 2. Etage.

13. An Friedrich Ritschl

Naumburg, 25. Okt. 1867.

Hochverehrter Herr Geheimrat,

durch einen raschen Griff des Schicksals bin ich außerstand gesetzt, Ende dieses Monates in Leipzig zu erscheinen; womit zugleich auch meine Promotion in das weite Feld geschoben wird. Was ich nämlich nie erwartet habe, hat sich im Umlauf weniger Tage entschieden; ich bin trotz meiner Kurzsichtigkeit dem Kriegsgotte verfallen und habe jetzt den ganzen Tag vom Grauen des Morgens an bis in die späte Abendstunde bald in den Pferdeställen, bald in der Reitbahn, bald in der Kaserne, bald am Geschütz stark und anstrengend zu arbeiten. Das ist freilich eine neue, fremde Speise, deren Bissen mir manchmal zwischen den Zähnen hängen bleiben: besonders wenn ich an die Mahlzeiten gedenke, die ich am Tische der Philologie einzunehmen gewohnt war. Wenn ich aber an diese denke, so fühle ich auch, wem ich allezeit den wärmsten Dank und die herzlichste Verehrung schulde, wessen Vorbild mich für immer auf jener Bahn festhält, von der mich gegenwärtig Unteroffiziere und gezogene Geschütze verscheuchen wollen.

Es versteht sich also, daß ich die *index*-Abfassung, sobald die ersten schwersten Wochen überwunden sind, mit Freuden wieder in die Hand nehmen werde; zu welchem Behufe ich das Museumsexemplar gern in Naumburg sehen würde, da ich auf die Dauer das der Domschule angehörige nicht zurückhalten kann noch darf.

So kann ich heute nur mit dem Wunsche schließen, daß Sie sich so wohl, heiter und kräftig fühlen mögen, als ich Sie nach meinem ersten Plane in Leipzig persönlich zu finden hoffte. Jetzt ist es mir leider durch die harte Ungunst des *Mavors*, richtiger durch die ἄχαριν χάριν desselben, auf längere Zeit versagt, das Antlitz des Mannes zu sehen, als dessen Schüler ich mich

ergebenst zeichne

Friedrich Nietzsche

Kanonier.

14. An Erwin Rohde

Naumburg, 3.-6. November 1867.

Mein lieber Freund,

gestern bekam ich einen Brief von unserm Wilhelm Roscher aus Leipzig, mit Nachrichten, welche mit Deiner Erlaubnis den Eingang dieses Briefes bilden sollen. Voran die erfreuliche Kunde, daß es mit Vater Ritschls Gesundheit und Heiterkeit bestens steht; was ich mit Verwunderung höre, da das Benehmen der Berliner ihm sicherlich manche wunde Stelle aufgerissen hat. Sodann scheint der Verein, der sich auch einen feierlichen Stempel zugelegt hat, einer schönen Zukunft entgegenzugehn. Der Lesezirkel zählt 28 Mitglieder bis jetzt: das Café von Zaspel soll nach Roschers Intentionen eine Art Philologenbörse bilden. Auch ist ein Schrank gekauft worden, in dem die Zeitschriften aufbewahrt werden. Freitagszusammenkünfte haben wahrscheinlich noch nicht stattgefunden; wenigstens schreibt Wilhelm nichts davon. Zudem sind verschiedene Mitglieder noch nicht eingetroffen; z. B. Koch, der leider durch eine schwere Krankheit verhindert ist. Ebensowenig der vortreffliche Kohl, der sich seltsamerweise mehrere Wochen bei einem Freunde auf dem Lande aufhalten will und somit die bedenklichen Szenen des Examens etwas hinausgeschoben hat. Schließlich will ich nicht verschweigen, daß Roschers Brief mir die angenehme Nachricht brachte, daß meine Laertiusarbeit am 31. Oktober in der Aula den Sieg im Wettkampf gegen Herrn Οὔτις gewonnen hat; was ich vor allem deshalb erzähle, weil ich dabei Deiner freundschaftlichen Bemühungen eingedenk bin, unter denen das besagte *opusculum* vom Stapel lief. Es kann lange dauern, ehe von diesen Angelegenheiten etwas gedruckt wird: alle früheren Pläne habe ich zurückgezogen und nur den einen festgehalten, in einem größeren Zusammenhange dies Gebiet, vereint mit Freund Volkmann, zu behandeln. Da wir aber beide stark anderweitig beschäftigt sind, so mögen die hübschen Fabeln von der Gelehrsamkeit des Laertius und Suidas sich noch eine Zeitlang ihres Daseins freuen. Der einzige Mensch, der ein wenig schneller über die wahrscheinliche Sachlage unterrichtet werden muß, ist Kurt Wachsmuth: als welcher persönlich und mündlich davon hören will und wird, nachdem ich ihn in Halle bei der Philologenversammlung kennen gelernt habe. Er hat wirklich einen künstlerischen Anstrich, vor allem eine kräftige banditeske Häßlichkeit, die er mit Schwung und Stolz trägt.

Jene Tage in Halle sind für mich einstweilen das lustige Finale, oder sagen wir die *Coda* meiner philologischen Ouvertüre. Solche Lehrerbanden präsentieren sich doch besser, als ich je erwartet hatte. Mag es sein, daß die alten Spinnen in ihren Netzen geblieben waren: kurz, die Kleidung war recht anständig und neumodisch, und die Schnurrbärte sind sehr beliebt. Greis Bernhardy zwar präsidierte so schlecht als möglich, und Bergk langweilte durch einen unverständlichen dreistündigen Vortrag. Das meiste war aber gut gelungen, vor allem das Diner (bei dem man dem alten Steinhart die goldne Uhr stahl: berechne danach, welche Stimmung durchherrschte) und eine abendliche Zusammenkunft im Schützengraben. Hier lernte ich auch den klugblickenden Magister Sauppe aus Göttingen kennen, der mir als Protagonist der Naumburger Philologen von

Interesse ist. Sein Vortrag über einige neue attische Inschriften war das Pikanteste, was wir gehört haben; wenn ich nämlich Tischendorfs Rede über Paläographie ausnehme, der mit vollem Zeuge losfuhr, d. h. mit der Homerjungfrau, den Simonidesfälschungen, den Menander- und Euripidesfragmenten usw.; auch »vermittelte« er wiederum in reichster Fülle und kündigte schließlich sein paläographisches Werk an, mit naiver Preisangabe, nämlich im Werte von ungefähr 5000 Talern. Der Besuch war außerordentlich zahlreich, und Bekannte gab es in reicher Fülle. Beim Diner hatten wir eine Leipziger Ecke gebildet, bestehend aus Windisch, Angermann, Klemm, Fleischer usw. Sehr habe ich mich gefreut, in Klemm einen ganz besonders liebenswürdigen Menschen gefunden zu haben: während ich ihn in Leipzig kaum kennen gelernt habe, ja sogar infolge der verteufelten Bonner Angewohnheit eine Art Abneigung gegen ihn empfand und ihn mit jenen schiefen Blicken zu betrachten pflegte, mit denen Burschenschafter die »Herren Chöre« zu messen lieben. Natürlich erklärte er sich mit vollem Herzen bereit, an den Leipziger *symbolis* teilzunehmen. Doch fand er den Termin zu zeitig abgesteckt: und ich bin nahe daran, sein Urteil zu unterschreiben. Täglich, ja stündlich haben wir in Halle auf die Ankunft von Vater Ritschl gewartet, der sich angekündigt hatte und leider dem schlechten Wetter sich fügen mußte. Wir haben nach seiner Anwesenheit gelechzt, ich insbesondere, der ihm nach allen Seiten hin Dank wissen muß. Seiner Vermittelung habe ich zuzuschreiben, daß ich jetzt im Besitz des vollständigen Rheinischen Museums bin, und zwar ohne bisher etwas dafür getan zu haben, ja in der sicheren Aussicht, eine längere Zeit für jenen *index* nichts tun zu können. Die nächsten paar Wochen nach unsrer Reise habe ich nicht in dieser Fronarbeit verschwendet, sondern auf die lustigste Weise meine *Democritea* zusammengestellt, als welche *in honorem*

Ritscheli bestimmt sind. So ist doch wenigstens der Hauptwurf getan: obschon für eine sorgsame Begründung meiner Tollheiten und eine stämmige Kombinatorik nur zu viel noch zu tun übrig ist, weil zu viel für einen Menschen, der »anderweitig stark beschäftigt ist«.

Nun, wirst Du fragen, wenn er nicht raucht und spielt, wenn er nicht *indicem* fabriziert, noch *Democritea* kombiniert, *Laertium et Suidam* despektiert, was macht er denn?

Er exerziert.

Ja, mein lieber Freund, wenn Dich ein Dämon einmal in einer frühen Morgenstunde, sagen wir zwischen fünf und sechs, nach Naumburg geleiten und gefälligerweise die Absicht haben sollte, Deine Schritte in meine Nähe zu lenken: so erstarre nicht über das Schauspiel, das sich Deinen Sinnen darbietet. Plötzlich atmest Du die Atmosphäre eines Stalles. Im halben Laternenlicht erscheinen Gestalten. Es scharrt, wiehert, bürstet, klopft um Dich herum. Und mitten drin, im Gewande eines Pferdeknechtes, heftig bemüht, mit den Händen Unaussprechliches, Unansehnliches wegzutragen oder den Gaul mit der Striegel zu bearbeiten – mir graut es, wenn ich sein Antlitz sehe – es ist beim Hund meine eigne Gestalt.

Ein paar Stunden später siehst Du zwei Rosse auf der Reitbahn herumstürmen, nicht ohne Reiter, von denen der eine Deinem Freunde sehr ähnlich ist. Er reitet seinen feurigen, schwungvollen Balduin und hofft einmal gut reiten zu lernen, obschon oder vielmehr weil er jetzt immer noch auf der Decke reitet, mit Sporen und Schenkeln, aber ohne Reitgerte. Auch mußte er sich beeilen, alles zu verlernen, was er in der Leipziger Reitbahn gehört hatte und vor allem sich mit großer Anstrengung einen sicheren und reglementmäßigen Sitz aneignen.

Zu andern Tageszeiten steht er, emsig und aufmerksam, am gezognen Geschütz und holt Granaten aus der Protze oder reinigt das Rohr mit dem Wischer oder richtet nach Zoll und Graden usw. Vor allem aber hat er sehr viel zu lernen.

Ich versichere Dich bei dem schon erwähnten Hund, meine Philosophie hat jetzt Gelegenheit, mir praktisch zu nützen. Ich habe in keinem Augenblicke bis jetzt eine Erniedrigung verspürt, aber sehr oft wie über etwas Märchenhaftes gelächelt. Mitunter auch raune ich unter dem Bauch des Pferdes versteckt »Schopenhauer hilf«; und wenn ich erschöpft und mit Schweiß bedeckt nach Hause komme, so beruhigt mich ein Blick auf das Bild an meinem Schreibtisch: oder ich schlage die *Parerga* auf, die mir jetzt, samt Byron, sympathischer als je sind.

Jetzt ist endlich der Punkt erreicht, wo ich das aussprechen kann, womit nach Deiner Erwartung der Brief hätte beginnen sollen. Mein lieber Freund, Du weißt jetzt den Grund, warum mein Brief so ungebührlich lange sich verspätet hat. Ich habe im strengsten Sinne keine Zeit gehabt. Aber auch oftmals keine Stimmung. Man schreibt eben Briefe an Freunde, die man so liebt, wie ich Dich liebe, nicht in jeder beliebigen Stimmung. Ebensowenig schreibt man in einem erhaschten Moment heute eine Zeile und morgen eine, sondern man sehnt sich nach einer vollen und breiten Stunde und Stimmung. Heute blickt der freundlichste Herbsttag zum Fenster herein. Heute habe ich den Nachmittag frei, wenigstens bis ½7 Uhr, als welche Stunde mich zur Abendfütterung und Tränkung in den Stall ruft. Heute feiere ich den Sonntag auf meine Weise, indem ich meines fernen Freundes und unsrer gemeinsamen Vergangenheit in Leipzig und im Böhmerwald und in Nirwana gedenke. Das Schicksal hat mit einem plötzlichen Ruck das Leipziger Blatt meines Lebens abgerissen, und das nächste, das ich jetzt in diesem sibyllinischen Buche sehe, ist mit einem Tintenklecks von oben bis unten bedeckt. Damals ein Leben in freister Selbstbestimmung, im epikureischen Genuß der Wissenschaft und der Künste, im Kreise von Mitstrebenden, in der Nähe eines liebenswerten Lehrers und – was mir das Höchste bleibt, was ich von jenen Leipziger Tagen sagen kann – im steten Umgang mit einem Freunde, der nicht nur Studienkamerad ist oder etwa durch gemeinsame Erlebnisse mit mir verbunden war, sondern dessen Lebensernst wirklich denselben Grad zeigt wie mein eigner Sinn, dessen Wertschätzung der Dinge und der Menschen ungefähr denselben Gesetzen wie die meinige folgt, dessen ganzes Wesen schließlich auf mich eine kräftigende und stählende Wirkung hat. So vermisse ich auch jetzt nichts mehr als eben jenen Umgang; und ich wage selbst zu glauben, daß, wenn wir zusammen verurteilt wären, unter diesem Joche zu ziehen, wir unsre Bürde heiter und würdevoll tragen würden: während ich augenblicklich nur auf den Trost der Erinnerung hingewiesen bin. In der der ersten Zeit war ich fast verwundert, Dich als meinen Schicksalsgefährten nicht zu finden: und mitunter, wenn ich reitend den Kopf umdrehe nach dem andern Freiwilligen, so meine ich Dich auf dem Pferde sitzen zu sehen.

Ich bin in Naumburg ziemlich einsam; ich habe weder einen Philologen noch einen Schopenhauerfreund im Kreise meiner Bekannten; und selbst diese kommen selten mit mir zusammen, weil der Dienst meine Zeit sehr beansprucht. Somit habe ich oft das Bedürfnis, die Vergangenheit wiederzukäuen und die Gegenwart durch Beimischung jener Würze verdaulich zu machen. Als ich heute morgen im Regenmantel durch die schwarze kalte feuchte Nacht ging und der Wind unruhig um die dunkeln Häusermassen blies, sang ich vor mich hin »Ein Biedermann muß lustig, guter Dinge sein« und dachte an unsre närrische Abschiedsfeier, an den hüpfenden Kleinpaul – dessen Existenz augenblicklich in Naumburg und Leipzig unbekannt, aber deshalb nicht fraglich ist –, an Kochs dionysisches Gesicht, an unser Gedenkmal am Ufer jenes Leipziger Stromes, das wir Nirwana tauften und das meinerseits die festlichen Worte, die sich siegreich erwiesen haben, trägt γένοί οἷος ἐσσί.

Wenn ich zum Schluß diese Worte nun auch auf Dich anwende, teurer Freund, so sollen sie das Beste umschließen, was ich für Dich im Herzen trage. Wer weiß, wann das wechselnde Geschick unsre Bahnen wieder zusammenführen wird: möge es recht bald geschehn; wann es aber immer auch geschehe, ich werde mit Freude und Stolz auf eine Zeit zurückblicken, wo ich einen Freund gewann οἷος ἐσσί.

Friedrich Nietzsche,
Kanonier der 2. Batterie der reit. Abteil.
des Feldartilleriereg. Nr. 4.

Naumburg, den 3. November 1867.

NB. Der Brief hat sich wieder einige Tage verzögert, weil ich gern ein Kistchen mit Weintrauben demselben folgen lassen wollte: schließlich erklärt die unselige Post, selbiges nicht annehmen zu wollen, weil die Weintrauben nur als Most ankommen würden.

Ignoscas.

15. An Erwin Rohde

Naumburg, 1.–3. Februar 1868.

Mein lieber Freund,

Sonnabend ist es, und zwar neigt sich der Tag seinem Ende zu. Für einen Soldaten liegt ein Zauber in dem Wort »Sonnabend«, ein Gefühl der Beruhigung und des Friedens, das ich als Student nicht kannte. Ruhig schlafen und träumen zu können, ohne daß das Schreckensbild des andern Morgens die Seele umschwebt, wiederum 7 Tage jener uniformierten Aufregung, die man Militärjahr nennt, überwunden und abgetan zu haben – was gibt das für einfache und starke Vergnügungen, eines Zynikers würdig und fast zu billig und zu bequem von uns erworben! Ich verstehe jetzt jene erste und größte Sonnabendnachmittagstimmung, in der das behagliche Wort erscholl πάντα λίαν καλά, in der der Kaffee und die Pfeife erfunden wurde und der erste Optimist ins Leben trat. Jedenfalls waren die Ebräer, die jene schöne Geschichte erdachten und glaubten, Kriegsleute oder Fabrikarbeiter, aber gewiß keine Studenten; denn diese hätten 6 Feiertage und einen Werkeltag zum Vorschlag gebracht und würden in der Praxis auch jenen einen Tag den übrigen gleichgemacht haben. Wenigstens war dies meine Praxis: und ich fühle augenblicklich den Gegensatz zwischen meinem jetzigen Leben und meiner früheren wissenschaftlichen Müßiggängerei sehr stark. Könnte man nur einmal die Philologen von 10 Jahren zusammenholen und sie zur Dienstleistung in ihrer Wissenschaft so drillen, wie es beim Militär Mode ist: nach 10 Jahren wäre eine Philologie nicht mehr nötig, weil alle Hauptarbeit getan wäre; sie wäre aber auch nicht mehr möglich, weil kein Mensch freiwillig unter diese Fahne treten würde, eine Fahne, bei der der Begriff des »Einjährigen-Freiwilligen« ganz wegfällt.

So ein Sonnabend macht geschwätzig, wie Du merken wirst; da wir die übrige Woche zuviel zu schweigen haben und alle unsre Seelenfähigkeiten nach dem Kommandowort des Vorgesetzten zu regeln pflegen, so quillt an den unbewachten Momenten des Sonnabends das Wort aus der Lippe und die Zeile aus dem Tintenfaß, zumal wenn das Feuer im Ofen knistert und draußen der frühlingschwangere Februarsturm braust. Sonnabend, Sturm und Zimmerwärme, das sind die besten Ingredienzen, aus denen der Punsch der »Briefstimmung« gebraut wird.

Mein lieber Freund, dies mein Leben ist jetzt wirklich sehr einsam und freudelos. Da ist nichts von Anregungen, das ich mir nicht selbst gäbe, nichts von jenem harmonischen Zusammenklang der Seelen, wie es manche gute Stunde in Leipzig mit sich brachte. Vielmehr Entfremdung der Seele von sich selbst, Übergewicht eines herrschenden Einflusses, der den Geist zu straffer Furcht zusammenrafft und ihn die Dinge mit einem Ernste zu betrachten lehrt, dessen sie nicht wert sind. Dies ist die Kehrseite meiner jetzigen Existenz, wie Du sie mir gewiß nachfühlen kannst. Drehen wir aber die Münze um. Dies Leben ist zwar unbequem, aber, als Zwischengericht genossen, unbedingt nützlich. Es ist ein fortwährender Appell an die Energie eines Menschen und mundet besonders als ἀντίδοτον gegen die lähmende Skepsis, über deren Wirkung wir manches miteinander beobachtet haben. Dabei lernt man seine Natur kennen, wie sie sich unter fremden, meist rohen Menschen, ohne Beihilfe der Wissenschaft und ohne jene traditionelle Fama, die unseren Wert für unsre Freunde und für die Gesellschaft bestimmt, zu offenbaren pflegt. Ich habe bis jetzt bemerkt, daß man mir wohlwill, so Hauptmann wie Kanonier; andrerseits tue ich, was mir obliegt, mit Eifer und eignem Interesse. Darf man darauf nicht stolz sein, wenn man als der beste Reiter unter 30 Rekruten gilt? Wahrhaftig, lieber Freund, das ist mehr als eine philologische Prämie: obwohl ich auch gegen derartige Lobsprüche nicht unempfänglich bin, wie sie mir die Leipziger Fakultät zuteil werden ließ. Darf ich Dir, ohne in den Ruf eines eitlen Narren zu kommen, jenes ἐγκώμιον, wie es im Programm S. 22 steht, abschreiben?

Philosophorum denique ordini unus traditus libellus est et ex classe quidem prima: ›De fontibus Laertii Diogenis‹ hac inscrip-

tione γένοι οἷος ἐσσί. Pind. Pyth. II. v. 73 (denkst Du noch an unser Nirwanaplätzchen im Rosental?). *Eius libelli scriptor, quum res, quae ad eam quaestionem pertinerent, et litteras, quae huc facerent, penitus cognovisset earumque momenta acri ingenio examinasset, rem, quam explanandam susceperat, persecutus ita est, ut, quum summo acumine in singulis locis cognoscendis atque iudicandis uteretur summaque sagacitate in vero indagando, inveniendo, e tenebris eruendo versaretur ingenioque in colligendo plurimum valeret atque ea, quae explorate perceperat, dilucide exponeret, vix quidquam reliquerit in ea quaestione, quod aut addi aut demi posse videretur, summamque et ingenii et doctrinae laudem ab ordine amplissimo consecutus sit. e. q. s.*

Nicht wahr, lieber Freund, *tant de bruit pour une omelette*? Aber so sind wir, wir machen uns lustig über solch ein Lob und wissen nur zu gut, was es auf sich resp. hinter sich hat; aber trotzdem verzieht sich das Gesicht zu einem wohlgefälligen Grinsen. Bei solchen Dingen ist unser alter Ritschl ein Kuppler, *his laudibus splendidissimis* sucht er uns im Netz der Dame Philologie festzuhalten. Ich habe erstaunliche Lust, in meinem nächsten *in honorem Ritscheli* geschriebenen Aufsatz (über Demokrits Schriftstellerei) den Philologen eine Anzahl bittrer Wahrheiten zu sagen. Bis jetzt habe ich für denselben die schönste Hoffnung: er hat einen philosophischen Hintergrund bekommen, was mir bis jetzt bei keiner meiner Arbeiten gelungen war. Außerdem bekommen alle meine Arbeiten ohne meine Absicht, aber gerade deshalb zu meinem Vergnügen eine ganz bestimmte Richtung; sie weisen alle wie Telegraphenstangen auf ein Ziel meiner Studien, das ich nächstens auch fest ins Auge fassen werde. Es ist dies eine Geschichte der literarischen Studien im Altertum und in der Neuzeit. Es kommt mir zunächst wenig auf die Details an; jetzt zieht mich das Allgemeinmenschliche an, wie das Bedürfnis einer literarhistorischen Forschung sich bildet und wie es unter den formenden Händen der Philosophen Gestalt bekommt. Daß wir alle aufklärenden Gedanken in der Literaturgeschichte von jenen wenigen großen Genien empfangen haben, die im Munde der Gebildeten leben, und daß alle guten und fördernden Leistungen auf dem besagten Gebiete nichts als praktische Anwendungen jener typischen Ideen waren, daß mithin das Schöpferische in der literarischen Forschung von solchen stammt, die selbst derartige Studien nicht oder wenig trieben, daß dagegen die gerühmten Werke des Gebietes von solchen verfaßt wurden, die des schöpferischen Funkens bar waren – diese stark pessimistischen Anschauungen, in sich einen neuen Kultus des Genius bergend, beschäftigen mich anhaltend und machen mich geneigt, einmal die Geschichte daraufhin zu prüfen. An mir selbst stimmt die Probe; denn mir ist es so, als ob Du bei den niedergeschriebenen Zeilen den Duft von Schopenhauerscher Küche riechen müßtest.

Von diesen Luftschlössern ist der Abfall zur Wirklichkeit recht bitter. Denke, lieber Freund, daß ich, der ich in den angedeuteten Aussichten gelegentlich schwelge, trotzdem nicht imstande bin, das Allernächste zu beendigen. Es ist mir rein unmöglich, den versprochnen Beitrag zum Ritschlbuche zur rechten Zeit zu liefern. So sehr die Materie mir im Kopf und am Herzen liegt, so fern ist doch die Ausarbeitung: da fehlt es an hundert Dingen, an Zeit, Büchern, guten Freunden, Momenten der Sättigung und der Erhebung: und zu jedem dieser Mängel muß ich hinzufügen, daß jeder einzelne schon die Kraft hat, mich an einer Ausarbeitung zu hindern. Glückliche Menschen, sagt Ritschl von den Studenten, ihr habt 14 Stunden des Tages für euch und eure Studien! Elender Mensch, sage ich zu mir, du hast nicht zwei Stunden des Tages; und selbst diese muß du dem Mavors opfern, der dir sonst das Leutnantspatent verweigert. Ach, lieber Freund, was ist so ein reitender und fahrender Artilleriste für ein Unglückstier, wenn er literarische Triebe hat! Unser alter Kriegsgott hatte eben die jungen Weiber, nicht alte verschrumpelte Musen gern. Ein Kanonier, der über demokritische Probleme oft genug in der Kasernenstube nachdenkt, auf einem schmutzigen Schemel kauernd, indem ihm die Stiebeln gewichst werden, ist nun einmal ein παράδοξον, auf das die Götter mit Hohn blikken.

Wenn Ihr also noch bis November dieses Jahres warten wollt, so macht Ihr mir eine große Freude. Wir sammeln im Frühjahr und Sommer die Aufsätze unsrer Freunde, besprechen und beurteilen sie, verhandeln mit dem Buchhändler, lassen lustig drucken – und dann kommt mein Aufsatz, zuletzt und spät zwar, aber doch zur rechten Zeit. Übrigens fand auch Klemm den bisherigen Termin als zu kurz gesteckt. Bitte, teile mir doch Deine Meinung über diesen Punkt mit!

Wenn ich Dir sage, daß ich täglich von morgens 7 Uhr bis abends um 5 im Dienst bin, außerdem noch bei einem Leutnant und einem Tierarzte Vorträge höre, so kannst Du ermessen, wie schlimm ich daran bin. Abends ist der Leib schlaff und müde und sucht zeitig sein Nest. Und so geht es ohne Rast und Ruh aus einem Tag in den andern. Wo bleibt da die für wissenschaftliche Ausarbeitungen nötige Sammlung und Kontemplation!

Ach sogar für Dinge, die mir näher stehen als meine literarischen Bedürfnisse, die χάριτες eines freundschaftlichen Briefwechsels und der Kunst, fällt so selten eine Stunde ab. Laß mich nur erst wieder im Vollgenuß meiner Zeit und Kräfte sein –

si male nunc, non olim sic erit.

Und im nächsten Jahre gehe ich nach Paris. Beinahe bin ich überzeugt, daß Du auf denselben Gedanken kommen wirst. Bekanntlich muß ja ein Biedermann lustig, guter Dinge sein, wenn anders Sankt Offenbach recht hat.

Dir also, Poesie der Zukunft, und dir, Freundschaft der besten Vergangenheit, den letzten Federzug, den letzten Tintenklecks!

Fulsere quondam candidi Tibi soles!

Fr. Nietzsche
in treuer Freundschaft.

Naumburg, 1.–3. Februar 1868.

16. An Frau Sophie Ritschl

Wittekind, Anfang Juli 1868.

Hochverehrte Frau Geheimrätin,

auch wenn ich das entliehene Buch nicht zurückzuschikken hätte, würden Sie doch heute einen Brief von mir bekommen haben. Denn allzusehr hat mich dieser letzte Sonntag verpflichtet, ein Tag von solcher Anmut und Sonne, daß die Erinnerung an ihn das Beste ist, was ich aus Leipzig mit in mein einsames Bad gebracht habe. Wenn Sie aber einmal, ich weiß nicht durch welchen Genius geleitet, mir Ihre auszeichnende Teilnahme geschenkt haben, so müssen Sie auch geduldig die Folgen tragen, deren erste dieser heutige Brief sein mag.

Vorgestern mittag bin ich in dem anmaßlichen Badedorf, das sich Wittekind nennt, eingetroffen; es regnete stark, und die Fahnen, die man zum Brunnenfeste aufgesteckt hatte, hingen schlaff und schmutzig herab. Mein Wirt, ein unzweideutiger Gauner mit blauer undurchsichtiger Brille, kam mir entgegen und führte mich in das vor 6 Tagen gemietete Logis, das bis auf ein völlig verschimmeltes Sofa öde war wie ein Gefängnis. Alsbald wurde mir auch deutlich, daß derselbe Wirt für zwei Häuser voller Gäste, also vielleicht für 20-40 Personen, nur Ein Dienstmädchen im Sold habe. Die nächste Stunde brachte mir schon einen Besuch, aber einen so unangenehmen, daß ich ihn nur durch energische Höflichkeit von mir abschütteln konnte. Kurz, die ganze Atmosphäre, in die ich trat, war frostig, regnerisch und verdrießlich.

Gestern habe ich etwas die Natur und die Menschheit des Ortes rekognosziert. Bei Tisch wurde mir das Glück zuteil, in der Nähe eines taubstummen Herrn und einiger wunderbar geformten Frauengestalten zu sitzen. Die Gegend scheint nicht übel; aber vor Regen und Feuchtigkeit kann man keinen Schritt vorwärtsgehen und sehen. Volkmann hat mich besucht und mir die hiesigen Bäder verordnet, im übrigen eine Operation in nahe Aussicht gestellt. –

Wie danke ich Ihnen, daß Sie mir das Buch Ehlerts mitgaben, ein Buch, das ich am ersten Abend, bei kläglicher Beleuchtung, auf dem Schimmelsofa las und mit Vergnügen und innerer Erwärmung las. Böse Menschen könnten sagen, daß das Buch aufgeregt und schlecht geschrieben sei. Aber das Buch eines Musikers ist eben nicht das Buch eines Augenmenschen; im Grunde ist es Musik, die zufällig nicht mit Noten, sondern mit Worten geschrieben ist. Ein Maler muß die peinlichste Empfindung bei diesem Bildertrödel haben, der ohne jede Methode zusammengeschleppt ist. Aber ich habe leider Neigung für das Pariser Feuilleton, für Heines Reisebilder usw. und esse ein Ragout lieber als einen Rinderbraten. Was hat es mich für Mühe gekostet, ein wissenschaftliches Gesicht zu machen, um nüchterne Gedankenfolgen mit der nötigen Dezenz und *alla breve* niederzuschreiben. Davon weiß Ihr Herr Gemahl auch ein Lied zu singen (nicht nach der Melodie »Ach lieber Franz, noch« usw.), der sich sehr über den völligen Mangel an »Stil« gewundert hat. Schließlich ging es mir wie dem Seemann, der auf dem Lande sich unsicherer fühlt als im bewegten Schiff. Vielleicht finde ich aber einmal einen philologischen Stoff, der sich musikalisch behandeln läßt, und dann werde ich stammeln wie ein Säugling und Bilder häufen wie ein Barbar, der vor einem antiken Venuskopfe einschläft, und trotz der »blühenden Eile« der Darstellung – recht haben.

Und recht hat Ehlert fast allerwärts. Aber vielen Menschen ist die Wahrheit in dieser Harlekinjacke unkenntlich. Uns nicht, die wir kein Blatt dieses Lebens für so ernst halten, in das wir nicht den Scherz als flüchtige Arabeske hineinzeichnen dürften. Und welcher Gott darf sich wundern, wenn wir uns gelegentlich wie Satyrn gebärden und ein Leben parodieren, das immer so ernst und pathetisch blickt und den Kothurn am Fuße trägt?

Daß es mir doch nicht gelingt, meine Neigung zum Mißklang vor Ihnen zu bergen! Nicht wahr, Sie haben davon schon eine erschreckliche Probe? Hier haben Sie die zweite. Die Pferdefüße Wagners und Schopenhauers lassen sich schlecht verstecken. Doch ich werde mich bessern. Und wenn Sie mir wieder einmal etwas zu spielen erlauben sollten, so werde ich meine Erinnerung an den schönen Sonntag in Töne formen, und Sie sollen hören, wie Sie es heute lesen, wie hoch diese Erinnerung gilt einem

schlechten Musikanten usw.

Friedrich Nietzsche.

17. An Paul Deussen

Leipzig, ca. 20. Oktober 1868.

Mein lieber Freund,

Deine Briefe kommen neuerdings immer bei besonders feierlichen Gelegenheiten an: so, als ich vor kurzem in meine neue Leipziger Wohnung einzog, lag Dein Brief auf dem Tisch, den Freund Roscher bereits richtig expediert hatte. Bald darauf habe ich denn auch den ersten Teil meines *Laertianum* an Dich adressiert, damit ich nicht wieder dem Vorwurfe verfalle, undankbar gegen Freunde zu sein und durch anhaltendes Stillschweigen den Eindruck eines Toten zu machen. Nein, ich lebe und, was mehr sagen will, ich lebe gut und wünsche, daß Du Dich einmal persönlich davon überzeugst: besonders um die Einsicht zu gewinnen, daß φιλοσοφεῖν und Kranksein doch nicht identische Begriffe sind; daß es aber allerdings eine gewisse »Gesundheit« gibt, die ewige Feindin tieferer Philosophie, die bekanntlich neuerdings zum Spitznamen für bestimmt Sorten von Grenzbotenhelden und Historikern geworden ist.

Indem ich so an den Schluß Deines Briefes anknüpfe, erledige ich zugleich den dort mir zugemuteten Vorschlag. Lieber Freund, »gut schreiben« (wenn anders ich dies Lob verdiene: *nego ac pernego*) berechtigt doch wahrhaftig nicht, eine Kritik des Schopenhauerschen Systems zu schreiben: im übrigen kannst Du Dir von dem Respekt, den ich vor diesem »Genius ersten Ranges« habe, gar keine Vorstellung machen, wenn Du mir *(i.e.homini pusillullullo!)* die Fähigkeiten zutraust, jenen besagten Riesen über den Haufen zu werfen: denn hoffentlich verstehst Du unter einer Kritik seines Systems nicht nur die Hervorhebung irgendwelcher schadhaften Stellen, mißlungner Beweisführungen, taktischer Ungeschicktheiten: womit allerdings gewisse überverwegne Überwege und in der Philosophie nicht heimische Hayme alles getan zu haben glauben. Man schreibt überhaupt nicht die Kritik einer Weltanschauung: sondern man begreift sie oder begreift sie eben nicht, ein dritter Standpunkt ist mir unergründlich. Jemand, der den Duft einer Rose nicht riecht, wird doch wahrhaftig nicht darüber kritisieren dürfen; und riecht er ihn: *à la bonheur!* dann wird ihm die Lust vergehn, zu kritisieren.

– Wir verstehn uns einfach nicht: erlaube mir über die besagten Dinge zu schweigen: was ich mich erinnere, Dir schon einmal vorgeschlagen zu haben.

Mit Deiner Ablehnung einer Apologie bin ich auch nicht sehr zufrieden, insbesondere nicht damit, daß ich Dir zugemutet habe, die »Philologie« zu verteidigen. Daran liegt mir gar nichts; ich möchte aber wissen, was Du über den gegenwärtigen Stand der Philologie, über die herrschenden Methoden, über die Entwicklung der jetzigen Philologen, über ihre Stellung zu den Schulen usw. denkst, und zwar, im Gegensatz zu meinen etwas derb ausgesprochnen Ansichten. Denn deutlich (oder »martialisch«) zu reden hat in Briefen den besonderen Vorteil, seinen Halbpart aus schwebenden, vermittelnden Standpunkten zu drängen und ihm ein direktes Ja! und Nein! zu erpressen. Natürlich mit Gründen; aber Deine mythologische Auffassung der Philologie als Tochter (sage Tochter! *heu heu!*) der Philosophie, die als solche jeder Kontrolle und Gerichtsbarkeit entzogen sei, enthält doch keinen auch nur leise angedeuteten Grund. Soll ich mythologisch reden, so betrachte ich Philologie als Mißgeburt der Göttin Philosophie, erzeugt mit einem Idioten oder Kretin. Schade, daß Plato nicht schon denselben μῦθος erdacht hat: dem würdest Du eher glauben – und mit Recht. – Allerdings frage ich jede einzelne Wissenschaft nach ihrem Freipaß; und wenn sie nicht nachweisen kann, daß irgendwelche großen Kulturzwecke in ihrem Horizont liegen: so lasse ich sie zwar immer noch passieren, da die Käuze im Reich des Wissens ebenso ihr Recht haben als im Reich des Lebens, lache aber, wenn besagte Kauzwissenschaften sich pathetisch gebärden und den Kothurn am Fuße führen. Insgleichen werden einige Wissenschaften einmal senil: und der Anblick ist betrübend, wenn diese, abgezehrten Leibes, mit vertrockneten Adern, welkem Munde das Blut junger und blühender Naturen aufsuchen und vampirartig aussaugen: ja, es ist die Pflicht eines Pädagogen, die frischen Kräfte fernzuhalten von den Umschlingungen jener greisen Scheusale: die vom Standpunkt des Historikers Ehrerbietung, von dem der Gegenwart Widerwillen, von dem der Zukunft Vernichtung zu erwarten haben.

'Αλλὰ ταῦτα μὲν τροπικῶς. 'Ημεῖς δέ, lieber Freund, sind Jünger der Gegenwart: *soyons de notre siècle!* –

Schließlich einige persönliche Allotrien. Erstens bitte ich Dich, mir einige Worte über das *Laertianum* zu schreiben: weil ich wissen möchte, was derartige Arbeiten in Deinem *ingenium* für eine Wertstellung einnehmen. Zweitens bin ich Dir zu erzählen schuldig, wie, wo und warum ich hier lebe. Vor allem nicht als Student: und es ist bereits über ein Jahr her, daß ich diesen unerträglichen Zustand abgelegt habe. Vielmehr bin ich hier der zukünftige Privatdozent Leipzigs und richte nach dieser Intention mein Leben ein. Die Familie, in der ich meine schöne Behausung aufgeschlagen habe, ist die des Prof. Biedermann, ehemaligen Parlamentlers und jetzigen Redakteurs der »Deutschen Allgemeinen«: durch den es mir möglich ist, eine Anzahl interessanter Bekanntschaften zu machen (als da sind: geistreiche Frauen, hübsche Schauspielerinnen, bedeutende Literaten und Politiker usw.). Eine Anzahl größerer Aufsätze wartet der glücklichen Stunde, über die ich Dir später einmal schreibe. Ritschl, mein verehrter Lehrer, und seine mir sehr nahestehende Gattin erweisen mir manches Angenehme: dazu blühe ich im Kreise strebender Freunde und Genossen und bedauere nur, nicht zur Hand zu haben den vortrefflichen

Paul Deussen.

Adr.: Herrn F. Nietzsche
Leipzig
Lessingstr. 22, 2 Treppen.

18. An Erwin Rohde

Leipzig, 9. November 1868.

Mein lieber Freund,

heute habe ich die Absicht, Dir eine Reihe von heiteren Dingen zu erzählen, lustig in die Zukunft zu blicken und mich so idyllisch-behaglich zu gebärden, daß Dein böser Gast, jenes katzenartige Fieber, einen krummen Buckel macht und sich ärgerlich von dannen trollt. Und damit jeder Mißton vermieden werde, will ich die bekannte *res severa*, die Deinen zweiten Brief veranlaßte, auf einem besonderen Blatt besprechen, das Du dann in besondrer Stimmung und auf besondrem Orte lesen magst.

Die Akte meiner Komödie heißen: 1. Ein Vereinsabend oder der Unterprofessor, 2. der herausgeworfene Schneider, 3. ein Rendezvous mit †. Einige alte Weiber spielen mit.

Am Donnerstag abend verführte mich Romundt zum Theater, für das meine Gefühle sehr erkalten: wir wollten ein Stück von unserm Zukunftsdirektor Heinrich Laube sehn und saßen wie thronende Götter im Olymp zu Gericht über ein Machwerk, genannt »Graf Essex«. Natürlich schimpfte ich auf meinen Verführer, der sich auf die Empfindungen seiner zehnjährigen Kindheit berief, und war glücklich, einen Raum verlassen zu können, in dem sich nicht einmal ΓΛΑΥΚΙΔΙΟΝ vorfand: wie sich bei mikroskopischer Durchsuchung aller Winkel des Theaters erwies.

Zu Hause fand ich zwei Briefe, den Deinigen und eine Einladung von Curtius, den jetzt näher zu kennen mir Vergnügen macht. Wenn sich zwei Freunde unsrer Art Briefe schreiben, da freuen sich bekanntlich die Engelchen; und so freuten sie sich auch, als ich Deinen Brief las, ja sie kicherten sogar.

Am andern Morgen zog ich festlich aus, um mich bei der Curtia für die Einladung zu bedanken, da ich sie leider nicht annehmen konnte. Ich weiß nicht, ob Du diese Dame kennst; mir hat sie sehr gefallen, und es entstand zwischen dem Ehepaar und mir eine unverwüstliche Heiterkeit. In dieser Stimmung ging ich zu meinem Redakteur *en chef* Zarncke, fand herzliche Aufnahme, ordnete mit ihm unsre Verhältnisse – meine Rezensionsprovinz ist jetzt unter anderm fast die gesamte griechische Philosophie, mit Ausnahme von Aristoteles, den Torstrik innehat, und eines andern Teiles, in dem mein ehemaliger Lehrer Heinze (Hofrat und Prinzenerzieher in Oldenburg) tätig ist. Hast du beiläufig meine Anzeige von Roses *Symposiaca Anacreontea* gelesen? Nächstens kommt auch mein Namensvetter dran, der an der Eudokia zum Ritter geworden ist – langweilige Dame, langweiliger Ritter!

Zu Hause angelangt, fand ich Deinen zweiten Brief, entrüstete mich und beschloß ein Attentat.

Am Abend war der erste Vortrag unsres philologischen Vereins für dies Semester angesetzt: und man hat mich sehr höflich ersucht, diesen zu übernehmen. Ich, der ich Gelegenheiten brauche, mich auf akademische Waffen einzupauken, war auch gleich bereit und hatte das Vergnügen, bei meinem Eintritt bei Zaspel eine schwarze Masse von 40 Zuhörern vorzufinden. Romundt war von mir beauftragt, recht persönlich aufzupassen, damit er mir sagen könne, wie die theatralische Seite, also Vortrag, Stimme, Stil, Disposition beschaffen sei und gewirkt habe. Ich habe ganz frei gesprochen, bloß mit Zuhilfenahme eines Deminutivzettels, und zwar über die Varronischen Satiren und den Zyniker Menippus: und siehe, es war alles καλὰ λίαν. Es wird schon gehn mit dieser akademischen Laufbahn!

Hier nun ist zu erwähnen, daß ich beabsichtige, bis Ostern mich hier aller Habilitationsscherereien zu entledigen und zugleich bei dieser Gelegenheit zu promovieren. Dies ist erlaubt: einen speziellen Dispens brauche ich nur, insofern ich noch nicht das übliche *quinquennium* hinter mir habe. Nun ist sich habilitieren und lesen zweierlei: aber recht passend scheint es mir, nachdem ich mir die Hände freigemacht habe, dann hinauszureisen in die Welt, zum letzten Male in nichtamtlicher Stellung! Ach, lieber Freund, es wird die Empfindung eines Bräutigams sein, Freude und Ärger gemischt, Humor, γένος σπουδογέλοιον, Menippus!

Im Bewußtsein eines guten Tagewerkes ging ich zu Bett und überlegte mir die bewußte bei Ritschl aufzuführende Szene: als welche auch am andern Mittag aufgeführt wurde.

Als ich nach Hause kam, fand ich einen Zettel, an mich adressiert, mit der kurzen Notiz: »Willst Du Richard Wagner kennen lernen, so komme um ¾ 3 in das *Café Théâtre*. Windisch.«

Diese Neuigkeit verwirrte mir etwas den Kopf, verzeih mir!, so daß ich die eben gehabte Szene ganz vergaß und in einen ziemlichen Wirbel geriet.

Ich lief natürlich hin, fand unsern Biederfreund, der mir neue Aufschlüsse gab. Wagner war im strengsten Inkognito in Leipzig bei seinen Verwandten: die Presse hatte keinen Wind, und alle Dienstboten Brockhausens waren stumm gemacht wie Gräber in Livree. Nun hatte die Schwester Wagners, die Prof. Brockhaus, jene bewußte gescheute Frau, auch ihre gute Freundin, die Ritschelin, ihrem Bruder vorgeführt: wobei sie den Stolz hatte, vor dem Bruder mit der Freundin und vor der Freundin mit dem Bruder zu renommieren, das glückliche Wesen! Wagner spielt in Gegenwart der Frau Ritschl das Meisterlied, das ja auch Dir bekannt ist: und die gute Frau sagt ihm, daß ihr dies Lied schon wohlbekannt sei, *mea opera*. Freude und Verwunderung Wagners: gibt allerhöchsten Willen kund, mich inkognito kennen zu lernen. Ich sollte für Freitag abend eingeladen werden: Windisch aber setzt auseinander, daß ich verhindert sei durch Amt, Pflicht, Versprechen: also schlägt man Sonnabend nachmittag vor. Windisch und ich liefen also hin, fanden die Familie des Professors, aber Richard nicht, der mit einem ungeheuren Hute auf dem großen Schädel ausgegangen war. Hier lernte ich also besagte vortreffliche Familie kennen und bekam eine liebenswürdige Einladung für Sonntag abend.

Meine Stimmung war wirklich an diesen Tagen etwas romanhaft; gib mir zu, daß die Einleitung dieser Bekanntschaft, bei der großen Unnahbarkeit des Sonderlings, etwas an das Märchen streifte.

In der Meinung, daß eine große Gesellschaft geladen sei, beschloß ich große Toilette zu machen und war froh, daß gerade für den Sonntag mein Schneider mir einen fertigen Ballanzug versprochen hatte. Es war ein schrecklicher Regen- und Schneetag, man schauderte, ins Freie zu gehn, und so war ich denn zufrieden, daß mich nachmittags Roscherchen besuchte, mir etwas von den Eleaten erzählte und von dem Gott in der Philosophie – denn er behandelt als *candidandus* den von Ahrens gegebnen Stoff »Entwicklung des Gottesbegriffs bis Aristoteles«, während Romundt die Preisaufgabe der Universität »über den Willen« zu lösen trachtet. – Es dämmerte, der Schneider kam nicht, und Roscher ging. Ich begleitete ihn, suchte den Schneider persönlich auf und fand seine Sklaven heftig mit meinem Anzuge beschäftigt: man versprach, in ¾ Stunden ihn zu schikken.

Ich ging vergnügter Dinge weg, streifte Kintschy, las den Kladderadatsch und fand mit Behagen die Zeitungsnotiz, daß Wagner in der Schweiz sei, daß man aber in München ein schönes Haus für ihn baue; während ich wußte, daß ich ihn heute abend sehen würde und daß gestern ein Brief vom kleinen König an ihn angekommen sei, mit der Adresse: »An den großen deutschen Tondichter Richard Wagner«.

Zu Hause fand ich zwar keinen Schneider, las in aller Gemächlichkeit noch die Dissertation über die Eudokia und wurde nur von Zeit zu Zeit durch gellendes, aber aus der Ferne kommendes Läuten beunruhigt. Endlich wurde mir zur Gewißheit, daß an dem altväterlichen eisernen Gittertor jemand warte: es war verschlossen, ebenso wie die Haustür. Ich schrie über den Garten weg dem Manne zu, er solle in das Naundörfchen kommen: unmöglich, sich bei dem Geplätscher des Regens verständlich zu machen. Das Haus geriet in Aufregung, endlich wurde aufgeschlossen, und ein altes Männchen mit einem Paket kam zu mir. Es war halb 7 Uhr; es war Zeit, meine Sachen anzuziehen und Toilette zu machen, da ich sehr weit ab wohne. Richtig, der Mann hatte meine Sachen, ich probiere sie an, sie passen. Verdächtige Wendung! Er präsentiert die Rechnung. Ich akzeptiere höflich; er will bezahlt sein, gleich, bei Empfang der Sachen. Ich bin erstaunt, setze ihm auseinander, daß ich gar nichts mit ihm als einem Arbeiter für meinen Schneider zu tun habe, sondern nur mit dem Schneider selbst, dem ich den Auftrag gegeben habe. Der Mann wird dringender, die Zeit wird dringender; ich ergreife die Sachen und beginne sie anzuziehn, der Mann ergreift die Sachen und hindert mich sie anzuziehn: Gewalt meiner Seite, Gewalt seiner Seite! Szene. Ich kämpfe im Hemde: denn ich will die neuen Hosen anziehn.

Endlich Aufwand von Würde, feierliche Drohung, Verwünschung meines Schneiders und seines Helfershelfers, Racheschwur: währenddem entfernt sich das Männchen mit meinen Sachen. Ende des 2. Aktes: ich brüte im Hemde auf dem Sofa und betrachte einen schwarzen Rock, ob er für Richard gut genug ist.

– Draußen gießt der Regen. -

Ein Viertel auf acht: um halb acht, habe ich mit Windisch verabredet, wollen wir uns im Theatercafé treffen. Ich stürme in die finstre, regnerische Nacht hinaus, auch ein schwarzes Männchen, ohne Frack, doch in gesteigerter Romanstimmung: das Glück ist günstig, selbst die Schneiderszene hat etwas Ungeheuerlich-Unalltägliches.

Wir kommen in dem sehr behaglichen Salon Brockhaus an: es ist niemand weiter vorhanden als die engste Familie, Richard und wir beide. Ich werde Richard vorgestellt und rede zu ihm einige Worte der Verehrung: er erkundigt sich sehr genau, wie ich mit seiner Musik vertraut geworden sei, schimpft entsetzlich auf alle Aufführungen seiner Opern, mit Ausnahme der berühmten Münchener, und macht sich über die Kapellmeister lustig, welche ihrem Orchester im gemütliche Tone zurufen: »Meine Herren, jetzt wirds leidenschaftlich!« »Meine Gutsten, noch ein bißchen leidenschaftlicher!« W. imitiert sehr gern den Leipziger Dialekt. –

Nun will ich Dir in Kürze erzählen, was uns dieser Abend bot, wahrlich Genüsse so eigentümlich pikanter Art, daß ich auch heute noch nicht im alten Gleise bin, sondern eben nichts Besseres tun kann, als mit Dir, mein teurer Freund, zu reden und »wundersame Mär« zu künden. Vor und nach Tisch spielte Wagner, und zwar alle wichtigen Stellen der »Meistersinger«, indem er alle Stimmen imitierte und dabei sehr ausgelassen war. Es ist nämlich ein fabelhaft lebhafter und feuriger Mann, der sehr schnell spricht, sehr witzig ist und eine Gesellschaft dieser privatesten Art ganz heiter macht. Inzwischen hatte ich ein längeres Gespräch mit ihm über Schopenhauer: ach, und Du begreifst es, welcher Genuß es für mich war, ihn mit ganz unbeschreiblicher Wärme von ihm reden zu hören, was er ihm verdanke, wie er der einzige Philosoph sei, der das Wesen der Musik erkannt habe! Dann erkundigte er sich, wie sich jetzt die Professoren zu ihm verhalten, lachte sehr über den Philosophenkongreß in Prag und sprach von den »philosophischen Dienstmännern«. Nachher las er ein Stück aus seiner Biographie vor, die er jetzt schreibt, eine überaus ergötzliche Szene aus seinem Leipziger Studienleben, an die ich jetzt noch nicht ohne Gelächter denken kann; er schreibt übrigens außerordentlich gewandt und geistreich. – Am Schluß, als wir beide uns zum Fortgehen anschickten, drückte er mir sehr warm die Hand und lud mich sehr freundlich ein, ihn zu besuchen, um Musik und Philosophie zu treiben, auch übertrug er mir, seine Schwester und seine Anverwandten mit seiner Musik bekannt zu machen: was ich denn feierlich übernommen habe. – Mehr sollst Du hören, wenn ich diesem Abende etwas objektiver und ferner gegenüberstehe. Heute ein herzliches Lebewohl und beste Wünsche für Deine Gesundheit. F. N.

19. An Erwin Rohde

Leipzig, am Bußtage 20. Nov. 1868.

Mein lieber Freund,

jetzt, wo ich wieder das wimmelnde Philologengezücht unserer Tage aus der Nähe sehe, wo ich das ganze Maulwurfstreiben, die vollen Backentaschen und die blinden Augen, die Freude ob des erbeuteten Wurms und die Gleichgültigkeit gegen die wahren, ja aufdringlichen Probleme des Lebens täglich beobachten muß, und nicht nur an der jungen Brut, sondern an den ausgewachsenen Alten: da kommt es mir immer begreiflicher vor, daß wir beide, falls wir nur sonst unserm Genius treu bleiben, nicht ohne mannigfache Anstöße und Quertreibereien unsern Lebensweg gehen werden. Wenn sich Philologe und Mensch nicht völlig decken, so staunt das erwähnte Gezücht erst das Mirakel an, dann ärgert es sich und endlich kratzt, bellt und beißt es: als wovon Du eben ein Beispiel erlebt hast. Denn das ist mir ganz ersichtlich, daß der Dir gespielte Streich durchaus nicht gegen Deine spezielle Leistung gerichtet ist, sondern gegen das Persönliche; und ich lebe der sicheren Hoffnung, bald auch einmal so einen Vorgeschmack von dem zu bekommen, was meiner noch in dieser höllischen Atmosphäre wartet. Aber, lieber Freund, was hat das mit Deinen und meinen Leistungen zu tun, was andere über unsre Persönlichkeiten urteilen? Denken wir an Schopenhauer und Richard Wagner, an die unverwüstliche Energie, mit der sie den Glauben an sich unter dem Hallo der ganzen »gebildeten« Welt aufrechterhielten; und wenn es nicht erlaubt ist, sich auf *deos maximos* zu berufen, so bleibt uns immer noch der Trost, daß den Käuzen das Recht zu existieren nicht versagt werden darf (auch dem Käuzchen nicht: *cf.* beifolgende Photographie) und daß zwei sich verstehende und herzenseinige Käuze ein fröhliches Schauspiel für die Himmlischen sind.

Schließlich ist nichts bedauerlicher, als daß gerade jetzt, wo wir anfangen, unsere Lebensanschauung praktisch zu bewähren und der Reihe nach alle Dinge und Verhältnisse, Menschen, Staaten, Studien, Weltgeschichten, Kirchen, Schulen usw. mit unsern Fühlhörnern betasten – daß gerade jetzt so viele Meilen zwischen uns liegen und daß jeder von uns die halb vergnügliche, halb schmerzliche Empfindung, seine Weltanschauung zu verdauen, für sich allein haben muß: eigentlich wäre nichts erquicklicher, als so, wie wir damals bei Kintschy unsre leiblichen Mahlzeiten gemeinsam verdauten, so jetzt zusammen symbolisch einen Nachmittagskaffee zu trinken und von der Mitte unsres Lebenstages aus rückwärts und vorwärts zu schauen.

Nun, es wird dazu auch in Paris noch nicht zu spät sein: wo die große ἀναγνώρισις unsrer Komödie stattfindet, und zwar auf der schönsten Szene der Welt, zwischen den buntesten Kulissen und einer Unzahl glänzender Statisten.

Ach wie schön ist diese Luftspiegelung! –

Darum bleibe fern, kommune Wirklichkeit, schändlich gemeine Empirie, Soll und Haben, Grenzbotennüchternheit – nein dieser ganze Brief sei nun mit ganzer Seele

als festlich hoher Gruß
dem Freunde dargebracht!

(Er trinkt das Tintefaß aus.)

Chor der Asketen:

Selig der Liebende,
Der die betrübende,
Heilsam' und übende
Prüfung bestanden!

20. An Erwin Rohde

Naumburg und Leipzig, Anfang Januar 1869.

Mein lieber Freund,

bevor ich heute auf alle unsre gemeinsamen Herzensdinge kommen kann, will Bileams Eselein einige Worte verlauten lassen. Selbiges Getier wunderte sich nämlich sehr über jenen nach Hamburg geschickten Druckbogen; jetzt aber ist es durch den Obersten der Drugulinschen Druckerei aufgeklärt und denkt fürderhin wie ein aufgeklärter Setzer. Die erste Korrektur nämlich habe ich besorgt: da es aber Träumerei ist, durch einen einzigen Angriff dem Setzer seine Liebhabereien für verrückte Worte und barbarisches Griechisch zu verleiden, so wurde Dir – dem als Autor natürlich eine ganz andere Autorität zur Seite steht (um mit R. Wagner zu reden) – die zweite Korrektur übertragen und mir nun hinwiederum die dritte: welche auch bereits besorgt ist. Hoffen wir denn also, daß das neu gebackne Geschöpfchen bald munter und guter Dinge umherspringe, Γλαυκίδιον in Backfischrollen vergleichbar. Der Himmel schenke Dir und mir immer so gute Hebammen wie den *Dr.* Engelmann: dem Du vielleicht schon ein paar Zeilen geschrieben hast, zumal er den Wunsch hat, Dich kennen zu lernen. – Und damit verstummt das Eselein, und die Menschen dürfen wieder reden.

Ach, lieber Freund, was für einen schönen Weihnachtsgruß hast Du mir nach Naumburg geschickt. Am ersten Festmorgen war es, und Festglocken läuteten. Die ganze Welt ist an diesem Morgen beschenkt und deshalb ein wenig besser als im ganzen andern Jahr. Ich selbst zog mit geblähter Nase die warme Temperatur der Heimat ein: siehe, da kam der Briefträger und machte meine Freude voll. *NB.* Wer sich als Einsiedler zu fühlen gewöhnt hat, wer mit kalten Blicken durch alle die gesellschaftlichen und kameradschaftlichen Verbindungen hindurchsieht und die winzigen und zwirnfädigen Bändchen merkt, die Menschen an Menschen knüpfen, Bändchen so fest, daß ein Windhäuchchen sie zerbläst: wer dazu die Einsicht hat, daß nicht die Flamme des Genies ihn zum Einsiedler macht, jene Flamme, aus deren Lichtkreis alles flieht, weil es, von ihr beleuchtet, so totentanzmäßig, so narrenhaft, spindeldürr und eitel erscheint: nein, wer einsam ist vermöge einer Naturmarotte, vermöge einer seltsam gebrauten Mischung von Wünschen, Talenten und Willensstrebungen, der weiß, welch »ein unbegreiflich hohes Wunder« ein Freund ist; und wenn er ein Götzendiener ist, so muß er vor allem »dem unbekannten Gotte, der den Freund schuf« einen Altar errichten. Ich habe hier Gelegenheit, mir die Ingredienzen eines glücklichen Familienlebens in der Nähe anzusehn:

hier ist kein Vergleich in der Höhe, mit der Singularität der Freundschaft. Das Gefühl im Hausrock, das Alltäglichste und Trivialste überschimmert von diesem behaglich sich dehnenden Gefühl – das ist Familienglück, das viel zu häufig ist, um viel wert sein zu können. Aber Freundschaften? – es gibt Menschen, die an ihrer Existenz zweifeln. Ja, es ist eine ausgesuchte Gourmandise, die nur wenigen zuteil wird, jenen ermatteten Wanderern, »denen der Lebensweg ein Weg durch die Wüste ist«: sie tröstet ein freundlicher Dämon, wenn sie im Sande liegen, ihnen netzt er die verdorrten Lippen mit dem Götternektar der Freundschaft. Diese wenigen aber singen in den Klüften und Höhlen, wo sie ungestört vom Weltlärm ihren Göttern opfern, schöne Hymnen auf die Freundschaft, und der alte Oberpriester Schopenhauer schwenkt dazu den Weihkessel seiner Philosophie.

An der mit *NB.* bezeichneten Stelle kam eine Nachricht, die mich in die Stadt rief, sobald der Bogen vollgeschrieben war: jetzt zurückgekommen, zittre ich an allen Gliedern und kann mich nicht einmal dadurch befreien, daß ich Dir mein Herz ausschütte. *Absit diabolus! Adsit amicissimus Erwinus!*

21. An Erwin Rohde

Leipzig, 22. und 28. Februar 1869.

Mein lieber Freund,

heute am Geburtstage Schopenhauers habe ich niemanden, mit dem ich so vertraut reden könnte als mit Dir. Ich lebe nämlich hier in der aschgrauen Wolke der Einsamkeit, und dies um so mehr, als ich von vielen Seiten mit geselligen Armen aufgenommen werde und fast Abend für

Abend dem traurigen Zwange der Einladungen Folge leiste. In diesen Gesellschaften höre ich so viele Stimmen und komme gar nicht zu mir selber; wie ist es nur möglich, dieses summende Geräusch auszuhalten? Oder verletzt es mich bloß, weil ich die Ohren der Kalliope habe? Aber es erinnert an die Mücke, jenes Geräusch, und Du weißt, daß die Mücke das musikalische Untier κατ' ἐξοχήν ist, weil zwei Mücken zusammen immer in der kleinen Sekunde singen. Menschen, mit denen man auf den Einklang gestimmt ist oder deren Reden wie schöne Terzen neben den meinigen auf und nieder steigen, habe ich gar nicht an Ort und Stelle; und selbst der vortreffliche ***, der, wie ich merke, den herzlichen Wunsch hat, mir etwas mehr zu sein als ein guter Bekannter, bleibt meinem Gefühle, ich weiß nicht warum, doch recht fern. Also Einsamkeit habe ich nicht erst in Basel zu lernen. –

Es sind wieder ein paar Tage ins Land gegangen, und mein Brief an Dich ist nicht fertig geworden. Heute aber werde ich lebhaft wieder an jene Stimmung erinnert, in der ich ihn begann, heute, wo ich als Erinnerung an den Geburtstag Schopenhauers eine Photographie unsers Meisters durch die Liebenswürdigkeit Wiesikes zugeschickt bekommen – zugleich mit der Einladung, einmal persönlich in Plaue (in der Nähe von Brandenburg) zu erscheinen. Da hat nämlich dieser alte Hahn zur Feier des 22. Februars sich eine Anzahl Schopenhauerfreunde aus Berlin zusammengeladen, darunter meinen Freund Gersdorff; alle haben sich gefreut, daß einer ihrer Leute Professor geworden ist, und haben dessen Wohl in Steinberger 57er getrunken. Erinnert das nicht an die ersten Christengemeinden und ihre Trunkenheit in süßem Weine? Als Motto für jenen Tag hatte sich jene Gesellschaft folgenden Spruch gewählt: »Wie sollte es töricht sein, stets dafür zu sorgen, daß man die allein sichere Gegenwart möglichst genieße, da ja das ganze Leben nur ein größeres Stück Gegenwart und als solches ganz vergänglich ist?« Bei Tisch ist der bewußte Silberpokal mit Glanz aufgetreten, der »Onkel« hat eine kleine Rede geredet, und nach dem Braten ist ein Kapitel aus Schopenhauers Nachlaß vorgelesen worden.

Auch der heutige Tag soll zu Ehren eines Meisters gefeiert werden. Ich bin nämlich zu einem Privatsouper im Hotel de Pologne eingeladen, um dort Franz Liszts Bekanntschaft zu machen. Neuerdings bin ich mit meinen Ansichten über Zukunftsmusik usw. etwas hervorgetreten und werde jetzt von den Anhängern derselben stark angebohrt. Sie wünschen nämlich, daß ich mich literarisch in ihrem Interesse beteilige, ich aber für mein Teil habe nicht die geringste Lust, wie eine Henne gleich öffentlich zu gakkern; und es kommt hinzu, daß meine Herren Brüder in *Wagnero* meistens doch gar zu dumm sind und ekelhaft schreiben. Das macht, sie sind im Grunde mit jenem Genius schlechterdings nicht verwandt und haben keinen Blick für die Tiefe, sondern nur für die Oberfläche. Daher die Schmach, daß die Schule sich einbildet, der Fortschritt in der Musik bestünde gerade in den Dingen, die Wagners höchst eigenartige Natur wie Blasen hier und da aufwirft. Für das Buch »Oper und Drama« ist keiner der Kerle reif. – Ich habe Dir noch nichts erzählt von der ersten »Meistersinger«-Aufführung in Dresden, von dieser größten künstlerischen Schwelgerei, die mir dieser Winter gebracht hat. Weiß Gott, ich muß doch ein tüchtiges Stück von Musiker im Leibe haben; denn in jener ganzen Zeit hatte ich die stärkste Empfindung, plötzlich zu Hause und heimisch zu sein, und mein sonstiges Treiben erschien wie ein ferner Nebel, aus dem ich erlöst war. Jetzt nun steht mir so ein tiefer, schwerer Nebel wieder bevor. Ich habe für das Sommersemester zwei Vorlesungen angekündigt: *priv.* Geschichte der griechischen Lyrik mit Interpretation auserwählter Proben, *publ.* Methodik und Quellenkunde der griechischen Literaturgeschichte. Sodann habe ich den ganzen griechischen Unterricht in der dortigen Prima zu geben, und auch das philologische Seminar wird seine Zeit und Mühe beanspruchen. Und vor allem die Einsamkeit, die Einsamkeit ἄφιλος ἄλυρος! Augenblicklich lebe ich zerstreut, ja genußsüchtig ein verzweifeltes *Carnevale* vor dem großen Aschermittwoch des Berufs, der Philisterei. Es geht mir nahe, – aber keiner meiner hiesigen Bekannten merkt etwas davon. Die lassen sich blenden durch den Titel Professor und glauben, ich sei der glücklichste Mensch unter der Sonne.

Liebster Freund, ich empfinde es immer mit dem tiefsten Mißmut, daß wir nicht zusammen leben können. Wir beide sind Virtuosen auf einem Instrument, das andre Menschen nicht anhören mögen und können, das uns aber tiefstes Entzücken bringt; und nun setzen wir uns jeder an eine einsame Küste, Du im Norden, ich im Süden, und sind beide unglücklich, weil wir den Zusammenklang unsrer Instrumente vermissen und uns danach sehnen. –

Nach diesem *Adagio* sollte billigerweise *ein Scherzo* folgen; hier hast Du eins. Vater Ritschl hat sich neulich ausführlich über Deinen Ὄνος ausgesprochen: natürlich hat er ihn im Manuskript gar nicht gelesen. »Das ist ein *Academicus*!« sagte er und war ganz glücklich. Offenbar war seine Stimmung völlig umgeschlagen; er rühmte nicht nur die schöne μέθοδος und die ausgesuchte Gelehrsamkeit, sondern auch den geistreichen, weltmännischen Ton, mit dem sich jener Esel vernehmen läßt. Engelmann übrigens, jener ausgezeichnete Verleger und höchst achtbare Mensch, hat sich mehrfach angeboten, ja mir einen Besuch gemacht, so daß auch ich für meine Zukunftsschriften nicht erst nach Verlegern zu suchen habe. Hier, lieber Freund, haben wir beide einen guten Fang getan.

Du hast übrigens einen Menschen glücklich gemacht, der

heißt Wilhelm Roscher. Er sprang und jubelte und kam zu mir gelaufen, als er Deinen Brief bekam.

Zum Schluß noch ein guter Rat vom alten Ritschl. Hast Du nicht Lust, Dich in Göttingen (statt in Kiel) zu habilitieren? R. hält dies für sehr angetan, aus vielen Gründen.

Und so lebe wohl und verzeih dem Freunde, der sehr viel an Dich denkt und doch so selten schreibt. Ich bleibe noch bis zum 15. März in Leipzig.

F. N.

22. An Freiherrn von Gersdorff

Naumburg, 13. April 1869.

Mein lieber Freund,

der letzte Termin ist herangekommen, der letzte Abend, den ich noch in der Heimat verlebe: morgen früh gehts hinaus in die weite weite Welt, in einen neuen, ungewohnten Beruf, in eine schwere und drückende Atmosphäre von Pflicht und Arbeit. Wieder einmal gilt es Abschied nehmen: die goldne Zeit der freien, unumschränkten Tätigkeit, der souveränen Gegenwart, des Kunst- und Weltgenusses als unbeteiligter oder wenigstens schwach beteiligter Zuschauer – diese Zeit ist unwiederbringlich hinüber: jetzt regiert die strenge Göttin, die Tagespflicht. »Bemooster Bursche zieh ich aus« – Du kennst ja das ergreifende Studentenlied. Ja ja! »Muß selber nun Philister sein!« Irgendwo hat dieser Satz immer seine Wahrheit. Man ist nicht ungestraft in Amt und Würden – es handelt sich nur darum, ob die Fesseln von Eisen oder von Zwirn sind. Und ich habe noch den Mut, gelegentlich einmal eine Fessel zu zerreißen und anderwärts und auf andre Weise das bedenkliche Leben zu versuchen. Von dem obligaten Buckel der Professoren spüre ich noch nichts. Philister zu sein, ἄνθρωπος ἄμουσος, Herdenmensch – davor behüte mich Zeus und alle Musen! Auch wüßte ich kaum, wie ichs anstellen sollte, es zu werden, da ichs nicht bin. Einer Art des Philisteriums bin ich zwar näher gerückt, der *species* »Fachmensch«; es ist nur zu natürlich, daß die tägliche Last, die allstündliche Konzentration des Denkens auf bestimmte Wissensgebiete und Probleme die freie Empfänglichkeit etwas abstumpft und den philosophischen Sinn in der Wurzel angreift. Aber ich bilde mir ein, dieser Gefahr mit mehr Ruhe und Sicherheit entgegengehen zu können als die meisten Philologen; zu tief wurzelt schon der philosophische Ernst, zu deutlich sind mir die wahren und wesentlichen Probleme des Lebens und Denkens von dem großen Mystagogen Schopenhauer gezeigt worden, um jemals einen schmählichen Abfall von der »Idee« befürchten zu müssen. Meine Wissenschaft mit diesem neuen Blute zu durchdringen, auf meine Zuhörer jenen Schopenhauerischen Ernst zu übertragen, der auf der Stirne des erhabnen Mannes ausgeprägt ist – dies ist mein Wunsch, meine kühne Hoffnung: etwas mehr möchte ich sein als ein Zuchtmeister tüchtiger Philologen: die Lehrergeneration der Gegenwart, die Sorgfalt für die nachwachsende Brut, alles dies schwebt mir vor der Seele. Wenn wir einmal unser Leben austragen müssen, versuchen wir es, dieses Leben so zu gebrauchen, daß andere es als wertvoll segnen, wenn wir glücklich von ihm erlöst sind.

Dir, teurer Freund, mit dem ich in vielen Grundfragen des Lebens eins bin, wünsche ich das Glück, das Du verdienst, mir Deine alte treue Freundschaft. Lebe wohl!

Friedrich Nietzsche *Dr.*

Ich danke Dir herzlich für Deine inhaltsreichen Briefe. Verzeih es meiner πολυπραγμοσύνη, wenn ich so spät danke. Wiesike habe ich brieflich gedankt.

Adr.: Prof. *Dr.* Friedrich Nietzsche in Basel.

23. An die Mutter

Basel, 16. Juni 1869.

Liebe Mutter,

nun laß Dir wieder einmal etwas erzählen von Deinem Sohne, dem freien Schweizer, und zwar nur Angenehmes und Erfreuliches, eitel »Milch und Honigseim«: ein Gleichnis, das uns unsre Schweizer Frühstückssitte ganz besonders nahebringt. Freilich ist es ein recht verändertes Leben, das ich hier lebe; nichts mehr von jener souveränen Disposition, von der Verachtung des Tages und der Woche. Vielmehr empfinde ich recht deutlich, wie auch die erwünschteste Tätigkeit, wenn sie »amtlich« und »berufsmäßig« betrieben wird, eine Fessel ist, an der unsereiner mitunter ungeduldig zerrt. Und dann beneide ich meinen Freund Rohde, der in der Campagna und Etrurien umherschweift, frei wie das Wüstentier. Am lästigsten wird mir, wie Du Dir denken kannst, die greuliche Masse der »geehrten« Kollegen, die sich pflichtmäßig bemühen, mich Abend für Abend einzuladen: so daß ich bereits erfinderisch bin, in geschickter Art Einladungen abzulehnen. Im übrigen sind die Leute mir wohlgesinnt. Und wer mit einiger Verstimmung meine Ankunft an Ort und Stelle aufgenommen hat, hat sich jetzt entweder ins Unvermeidliche gefügt oder auch, bei näherer Bekanntschaft mit mir, den Grund seiner Verstimmung gehoben gefühlt. Besonders wichtig nach dieser Seite war meine Antrittsrede, die ich vor ungewöhnlich angefüllter Aula kürzlich erst gehalten habe, und zwar »über die Persönlichkeit Homers«. Durch diese Antrittsrede sind die Leute hier von Verschiedenem überzeugt worden, und mit ihr war meine Stellung, wie ich deutlich erkenne, gesichert. – Ich würde noch viel zufriedener sein, wenn ich meinen Freund Rohde hier hätte: denn es ist lästig, sich wieder einen intimen Freund und Berater anschaffen zu müssen als Hausbedarf.

Sonst habe ich Dir wohl schon den Kollegen Burckhardt bezeichnet, einen geistvollen Kunsthistoriker, und ebenso den Nationalökonomen Schönberg, als umgangswerte Menschen.

Von äußerster Wichtigkeit ist aber, daß ich ja den ersehntesten Freund und Nachbar in Luzern habe, zwar nicht nahe genug, aber doch immer nur so weit, daß jeder freie Tag zu einer Zusammenkunft benutzt werden kann. Dies ist Richard Wagner, der als Mensch durchaus von gleicher Größe und Singularität ist wie als Künstler. Mit ihm und der genialen Frau von Bülow (Tochter Liszts) zusammen habe ich nun schon mehrere glückliche Tage verlebt, z. B. die letzten wieder, Sonnabend und Sonntag. Wagners Villa, am Vierwaldstätter See gelegen, am Fuße des Pilatus, in einer bezaubernden See- und Gebirgseinsamkeit, ist, wie Du Dir denken kannst, vortrefflich eingerichtet; wir leben dort zusammen in der angeregtesten Unterhaltung, im liebenswürdigsten Familienkreise und ganz entrückt von der gewöhnlichen gesellschaftlichen Trivialität. Dies ist für mich ein großer Fund.

So viel für heute. Ich werde Dir sehr dankbar sein, wenn Du mich bald wieder durch einen Deiner inhalt- und liebereichen Briefe über Dein Befinden und über alles, was mich angeht, benachrichtigst: denn ich lebe wie auf einer Insel. Meinen lieben Verwandten, in deren Mitte Du lebst, meinen besten Gruß; insgleichen dem Vetter Rudolf. Ich erwarte eine Notiz über Lisbeths Geburtstagswünsche.

F. N.

24. An Friedrich Ritschl

Pilatus, am 2. August 1869.

Hochverehrter und teurer Herr Geheimrat,

zum ersten Male im Vollgenuß der »Ferien« habe ich eine Empfindung, wie ich sie seit meinen Schülerjahren nicht kannte. Bedeuten doch meine Studentenzeiten durchweg nichts anderes als ein üppiges Schlendern durch die Gefilde der Philologie und der Kunst; so daß ich mit innigstem Danke gegen Sie, das »Schicksal« meines bisherigen Lebens, erkenne, wie notwendig, wie rechtzeitig gerade jene Berufung kam, die mich aus einem »Wandelstern« in einen Fixstern umschuf und mich wieder das Vergnügen der sauren, aber regelmäßigen Arbeit und des unverrückbar sicheren Zieles kosten läßt. Und wie anders schafft der Mensch, wenn die heilige ἀνάγκη des Berufs hinter ihm steht, wie ruhig schläft man und wie sicher weiß man beim Erwachen, was der Tag verlangt. Dies ist doch wohl keine Philisterei; mir ist es, als ob ich eine zerstreute Menge von Blättern in ein Buch zusammengebunden hätte: und das »freut dem Buche sehr«, um mit dem ungrammatischen Körner zu reden.

Doch was plage ich Sie mit diesen Sentiments? Nur um Ihnen anzudeuten, wie tief dankbar ich bei der glücklichen Umwandlung meiner Lebensstellung Ihre pädagogische Einsicht bewundere, die wirklich an meinem Falle ein nicht unbedeutendes Problem glücklich gelöst hat, und dazu nicht ohne Gefährlichkeit und Risiko. Dies recht eingehend zu überlegen werde ich durch die Einsamkeit und Zurückgezogenheit meines jetzigen Aufenthaltes aufgefordert: hier in der Höhe des Pilatus, eingehüllt in Wolken, ohne jede Fernsicht, erscheint mir meine bisherige Lebensführung in einem so wunderbaren Lichte, zeigt sich die Nähe, in der bei Ihnen zu leben mir so lange vergönnt war, als ein so wichtiger Hebel meines inneren und äußeren Lebens, daß ich flugs die Feder ergreifen muß, um Ihnen meine frische und heiße Dankesempfindung mitzuteilen. In dieser verharrend,

bin ich Ihr

treu ergebner

Friedrich Nietzsche.

N. B. Nachträglich bemerke ich, daß ich, von morgen an wieder in Basel lebend, als die Hauptaufgabe dieser Ferien mir die Förderung des »*index*« vorgesetzt habe.

25. An Freiherrn von Gersdorff

Hotel Pilatus-Klimsenhorn,
4. August 1869.

Du glaubst gar nicht, mein lieber Freund, wie sehr mich Dein letzter Brief gerührt hat und wie deutlich ich das Gefühl unseres Zusammengehörens empfand. Mitten heraus aus jener peinlichen Vorbereitung zum Examen, aus dem Gewühl der Weltstadt erklang mir Deine Stimme als die eines tiefernsten, dem Besten und Würdigsten nachstrebenden Menschen, der, fernab wandelnd von den Bahnen seiner Alters- und Berufsgenossen, im engsten Kreise weniger Auserwählter und in der Betrachtung wichtigster Fragen sich wohl und heimisch fühlt. Glaube aber nur, daß auch mir diese Geisteswelt, in der Du lebst, ewig die nächste bleibt, daß ich mich keineswegs durch meinen philologischen Beruf von ihr entfremden lasse, sondern an den Brücken baue, um zwischen innerem Wunsch und äußerem »Muß« eine Verbindung herzustellen. So werde ich schon im nächsten Halbjahr eine »Geschichte der vorplatonischen Philosophen« lesen, in die allerhand hineingearbeitet werden soll, was als kräftige Kost meinen Zuhörern dient und sie unmerkbar den ernstesten und würdigsten Denkern zuführen soll. Dazu habe ich einen Menschen gefunden, der wie kein anderer das Bild dessen, was Schopenhauer »das Genie« nennt, mir offenbart und der ganz durchdrungen ist von jener wundersam innigen Philosophie. Dies ist kein anderer als Richard Wagner, über den Du kein Urteil glauben darfst, das sich in der Presse, in den Schriften der Musikgelehrten usw. findet. Niemand kennt ihn und kann ihn beurteilen, weil alle Welt auf einem andern Fundamente steht und in seiner Atmosphäre nicht heimisch ist. In ihm herrscht eine so unbedingte Idealität, eine solch tiefe und rührende Menschlichkeit, ein solch erhabner Lebensernst, daß ich mich in seiner Nähe wie in der Nähe des Göttlichen fühle. Wie manche Tage habe ich nun schon in dem reizenden Landgute am Vierwaldstätter See verlebt, und immer neu und unerschöpflich ist diese wunderbare Natur. So las ich noch gestern ein Manuskript, das er mir übergeben hatte, »über Staat und Religion«; ein größerer tiefsinniger Aufsatz, dazu bestimmt, seinen »jungen Freund«, den kleinen Bayernkönig, über seine innere Stellung zu Staat und Religion aufzuklären. Nie ist in würdigerer und philosophischerer Weise zu einem König geredet worden; ich war ganz erhoben und erschüttert von dieser Idealität, die durchaus dem Geiste Schopenhauers entsprungen schien. Der König kann wie kein anderer Sterblicher die Tragik des Lebens verstehen, darum ziemt ihm die Gnade usw.

Erfreue mich doch recht bald mit neuen Nachrichten über Deine Wirksamkeit *in partibus infidelium* und sei herzlich und warm gegrüßt

von Deinem treuen

Fritz Nietzsche.

Ein wichtiges Buch für Dich ist Hartmanns »Philosophie des Unbewußten«, trotz der Unredlichkeit des Verfassers. Dann schaffe Dir doch ja an: »Deutsche Kunst und Politik« von Richard Wagner, und desselben »Oper und Drama«.

Grüße Textor und Krüger recht angelegentlich. – Von morgen an bin ich wieder in Basel.

26. An Erwin Rohde

Basel, am 3. Sept. 1869.

Mein lieber Freund,

es ist ein böses Ding mit Briefen: man möchte vom Besten geben, und man gibt schließlich das ganz Ephemere, den Akkord, und nicht die ewige Melodie. Immer wenn ich mich zum Briefschreiben an Dich niedersetze, fällt mir das Wort Hölderlins (meines Lieblings aus der Gymnasialzeit) ein: »Denn liebend gibt der Sterbliche vom Besten!« Und was hast Du nun, wenn ich mich recht erinnre, in meinen letzten Briefen bekommen? Negationen, Verdrießlichkeiten, Einsamkeiten, Einzelheiten. Und, weiß es Zeus und der herbstlich reine Himmel, so kräftig trägts mich gerade in dieser Zeit ins Positive, so manche üppige Stunde mit reicher Einsicht und wirklicher Veranschaulichung geht an mir vorbei – aber immer, wenn solche Zeiten und schwellende Stimmungen kommen, werfe ich einen ganzen Brief mit guten Gedanken und Wünschen für Dich in den blauen Himmel, in der Hoffnung, daß der elektrische Draht zwischen unsern Seelen (oder, nach Reichenbach, die odische Lohe) diese Schnellschrift zu Dir befördert.

Wenn Du nicht gar zu entfernt wärest, würde ich mir das Vergnügen machen, Dir ein längeres Aktenstück zu »vermitteln«, meine Antrittsrede, die bereits, im Manuskript, auf Wanderung gewesen ist und zuerst Romundt besucht hat: der sie mit rührender Wärme aufgenommen hat. Dann war sie bei Vater Ritschl: von dem ich das Lob eines guten Stilisten davongetragen habe; zuletzt bei Freund Wagner, der sie Frau von Bülow vorgelesen hat: er stimmt, was mich sehr stärkt, mit allen vorgetragnen ästhetischen Ansichten überein und gratuliert mir, das Problem richtig gestellt zu haben, was ja aller Weisheit Anfang und vielleicht Ende sei und woran meistens gar nicht gedacht werde. Nun soll die Abhandlung noch zu dem mir und Dir so verehrlichen Wenkel, vielleicht auch zu *Dr.* Deussen: aber die rechte Weihe, die σφρηγίς, hat sie erst, wenn Du Deinen Segen darüber gesprochen hast. Nichts ist angenehmer als ein solches Bekanntwerden im Manuskript: man wählt sich ein ernsthaft denkendes Publikum und läuft nicht Gefahr, sich prostituiert zu sehen.

Übrigens habe ich auch mein Italien, wie Du; nur daß ich mich dahin immer nur die Sonnabende und Sonntage retten kann. Es heißt Tribschen und ist mir bereits ganz heimisch. In letzter Zeit bin ich, kurz hintereinander, viermal dort gewesen, und dazu fliegt fast jede Woche auch ein Brief dieselbe Bahn. Liebster Freund, was ich dort lerne und schaue, höre und verstehe, ist unbeschreiblich. Schopenhauer und Goethe, Äschylus und Pindar leben noch, glaub es mir.

Deine Beobachtung über das Anlernen künstlerischer Genußfähigkeiten ist mir wichtig: ich komme neuerdings, so aus »heiler Haut«, darauf, in mir die Möglichkeit zu entdecken, Landschaftengemälde innerlich einzusaugen. Dargestellte »historische« Bilder, der Mensch in seiner Bewegung bleibt mir ewig fern; ich bin sehr unplastisch. Aber so ein Landschaftsbild macht mich ruhig und erwartungsvoll. –

Nicht wahr, auf Deiner Rückreise bleibst Du einige Zeit bei mir in Basel? Romundt habe ich für den Anfang des

Wintersemesters eingeladen: er will zu meiner Freude kommen. Im Oktober lebe ich mit Mutter und Schwester am Genfer See.

Im Winter lese ich »Geschichte der vorplatonischen Philosophen« und Hesiods Tage. Meine jetzige Vorlesung über die Choephoren ist recht zu meinem Vergnügen gediehen.

Es ist ein reiner, blauer, kühler Herbstmorgen, man spürt nie mehr die verkümmerte Flügelhaftigkeit seiner Seele. Sonst käme ich wohl über die Berge, wohl über das breite Tal

zu Dir, liebster Freund Erwin Rohde.

F. N.

27. An Freiherrn von Gersdorff

Basel, 28. Sept. 1869.
(Vom 7. bis 17. Oktober
bin ich in Naumburg.)

Mein lieber Freund,

nun sollst Du hören, was Dein letzter Brief gewirkt hat: auch ich gehöre, seit dem Empfang desselben, nicht mehr zu den »Sarkophagen«. Es kam mir ins Gedächtnis, wie ich in Leipzig selbst einmal einen schüchternen Versuch machte, nach der Lektüre Shelleys, Dir die Paradoxie der Pflanzenkost samt ihren Konsequenzen vorzuführen: leider an unpassender Stelle, bei »Mahn«, während vor uns die bewußten Koteletts mit Allerlei standen. Verzeih das gemeine Detail der Erinnerung, über die ich selbst ganz erstaunt bin: aber der Kontrast Deiner Natur und der Pflanzenkost-Weltanschauung erschien mir damals so kräftig, daß selbst jene Einzelheiten sich mir einprägten.

Nach diesem ersten Bekenntnis nun gleich das zweite: ich

bin nämlich bereits wieder überzeugt, daß das Ganze eine Marotte ist, noch dazu eine recht bedenkliche. Doch zweifle ich, ob ich jetzt gerade alle Gründe bei der Hand habe, die mir inzwischen dagegen eingefallen sind. Ich verlebte nämlich wieder, wie ich es jetzt häufig tue, ein paar Tage bei einem, der jahrelang dieselbe Abstinenz geübt hat und davon reden darf, nämlich bei Richard Wagner. Und er hat mir, nicht ohne wärmste Beteiligung seines Gemüts und mit kräftigster Ansprache, alle die inneren Verkehrtheiten jener Theorie und Praxis vorgeführt. Das Wichtigste für mich ist, daß hier wieder ein Stück jenes Optimismus mit Händen zu greifen ist, der unter den wunderlichsten Formen, bald als Sozialismus, bald als Totenverbrennung – nicht Begrabung, bald als Pflanzenkostlehre und unter unzähligen Formen immer wieder auftaucht: als ob nämlich mit Beseitigung einer sündhaft-unnatürlichen Erscheinung das Glück und die Harmonie hergestellt sei. Während doch unsre erhabene Philosophie lehrt, daß wo wir hingreifen, wir überall in das volle Verderben, in den reinen Willen zum Leben fassen und hier alle Palliativkuren unsinnig sind.

Gewiß ist die Achtung vor dem Tiere ein den edlen Menschen zierendes Bewußtsein; aber die so grausame und unsittliche Göttin Natur hat eben mit ungeheurem Instinkt uns Völkern dieser Zonen das Entsetzliche, die Fleischeskost angezwungen, während in den warmen Gegenden, wo die Affen von Pflanzenkost leben, auch die Menschen, nach demselben ungeheuren Instinkte, mit ihr sich genügen lassen. Auch bei uns ist, bei besonders kräftigen und stark körperlich tätigen Menschen, eine reine Pflanzenkost möglich, indes nur mit gewaltigem Auflehnen gegen die Natur: die sich auch in ihrer Art rächt, wie es Wagner persönlich auf das allerstärkste empfunden hat. Einer seiner Freunde ist sogar das Opfer des Experiments geworden, und er selbst glaubt, längst nicht mehr zu leben, wenn er in jener

Ernährungsart fortgefahren wäre. Der Kanon, den die Erfahrung auf diesem Gebiete gibt, ist der: geistig produktive und gemütlich intensive Naturen müssen Fleisch haben. Die andre Lebensweise bleibe den Bäckern und Bauern, die nichts als Verdauungsmaschinen sind. – Der andre Gesichtspunkt ist ebenso wichtig: es ist unglaublich, was eine so abnorme Lebensweise, die nach allen Seiten hin Kampf verursacht, an Kraft und Energie des Geistes aufzehrt, die somit edleren und allgemein nützlicheren Bestrebungen entzogen werden. Wer den Mut hat, für etwas Unerhörtes durch seine Praxis einzustehn, der sorge dafür, daß dies auch etwas Würdiges und Großes sei, nicht aber eine Theorie, bei der es sich um die Ernährung der Materie handelt. Und mag man auch einzelnen ein Martyrium für solche Dinge zugestehn: ich möchte nicht zu ihnen zählen, solange auf geistigem Gebiete wir noch irgendeine Fahne hochzuhalten haben. Ich merke wohl, daß in Deiner Natur, liebster Freund, etwas Heroisches ist, das sich eine Welt voll Kampf und Mühe schaffen möchte: aber ich fürchte, daß ganz unbedeutende Flachköpfe diese Deine edle Neigung mißbrauchen wollen, indem sie ihr ein solches Prinzip unterzuschieben suchen. Wenigstens halte ich jene vielverbreiteten literarischen Produktionen für berüchtigte Lügenfabrikate, allerdings vom ehrlichdummen Fanatismus diktiert. Kämpfen wir, und wenn es geht, nicht für Windmühlen. Denken wir an den Kampf und die Askese wahrhaft großer Männer, an Schopenhauer, Schiller, Wagner!

Antworte mir, teurer Freund.

F. N.

Ich fange noch einen neuen Bogen an, weil es mich wirklich sehr bekümmert, mit Dir hierin nicht übereinstimmen zu können. Indes, um Dir meine wohlmeinende Energie zu zeigen, habe ich dieselbe Lebensweise bis jetzt eingehalten, und werde dies so lange tun, bis Du selbst mir die Erlaubnis gibst, anders zu leben. – Warum muß man doch die Mäßigkeit gleich bis zum Extrem ausdehnen? Offenbar deshalb, weil es leichter ist, einen ganz äußersten Standpunkt festzuhalten, als auf jener goldnen Mitte ohne Fehl zu gehen.

Das gebe ich ja zu, daß man in den Gasthöfen durchaus an eine »Überfütterung« gewöhnt wird: weshalb ich in ihnen nicht mehr essen mag. Ebenfalls ist mir ganz klar, daß eine zeitweilige Enthaltsamkeit von Fleisch, aus diätetischen Gründen, äußerst nützlich ist. Aber warum, um mit Goethe zu reden, daraus »Religion machen«? Dies liegt aber in allen solchen Absonderlichkeiten unvermeidlich eingeschlossen, und wer erst für Pflanzenkost reif ist, ist es meist auch für sozialistisches »Allerlei«.

Auch in diesem Punkte hat Schopenhauer mit der unfehlbaren Sicherheit seines großen Instinktes das Richtige gesagt und getan. Du kennst die Stelle.

Doch will ich von diesem Punkte nicht mehr reden. Wohl aber noch von allem, was sich auf unsern Meister bezieht – dessen Bild ich, beiläufig, noch nicht bekommen habe. Ich stehe jetzt wirklich in einem Zentrum von Schopenhauerischen Fäden, in alle Welt ausgespannt. Wenn wir einmal wieder zusammenkommen, werde ich Dir von Wenkels Schopenhauertum erzählen, ebenso von Wagners, der durchaus durchdrungen und geweiht ist von dieser Philosophie: ich werde Dir die denkwürdigsten und gedankenreichsten Briefe meiner Freunde *Dr.* Rohde (in Florenz) und *Dr.* Romundt (Leipzig) vorlesen, die alle auf das tiefste und bestimmendste von jener Philosophie gepackt sind. Um schließlich von mir zu reden, so durchdringt jene mir innerlichst sympathische Weltanschauung von Tag zu Tag mehr mein Denken, auch mein wissenschaftliches: wie Du es vielleicht merken wirst, wenn ich Dir bald einmal meine Baseler Antrittsrede im Manuskript zuschicke. Sie handelt

»über die Persönlichkeit Homers«: man muß schon tüchtig sich in Schopenhauer hineingelebt haben, um an ihr zu fühlen, wo alles der bestimmende Zauber seiner eigentümlichen Denkart mächtig ist.

Im nächsten Winter werde ich Gelegenheit haben, in unserem Sinne nützlich zu sein, da ich »Geschichte der vorplatonischen Philosophie« und eine Vorlesung über Homer und Hesiod angekündigt habe. Auch werde ich zwei öffentliche Reden halten »über die Ästhetik der griechischen Tragiker« und »über das antike Musikdrama«, und Wagner wird dazu aus Tribschen herüberkommen.

Ich habe Dir schon geschrieben, von welchem Werte mir dieser Genius ist: als die leibhafte Illustration dessen, was Schopenhauer ein Genie nennt.

Mit meiner akademischen Tätigkeit, deren erstes Semester ich nun glücklich beendet habe, darf ich wohl zufrieden sein. Merke ich doch an meinen Zuhörern die geweckteste Teilnahme und wirkliche Sympathie für mich, die sich darin äußert, daß sie oft und gerne sich bei mir Rats erholen.

Aber es ist ein anstrengendes Leben, das glaube mir.

Ach, wenn ich doch nicht alle diese Worte hätte schreiben müssen! Alle Wärme, Unmittelbarkeit und Energie des Gefühls sind dahin, wenn erst das Wort, in Alizarintinte gehüllt, auf dem Papiere steht. Und doch erwarte ich etwas von dem Briefe. Oder darf ich dies nicht?

Jedenfalls doch eine baldige Antwort?
In herzlicher Gesinnung und treuer Freundschaft,
auch mit bestem Gruße an Deine guten Freunde
Friedr. Nietzsche.

28. An Erwin Rohde

Naumburg, 7. Oktober 1869.

Heil und Segen voran!

Die Überschrift des Briefes zeigt Dir, welche Üppigkeit mir zuteil geworden, heimatliche Wärme und Erinnerungsfülle. Draußen vor den Fenstern liegt der gedankenreiche Herbst im klaren, mildwärmenden Sonnenlichte, der nordische Herbst, den ich so liebe wie meine allerbesten Freunde, weil er so reif und wunschlos unbewußt ist. Die Frucht fällt vom Baum, ohne Windstoß.

Und so ist es mit der Liebe der Freunde: ohne Mahnung, ohne Rütteln, in aller Stille fällt sie nieder und beglückt. Sie begehrt nichts für sich und gibt alles von sich.

Nun vergleiche die scheußlich-gierige Geschlechtsliebe mit der Freundschaft!

Ich sollte auch meinen, daß jemand, der den Herbst, wenige Freunde und die Einsamkeit wahrhaft liebt, sich einen großen, fruchtbar-glücklichen Lebensherbst prophezeien darf.

»Drum dulde, daß der Parzen eine
»Den Herbst mir spinne, lieb und lang
»Aus halbverkühltem Sonnenscheine
»Und Müßiggang.«

Aber Du weißt, welchen Müßiggang wir meinen: haben wir doch schon zusammen gelebt als echte σχολαστικοί, d. h. Müßiggänger.

Und was hindert uns, von jenem Lebensherbst zu hoffen, daß er wieder uns so zusammenbringt?

Sei dies denn Wunsch und Hoffnung, ausgesprochen am Gedenktage Deiner Geburt, aber immer und allezeit im Herzen getragen!

Von hier aus suche ich denn die alten Erinnerungsstätten in Leipzig auf, und Romundt meldet mir freundschaftlichst, daß er bereits dort eingetroffen sei, um mich nicht zu verfehlen. Habe ich Dir geschrieben, daß er meine Einladung angenommen hat, den Anfang des Wintersemesters in Basel zu verleben, und daß wir dort die schwierige Frage seiner Zukunftsstellung mitsammen erledigen wollen? Schreibe mir doch Deine Meinung: wie ich ihn jetzt kenne, nach der schönen Entwicklung des letzten Jahres, halte ich ihn der Aussicht auf einen philosophischen Lehrstuhl durchaus für würdig. Wohlverstanden der Aussicht! Er wird viel zu tun haben zur systematischen Bewältigung ganzer philosophischer Disziplinen. Und es möchte noch manches Jahr hingehen dürfen.

Übrigens wünsche ich unser Zusammentreffen auch deshalb so sehnlich, weil eine ganze Fülle von ästhetischen Problemen und Antworten seit den letzten Jahren in mir gärt und mir der Rahmen eines Briefes zu eng ist, um Dir etwas darüber deutlich machen zu können. Ich benutze die Gelegenheit öffentlicher Reden, um kleine Teile des Systems auszuarbeiten, wie ich es z. B. schon mit meiner Antrittsrede getan habe. Natürlich ist mir Wagner im höchsten Sinne förderlich, vornehmlich als Exemplar, das aus der bisherigen Ästhetik unfaßbar ist. Es gilt vor allem, kräftig über den Lessingschen »Laokoon« hinauszuschreiten: was man kaum aussprechen darf ohne innere Beängstigung und Scham.

Windisch ist nun habilitiert: Brockhausens haben mich in Basel besucht, auch sind wir einen Tag in Tribschen zusammen gewesen. Ritschl und Frau haben eine ganz unglaubliche Liebe und Hochschätzung vor mir: was ich Dir verrate, um Dir Freude zu machen. Es sind doch höchst liberale Menschen, mit viel eigner Kraft: sie ehren sich, wenn sie das Andersartige so unbefangen-freudig gelten lassen.

Und ich sollte mich sehr wundern, wenn sie nicht auch

über Dich so und ähnlich urteilen. Das muß doch das Philologentum empfinden, daß wir gute Freunde sind und unterschiedlich doch von allen anderen. Nicht wahr? Liebster Freund! F. N.

Bis zum 17. Oktober bin ich hier. – Die schöne und nützliche Kollation des *certamen* ist ein rechter Freundschaftsdienst! Gott, daß solch ausgezeichnete Freunde wie Du Handschriftsklaverei und ähnliche Scheußlichkeiten mir zuliebe über sich nehmen!!

29. An die Mutter

Basel, 1. Februar 1870.

Hier, liebe Geburtstägerin und Mutter, ein sehr schnell zu schreibender Geburtstagsbrief! Denn das Handwerk drängt, die Schule; noch mehr aber ein öffentlicher Vortrag, der heute abend zu halten ist und mit dem ich noch sehr im Rückstande bin. Dies tut nun aber der Herzlichkeit meiner Wünsche keinen Eintrag! und morgen will ich, auf unsre altgewohnte Weise, den Tag selbst feiern, indem ich mir eine Hyazinthe kommen lasse – nicht wahr, so heißt doch Deine Geburtstagsblume? Ich bin mit der Botanik in der *»Bredouille«* (sächsisches Französisch). Dann werde ich mir Pfannkuchen kommen lassen (auch habe ich einen Bäcker entdeckt, den einzigen in Basel, der Weihnachtsstollen zu backen versteht). Und mittags werde ich zwei Gläser auf den Tisch stellen und durch gegenseitiges Zusammenstoßen einen großen Geburtstagslärm machen. Dies meine projektierte Feierlichkeit, in Begleitung der allerschönsten Wünsche für Dein und Deiner Kinder Wohl.

(1. Kanonenschuß! Bum!)

Zu erzählen habe ich wenig. Die Einladungen nach Weihnachten sind recht häufig, und ich nehme sie mit Pflichtbewußtsein an, um hier meinen guten Willen kundzugeben. Sonntag haben wir bei Direktor Gerkrats Geburtstag gefeiert. Von Tribschen bekomme ich immer die rührendsten Aufmerksamkeiten: an allen Tagen, wo ich etwas Besonderes vorhabe, ist auch gewiß ein Brief da: es sind die besten Menschen von der Welt.

Windisch hat bestimmte Aussicht, im Auftrag der *India Office Library* (verzeih dies jedenfalls scheußliche Englisch!) ein Jahr in London zuzubringen (mit c. 1600 Taler), um Sanskrithandschriften zu katalogisieren. Deussen schrieb mir heute einen langen Brief: er hat sich vollständig zum Schopenhauer bekehrt und lobt meinen Homer-Aufsatz überschwenglich, was Lisbeth mehr freuen wird als mich.

Meine Zeit ist vorbei: lösen wir schnell noch zweimal als alter Artillerist das Geschütz:

Bum!

Bum!

rufen Hurra! und empfehlen uns glückwünschend

Fr.

30. An Erwin Rohde

Basel, Ende Januar bis 15. Februar 1870.

Mein lieber Freund, neulich überkam mich die Sorge, wie es Dir wohl in Rom ergehen möge und wie abseits von der Welt und wie verlassen Du vielleicht dort lebst. Es wäre ja selbst möglich, daß Du krank wärest, ohne rechte Pflege und ohne freundschaftliche Unterstützung. Beruhige mich und nimm mir meine pessimistischen Grillen. Mir kommt das Rom des Konzils so unheimlich giftig vor – nein, ich will nicht mehr schreiben, denn das Briefgeheimnis ist für alle kirchlich-jesuitischen Dinge mir nicht sicher genug: man möchte wittern, was im Briefe stünde, und Dirs entgelten lassen. – Du studierst das Altertum und lebst das Mittelalter. –

Nun will ich eins Dir recht eindringlich sagen. Denke daran, auf Deiner Rückreise einige Zeit bei mir zu wohnen: weißt Du, es möchte vielleicht für lange Zeit das letztemal sein. Ich vermisse Dich ganz unglaublich: mache mir also das Labsal Deiner Gegenwart und sorge dafür, daß sie nicht so kurz ist. Das ist mir nämlich doch eine neue Empfindung, auch so gar niemanden an Ort und Stelle zu haben, dem man das Beste und Schwerste des Lebens sagen könnte. Dazu nicht einmal einen wirklich sympathischen Berufsgenossen. Meine Freundschaft bekommt unter so einsiedlerischen Umständen, so jungen und schweren Jahren wirklich etwas Pathologisches: ich bitte Dich, wie ein Kranker bittet: »Komm nach Basel!«

Mein wahres und nicht genug zu preisendes Refugium bleibt hier für mich Tribschen bei Luzern: nur daß es doch nur selten aufzusuchen ist. Die Weihnachtsferien habe ich dort verlebt: schönste und erhebendste Erinnerung! Es ist durchaus nötig, daß Du auch in diese Magie eingeweiht wirst. Bist Du erst mein Gast, so reisen wir auch zusammen zu Freund Wagner. Kannst Du mir nichts über Franz Liszt schreiben? Wenn Du vielleicht Deine Rückreise über den Lago di Como machen könntest, so wäre eine schöne Gelegenheit, uns allen eine Freude zu machen. Wir, d. h. wir Tribschener, haben ein Auge auf eine Villa am See, bei Fiume Latte, namens ›Villa Capuana‹, zwei Häuser. Kannst Du diese Villa nicht einer Musterung und Kritik unterwerfen?

Von Wackernagels Tod hast Du wohl gelesen? Es ist im

Plane, daß Scherer in Wien ihn ersetzen soll. Auch ein neuer Theologe ist im Anzuge, Overbeck aus Jena. Romundt ist Erzieher bei Professor Czermak und wohl situiert, dank Ritschl. Roscher, der mir über seine wärmste Verehrung für Dich geschrieben hat, ist als »bedeutender« Pädagog in Bautzen. Bücheler soll nach Bonn gerufen sein. Das »Rheinische Museum« hat jetzt lateinische Lettern. Ich habe einen Vortrag vor gemischtem Publikum gehalten über »das antike Musikdrama« und halte am 1. Februar einen zweiten über »Sokrates und die Tragödie«. Ich gewinne immer mehr Liebe für das Hellenentum: man hat kein besseres Mittel, sich ihm zu nähern, als durch unermüdliche Fortbildung seines eignen Persönchens. Der Grad, den ich jetzt erreicht habe, ist das allerbeschämendste Eingeständnis meiner Unwissenheit. Die Philologenexistenz in irgendeiner kritischen Bestrebung, aber tausend Meilen abseits vom Griechentum, wird mir immer unmöglicher. Auch zweifle ich, ob ich noch je ein rechter Philologe werden könne: wenn ich es nicht nebenbei, so zufällig erreiche, dann geht es nicht. Das Malheur nämlich ist: ich habe kein Muster und bin in der Gefahr des Narren auf eigne Hand. Mein nächster Plan ist, vier Jahre Kulturarbeit an mir, dann eine jahrelange Reise – mit Dir vielleicht. Wir haben wirklich ein recht schweres Leben, die holde Unwissenheit an der Hand von Lehrern und Traditionen war so glücklich-sicher.

Übrigens bist Du klug, wenn Du nicht so eine kleine Universität als Wohnsitz wählst. Man vereinsamt selbst in seiner Wissenschaft. Was gäbe ich darum, wenn wir zusammenleben könnten! Ich verlerne ganz zu sprechen. Das Lästigste aber ist mir, daß ich immer repräsentieren muß, den Lehrer, den Philologen, den Menschen, und daß ich mich allen, mit denen ich umgehe, erst beweisen muß. Das aber kann ich so sehr schlecht und verlerne es immer mehr.

Ich verstumme oder sage bereits absichtlich nur so viel, wieviel man als höflicher Weltmensch zu sagen pflegt. Kurz, ich bin mit mir mehr unzufrieden als mit der Welt und deshalb um so zugetaner dem Teuersten.

Mitte Februar. – Ich habe jetzt die stärkste Besorgnis, daß mich Deine Briefe und Dich die meinigen nicht erreichen: seit November habe ich nichts gehört. Meine verehrte Freundin Cosima riet mir, durch ihren Vater (Franz Liszt) mir Auskunft über Dich zu verschaffen. Dies werde ich auch nächstens tun; heute probiere ich es nochmals mit einem Brief. – Über das Konzil sind wir gut durch die »römischen« Briefe in der ›Augsburger‹ unterrichtet; kennst Du den Verfasser? Laß es Dir dann ja nicht merken: es wird schrecklich auf ihn gefahndet. – Ich habe hier einen Vortrag über »Sokrates und die Tragödie« gehalten, der Schrecken und Mißverständnisse erregt hat. Dagegen hat sich durch ihn das Band mit meinen Tribschener Freunden noch enger geknüpft. Ich werde noch zur wandelnden Hoffnung: auch Richard Wagner hat mir in der rührendsten Weise zu erkennen gegeben, welche Bestimmung er mir vorgezeichnet sieht. Dies ist alles sehr beängstigend. Du weißt wohl, wie sich Ritschl über mich geäußert hat. Doch will ich mich nicht anfechten lassen: literarischen Ehrgeiz habe ich eigentlich gar nicht, an eine herrschende Schablone mich anzuschließen brauche ich nicht, weil ich keine glänzenden und berühmten Stellungen erstrebe. Dagegen will ich mich, wenn es Zeit ist, so ernst und freimütig äußern wie nur möglich. Wissenschaft, Kunst und Philosophie wachsen jetzt so sehr in mir zusammen, daß ich jedenfalls einmal Zentauren gebären werde.

Mein alter Kamerad Deussen ist mit Leib und Seele zu Schopenhauer übergegangen, als der letzte und älteste meiner Freunde. Windisch ist auf ein Jahr nach England, im Dienste der *East Indian Office*, um Sanskrithandschriften zu vergleichen. Romundt hat einen Schopenhauer-Verein ins Leben gerufen. Soeben ist eine skandalöse Schrift gegen Ritschl erschienen (gegen seine Plautuskritik und das auslautende *d*): von Bergk, zur Schmach des deutschen Gelehrtentums.

Nochmals schönsten und herzlichsten Gruß. Ich freue mich auf das Frühjahr, weil es Dich durch Basel führt: nur teile mir mit, wann das geschieht: in den Osterferien bin ich mit den Meinigen am Genfer See.

Lebwohl! Lebwohl!

31. An Freiherrn von Gersdorff

Basel, 11. März 1870.

Mein lieber Freund,

längst hätte ich Dir geschrieben, wenn ich nicht in einem wunderlichen Glauben gelebt hätte: nämlich Deine Adresse, ja Deinen Wohnort nicht zu kennen. Ich bildete mir ein, daß Dein neuer juristischer Beruf in alle Verhältnisse eine Veränderung gebracht habe, und war schon im Begriff, mich an das Berliner Kobersteinkomitee zu wenden und um Auskunft über Dich zu bitten. So ist es denn gekommen, daß Du mir zwei Briefe hintereinander geschrieben hast: und beide haben auf mich einen starken Eindruck gemacht und den sehnlichen Wunsch erweckt, Dich einmal wiederzusehen. Was denkst Du über eine Schweizerreise in diesem Sommer, etwa im Monat Juli?

Daß wir nun auch über Richard Wagner einig sind, ist mir ein überaus schätzenswerter Beweis unseres Zusammengehörens. Denn es ist nicht leicht und erfordert einen tüchtigen Mannesmut, um hier nicht bei dem fürchterlichen Geschrei irrezuwerden. Auch trifft man mitunter sehr wackere und intelligente Leute in der Gegenpartei. Schopenhauer muß uns über diesen Konflikt theoretisch hinwegheben: wie es Wagner praktisch, als Künstler tut. Zweierlei halte ich mir immer vor: der unglaubliche Ernst und die deutsche Vertiefung in der Welt- und Kunstanschauung Wagners, wie sie aus jedem Tone quillt, ist den meisten Menschen unsrer »Jetztzeit« ein Greuel, wie Schopenhauers Askesis und Verneinung des Willens. Unsern »Juden« – und Du weißt, wie weit der Begriff reicht – ist vornehmlich verhaßt die idealistische Art Wagners, in der er mit Schiller am stärksten verwandt ist: dies glühende hochherzige Kämpfen, auf daß der »Tag der Edlen« endlich komme, kurz, das Ritterliche, was unserm plebejisch politischen Tageslärm möglichst widerstrebend ist. Schließlich finde ich auch bei vortrefflichen Naturen oftmals eine Anschauung der Indolenz, als ob eine eigne Bemühung, ein ernstes eingehendes Studium, um einen solchen Künstler und solche Kunstwerke zu verstehn, gar nicht nötig sei. Wie habe ich mich gefreut, daß du »Oper und Drama« so angelegentlich studierst! Ich habe es sogleich meinen Tribschener Freunden berichtet. Überhaupt sind ihnen meine Freunde keine Fremdlinge: und wenn Du etwa nach der ersten Meistersinger-Aufführung einen ausführlichen Brief an R. W. schreiben willst, so wird dies große Freude erregen, und man wird bereits des Genaueren wissen, wer der Schreiber des Briefes ist. Auch versteht es sich, daß wir, wenn Du mich einmal besuchst, nach Tribschen reisen. Es ist eine unendliche Bereicherung des Lebens, einen solchen Genius wirklich nahe kennen zu lernen. Für mich knüpft sich alles Beste und Schönste an die Namen Schopenhauer und Wagner, und ich bin stolz und glücklich, hierin mit meinen nächsten Freunden gleichgestimmt zu sein. – Kennst Du schon »Kunst und Politik«? Auch kündige ich Dir das Erscheinen einer kleinen Schrift von R. W. an »über das Dirigieren«, die am besten mit dem »Philosophieprofessoren«-Aufsatz Schopenhauers zu vergleichen ist.

Sehr betrübt hat mich das Schicksal Deines guten Bruders. Wir haben in Leipzig auch nach Deinem Fortgange uns nicht selten getroffen, und ich habe ihn immer geschätzt. Hoffentlich wird hier noch alles gut werden. So elend ist aber unser Leben: von allen Seiten gähnt das Verderbliche und Schreckliche. Es gehört viel dazu, sich einen mutigen Sinn zu bewahren. – Ach und wie sehr braucht man das Bewußtsein wahrer Freunde! Die Einsamkeit ist mitunter gar zu trostlos.

Treulich Dein

F. N.

Adresse an R. W.: Hrn. Richard Wagner
in Tribschen bei Luzern.

32. An Paul Deussen

Basel, Frühling 1870.

Mein lieber Freund,

es ist unglaublich, wie verschiedenartig Dein letzter Brief aussah, gegen alle Deine frühere Briefliteratur gehalten. Jetzt endlich ist eine lang andauernde Entfremdung zwischen uns gewichen, nachdem wir nun beide dieselbe Sprache reden und nicht mehr bei denselben Worten Verschiedenes empfinden. Vielleicht wäre Dir der etwas mühsame und nicht ganz ebene und direkte Weg zu dem jetzigen Höhegrad Deiner Bildung erspart gewesen und durch einen natürlicheren und gelinderen Pfad ersetzt worden, wenn wir immer zusammengeblieben wären. Wenigstens bist Du von allen meinen Freunden der letzte, der den Weg zur Weisheit gefunden hat. Jetzt endlich habe ich auch für Dich noch die besten Hoffnungen: viele Nebel werden vor Deinen Augen sinken. Freilich wirst Du Dich dann einsamer fühlen als je: wie es mir ergeht. Auch sind viele glänzende und in die Augen fallende Stellungen im Leben uns nicht mehr erreichbar, dafür auch nicht mehr erstrebenswert. Die geistige Einsiedelei und gelegentlich ein Gespräch mit Gleichgesinnten sind unser Los: wir brauchen mehr als andre Wesen die Tröstungen der Kunst. Auch wollen wir niemanden bekehren, weil wir die Kluft empfinden als eine von der Natur gesetzte. Mitleid wird uns eine wahrhaft vertraute Empfindung. Wir verstummen mehr und mehr, – es gibt Tage und sehr viele, an denen ich nur im Dienste des Amtes rede, sonst nicht. Freilich habe ich das unschätzbare Glück, den wahren Geistesbruder Schopenhauers, der sich zu ihm wie Schiller zu Kant verhält, als wirklichen Freund zu besitzen, einen Genius, der dasselbe furchtbar erhabene Los empfangen hat, ein Jahrhundert früher zu kommen, als er verstanden werden kann. Ich sehe deshalb tiefer in die Abgründe jener idealistischen Weltanschauung: auch merke ich, wie mein philosophisches, moralisches und wissenschaftliches Streben einem Ziele zustrebt und daß ich – vielleicht der erste aller Philologen – zu einer Ganzheit werde. Wie wunderbar neu und verwandelt sieht mir die Geschichte aus, vornehmlich das Hellenentum! Ich möchte Dir bald einmal meine zuletzt gehaltenen Vorträge schikken, von denen der letzte (»Sokrates und die Tragödie«) hier wie eine Kette von Paradoxien aufgefaßt worden ist und zum Teil Haß und Wut erregt hat. Es muß Anstoß kommen. Ich habe bereits das Rücksichtnehmen in der Hauptsache verlernt: dem einzelnen Menschen gegenüber seien wir mitleidig und nachgebend, im Aussprechen unsrer Weltanschauung starr wie die alte Römertugend.

Nun wirst Du mir wohl öfter schreiben: denn Dir selbst muß eine Sehnsucht kommen, Dein Neuerlebtes jemandem auszuschütten. Auch wirst Du schwerlich einen finden, der so viele Bekehrungen erlebt und das begeisterte Neophytentum so oft an anderen geliebt hat.

Treulichst

F. W. Nietzsche.

Basel, Schützengraben 45.

33. An Freiherrn von Gersdorff

Naumburg, 20. Oktober 1870.

Mein lieber Freund,

dieser Morgen brachte mir die freudigste Überraschung und Befreiung von viel Unruhe und Beängstigung – Deinen Brief. Noch vorgestern wurde ich auf das ärgste erschreckt, als ich in Pforta Deinen Namen mit zweifelnder Stimme aussprechen hörte: Du weißt, was jetzt dieser zweifelnde Ton zu bedeuten pflegt. Sofort requirierte ich vom Rektor eine Liste der gefallenen Pförtner, die gestern abend bei mir eintraf. Sie beruhigte mich in einem Hauptpunkte. Sonst gab sie viel Trauriges. Außer den Namen, die Du schon genannt hast, lese ich hier an erster Stelle Stöckert, dann von Oertzen (doch mit einem Fragezeichen), dann von Riedesel usw., *in summa* 16.

Alles, was Du mir schreibst, hat mich auf das stärkste ergriffen, vor allem der treue, ernste Ton, mit dem Du von dieser Feuerprobe der uns gemeinsamen Weltanschauung sprichst. Auch ich habe eine gleiche Erfahrung gemacht, auch für mich bedeuten diese Monate eine Zeit, in der jene Grundlehren sich als festgewurzelt bewährten: man kann mit ihnen sterben; das ist mehr, als wenn man von ihnen sagen wollte: man kann mit ihnen leben. Ich war nämlich doch nicht in so unbedingter Sicherheit und Entrücktheit von den Gefahren dieses Krieges. Ich hatte bei meinen Behörden sofort den Antrag gestellt, mir Urlaub zu geben, um als Soldat meine deutsche Pflicht zu tun. Man gab mir Urlaub, aber verpflichtete mich auf Grund der schweizerischen Neutralität, keine Waffen zu tragen. (Ich habe seit 69 kein preußisches Heimatsrecht mehr.) Sofort reiste ich nun mit einem vortrefflichen Freunde ab, um freiwillige Krankenpflegerdienste zu tun. Dieser Freund, mit dem ich durch 7 Wochen alles gemeinsam gehabt habe, ist der Maler Mosengel aus Hamburg, mit dem ich Dich in Friedenszeiten bekannt machen muß. Ohne seinen gemütvollen Beistand hätte ich schwerlich die Ereignisse der nun kommenden Zeit überstanden. In Erlangen ließ ich mich von dortigen Universitätskollegen medizinisch und chirurgisch ausbilden; wir hatten dort 200 Verwundete. Nach wenigen Tagen wurden mir 2 Preußen und 2 Turkos zur speziellen Behandlung übertragen. Zwei von diesen bekamen bald die Wunddiphtheritis, und ich hatte viel zu pinseln. Nach 14 Tagen wurden wir beide, Mosengel und ich, von einem dortigen Hilfsvereine ausgeschickt. Wir hatten eine Menge Privataufträge, auch erhebliche Geldsummen zur Besorgung an 80 früher ausgesandte Felddiakonen. Unser Plan war, in *Pont-à-Mousson* mit meinem Kollegen Ziemssen zusammenzutreffen und uns dessen Zug von 15 jungen Männern anzuschließen. Das ist nun freilich nicht in Erfüllung gegangen. Die Erledigung unsrer Aufträge war sehr schwer: wir mußten, da wir gar keine Adressen hatten, persönlich in anstrengenden Märschen nach sehr unbestimmten Andeutungen hin die Lazarette bei Weißenburg, auf dem Wörther Schlachtfelde, in Hagenau, Luneville, Nanzig bis Metz durchsuchen. In *Ars sur Moselle* wurden uns Verwundete zur Verpflegung übergeben. Mit diesen sind wir, da sie nach Karlsruhe transportiert wurden, wieder zurückgekehrt. Ich hatte 6 Schwerverwundete 3 Tage und 3 Nächte lang ganz allein zu verpflegen, Mosengel 5; es war schlechtes Wetter, unsre Güterwagen mußten fast geschlossen werden, damit die armen Kranken nicht durchnäßt würden. Der Dunstkreis solcher Wagen war fürchterlich; dazu hatten meine Leute die Ruhr, zwei die Diphtheritis, kurz, ich hatte unglaublich zu tun und verband vormittags 3 Stunden und abends ebensolange. Dazu nachts nie Ruhe bei den menschlichen Bedürfnissen der Leidenden. Als ich meine Kranken in ein ausgezeichnetes Lazarett abgeliefert hatte, wurde ich schwer krank: sehr gefährliche Brechruhr und Rachendiphtheritis stellten sich sogleich ein. Mit Mühe kam ich bis Erlangen. Dort blieb ich liegen. Mosengel besaß die Aufopferung, mich hier zu pflegen. Und das war nichts Kleines bei dem Charakter jener Übel. Nachdem ich mehrere Tage mit Opium- und Tanninklystieren und Höllensteinmixturen meinem Leibe zugesetzt hatte, war die erste Gefahr beseitigt. Nach einer Woche konnte ich nach Naumburg abreisen, bin aber bis jetzt noch nicht wieder gesund. Dazu hatte sich die Atmosphäre der Erlebnisse wie ein düsterer Nebel um mich gebreitet: eine Zeitlang hörte ich einen nie endenwollenden Klagelaut. Meine Absicht, wieder auf den Kriegsschauplatz abzugehen, wurde deshalb unmöglich gemacht. Ich muß mich jetzt begnügen, aus der Ferne zuzusehen und mitzuleiden.

Ach, mein lieber Freund, welche Segenswünsche soll ich Dir zurufen! Wir wissen beide, was wir vom Leben zu halten haben. Aber wir müssen leben, nicht für uns. Also lebe, lebe, liebster Freund! und lebe wohl! Ich kenne Deine heldenmütige Natur. Ach daß Du mir erhalten bliebest!

Treulich Friedrich Nietzsche

(von morgen an in Basel).

Naumburg, 20. Oktober 1870.

Heute habe ich nicht mehr zum Schreiben Zeit, da meine Abreise bevorsteht. Von Basel aus erfährst Du mehr von mir. Ich bin glücklich, endlich Deine Adresse zu haben. Meine Angehörigen begleiten Dich mit ihren besten Wünschen.

34. An Freiherrn von Gersdorff

Basel, 7. November 1870.

Mein lieber Freund,

hoffentlich erreicht Dich auch dieser Brief bei gutem tapferen Befinden und leidlicher Stimmung. Woher diese zwar kommen soll, ist mir fast unbegreiflich – es sei denn, daß man wisse, was das Dasein ist und zu bedeuten hat. Wenn sich einmal, wie jetzt, die schrecklichen Untergründe des Seins aufschließen, der ganze unendliche Reichtum des Wehes sich ausschüttet, dann haben wir das Recht, als die Wissenden mitten hindurchzuschreiten. Dies gibt eine mutig resignierte Stimmung: man hälts damit aus und wird nicht zur Salzsäule.

Ich habe mich mit wahrer Begierde in die Wissenschaften gestürzt; jetzt hat nun auch wieder die regelmäßige Berufstätigkeit begonnen. Ich wünschte nur gesünder zu sein. Aber mein Organismus hat unter dem Ansturm der Ruhr sehr gelitten und noch lange nicht ersetzt, was ihm genommen wurde. Man hat mich hier in Basel mit großer Freundlichkeit wieder bewillkommt. Auch von Tribschen habe ich gute Nachrichten. Wagner und Frau sagen Dir die besten Grüße und Wünsche. (Du weißt doch, daß im August die Hochzeit stattgefunden hat? Ich war als Zeuge eingeladen, konnte aber nicht erscheinen, weil ich gerade damals in Frankreich war.) Wagner hat mir vor ein paar Tagen ein wundervolles Manuskript zugeschickt, »Beethoven« betitelt. Hier haben wir eine überaus tiefe Philosophie der Musik im strengen Anschluß an Schopenhauer. Diese Abhandlung erscheint zu Ehren Beethovens – als die höchste Ehre, die ihm die Nation erweisen kann. –

Mein Brief ist einige Tage zu meinem Leidwesen liegengeblieben. Das neue Semester begann wie gewöhnlich mit einem kräftigen Ansturm, so daß einem Hören und Sehen verging. Ich lese dieses Semester zwei neue Kollegien: »Griechische Metrik und Rhythmik« (nach einem eignen System) und Hesiod. Sodann die Seminarübungen. Dann die griechischen Stunden am Pädagogium, in denen ich die Oresteia des Äschylos vornehme. Dazu kommen Regenz-, Fakultäts- und Bibliothekssitzungen nebst manchen Einladungen geselliger Art.

Gestern abend hatte ich einen Genuß, den ich Dir vor allem gegönnt hätte. Jacob Burckhardt hielt eine freie Rede über »historische Größe«, und zwar völlig aus unserm Denk- und Gefühlskreise heraus. Dieser ältere, höchst eigenartige Mann ist zwar nicht zu Verfälschungen, wohl aber zu Verschweigungen der Wahrheit geneigt, aber in vertrauten Spaziergängen nennt er Schopenhauer »unseren Philosophen«. Ich höre bei ihm ein wöchentlich einstündiges Kolleg über das Studium der Geschichte und glaube der einzige seiner 60 Zuhörer zu sein, der die tiefen Gedankengänge mit ihren seltsamen Brechungen und Umbiegungen, wo die Sache an das Bedenkliche streift, begreift. Zum ersten Male habe ich ein Vergnügen an einer Vorlesung: dafür ist sie auch derart, daß ich sie, wenn ich älter wäre, halten könnte. In seiner heutigen Vorlesung nahm er Hegels Philosophie der Geschichte vor, in einer des Jubiläums durchaus würdigen Weise.

In diesem Sommer habe ich einen Aufsatz geschrieben »über die dionysische Weltanschauung«, der das griechische Altertum von einer Seite betrachtet, wo wir ihm, dank unserm Philosophen, jetzt näher kommen können. Das sind aber Studien, die zunächst nur für mich berechnet sind. Ich wünsche nichts mehr, als daß mir die Zeit gelassen wird, ordentlich auszureifen und dann etwas aus dem Vollen produzieren zu können.

Vor dem bevorstehenden Kulturzustande habe ich die größten Besorgnisse. Wenn wir nur nicht die ungeheuren nationalen Erfolge zu teuer in einer Region bezahlen müssen, wo ich wenigstens mich zu keinerlei Einbuße verstehen mag. Im Vertrauen: ich halte das jetzige Preußen für eine der Kultur höchst gefährliche Macht. Das Schulwesen will ich einmal später öffentlich bloßlegen; mit den religiösen Umtrieben, wie sie jetzt wieder von Berlin aus zugunsten der katholischen Kirchengewalt im Gange sind, mags ein anderer versuchen. – Es ist mitunter recht schwer, aber wir müssen Philosophen genug sein, um in dem allgemeinen Rausch besonnen zu bleiben – damit nicht der Dieb komme und uns stehle oder verringere, was für mich mit den größten militärischen Taten, ja selbst mit allen nationalen Erhebungen nicht in Vergleichung kommen darf.

Für die kommende Kulturperiode sind die Kämpfer vonnöten: für diese müssen wir uns erhalten. Lieber Freund, mit den größten Besorgnissen denke ich immer an Dich: – möge Dich der Genius der Zukunft, in dem Sinne, wie wir sie erhoffen, geleiten und schützen!

Dein treuer Freund Fr. Nietzsche.

Basel, 7. Nov. 70.

35. An Erwin Rohde

Basel, den 15. Dezember 1870.

Mein lieber Freund,

keine Minute ist seit dem Lesen Deines Briefes verflossen, und schon schreibe ich. Ich wollte Dir nämlich nur sagen, daß ich ganz gleich fühle wie Du und es für eine Schmach halte, wenn wir nicht einmal aus diesem sehnsüchtigen Schmachten durch eine kräftige Tat herauskommen. Nun höre, was ich in meinem Gemüt mit mir herumwälze! Schleppen wir uns noch ein paar Jahre durch diese Universitätsexistenz! nehmen wir sie wie ein lehrreiches Leidwesen, das man ernsthaft und mit Erstaunen zu tragen hat! Es soll dies unter anderem eine Lernzeit für das Lehren sein, auf das mich auszubilden mir als meine Aufgabe gilt. Nur habe ich mir das Ziel etwas höher gesteckt.

Auf die Dauer nämlich sehe auch ich ein, was es mit der Schopenhauerischen Lehre von der Universitätsweisheit auf sich hat. Es ist ein ganz radikales Wahrheitswesen hier nicht möglich. Insbesondere wird etwas wahrhaft Umwälzendes von hier aus nicht seinen Ausgang nehmen können.

Sodann können wir nur dadurch zu wirklichen Lehrern werden, daß wir uns selbst mit allen Hebeln aus dieser Zeitluft herausheben und daß wir nicht nur weisere, sondern vor allem bessere Menschen sind. Auch hier spüre ich vor allem das Bedürfnis, wahr sein zu müssen. Und wiederum ertrage ich deshalb die Luft der Akademien nicht mehr zu lange.

Also wir werfen einmal dieses Joch ab, das steht für mich ganz fest. Und dann bilden wir eine neue griechische Akademie; Romundt gehört gewiß zu uns. Du kennst wohl auch aus Deinem Besuche in Tribschen den Bayreuther

Plan Wagners. Ich habe mir ganz im stillen überlegt, ob nicht hiermit zugleich unsererseits ein Bruch mit der bisherigen Philologie und ihrer Bildungsperspektive geschehen sollte. Ich bereite eine große *adhortatio* an alle noch nicht völlig erstickten und in der Jetztzeit verschlungenen Naturen vor. Wie kläglich ist es doch, daß ich Dir darüber schreiben muß und daß nicht jeder Einzelgedanke mit Dir bereits längst durchsprochen ist! Und weil Du diesen ganzen vorhandenen Apparat nicht kennst, wird Dir vielleicht gar mein Plan wie eine exzentrische Laune erscheinen. Das ist er nicht: er ist eine Not.

Ein eben erschienenes Buch von Wagner über Beethoven wird Dir vieles andeuten können, was ich jetzt von der Zukunft will. Lies es, es ist eine Offenbarung des Geistes, in dem wir – wir! – in der Zukunft leben werden.

Sei es nun auch, daß wir wenig Gesinnungsgenossen bekommen, so glaube ich doch, daß wir uns selbst so ziemlich – freilich mit einigen Einbußen – aus diesem Strome herausreißen können und daß wir eine kleine Insel erreichen werden, auf der wir uns nicht mehr Wachs in die Ohren zu stopfen brauchen. Wir sind dann unsre gegenseitigen Lehrer, unsre Bücher sind nur noch Angelhaken, um jemand wieder für unsre klösterlich-künstlerische Genossenschaft zu gewinnen. Wir leben, arbeiten, genießen füreinander: – vielleicht daß dies die einzige Art ist, wie wir für das Ganze arbeiten sollen.

Um Dir zu zeigen, wie ernsthaft ich das meine, so habe ich bereits angefangen, meine Bedürfnisse einzuschränken, um einen kleinen Rest von Vermögen mir noch zu bewahren. Auch wollen wir in Lotterien unser »Glück« versuchen; wenn wir Bücher schreiben, so verlange ich für die nächste Zeit die höchsten Honorare. Kurz, jedes nicht unerlaubte Mittel wird benutzt, um uns äußerlich in die Möglichkeit zu versetzen, unser Kloster zu gründen. – Wir haben also auch für die nächsten paar Jahre unsere Aufgabe.

Möge Dir dieser Plan vor allem würdig erscheinen, überdacht zu werden! Daß es vor allem Zeit sei, ihn Dir vorzulegen, dafür gibt mir Dein eben empfangener, wirklich ergreifender Brief Zeugnis.

Sollten wir nicht imstande sein, eine neue Form der Akademie in die Welt zu setzen,

»und sollt ich nicht, sehnsüchtigster Gewalt,
»ins Leben ziehn die einzigste Gestalt?«

wie Faust von der Helena sagt.

Von diesem Vorhaben weiß niemand etwas, und von Dir soll es nun abhängen, ob wir jetzt auch Romundt eine vorbereitende Mitteilung machen.

Unsere Philosophenschule ist doch gewiß keine historische Reminiszenz oder eine willkürliche Laune – treibt uns nicht eine Not auf diese Bahn hin? – Es scheint, daß unser Studentenplan, unsre gemeinsame Reise, in einer neuen, symbolisch größeren Form wiederkehrt. Ich will nicht der sein, der Dich wiederum, wie damals, im Stiche läßt; es wurmt mich immer noch.

Mit den besten Hoffnungen Dein
getreuer *Frater Fridericus.*

Vom 23. Dezember bis 1. Januar bin ich in Tribschen bei Luzern. – Von Romundt weiß ich nichts.

36. An Mutter und Schwester

Tribschen bei Luzern,
30. Dezember 1870.

Meine liebe Mutter und Schwester,

zum Jahreswechsel empfangt meine Wünsche, die diesmal besonders lebhaft sind, weil wir alle die stillen und lauten Befürchtungen haben, daß wir einer noch schlimmeren Zeit entgegengehn, als die gegenwärtige ist. Die Nachwirkungen des Krieges sind mehr zu fürchten als der Krieg selbst mit seinen ungeheuren Verlusten. –

Gestern habe ich von Dir, liebe Lisbeth, Geld und Brief bekommen; ich ersah aus der Schlußbemerkung, daß mein Weihnachtskistchen noch richtig angekommen ist.

Hier geht es mir so gut, als ich nur irgendwie wünschen konnte, und wir haben ein sehr schönes Weihnachten gefeiert. Die Feier des 25. als des Geburtstages der Frau Wagner war vollendet und einer ausführlichen Erzählung wert. Das »Tribschener Idyll«, wie der von W. komponierte wunderschöne Symphoniesatz genannt ist, gehört zu dem Allerschönsten, was es gibt. Die Musiker waren, wie wir, ganz begeistert. Vielleicht bekomme ich bald einen vierhändigen Klavierauszug: was Gustav Krug sehr interessieren wird.

Zu Weihnachten bekam ich ein prachtvolles Exemplar des »Beethoven«, dann eine stattliche Ausgabe des ganzen »Montaigne« (den ich sehr verehre) und – etwas ganz Einziges – das erste Exemplar vom Klavierauszuge des »Siegfried«, erster Akt, eben fertig geworden, während noch ein Jahr vergehen kann, ehe der Klavierauszug dieses Werkes in die Öffentlichkeit kommt.

Heute kam von Gersdorff ein Brief an Wagner an. Somit lebt er noch.

Am Neujahrstage fahre ich wieder nach Basel zurück. Es

gibt immer noch eine lange Hälfte des Wintersemesters. Wir haben tiefen Schnee und rings um Tribschen herum große Einöde.

Nun lebt wohl, so gut es gehen mag, und betretet das neue Jahr mit den alten Empfindungen. Die gute Tante grüßt herzlich von mir. Es fehlt mir die Lust, ihr zu schreiben, auch die Zeit. Ich bemerke, daß ich der Großmama längst geschrieben habe, nämlich in der ersten Woche, die ich wieder in Basel verlebte: wie ich doch versprochen hatte.

Grüßt die mir wohlwollenden Menschen und denkt auch im neuen Jahre gern an Euren F.

NB. nebst den Grüßen von meinen Gastfreunden, die Dir, liebe Lisbeth, sehr freundlich gesinnt sind.

Freitag, Tribschen im Unheilsjahre 1870.

37. An Erwin Rohde

Lugano, *Hôtel du Parc* (wird aber Ende der Woche verlassen), 29. März 1871.

Ja, mein lieber Freund, den Bann lösen! Das ist nicht leicht und mir zurzeit gänzlich unmöglich. Denn ich weiß von der Fortentwicklung der Sache nichts, gar nichts. Vischer hat mir zwar einmal hierher (nach Lugano) geschrieben, aber in seinem Briefe war kein Wort über unser gemeinsames Anliegen. Dagegen erlebte ich noch in Basel vor meiner Abreise und nachdem ich Dir geschrieben, einige Anzeichen, daß der »Philosoph« Steffensen keinen guten Willen für das Projekt hat. Denke Dir, wie sehr man mich in der Hand hat, wenn man sich auch meine nie verschwiegene Schopenhauerei berufen kann! Zudem muß ich doch auch mich philosophisch etwas ausweisen und legitimieren; eine kleine Schrift »Ursprung und Ziel der Tragödie« ist dazu fertiggemacht worden, fertig bis auf einige Pinselstriche. Somit glaube ich, daß wir mindestens etwas noch warten müssen, nämlich bis Michaelis, wo sich die Sache, bestenfalls, für uns entscheidet. Freilich ist damit der traurige Zustand der Aufregung und Unzufriedenheit, als unser *perpetuum mobile*, noch recht in die Länge gezogen, und wir haben gute Zeit, unsere philosophische Kaltblütigkeit an einer nicht sehr hoffnungsreichen Erwartung zu erproben! – Das ist nun die Kehrseite meines Einfalls: gelang er schnell und unerwartet, Glorie! verzögerte er sich, Miserabilität! Wir haben das längere Teil erwählt, das diesmal auch das kürzere ist.

Mein Befinden ist leider noch nicht das beste; immer noch verbringe ich von zwei Nächten die eine schlaflos. Obwohl ich viel heiterer und ruhiger bin und im ganzen mich wohl fühle, darf ich doch noch nicht an Reisepläne denken; von Italien erhasche ich den Zipfel und lasse ihn bald wieder fallen. Ich habe noch nicht einmal den Comersee und den Langensee kennen gelernt – und bin bereits mehr als sechs Wochen in Lugano! Das Wetter ist im ganzen wenig italienisch; von einem Frühling, der mehr wäre als unser deutscher Frühling, habe ich noch nichts gespürt. Selbst die niederen Berge ringsherum haben noch Schnee, und bis vor zwei Wochen hatten wir ihn noch im Garten des übrigens guten Hotels. Abnorm! sagt man mir – ein leidiger Trost, an den ich mich seit meinem Aufenthalte in der Schweiz bereits gewöhnt habe.

Unter vielen niedergedrückten und halben Stimmungen habe ich auch einige recht erhobene gehabt und davon in dem genannten Schriftchen einiges merken lassen. Von der Philologie lebe ich in einer übermütigen Entfremdung, die sich schlimmer gar nicht denken läßt. Lob und Tadel, ja alle höchsten Glorien auf dieser Seite machen mich schaudern. So lebe ich mich allmählich in mein Philosophentum hinein und glaube bereits an mich; ja, wenn ich noch zum Dichter werden sollte, so bin ich selbst hierauf gefaßt. Einen Kompaß der Erkenntnis, wozu ich bestimmt sei, besitze ich ganz und gar nicht: und doch sieht mir, in der Rekapitulation, alles so wohl zusammenstimmend aus, als ob ich einem guten Dämon bis jetzt gefolgt sei. Daß sich jemand, in dieser Unklarheit der Ziele, ja ohne jedes höchste Streben auf eine Staatsbeamtung hin, doch so klar und ruhig fühlen könne wie ich mich im ganzen fühle, habe ich nie geglaubt. Welche Empfindung, seine eigne Welt, einen hübschen Ball, vor sich rund und voll werden zu sehn! Bald sehe ich ein Stück neue Metaphysik, bald eine neue Ästhetik wachsen: dann wieder beschäftigt mich ein neues Erziehungsprinzip, mit völliger Verwerfung unserer Gymnasien und Universitäten. Ich lerne bereits nichts mehr, was nicht sofort in irgendeinem Winkel des Vorhandenen einen guten Platz vorfindet. Und am meisten empfinde ich das Wachsen dieser eignen Welt, wenn ich, nicht mit Kühle, aber mit Ruhe, alle die sogenannte Weltgeschichte der letzten zehn Monate betrachte und sie nur als Mittel für meine guten Absichten, ohne jede übertriebene Ehrfurcht vor diesem Mittel, verwende. Stolz und Verrücktheit sind wirklich zu schwache Worte für meine geistige »Schlaflosigkeit«. Dieser Zustand macht es mir möglich, auf die ganze Universitätsstellung als etwas Nebensächliches, ja oft nur Peinliches hinzusehn, und selbst jene philosophische Professur reizt mich eigentlich vornehmlich Deinetwegen, da ich ja auch die Professur nur als etwas Provisorisches betrachte.

Ach, wie sehr verlange ich nach Gesundheit! Man habe nur erst etwas vor, das etwas länger dauern soll als man selber – dann dankt man für jede gute Nacht, für jeden warmen Sonnenstrahl, ja für jede geregelte Verdauung! Bei mir sind aber irgendwelche inneren Organe des Unterleibes in Zerrüttung. Daher Nerven und Schlaflosigkeit, Hämorrhoiden und Blutgeschmack etc. Sei nur so freundlich, nicht etwa auch jenen vorhin geschilderten Geisteszustand auf das Gangliensystem zurückzuführen! Mir würde sonst um meine Unsterblichkeit bange. Denn ich habe noch nicht gehört, daß Blähungen philosophische Zustände erregen.

Mit diesen – mit diesen Zuständen – mich Dir empfehlend, bitte ich Dich recht von Herzen, die Hoffnung noch nicht völlig aufzugeben: ich weiß, wie gern Vischer die Sache betreiben wird. Meine Briefsäumnisse mag ich nicht entschuldigen: aber Du weißt, je mehr man die Freunde braucht, um so weniger pflegt man zu schreiben. Es ist ganz gut – aber doch nicht recht! Darum bekommst Du bald wieder von mir einen Brief. Inzwischen denke meiner, wie ich Deiner stets gedenke, lieber Freund!

F. N.

38. An Freiherrn von Gersdorff

Basel, 21. Juni 1871.

Mein lieber, teurer Freund!

So bist du mir denn glücklich erhalten und *integer* aus den ungeheuren Gefährlichkeiten heimgekehrt. Endlich wieder darfst Du an friedliche Beschäftigungen und Aufgaben denken und jene furchtbare kriegerische Episode als einen ernsten, doch vorübergeflohenen Traum Deines Lebens betrachten. Nun winken neue Pflichten: und wenn eins uns auch im Frieden bleiben mag aus jenem wilden Kriegsspiel, so ist es der heldenmütige und zugleich besonnene Geist, den ich zu meiner Überraschung, gleichsam als eine schöne unerwartete Entdeckung, in unserm Heere frisch und kräftig, in alter germanischer Gesundheit gefunden habe. Darauf läßt sich bauen: wir dürfen wieder hoffen! Unsre deutsche Mission ist noch nicht vorbei! Ich bin mutiger als je: denn noch nicht alles ist unter französisch-jüdischer Verflachung und »Eleganz« und unter dem gierigen Treiben der »Jetztzeit« zugrunde gegangen. Es gibt doch noch Tapferkeit, und zwar deutsche Tapferkeit, die etwas innerlich anderes ist als der *élan* unsrer bedauernswerten Nachbarn.

Über den Kampf der Nationen hinaus hat uns jener internationale Hydrakopf erschreckt, der plötzlich so furchtbar zum Vorschein kam als Anzeiger ganz anderer Zukunftskämpfe. Wenn wir uns einmal persönlich aussprechen könnten, so würden wir übereinkommen, wie gerade in jener Erscheinung unser modernes Leben, ja eigentlich das ganze alte christliche Europa und sein Staat, vor allem aber die jetzt überall herrschende romanische »Zivilisation« den ungeheuren Schaden verrät, der unserer Welt anhaftet: wie wir alle, mit aller unserer Vergangenheit, schuld sind an solchen zutage tretenden Schrecken: so daß wir ferne davon sein müssen, mit hohem Selbstgefühl das Verbrechen eines Kampfes gegen die Kultur nur jenen Unglücklichen zu imputieren. Ich weiß, was es sagen will: der Kampf gegen die Kultur. Als ich von dem Pariser Brande vernahm, so war ich für einige Tage völlig vernichtet und aufgelöst in Tränen und Zweifeln: die ganze wissenschaftliche und philosophisch-künstlerische Existenz erschien mir als eine Absurdität, wenn ein einzelner Tag die herrlichsten Kunstwerke, ja ganze Perioden der Kunst austilgen konnte; ich klammerte mich mit ernster Überzeugung an den metaphysischen Wert der Kunst, die der armen Menschen wegen nicht da sein kann, sondern höhere Missionen zu erfüllen hat. Aber auch bei meinem höchsten Schmerz war ich nicht imstande, einen Stein auf jene Frevler zu werfen, die mir nur

Träger einer allgemeinen Schuld waren, über die viel zu denken ist! –

Hier folgt eine Abhandlung, die von meinem philosophischen Treiben etwas mehr verrät, als es der Titel andeutet. Lies sie mit Wohlwollen; ich habe noch vielerlei vor und bereite mich auch auf einen Kampf vor, an dem, wie ich weiß, meine Freunde starken Anteil haben werden. Wie viel wäre mündlich zu besprechen, mein teurer Freund! Und wann darf ich einmal auf Deinen Besuch hoffen?

Über Wagner wirst Du durch die »Norddeutsche Allgemeine« vielerlei und, wie ich denke, nur Gutes gehört haben: auch über die großen Bayreuther Pläne. Es ist alles im schönsten Gange. – In Tribschen hat man Dich in gutem Gedächtnis: ich habe erzählt, daß Du mir Deinen Besuch für den Sommer versprochen hättest.

Mein Befinden ist diesen Sommer besser. Die Witterung ist übrigens höchst wechselvoll. Heute haben wir Sturm und kalten Regen. Im Sommer, vom 15. Juli bis 13. August, bin ich in Gimmelwald, bei Mürren, im Berner Oberlande, zusammen mit meiner Schwester. Wir sind dort in einer kleinen, wundervoll gelegnen Pension bereits angemeldet.

Bist Du denn Zeuge des Berliner Einzuges gewesen? – Nochmals, mein lieber Freund, ich bin glücklich im Gedanken an Deinen baldigen Besuch. Der Ratsherr Vischer (der als Student öfters im Hause Deines Großvaters in Weimar war) freut sich auch auf Dein Hiersein. Denn alle meine Bekannten wissen von Deinen Schicksalen.

Lebe recht wohl und immer besser: Du hast es verdient.

Ich bitte darum, Deinen verehrten Eltern empfohlen zu werden, und bin, was ich war,

Dein treuer Freund Friedrich Nietzsche.

Basel, 21. Juni 1871.

39. An die Mutter

Basel, 2. Sept. 1871.

Hier, meine liebe Mutter, sind Nachrichten von mir, mit eigner Hand geschrieben, nachdem die bisherige Führerin meiner Korrespondenz mit Dir mich verlassen hat. Auch weiß ich bereits aus einem eben empfangenen Brief Lisbeths, daß sie ohne Unfall Wiesbaden erreicht hat und dort alle Behaglichkeiten eines guten Hauses und einer zärtlichen Freundin zu genießen hat. Basel hat ihr wohl gefallen, ja, nach meinem Urteil, zu gut.

Ich lese Deine Briefe sehr gern: Du erzählst einem doch etwas, und aus der Menge der kleinen Züge macht sich mir dann ein anschauliches Bild: während unsereins nichts Rechtes schreibt, sondern immer auf persönliches Wiedersehen vertröstet, dann aber gewöhnlich erst recht nichts zu erzählen hat. Dieses persönliche Wiedersehen scheint auch jetzt wieder uns recht nahe bevorzustehen: wenn anders etwas aus meinem Plane wird, am 1. Oktober in Naumburg zu dreiwöchentlichem Aufenthalte einzutreffen. Jedenfalls gebe ich Dir bald genauere und bestimmte Nachricht. Zugleich soll damit ein Zusammentreffen mit Rohde in Leipzig verbunden werden usw.

Lisbeth hat diese Kombination mit großem Beifall begrüßt. Zuerst war davon die Rede, daß ich Weihnachten nach Naumburg käme. So sehr das wünschenswert wäre, so unbequem ist die Winterreise: vor allem aber hätte ich nur eine Woche Zeit. Deshalb habe ich mich für den Herbst entschieden, den ich nun einmal besonders in Thüringer Luft gern habe. Ich freue mich auf das Saaltal und die vielen Leipziger Erinnerungsstätten und möchte fast wähnen, ich lebte im Exil, weil ich diesen Gegenden so ferne bin. Mit meiner Gesundheit bin ich immer noch nicht zufrieden, und ich glaube mehr als je, daß mir die Basler Luft nicht bekommt. Es dauert recht lange, ehe ich die unwillkürliche Abneigung gegen die ganze schweizerische Existenz überwinde: bis jetzt bin ich noch nicht einmal auf dem Gefrierpunkt der Gleichgültigkeit.

Von Gersdorffs Besuch wird Dir wohl Lisbeth geschrieben haben. Er hat mir ebensogut als Wagners gefallen, als ein echter und kräftiger Repräsentant aller tüchtigen Eigenschaften des norddeutschen Wesens. Romundt erwarte ich täglich zu sehen, da er auf seiner Reise nach Nizza, wo er den Winter verlebt, über Basel kommen muß. Deussen hat mich dringend gebeten, ihn zu besuchen: und ich will dies ausführen, wahrscheinlich auf meiner Heimreise von Naumburg nach Basel. Er ist jetzt in Marburg an der Universität Dozent. Windisch ist aus England zurückgekehrt und in Leipzig zum *professor extraord.* gemacht worden. Rohde ist augenblicklich in einem Seebade in Holstein und hat sich verschworen, mit mir dieses Jahr zusammenzutreffen, nachdem verschiedene Versuche von mir, ihn dauernd in meine Nähe zu bringen, mißlungen sind.

Es dürfte also doch sein, daß ich Dich durch meine Ankunft Deinem bisherigen schönen Aufenthalte »im Wald und auf der Heide« entzöge: weshalb ich den lieben Onkel Theobald recht um Verzeihung bitten muß. Grüße ihn recht von mir: irgendwann werde ich ihn doch einmal wiedersehen samt seiner vortrefflichen Frau und den mir noch ganz unbekannten Kindern. Ich höre, daß um diese Zeit sein Geburtstag ist: er lebe hoch!

Und Du auch!

Dein Fritz.

40. An Freiherrn von Gersdorff

Basel, 18. Sept. 1871.

Mein lieber Freund,

meinen herzlichsten Gruß zuvor!

Ich bin immer so zufrieden, wenn ich an Dich denke; denn es kommt mir so vor, als ob wir auch nach fünfjährigem Intermezzo noch recht gut zusammenpassen. Unsere Wege sind doch, im letzten Grunde, nicht auseinandergegangen, und so haben wir uns wiedergefunden, und so werden wir uns in aller Zukunft wiederfinden. Wie wenig Menschen haben, nach solchen Zwischenräumen der Trennung, solch ein Glück mit ihren Freunden!

Ich danke Dir noch einmal für Deinen Besuch; es hätte mir in diesem Sommer nichts Angenehmeres und Tröstlicheres passieren können. Wir haben das Netz der Kultur wieder einmal gemeinsam über unsern Köpfen zusammengezogen, und es wird schwer halten, uns in dieser Gemeinsamkeit unsrer besten Absichten zu stören.

Du bist überall im besten Andenken. Frau Wagner hat mir über Dich geschrieben, sehr erfreut und dankbar: Burckhardt und Vischer senden Dir ihre besten Grüße. Kurz – mein Basel lob ich mir; meine Freunde sind mit Basel und Basel ist mit meinen Freunden zufrieden.

Deine letzten Mitteilungen haben mancherlei Schmerzliches. Dein armer Bruder!

Jene Auseinandersetzung über Religion und Philosophie, von der Du mir erzählst, gehört gewiß zu den traurigsten Notwendigkeiten des Lebens: ist man einmal dazu getrieben, so wappne man sich mit Weisheit und Milde. Es ist so überaus schwer, bei solchen Anfechtungen, von aller Bitterkeit sich frei zu halten: während doch, bei der großen Dunkelheit des Daseins, hier das eigentliche Bereich des Mitleidens ist. Betone nur immer durch die Tat Deine innerste Übereinstimmung mit dem Dogma der Liebe und des Mitleidens – das ist die feste Brücke, die auch über solche Klüfte geschlagen werden kann. –

Auch ist es eine edle Kunst, in solchen Dingen zur rechten Zeit zu schweigen. Das Wort ist ein gefährliches Ding und selten bei derartigen Anlässen das rechte. Wie vieles darf man nicht aussprechen! Und gerade religiöse und philosophische Grundanschauungen gehören zu den *pudendis.* Es sind die Wurzeln unseres Denkens und Wollens: deshalb sollen sie nicht ans grelle Licht gezogen werden. –

Im Herbst werden wir uns wiedersehen können: zwar schwerlich in Mannheim: denn Wagner ist jetzt in voller schaffender Tätigkeit und deshalb wohl nur mit großer Mühe zu solchen zerstreuenden Öffentlichkeiten zu bewegen.

Aber ich komme wahrscheinlich nach Leipzig, wo ich eine Zusammenkunft mit Rohde verabredet habe. Genaueres melde ich Dir noch. Denke Dir, daß ich vielleicht das Glück habe, alle meine Freunde in diesem Sommer und Herbst in einer Reihenfolge wiederzusehen.

Du hast dieses Glück inauguriert. Dann kam Romundt auf wenige Tage, aber doch zu unsrer großen beiderseitigen Ergötzung. Er war auf dem Wege nach Nizza und ist nun entschlossen, im nächsten Jahre sich für Philosophie zu habilitieren.

In Naumburg werde ich Pinder und Krug treffen, in Leipzig Windisch, Ritschls und Brockhausens und – Rohde. Auf meiner Rückkehr über Marburg will ich Deussen wiedersehn. – Und könntest Du nicht Mushacke mit nach Leipzig bringen, ungefähr am 10. Oktober? So wäre der Kreislauf vollständig. –

Nun noch eine Bitte. Kennst Du den jungen Fürsten Hatzfeld, den Bruder der Frau von Schleinitz? Er ist Referendar und Majoratserbe. Ich wäre Dir sehr dankbar, wenn

Du mir etwas Genaues über seinen Charakter und seine Bildungsabsichten usw. mitteilen könntest. Den Grund zu dieser, mir sehr wichtigen Anfrage will ich Dir später mitteilen. Wenn Du ihn nicht kennst – mindestens wirst Du leicht etwas über ihn hören können.

Und nun, mein lieber treuer Freund, lebe wohl! Lebe Dich hinein in Wagnersche Kunst, wie Du Dich in Schopenhauer hineingelebt hast. Grüße mir Deine künstlerischen Freunde und denke gern

an Deinen Gebirgskameraden

Friedr. Nietzsche.

Basel, Montag, den 18. Sept. 1871.

41. An Freiherrn von Gersdorff

Basel, 19. November 1871.

Verzeihe mir, mein lieber Freund, daß ich Dir nicht früher für Deine Briefe gedankt habe, von denen ein jeder mich an Dein kräftiges Kulturleben erinnert, als ob Du im Grunde noch Soldat seist und Deine militärische Gesinnung jetzt im Bereiche der Philosophie und Kunst zu erweisen trachtetest. Und so ist es recht; nur noch als Kämpfer haben wir gerade in unserer Zeit ein Recht zu existieren, als Vorkämpfer für ein kommendes *saeculum*, dessen Formation wir an uns, an unsern besten Stunden nämlich, etwa ahnen können: da diese besten Stunden uns doch offenbar dem Geiste unserer Zeit entfremden, aber doch irgendwo eine Heimat haben müssen; weshalb ich glaube, wir haben in diesen Stunden so eine dumpfe Witterung des Kommenden. Haben wir nicht auch aus unserer letzten gemeinsamen Leipziger Erinnerung noch das Gedächtnis an solche entfremdete Momente, die in ein anderes *saeculum* gehören? – Also – es bleibt dabei: »Und im ganzen, vollen, schönen resolut zu leben!« Aber es gehört eine kräftige Resolution dazu und ist nichts für jedermann!

Heute wurde ich recht an unser Leipziger Dasein gemahnt, und in einem gewissen Sinne kann ich sagen: ich knüpfe ans fröhliche Ende den fröhlichen Anfang nun an, wie das lustige Lied heißt. Heute nämlich, erst heute! antwortete Fritzsch, der treffliche Verleger, auf meinen damaligen Besuch: weshalb ich Dir auch gerade heute Nachricht geben muß. Denn Du und Rohde, ihr wart es, die mich zu dem trefflichen Fritzsch moralisch und körperlich brachten: was ich bis jetzt noch zu preisen habe. Er konnte nichts dafür, daß seine Antwort sich so lange verschob. Er hatte das Manuskript sofort einem Fachmann zur Beurteilung übersandt, und dieser hat bis zum 16. November getrödelt. Du weißt doch noch, daß das Lied »Lieber Freund, diesen Gruß zum Angebinde« für den 16. November bestimmt war, nämlich zu Krugs Geburtstag. An diesem gleichen Tage schrieb der gute Fritzsch, »daß mich nicht Argernuß nag und schinde«, und verspricht sogar noch bis Weihnachten fertig zu werden. Also die Ausstattung genau nach dem Muster von Wagners »Bestimmung der Oper« ist beschlossen: freue Dich mit mir! Für eine schöne Vignette wird somit ein herrlicher Platz sein: sage dies Deinem künstlerischen Freunde, zugleich mit meinen teilnehmendsten Grüßen. Nimm Dir einmal die Wagnersche Broschüre vor, schlage den Titel auf und berechne Dir die Größe, die wir dem bildnerischen Kunstwerk geben können. Es kommt nur auf den Titel:

Die
Geburt der Tragödie
aus dem Geiste der Musik.
Von
Dr. Friedrich Nietzsche
Prof. o. p. der klass. Philologie

Leipzig, Fritzsch.

Ich habe bis jetzt das allerbeste Zutraun: die Schrift wird mächtig gekauft werden, und auf ein Stückchen Unsterblichkeit mag sich der Herr Vignettenbildner nur gefaßt machen.

Nun noch etwas Neues. Denke Dir, mein lieber Freund, in welch seltsamer Weise jene erwärmenden Tage meiner Ferienzusammenkunft in mir hinterdrein wieder zum Vorschein gekommen sind. Nämlich in Form einer größeren vierhändigen Komposition, in der alles wiederklingt von einem schönen sonnenwarmen Herbste. Genannt ist das *opus*, weil es anknüpft an eine Jugenderinnerung, »Nachhall einer Sylvesternacht, mit Prozessionslied, Bauerntanz und Mitternachtsglocke«. Das ist doch ein lustiger Titel: man hätte ebensogut zuviel noch erwarten dürfen »mit Punschbowle und Neujahrsgratulationen«. Overbeck und ich spielen sie, es ist jetzt unser Spezifikum, das wir vor allen vierhändigen Menschen voraushaben. Weihnachten wird Frau Wagner mit dieser Musik beschenkt und überrascht. Auch an dieser Komposition seid ihr, meine lieben Freunde, die unbewußten *dei ex machina*! Seit 6 Jahren hatte ich nichts mehr komponiert, und dieser Herbst hat mich wieder stimuliert! Gut ausgeführt, dauert die Musik 20 Minuten.

Im übrigen bin ich wieder in philologischer Tätigkeit, lese »Einleitung in das Studium Platos« und »lateinische Epigraphik« und bereite für die Zeit nach Neujahr sechs öffentliche Vorträge vor »über die Zukunft unserer Bildungsanstalten«.

Nächsten Dienstag hält unser neuer Philosoph seine Antrittsrede über das »selbstverständliche« Thema: »Die Bedeutung des Aristoteles für die Gegenwart«. – –

Hier bist Du im guten Angedenken. Die Dämonenweihe habe ich bei Jakob Burckhardt, in seiner Stube gefeiert: er hat sich meinem Weiheakte angeschlossen, und wir haben reichlich zwei Biergläser guten Rhoneweines auf die Straße geschüttet. In früheren Jahrhunderten wären wir der Zauberei verdächtig. – Als ich damals halb 12 Uhr nachts nach Hause kam, ziemlich dämonisch, fand ich erstaunterweise Freund Deussen vor, mit dem ich noch bis gegen 2 Uhr auf der Straße herumzog. Mit dem allerfrühsten Zuge reiste er ab. Ich habe eine fast gespenstische Erinnerung an ihn, da ich ihn nur bei mattem Lampen- und Mondeslicht gesehn habe.

Laß bald etwas von Dir hören, mein wackerer, werter Freund! Du weißt jetzt, daß es mit der Vignette höchste Zeit ist! Sei herzlich gegrüßt von

Deinem Friedr. N.

42. An Erwin Rohde

Basel, ca. 20. Dezember 1871.

Mein lieber, lieber Freund,
einen herzlichen Weihnachtsgruß zuvor!

Ich hoffte, Dir um diese Zeit bereits meine Schrift zuschikken zu können: es sind aber einige Verzögerungen eingetreten, nicht durch meine Schuld, so daß meine Weihnachtsgabe diesmal etwas zu spät kommen wird. Die Vignette des Titelblattes hat einige Störungen gemacht: die Zeichnung, von Gersdorffs Freunde Rau entworfen, hat unsern höchsten Beifall, aber der »bewährte« Holzschneider, den Fritzsch dafür ausgesucht hatte, hat eine stümperhafte Leistung gemacht, so daß sein Holzstock ganz unbrauchbar und inkorrigibel ist und wir das Werk von neuem einem der besten Holzschneider, dem akademischen Künstler Vogel in Berlin übertragen mußten. Gersdorff ist mir treu zur Seite und zeichnet sich durch zuverlässigste Hilfsbereitschaft in allen Dingen aus. (Hast Du ihm nicht einmal ein kleines Briefchen geschrieben? Ich glaube, Du würdest ihn sehr erfreuen. Er gehört zum Vorstande des Berliner Wagnervereins: willst Du Dich nicht bei ihm zu einem Lose anmelden? Alexandrinenstraße 121, II Treppen.)

Der Druck ist bedeutend kompresser als in der »Bestimmung der Oper«, daher wird die Schrift wenig umfangreich, etwa 140 Seiten. Acht Bogen sind nach jeder Seite hin fertig, und ich habe nur einen kleinen Rest und die Vorrede zu korrigieren. Der ganze letzte Dir noch unbekannte Teil wird Dich gewiß in Erstaunen setzen, ich habe viel gewagt und darf mir aber in einem ganz enormen Sinne zurufen: *animam salvavi*: weshalb ich mit großer Befriedigung der Schrift gedenke und mich nicht beunruhige, ob sie gleich so anstößig wie möglich ausgefallen ist und von einigen Seiten geradezu ein »Schrei der Entrüstung«, bei ihrer Publikation, laut werden wird.

Übrigens fühle ich mich in meinen Erkenntnissen der Musik wunderbar befestigt und von deren Richtigkeit überzeugt – durch das, was ich diese Woche in Mannheim, mit Wagner zusammen, erlebte. Ach, mein Freund! Daß Du nicht dabei sein konntest! Was sind alle sonstigen künstlerischen Erinnerungen und Erfahrungen, gemessen an diesen allerletzten! Mir ging es wie einem, dem eine Ahnung sich endlich erfüllt. Denn genau das ist Musik und nichts sonst! Und genau das meine ich mit dem Wort »Musik«, wenn ich das Dionysische schildere, und nichts sonst! Wenn ich mir aber denke, daß nur einige hundert Menschen aus der nächsten Generation das von der Musik haben, was ich von ihr habe, so erwarte ich eine völlig neue Kultur!

Alles, was übrigbleibt und sich gar nicht mit Musikrelationen erfassen lassen will, erzeugt bei mir freilich mitunter geradezu Ekel und Abscheu. Und wie ich vom Mannheimer Konzert zurückkam, hatte ich wirklich das sonderbar gesteigerte übernächtige Grauen vor der Tageswirklichkeit: weil sie mir gar nicht mehr wirklich erschien, sondern gespenstisch.

Diese Weihnachten verlebe ich einsam in Basel und habe die Tribschener herzlichen Einladungen ausgeschlagen. Ich brauche Zeit und Einsamkeit, um über meine sechs Vorträge (Zukunft der Bildungsanstalten) einiges nachzudenken und mich zu sammeln. Frau Wagner, deren Geburtstag am 25. Dezember ist (und der ich, an Deiner Stelle, schreiben würde), habe ich meine »Sylvesternacht« gewidmet und bin gespannt, was ich über meine musikalische Arbeit von dort aus zu hören bekomme, da ich noch nie etwas Kompetentes zu hören bekam. Wenn ich dieselbe Dir einmal zum Vortrag bringe, wirst Du, wie ich glaube, mit Rührung den warmen, beschaulichen und glücklichen Ton heraushören, der durch das Ganze hindurchklingt und für mich eine verklärte Erinnerung an das Glücksgefühl meiner Herbstferien zu bedeuten hat.

Mit Jakob Burckhardt habe ich einige schöne Tage erlebt, und unter uns wird viel über das Hellenische konferiert. Ich glaube, man kann jetzt in dieser Hinsicht einiges in Basel lernen. Deinen Pythagorischen Aufsatz hat er mit großer Beteiligung gelesen und sich zu seinen Zwecken exzerpiert, und das, was Du über die ganze Entwicklung der Pythagorasvorstellung sagst, ist gewiß das Beste, was über ein so ernstes Kapitel bis jetzt gesagt worden ist. Inzwischen habe ich über Plato eine Anzahl Grundeinsichten gewonnen, und ich meine, wir beide dürften einmal die bisher so schäbige und mumienhafte Geschichte griechischer Philosophen tüchtig und innerlich erwärmen und erleuchten. – Alles, was Du allgemeines zu sagen hast, übergib nur nicht den verfluchten philologischen Zeitschriften: warte nur etwas auf die Bayreuther Blätter! – Über Deine zugesagte Zarnckische Anzeige bin ich sehr glücklich und von vornherein sehr dankbar. Mein lieber Freund, wir haben noch ein großes Stück Leben miteinander auszumessen: wir wollen treu sein.

F. N.

43. An Erwin Rohde

Basel, 28. Januar 1872.

Mein guter lieber Freund,

neulich habe ich einmal eine vorläufige Anfrage, ob ich eine Professur in Greifswald annehmen würde, durch Susemihl bekommen, aber sofort, zu Deinen Gunsten und Dich empfehlend, abgelehnt. Ist die Sache in einem weiteren Stadium? Ich habe an Ribbeck verwiesen. – Hier war die Sache doch bekannt geworden und hat mir eine große Sympathie bei den guten Baselern erweckt. Obwohl ich protestierte, daß es kein Ruf sei, sondern nur eine ganz vorläufige Anfrage, hat mir doch die Studentenschaft einen Fackelzug beschlossen, und zwar mit der Motivation, daß sie damit ausdrücken wolle, wie sehr sie meine bisherige Tätigkeit in Basel schätze und ehre. Übrigens habe ich den Fackelzug abgelehnt. – Hier halte ich jetzt Vorträge »über die Zukunft unsrer Bildungsanstalten« und habe es bis zur »Sensation«, hier und da zum Enthusiasmus gebracht. Warum leben wir nicht beieinander! Denn was ich jetzt alles auf dem Herzen trage und für die Zukunft vorbereite, ist in Briefen auch nicht einmal zu berühren. – Ich habe mit Wagner eine Allianz geschlossen. Du kannst Dir gar nicht denken, wie nah wir uns jetzt stehen und wie unsre Pläne sich berühren. – Was ich über mein Buch habe hören müssen, ist ganz unglaubwürdig: weshalb ich auch darüber nichts schreibe. – Was denkst Du darüber? Ein ungeheurer Ernst erfaßt mich bei allem, was ich darüber vernehme, weil ich in solchen Stimmen die Zukunft dessen, was ich vorhabe, errate. Dieses Leben wird noch sehr schwer.

In Leipzig soll wieder Erbitterung herrschen. Niemand schreibt mir von dort ein Wörtchen. Auch Ritschl nicht.

Mein guter Freund, irgendwann müssen wir wieder miteinander leben; es ist heilige Notwendigkeit. Ich lebe seit einiger Zeit in einem großen Strome: fast jeder Tag bringt etwas Erstaunliches; wie auch meine Ziele und Absichten sich erheben. – Ich kündige Dir, ganz verschwiegen und zur Verschwiegenheit auffordernd, an, daß ich unter anderem ein Promemoria über die Straßburger Universität, als Interpellation bei dem Reichsrat, zu Händen Bismarcks vorbereite: worin ich zeigen will, wie schmählich man einen ungeheuren Moment versäumt hat, um eine wirkliche deutsche Bildungsanstalt, zur Regeneration des deutschen Geistes und zur Vernichtung der bisherigen sogenannten »Kultur«, zu gründen. – Kampf aufs Messer! Oder auf Kanonen!

Der reitende Artillerist, mit
schwerstem Geschütz.

Basel, Sonntag, Jan. 1872.

44. An Friedrich Ritschl

Basel, 30. Jan. 1872.

Verehrtester Herr Geheimrat,

Sie werden mir mein Erstaunen nicht verargen, daß ich von Ihnen auch kein Wörtchen über mein jüngst erschienenes Buch zu hören bekomme, und hoffentlich auch meine Offenheit nicht, mit der ich Ihnen dies Erstaunen ausdrücke. Denn dieses Buch ist doch etwas von der Art eines Manifestes und fordert doch am wenigsten zum Schweigen auf. Vielleicht wundern Sie sich, wenn ich Ihnen sage, welchen Eindruck ich etwa bei Ihnen, mein verehrter Lehrer, voraussetzte: ich dachte, wenn Ihnen irgend etwas Hoffnungsvolles in Ihrem Leben begegnet sei, so möchte es dieses Buch sein, hoffnungsvoll für unsere Altertumswissenschaft, hoffnungsvoll für das deutsche Wesen, wenn auch eine Anzahl Individuen daran zugrunde gehen sollte. Denn die praktische Konsequenz meiner Ansichten werde ich wenigstens nicht schuldig bleiben, und Sie erraten etwas davon, wenn ich Ihnen mitteile, daß ich hier öffentliche Vorträge »über die Zukunft unserer Bildungsanstalten« halte. Von persönlichen Absichten und Vorsichten fühle ich mich – wie Sie mir glauben werden, so ziemlich frei, und weil ich nichts für mich suche, hoffe ich etwas für andere zu leisten. Mir liegt vor allem daran, mich der jüngeren Generation der Philologen zu bemächtigen, und ich hielte es für ein schmähliches Zeichen, wenn mir dies nicht gelänge. – Nun beunruhigt mich etwas Ihr Schweigen. Nicht als ob ich einen Augenblick an Ihrer Teilnahme für mich gezweifelt hätte; von der bin ich ein für allemal überzeugt – wohl aber könnte ich mir gerade von dieser Teilnahme aus eine gleichsam persönliche Besorgnis um mich erklären. Diese zu zerstreuen, schreibe ich Ihnen. –

Das Register zum ›Rhein. Mus.‹ habe ich bekommen.

Haben Sie vielleicht meiner Schwester ein Exemplar geschickt?

Eine Anfrage, ob ich einen ev. Ruf nach Greifswald annehmen würde, habe ich ohne einen Augenblick des Zögerns verneinend beantwortet.

Bleiben Sie mir, mein verehrter Herr Geheimrat, zusammen mit Ihrer Frau Gemahlin gewogen und seien Sie herzlich gegrüßt von

Ihrem
Friedr. Nietzsche.

45. An Freiherrn von Gersdorff

Basel, 4. Februar 1872.

Mein lieber Freund,

wieder nur ein paar Zeilen, voll des herzlichsten Dankes für Deine Mitteilungen, die mich aus schweren Besorgnissen befreiten oder wenigstens fast befreiten. Inzwischen habe ich auch ein Telegramm gelesen »der Alexandriner Gersdorff ist unentbehrlich geworden«, das ich mir nicht ganz, aber doch fast ganz deuten kann. Was Du auch tun magst – denke daran, daß wir beide mit berufen sind, an einer Kulturbewegung unter den Ersten zu kämpfen und zu arbeiten, welche vielleicht in der nächsten Generation, vielleicht noch später der größeren Masse sich mitteilt. Dies sei unser Stolz, dies ermutige uns: im übrigen habe ich den Glauben, daß wir nicht geboren sind, glücklich zu sein, sondern unsere Pflicht zu tun; und wir wollen uns segnen, wenn wir wissen, wo unsere Pflicht ist.

Meinem Buche wird es doch schwer, sich zu verbreiten: eine ausgezeichnete Anzeige, die Rohde für das »Literarische Zentralblatt« gemacht hatte, ist von der Redaktion zurückgewiesen worden. Das war die letzte Möglichkeit, daß eine ernste Stimme in einem wissenschaftlichen Blatte sich für mein Buch erklärte: jetzt erwarte ich nichts – oder Bosheiten oder Albernheiten ... Aber ich rechne auf einen stillen, langsamen Gang – durch die Jahrhunderte, wie ich Dir mit der größten Überzeugung ausspreche. Denn gewisse ewige Dinge sind hier zum ersten Male ausgesprochen: das muß weiterklingen. Um mich selbst bin ich unbesorgt: denn ich will nichts für mich, am wenigsten eine Karriere zu machen. Jetzt arbeite ich heiter an meinen pädagogischen Problemen. Für die Osterferien bin ich sehr gebeten, mit einem Professor im benachbarten Freiburg (Baden) nach Athen, Naxos und Kreta zu reisen: was sagst Du dazu! Besonders wenn Du hörst, wer es ist – der Sohn von Felix Mendelssohn-Bartholdy –. Nun, ich werde Nein! sagen. Ich erlebe immer etwas Kurioses. Den ersten Brief eines Philologen (Professor an der Universität Bern) über mein Buch, den ich fast nicht kenne, lege ich bei: gelegentlich schickst Du mir den Brief zurück.

An Deinen verehrungswürdigen Vater die besten Empfehlungen und den Ausdruck meiner Freude über seine Teilnahme.

Behalt mich lieb und habe Dank! Dank!

Dein Friedr. Nietzsche.

Sonntag, 4. Februar 72.

46. An Erwin Rohde

Basel, etwa 12. April 1872.

Liebster Freund, um Deine Stimmung durch das Zauberspiel der Hoffnung etwas aufzuheitern, erzähle ich Dir, als Antwort auf Deinen Brief, zuerst, in welche Kombination ich neuerdings, allerdings erst in Gedanken, Dich und Deinen Beruf, *alias* Lebensunterhalt gebracht habe. Ich denke nämlich darüber nach, wie Du um Michaeli in alle Ehren und Emolumente meiner Basler Professur, als mein vollständiger Nachfolger, eintreten kannst. Ich selbst nämlich will den nächsten Winter herumziehn im deutschen Vaterland, d. h. eingeladen von den Wagnervereinen der größeren Städte, um Vorträge über die Nibelungen-Bühnenfestspiele zu halten: – es muß eben jeder tun, was seine Pflicht ist, und, im Kollisionsfalle, was seine Pflicht mehr ist. Habe ich aber auf diese Art einen Winter mich von der Universität getrennt, so benutze ich gewiß das einmal eingetretene Vakuum, um zwei Jahre lang nach dem Süden zu gehen. Zum Zwecke dieses Unternehmens lege ich meine Stellung hier nieder, so daß Du dann in jeder Beziehung mein Nachfolger wirst; wenn die Universität mir aber wohlwill, so denke ich, wird sie mir den Titel und die Würde eines ordentlichen Professors unbeschadet der davon gänzlich unabhängigen, Dir zugedachten Professur belassen, natürlich nicht den Gehalt. Bist Du geneigt, Dich mit dieser Kombination vertraut zu machen? – Wie gesagt, betrachte es als einen Entwurf, über den wir uns verständigen wollen. Ich selbst denke mit dem letzten Reste meines Vermögens, vielleicht 2 000 Taler, noch 2 1/2 Jahr existieren zu können – und was nachher wird, das weiß Gott, geht mich auch zunächst nichts an. Himmlisches Wohlgefühl, nicht als Stipendiat nach dem Süden zu wandern, die Augen rückwärts gedreht nach einem kaiserlichen Ministerium! Aber vor allem muß ich wissen, ob Du nötigenfalls bereit bist. Die Entscheidung müßte Ende Mai getroffen werden. –

Herzliche und große Freude hast Du mir gemacht, als Du an Wagner den Brief abschicktest. Wir haben nun einmal für das Beste und Edelste, was wir wollen, keinen andern Patronus: weshalb ihm von Rechts wegen alles als Opfergabe zukommt, was auf unserem eignen Ackerlande wächst.

Wenn ich etwas schwer vermisse, so ist es gerade deshalb Deine Nähe: wir sollten immer zusammen uns an ihm erbauen und in der Erkenntnis seiner Werke fortschreiten. Das Nibelungenwerk taucht immer mehr vor meinen erstaunten Blicken auf – als etwas Unglaublich-Gigantisches und Vollendetes, und ohnegleichen. Aber es ist schwer, solchen Werken sich zu nähern: weshalb der, der viel davon empfunden und verstanden zu haben glaubt, davon auch reden muß – daher mein Winterplan.

Zu Deinem Sendschreiben an Wagner wünsche ich Dir frohes und glückliches Gelingen. Denke, ich bitte Dich, daran, in welcher Zeit Du Wagner das erweist: später kann ich Dir einmal deutlich machen, inwiefern es einer der kompliziertesten und aufregendsten Momente war, in dem jedes wahre Zeichen von Verständnis und Teilnahme lindernder Balsam ist.

Ich lege eine Anzahl von Briefen bei, von Romundt, von v. Baligand (Kammerherrn des Königs von Bayern), von Franz Liszt, von Gustav Krug, von Professor Hagen in Bern, von Schuré in Florenz, von der Gräfin Krokow, von Frl. Mathilde Maier. Dann könnte ich noch erzählen von einem sehr liebenswürdigen Briefe der Ministerin von Schleinitz aus Berlin, von Frl. von Meysenbug in Florenz usw. Hans von Bülow, den ich noch gar nicht kannte, hat mich hier besucht und bei mir angefragt, ob er mir seine Übersetzung von Leopardi (das Resultat seiner italienischen Mußestunden) widmen dürfe. Der ist so begeistert von meinem Buche, daß er mit zahlreichen Exemplaren davon herumreist, um sie zu verschenken. Es gibt bald eine zweite Auflage. Übrigens gibt es noch keine öffentliche Anzeige, nicht einmal eine Buchhändleranzeige – es ist ein Erfolg im Schoß der Familie. Dohm, der Redakteur des Kladderadatsch, ist auch ein »Begeisterter« und wird darüber schreiben – vielleicht als der erste: was sich rührend und ridikül ausnehmen würde. – Nur unsere verrückten Philologen schweigen. – [– –]

Windisch hat sich in Leipzig mit Roschers Tochter verlobt. [– –]

Gersdorff ist treu, tätig und gut wie immer und ist jetzt in der nützlichsten und anhaltenden Korrespondenz mit Tribschen. – Übrigens, mein lieber, guter Freund, ist Bayreuth am 22. Mai für uns nicht zu umgehen, nach Schicksalsschluß! Und im Herbst wirst Du ja, wenn meine Kombination gelingt, Pfründner! Also komme, vorher aber schreibe mir. Zu allem, was Du unternimmst, nimm den Segen Deines Freundes, der Dich liebt und Dir herzlich zugetan ist.

Donnerstag. Friedr. Nietzsche.

47. An Freiherrn von Gersdorff

Basel, 1. Mai 1872.

Mein lieber, guter Freund,

verarge mir es nur nicht, wenn ich hier und da einmal eine Pause mit Fermate  in meinem Briefverkehr mache: es hat sicherlich Gründe, aber äußerliche, die für unsere Freundschaft ohne Beziehung sind. Es gab viel zu tun, und ich war auch einige Zeit recht angegriffen und unwohl. Der Winter wollte überstanden sein, und mancherlei wichtige Entscheidungen mußten getroffen werden, von denen ich Dich nicht unterhalte, weil ich Dich einmal mündlich darüber sprechen werde. Nämlich in Bayreuth! Dort werde ich am Sonnabend vor Pfingsten eintreffen: ich bitte Dich, es doch ähnlich einzurichten. Heute habe ich, der Wohnung wegen, an den Oberbürgermeister Muncker geschrieben. Ich höre, daß Frau von Muchanoff,

Gräfin Krokow und Frl. von Meysenbug sich auch schon angemeldet haben: ebenfalls Frau von Schleinitz. Diese hat mir einen sehr liebenswürdigen Brief geschrieben, für den Du, lieber Freund, gelegentlich einmal recht schön danken kannst. Auch Rohde kommt hin, der mir gestern aus Kiel telegraphierte, er sei Professor dort geworden. Kannst Du ihm vielleicht ein Zeilchen der Gratulation schicken? Er hat Schönes vor, was Wagner und mich zugleich betrifft – es ist aber noch nicht zu verraten. Die erste Anzeige meines Buches ist nun auch erschienen, aber wo! In der italienischen ›*Rivista Europea*‹! An Dohm habe ich neulich noch ein Exemplar geschickt. Habe ich Dir schon von Bülows Enthusiasmus erzählt? Und daß er mir die Dedikation eines Buches angekündigt hat? Auch daß er mir erzählte, es werde sehr bald eine zweite Auflage nötig sein? – Sehr schön sollen ja, nach Tribschener Urteil, die Publikationen des studentischen Wagnervereins sein. Ich halte den Gedanken für äußerst glücklich, daß er die »geistige Agitation« vor allem übernehmen will, die Aufklärung über die Bedeutung dieser bevorstehenden Feste. Mache doch dem Vorsitzenden Herrn Koerper einen Besuch und deute ihm an, er möge an mich und an Rohde, d. h. an die einzigen Wagnerschen Professoren die gedruckten Publikationen schicken. Vielleicht auch an E. von Hartmann (dessen Adresse ich haben möchte).

Was Du mir über Deinen Herrn Vater schreibst, hat mich sehr ergriffen: in solchen Anzeichen verehre ich den wundervollen deutschen, ja, wie ich lieber sagen möchte, preußischen Ernst, von dem nun einmal alles zu erhoffen ist, während ich gegen die obenauf schwimmende »deutsche Kultur« jetzt im höchsten Grade bedenklich bin.

Wie geht es Deinen künstlerischen Freunden? Kommt einer von ihnen nach Bayreuth? Wie sehr ich das wünsche!

Vorigen Sonnabend war trauriger und tiefbewegter Abschied von Tribschen. Tribschen hat nun aufgehört: wie unter lauter Trümmern gingen wir herum, die Rührung lag überall, in der Luft, in den Wolken, der Hund fraß nicht, die Dienerfamilie war, wenn man mit ihr redete, in beständigem Schluchzen. Wir packten die Manuskripte, Briefe und Bücher zusammen – ach es war so trostlos! Diese drei Jahre, die ich in der Nähe von Tribschen verbrachte, in denen ich 23 Besuche dort gemacht habe – was bedeuten sie für mich! Fehlten sie mir, was wäre ich! Ich bin glücklich, in meinem Buche mir selbst jene Tribschener Welt petrifiziert zu haben.

Wir beginnen hier das Sommersemester, – heute ist der Einweihungstag von Straßburgs Universität: ich denke an diese Feier mit den gemischtesten Empfindungen.

Das Sommerkolleg von Burckhardt wird etwas Einziges: es entgeht Dir viel, daß Du es nicht erleben kannst. Hast Du gehört, daß Burckhardt in den letzten Wochen einen sehr ernsthaften Ruf nach Berlin hatte? Er schlug ihn aus.

Mein lieber Freund, wie schön ist es doch, daß wir uns so bald wiedersehen. Noch schöner aber, daß wir uns seit Jahresfrist so recht wieder zusammengefunden haben. Unsre schönsten Hoffnungen und Pläne laufen nun in einer Bahn. Ich höre mit herzlicher Freude, daß Du an den Klavierauszügen Dich erbaust: wir müssen unsre Nibelungenstudien jetzt höchst ernsthaft beginnen, um uns für so unerhörte Dinge würdig zu machen.

Schreib mir doch vor Bayreuth noch ein Wort der Vereinbarung über unser Wiedersehen.

In herzlicher Liebe

Dein F. N.

Basel, 1. Mai.

48. An Erwin Rohde

Basel, 8. Juni 1872.

Siehst Du, mein lieber, lieber Freund, wie anstößig wir sind! Wir werden auch bald erfahren, wie einsam wir sind. Nun müssen wir ehrsam auf unserem Posten stehenbleiben. Wenn Du mir gerade jetzt zur Seite trittst, als kräftigster speerschwingender Waffengefährte, so erinnere ich Dich förmlich daran, daß κελαινοῦ κύματος πικρὸν μένος sich schnell auch gegen Dich wenden wird. Doch darüber müssen wir uns gemeinsam trösten. Alles, was Du tun willst, sei von meiner Liebe gesegnet! Wir wollen treulich miteinander aushalten, lieber Freund, in ernsteren Kalamitäten als der gegenwärtigen. Denn dies ist nur ein unverschämtes Vorspiel, von ungeübter, knabenhafter Hand gespielt: – wir ahnen erst die »Weise«, die uns aus dem Kreise der »Höheren« einmal entgegenklingen wird – ἐπὶ δὲ τῷ τεθυμένῳ, τόδε μέλος παρακοπὰ παραφορά. –

Gersdorff benachrichtigte mich über den ungefähren Inhalt jenes Pamphlets: so nur halb belehrt und über die Form unsicher, war auch ich etwas nervös erregt; seit gestern habe ich die Schrift in den Händen und bin ganz ruhig. Ich bin weder so unwissend, wie mich der Verfasser darstellt, noch so bar der Wahrheitsliebe: die ärmliche Gelehrsamkeit, die er prunkend aufzeigt, muß man freilich etwas an den Schuhen abgelaufen haben, ehe man über solche Probleme mitreden darf. Nur durch die frechsten Interpretationen erreicht er, was er will. Dabei hat er mich schlecht gelesen, denn er versteht mich weder im ganzen noch im einzelnen. Er muß noch sehr unreif sein – offenbar hat man ihn benutzt, stimuliert, aufgehetzt – alles atmet Berlin. Denke Dir, daß er mich im vorigen Herbst besuchte, in Naumburg, in der Form der Verehrung, und daß ich selbst ihm geraten habe, meine demnächst erscheinende Schrift ernst zu nehmen. Das hat er, in seiner Art, getan.

Es hilft nichts, man muß ihn schlachten, obwohl das Bürschchen gewiß nur verführt ist. Aber es ist wegen des bösen Beispiels und wegen des voraussichtlich enormen Einflusses einer solchen Lug- und Trugbroschüre nötig. Zum Dank dafür, daß Du ihn schlachtest, wird er dann irgendwo eine Professur bekommen und glücklich sein.

Vor allem aber, lieber Freund, wollen wir die Sache hoch und ernst nehmen, in unserer Weise; und den kritischen Gesellen auch nur als einen Typus in Betracht ziehn: in diesem Sinne bin ich herzlich erfreut, daß Du den Gedanken eines Sendschreibens an Wagner festgehalten hast. Daß Du hierin zu mir stehst, das wird allerdings ein unerhörtes Aufsehn unter dem philologischen Bienenstock machen; ich danke Dir von Herzen für diese Absicht. Fritzsch muß seine Sache schnell und schön machen, des bin ich überzeugt.

Nun leb wohl, mein lieber, treuer Freund! Wir dürfen mutig und erhaben sein! Wir dürfen es!

Adieu! Geliebter Zukunftsphilolog!

Dein F. N.

49. An Erwin Rohde

Basel, 25. Oktober 1872.

Endlich, liebster Freund, ist die erste Erregung überwunden, die mir beinahe eine Unverdaulichkeit zugezogen hätte – es wäre doch schade gewesen, wenn ich an dieser herrlichen Weinbeere erstickt wäre, nicht wahr? Nun sitze ich recht behaglich-nachmittaglich in meinem warmen Zimmer und freue mich wie ein Kind über die Bescherung, immer von neuem wieder an ihr herumschnuppernd und

-knuppernd. Was Du mir heute erwiesen hast, weiß ich nicht in Worten zu schildern: ich wäre so völlig unfähig gewesen, es mir selbst zu erweisen, und weiß, daß es keinen zweiten Menschen gibt, von dem ich ein solches Freundschaftsgeschenk erhoffen könnte.

Was hast Du Dich überwinden müssen, armer, lieber Freund, mit jenem Menschen so lange umzugehen! Ich begreife nachträglich das Ekelhafte und Peinliche jenes Angriffs am stärksten, indem ich fühle, was Du unter ihm gelitten hast. Nun aber strömt Deine Schrift ins Weite und schleppt den [–] Burschen hinter sich drein in das Weite. Welche Wirkungen Du davon erwarten kannst, entnimm aus folgenden Mitteilungen, die an mich gekommen sind, ohne daß ich, wahrhaftig!, nach ihnen gesucht hätte. In Leipzig ist eine Stimme über meine Schrift: wie sie lautet, hat der brave und von mir sehr geachtete Usener in Bonn, vor seinen Studenten, die ihn gefragt haben, verraten, »es sei der bare Unsinn, mit dem rein gar nichts anzufangen sei: jemand, der so etwas geschrieben habe, sei wissenschaftlich tot«. Es ist, als ob ich ein Verbrechen begangen hätte; man hat zehn Monate jetzt geschwiegen, weil wirklich alles glaubt, so gänzlich über meine Schrift hinaus zu sein, daß kein Wort darüber zu verlieren sei. So schildert mir Overbeck den Eindruck aus Leipzig. Alle Parteien sind darin eins: damit aber die barocke Ausnahme nicht fehlt, erschien vorgestern ein Brief von E. Leutsch im »Altweiberton« und verrät Neigungen! Die ganze Erfahrung hat etwas Blödsinniges! (Beiläufig, der alte Knabe schickte ein dickes Volumen, vielleicht 10–15 Abhandlungen, Programme usw., und zwar seine Theognisberichte altmodisch-zierlich eingebunden! Es ist zum Totlachen!) Halb und halb hält man mich wohl sogar für übergeschnappt: denn diesen Trost haben unsre »Gesunden«, wenn sonst kein Trost verfangen will.

Nun Deine Schrift, in ihrer Großherzigkeit und kühnen

Kriegsgenossenschaft, mitten in das gackernde Völkchen hineinfallend – welches Schauspiel! Romundt und Overbeck, die einzigen, denen ich bis jetzt sie vorlesen konnte, sind außer sich vor Freude über Dein glücklichstes Gelingen! – sie werden nicht müde, einzelnes und allgemeines preisend hervorzuheben, sie nennen die Polemik »Lessingisch« – nun, Du weißt, was gute Deutsche mit diesem Prädikate wollen. Mir gefällt vor allem, immer den tiefen dröhnenden Grundton, wie bei einem starken Wasserfall, mitzuhören, durch den eine jede Polemik erst geweiht wird und den Eindruck der Größe macht, jener Grundton, in dem Liebe, Vertrauen, Mut, Kraft, Schmerz, Sieg und Hoffnung zusammenklingen. Lieber Freund, ich war ganz erschüttert – und als Du von den »Freunden« sprachst, vermochte ich lange nicht weiterzulesen. Welche herrlichen Erfahrungen habe ich doch in diesem Jahre gemacht! Und wie zerstiebt an ihnen alles etwa von anderswoher auf mich losstürzende Ungemach! Auch aus Wagners Seele heraus bin ich stolz und glücklich – denn Deine Schrift bezeichnet einen merkwürdigen Wendepunkt in seiner Stellung zu den wissenschaftlichen Kreisen Deutschlands. Kürzlich soll die »Nationalzeitung« so frech gewesen sein, mich unter die »literarischen Lakaien Wagners« einzurechnen; welches Erstaunen, wenn auch Du Dich zu ihm bekennst! Das ist wohl etwas wichtiger noch, als daß Du an meine Seite trittst? Nicht wahr, alter Freund? Und das, gerade das, macht den heutigen Tag mir zu dem glücklichsten, den ich lange erlebt: ich sehe, was Du in Deiner Freundestat für mich, für Wagner getan hast!

Wenn Gersdorff Deine Schrift liest, so bin ich überzeugt, daß er zwei- bis dreimal sich auf den Kopf stellen wird, aus Freude und Glück! Und wie schön und »fürnehm« hat wieder der brave *Fritzschius* seine Sache gemacht! Wenn er nur nun auch den Vertrieb ebenso gut besorgt – und etwas schneller, als das Erscheinen; ich wußte in der letzten Zeit gar nicht mehr, was ich denken sollte, und war fast willens, an ihn zu schreiben. Du kennst doch Wagners neueste Schrift »über Schauspieler und Sänger«? Ein ganz neu entdecktes Bereich der Ästhetik! Und wie fruchtbar gewendet erscheint mancher Gedanke aus der »Geburt der Tragödie«. Ich unterhalte mich mit dieser neuen Schrift, als ob ich mit Wagner zusammen wäre, dessen Nähe ich jetzt nun, so lange schon, entbehre.

Wir wollen mutig sein, mein lieber, lieber Freund! Ich glaube jetzt immer nur an das Besserwerden, an unser Besserwerden, an unser Wachsen in guten Absichten, guten Mitteln, an unser Wettlaufen nach immer edleren und ferneren Zielen! O wir erreichen sie, und nach jedem Siege ist uns das Ziel weiter gesteckt, und wir laufen mutiger vorwärts. Soll es uns sehr kümmern, daß es nicht viel, ja sehr wenige Zuschauer gibt, die Augen haben zu sehen, welchen Wettlauf wir laufen? Kümmert uns dies, wenn wir nur wissen, daß diese wenigen Zuschauer auch für uns die einzigen Kampfesrichter sind? Ich für mein Teil gebe für einen solchen Zuschauer, wie Wagner ist, alle Ehrenkränze, die die Gegenwart spenden könnte, preis; und ihn zu befriedigen, reizt mich mehr und höher als irgendeine andre Macht. Denn es ist schwer – und er sagt alles, ob es ihm gefällt oder nicht, und ist für mich wie ein gutes Gewissen, strafend und belohnend.

Nun mögen alle guten Geister mit uns sein, liebster Freund! Jetzt gehen wir miteinander, eines Glaubens und eines Hoffens! Was Du erlebst, erlebe ich, und es gibt nichts mehr, was einer von uns noch für sich wäre, nichts Gutes und Rechtes!

Ich danke Dir, mein Freund, ich danke Dir!

Dein Friedrich.

Basel, den 25. Oktober 1872.

50. An Malwida von Meysenbug

Basel, 7. November 1872.

Verehrtestes Fräulein,

endlich ist mein Bündelchen für Sie bereit und endlich hören Sie wieder etwas von mir, nachdem ich in ein wahres Grabesschweigen versunken scheinen mußte. Denken Sie, daß ich inzwischen bereits einmal ziemlich in Ihrer Nähe war – nämlich in Bergamo – und daß nur ein vollendeter, plötzlich ausbrechender Widerwille gegen Italien (namentlich Gemälde!) mich schnell wieder zurücktrieb. – Sonst hätten wir uns in diesem Jahre zum vierten Male gesehen und wieder ein solches Wiedersehn feiern können wie das Basler Konzil, das ich in herzlichem Angedenken und mit stetem Dank gegen Sie und das liebenswerte Brautpaar in Erinnerung trage. Zum vierten Male! Vielleicht einmal mehr als gut ist, nach dem Sprichwort, daß aller guten Dinge drei sind – kurz, der Dämon trieb mich wieder zurück und setzte mich auf den Splügen, wo ich in der größten Abgeschiedenheit von Menschen und Gesellschaft ein beruhigtes und nachdenkliches Leben führte, in kräftiger, ja schneidender Luft (während die italienische Atmosphäre auf mich einwirkte wie der Dunst einer Badestube – abscheulich und weichlich!).

Übrigens wird Freund Gersdorff im nächsten Januar über die Alpen steigen: er hat bereits bei mir angefragt, ob er Sie noch in Florenz anzutreffen die Hoffnung hegen könne. Er ist sehr glücklich, da sein Lebenslos jetzt einmal tüchtig umgeschüttelt wird – dadurch, daß er die juristische Laufbahn im Dezember aufgeben darf. Er wird nun etwas reisen und dann Landwirtschaft, mit den dazu nötigen wissenschaftlichen Vorbedingungen, studieren. Den nächsten Sommer denkt er vielleicht in Basel mit Chemie und »Kultur«, wie er schreibt, zu verbringen, – was jedenfalls nicht

Agrikultur, sondern wirkliche Menschheitskultur zu bedeuten hat.

Für die dritte Woche des November, und zwar für 8 Tage, ist mir ein herrlicher Besuch angekündigt – hier in Basel! Der »Besuch an sich«, Wagner mit Frau. Sie sind auf der großen Rundreise, auf der sie alle wesentlichen Theater Deutschlands berühren wollen, bei Gelegenheit aber auch den berühmten Basler Zahnarzt, dem ich also sehr viel Dank schulde!

Die neueste Schrift Wagners »Über Schauspieler und Sänger« kennen Sie schon? Dagegen gewiß noch nicht die Apologie von Prof. Rohde in Kiel, die er ebenso mit dem Schwert als der Feder und mit großer Überlegenheit über seinen Gegner geschrieben hat. Ich habe es nämlich durch meine »Geburt der Tragödie« dazu gebracht, der anstößigste Philologe des Tages zu sein, für den einzutreten ein wahres Wunderwerk der Kühnheit sein mag, da alles einmütig ist, über mich den Stab zu brechen. Abgesehn von der Polemik, mit der ich Sie nicht belästigen würde, enthält aber die Rohdesche Schrift vielerlei Gutes über die philologischen Fundamente meines Buches und wird dadurch bei Ihnen einige Teilnahme finden können. Wenn ich nur nicht fürchten müßte, daß der großmütige Schritt Rohdes ihn in ein wahres Nest von Mißgunst und Bosheit hineinführen wird! Jetzt sind wir beide zusammen auf dem Index! Im Grunde ist es ja eine Verwechslung; ich habe nicht für Philologen geschrieben, obwohl diese – wenn sie nur könnten – mancherlei selbst Rein-Philologisches aus meiner Schrift zu lernen vermöchten. Nun wenden sie sich erbittert an mich, und es scheint, sie meinen, ich habe ein Verbrechen begangen, weil ich nicht zuerst an sie und ihr Verständnis gedacht habe. Auch Rohdes Tat wird erfolglos bleiben, denn nichts vermag die ungeheure Kluft zu überbrücken. Nun ziehe ich ruhig weiter auf meiner Bahn und hüte mich, den Ekel zu empfinden, zu dem man sonst auf Schritt und Tritt Veranlassung fände.

Verehrtestes Fräulein, Sie haben ja Schwereres, doch Analoges erlebt, und wer weiß, wie weit mein Leben noch dem Ihrigen ähnlich zu werden vermag. Denn bis jetzt habe ich eben nur gerade angefangen mich etwas auszusprechen; ich brauche noch viel guten Mut und kräftige Freundesliebe, vor allem gute und edle Beispiele, um nicht mitten im Sprechen den Atem zu verlieren. Ja, gute Beispiele! Und da denke ich an Sie und freue mich recht von Herzen, mit Ihnen, verehrtestes Fräulein, als mit einer einsamen Kämpferin für das Rechte, zusammengetroffen zu sein. Glauben Sie ein für allemal, daß ich Ihnen das unbedingte Vertrauen geschenkt habe, das ich, in dieser Welt des Mißtrauens, nur unter meinen nächsten Freunden empfinden darf, und daß ich so gegen Sie vom ersten Augenblicke unseres Bekanntwerdens gesinnt gewesen bin. Ebenfalls möge Fräulein Olga überzeugt sein, daß sie auf mich, in jeder Lage des Lebens, rechnen darf. Ich bin Ihnen beiden von Herzen gut und erhoffe Gelegenheiten, es zeigen zu können. –

Da kommt Ihr freundlicher Brief aus Florenz und erinnert mich zunächst daran, daß es, bei meinem abscheulichen Stillschweigen, eigentlich ganz anders erscheinen mußte als ich vorhin, im liegengebliebenen und unvollendeten Brief, versichern konnte: warum schrieb ich nur nicht in so langer Zeit! So frage ich mich selbst ganz erstaunt, ohne rechte Gründe oder gar Entschuldigungen zu finden. Aber ich habe es schon erlebt, daß ich mich oft am schwersten entschließe, denen zu schreiben, an die ich am meisten denke. Aber ich verstehe es nicht. Deuten Sie es nur so gütig wie möglich und lassen Sie es dann vergessen sein. Es gibt so viel Irrationelles, gegen das man sich nur durch Vergessen hilft.

Mit diesem dunkeln Spruche will ich heute schließen. Sie

empfangen mit diesem Briefe das Bild, die Rohdesche Schrift und meine fünf Vorträge über die Zukunft unserer Bildungsanstalten. Diese lesen Sie ja mit Vergegenwärtigung eines ganz bestimmten, und zwar Baslerischen Publikums; es würde mir jetzt unmöglich erscheinen, so etwas drucken zu lassen, denn es geht nicht genug in die Tiefe und ist in eine *farce* eingekleidet, deren Erfindung recht gering ist.

Von Herzen Ihr getreuer

Friedrich Nietzsche.

Ich richte noch die herzlichen Empfehlungen meiner Schwester aus; sie ist nicht mehr hier, will mich aber im Sommer wieder besuchen.

51. An Hugo von Senger

Basel, Mitte November 1872.

Ihr großes Vertrauen zu mir, wertester Freund, spricht sich in Ihrem Schreiben so offen aus, daß ich heute, mit gleicher Offenheit, Ihnen zu entgegnen genötigt bin erstens: daß ich Philologe und etwas, wenn Sie wollen, Philosoph bin, dazu hart bestrittener (doch wie Sie aus beifolgender Schrift ersehen, gut verteidigter) Philolog. Zweitens, daß ich weder Musiker noch Dichter bin und somit auch bedauerlicherweise Ihnen in diesem Falle weder zu raten noch sonst zu nützen imstande bin. Dazu habe ich, wenn Sie gütigst erlauben, in meiner Eigenschaft als Philosoph, der die gegenwärtige Musikentwicklung im Zusammenhang mit einer zu erstrebenden Kultur betrachtet – einige eigne Gedanken über das gegenwärtige Komponieren im großen dramatischen Musikstile. Ich weiß recht wohl, daß in den musikalischen Fachzeitschriften die Bedeutung Wagners gerade dorthin verlegt wird, daß er die alten Formen Sonate, Symphonie, Quartett usw. zertrümmert habe, ja daß überhaupt das Ende der reinen Instrumentalmusik mit ihm gekommen sei. Wenn nun daraus gefolgert wird, daß der Komponist jetzt notwendigerweise zur theatralischen Musik übergehen müsse, so bin ich immer sehr besorgt und vermute dabei eine Verwechslung. Jeder hat in der Art zu sprechen, die ihm geziemt: und wenn der Titan mit Donner und Erdbeben redet, so hat der Sterblichgeborne doch gewiß noch nicht das Recht, diese Sprachform nachzumachen, noch weniger die Pflicht! Wenn die höhere Kunstform erfunden ist, so sind, nach meiner Empfindung, die kleineren erst recht nötig, bis zur kleinsten hinab, damit schon die Künstler nach ihrer verschiedenen Art sich aussprechen können, ohne fortwährend überdonnert zu werden. Die reinste Verehrung für Wagner zeigt sich gewiß darin, daß man als schaffender Künstler ihm in seinem Bereiche ausweicht und in seinem Geiste, ich meine mit der unnachsichtlichen Strenge gegen sich selbst, mit der Energie, in jedem Augenblick das Höchste zu geben was man vermag, eine andre, kleinere, ja die kleinste Form belebt und beseelt. Ich freue mich deshalb, daß Sie den Mut haben, die neuerdings so scheel angesehene Kantatenform ernst zu nehmen; und wenn Sie z. B. bei diesem Ernstnehmen im Wagnerschen Sinne eine bessere Musik zu der Goetheschen Walpurgisnacht zu machen vermöchten als Mendelssohn, so wäre das etwas Ordentliches und eines tüchtigen Wettkämpfers würdig; zudem würde Ihnen niemand einen schöneren und – wie soll ich sagen? – mehr reformatorischen Text bieten können.

Ich bitte Sie, lieber Freund, mit dieser Auslassung heute fürlieb zu nehmen und dieselbe so günstig und wohlwollend wie möglich zu deuten.

In Treue Ihr Fr. Nietzsche.

52. An Freiherrn von Gersdorff

Basel, 12. Dezember 1872.

Herzlich geliebter Freund,

das ist nun auch vorbei, und das gemischte Gefühl, das jeder Todesfall in uns erzeugen muß, ist hier besonders stark. Er hat es überstanden, dieses Dasein, – wir müssens eben noch überstehen: und zu dem Schwersten, was wir zu überstehen haben, gehört gewiß die sicher eintretende immer größere Vereinsamung, – Geschwister, Eltern, Freunde – alle gehen davon, allmählich wird alles Vergangenheit, und wir uns selbst.

Nun lebst Du Deinen Eltern noch mehr als sonst; und wir alle, Deine Freunde, müssen wünschen und von Herzen dazu tun, daß auf Dir, als auf einem kräftigen guten und schönen Fundamente, die Hoffnung Deines Geschlechtes ruhe. Du siehst gewiß jetzt mutiger in die Zukunft als vor ein paar Jahren und wirst es selbst genug empfinden, welches Heil für den Sterblichen in einem ernsten, bewußten und alle Tiefen unsrer Natur erregenden Streben liegt. Allmählich läuft alles Rechte und Tüchtige, dessen wir fähig sind, auf einer Bahn, nach einem Ziele; wir erstarken in dieser Empfindung und werden von den heftigen Schlägen des Schicksals nicht mehr zertrümmert.

Ich bin glücklich, Dich bald wiederzusehen und mich Deiner Tapferkeit erfreuen zu können. Es ist ja eine ernste Bildungsreise, die Du unternimmst; und wenn Du, vor ihrem Beginne, noch einmal das schreckliche Bild der Natur, mit Sarg und Begräbnis, gesehen hast, so wirst Du Dir immer bewußt bleiben, auf welchen Schrecken auch das schönste Dasein und die befreiendste Kunst ruht, aber ebenso, wie wir das Himmelreich, sei es nun das der Religion oder der Kunst oder des reinen Erkennens, immer brauchen, um das Erdenreich oder die Erdenluft ertragen zu können. –

Für mehrere Briefe habe ich Dir zu danken, lieber Freund, und wenn ich so schwer zum Antworten kam, so hing es diesmal an einer kleinen Erwartung: ich wollte Dir gerne meine Photographie mitschicken, und es dauerte längere Zeit, ehe ich mich zum Photographiertwerden entschließen konnte und ehe der Photograph fertig wurde. Hier bekommst Du das erste Bild, das er mir sendet. Die Nacht, bevor es aufgenommen wurde, wurde ich durch ein großes Feuer erschreckt, auch habe ich ein paar Stunden durch Wassertragen usw. mit geholfen, kurz, es wird wohl an der Photographie etwas zu merken sein, daß ich die Nacht vorher nicht geschlafen hatte. Sie hat etwas Wildes und Bojarenhaftes.

Fräulein von Meysenbug (Florenz *via Alfieri 16*) schreibt mir, daß es ihr eine sehr große Freude sein würde, Dich wiederzusehen. Sie hat mir ihr Bild geschickt und erzählt von dem Eindrucke, den meine Vorträge über Bildungsanstalten auf sie und die anderen Zuhörer machen. Es ist jetzt gerade ein sehr günstiger Augenblick, daß diese nach Florenz gelangt sind, da man dort mit der Reform des Erziehungswesens und der Lehranstalten fast ausschließlich beschäftigt ist.

Was macht denn der arme Wilamowitz? Ich weiß nicht, woher ich hörte, daß er auch nach Italien reise; wobei nur zu wünschen wäre, daß Ihr nicht zusammentrefft.

Ein paar beglückte reine Tage habe ich mit Wagners in Straßburg zusammen verlebt und mich der unbedingten Zugehörigkeit zu diesen beiden auf das schönste versichert. Sie freuten sich recht über meine Gesundheit und über mein »Resolut«-sein, im Goethe-Mazzinischen Sinne. Dessen bedarf es aber auch, denn ich erlebe mancherlei, was man nur sehr gepanzert erträgt.

Ich habe jenen Spruch auf das Bild geschrieben und meine, es sollte auch für Deine Italienreise ein schönes Motto abgeben.

Weihnachten werde ich mit den Meinigen in Naumburg zusammen sein, aber mit den ersten Tagen des Januar bin ich wieder in Basel und erwarte Dich.

Ich drücke Dir, Du lieber Freund, die Hand und wünsche Dir stillen und ertragenden Mut in so schweren Zeiten.

Von Herzen der Deinige

Friedrich Nietzsche.

Basel, Donnerstag, 12. Dez. 1872.

53. An Malwida von Meysenbug

Basel, 20. Dezember 1872.

Verehrtestes Fräulein,

Sie haben mir eine große Freude gemacht, für die ich Ihnen auf der Stelle gedankt hätte, wenn es nicht nötig gewesen wäre, eine Photographie von mir beizulegen. Nun gab es aber keine – und wie Sie sehen – gibt es jetzt zwar welche, doch wieder vom alten Seeräuberstil, so daß ich zu der metaphysischen Annahme gedrängt werde, es möge das, was die Photographen so und immer wieder so darstellen, mein »intelligibler« Charakter sein; denn mein intellektueller ist es so wenig, daß ich Bedenken trug, Ihnen dies Konterfei meiner schlechteren Hälfte anzubieten. Kurz, ich wollte sagen, es gab erst einen Zeitverlust, weil ich keine Photographie, und dann wieder einen, weil ich eine hatte – aber eben eine solche! Ich erkläre dies ausdrücklich, weil ich Ihre Photographie für unbegreiflich gut halte: wie sich auch meine Schwester über das Bild von Fräulein Olga ebenso dankbar als erfreut zu äußern allen Grund hat. Ich reise jetzt für zwei Wochen nach Naumburg, um dort Weihnachten zu feiern: während dieser Zeit will ich meine Schwester dazu bringen, sich photographisch hinrichten zu lassen: wenigstens bezeichnet dieser Ausdruck meine Empfindung, wenn der einäugige Zyklop als *deus ex machina* vor mir steht. Während ich mich dann bemühe, dem Verderben Trotz zu bieten, geschieht bereits das Unvermeidliche – und ich bin von neuem als Seeräuber oder erster Tenor oder Bojar *et hoc genus omne* äternisiert.

Nun werden Sie die Vorträge gelesen haben und erschreckt worden sein, wie die Geschichte plötzlich abbricht, nachdem so lange präludiert war und in lauter *negativis* und manchen Weitschweifigkeiten der Durst nach den wirklichen neuen Gedanken und Vorschlägen immer stärker sich eingestellt hatte. Man bekommt einen trocknen Hals bei dieser Lektüre und zuletzt nichts zu trinken! Genau genommen paßte das, was ich mir für den letzten Vortrag erdacht hatte – eine sehr tolle und bunte Nachtbeleuchtungsszene –, nicht vor mein Baseler Publikum, und es war gewiß ganz gut, daß mir das Wort im Munde steckenblieb. Im übrigen werde ich recht um die Fortsetzung gequält: da ich aber das Nachdenken über das ganze Gebiet etwas vertagt habe, etwa auf ein Triennium – was mir, bei meinem Alter, leicht wird –, so wird der letzte Vortrag gewiß nie ausgearbeitet werden. – Die ganze Rheinszenerie, sowie alles Biographischscheinende ist erschrecklich erlogen. Ich werde mich hüten, die Baseler mit den Wahrheiten meines Lebens zu unterhalten oder nicht zu unterhalten: aber selbst die Umgebung von Rolandseck ist mir in bedenklicher Weise undeutlich in der Erinnerung. Doch schreibt mir auch Frau Wagner, daß sie sich, am Rheine reisend, meiner Schilderung entsonnen habe.

Unser Zusammentreffen hat stattgefunden, in beglükkendster Weise, aber nicht hier in Basel, sondern in Straßburg: nach langem telegraphischen Wetterleuchten zwischen hier und mehreren süddeutschen Städten wurde endlich der Baseler Aufenthalt als unmöglich erkannt, und so reiste ich denn eines Freitags nach Straßburg, wo wir mit- und beieinander zwei und einen halben Tag verlebten, ohne alle sonstigen Geschäfte, sondern erzählend und spazierengehend und Pläne machend und der herzlichsten Zueinandergehörigkeit uns gemeinsam erfreuend. Wagner war mit seiner Reise recht zufrieden, er hatte tüchtige Stimmen und Menschen gefunden und war heiter und zu allem Unvermeidlichen gerüstet. Der ganze Winter geht darauf, denn nach Weihnachten geht es nach dem östlichen Norden Deutschlands, besonders nach Berlin, wo auf drei Wochen etwa haltgemacht werden soll. Es ist nicht gewiß, aber möglich, daß er nach Mailand, zur Skala-Aufführung kommt.

Gersdorff trifft in der ersten Hälfte des Januar hier ein, um dann unverzüglich weiter, nach Florenz und Rom zu reisen. Im Februar will er mit seinem Vater in Rom zusammentreffen. Er bedarf jetzt, ebenso wie sein Vater, doppelt dieser längst vorbereiteten Reise, da in der allerletzten Zeit sein einziger Bruder, nach dreijährigem leidensvollen Aufenthalte im Irrenhause (Illenau), gestorben ist. Er ist nun die einzige Hoffnung seines Geschlechtes; seine Eltern sind ganz vereinsamt, da auch die letzte und jüngste Schwester, die bisher mit den Eltern zusammenlebte, sich jetzt verheiratet hat, mit einem Grafen Rothkirch-Trach. Übrigens hat Gersdorff mir neulich ganz begeistert ebenso über Ihre als die Herzenschen Memoiren geschrieben: woraus Sie wenigstens das entnehmen können, daß er, bei seiner Vorbereitung auf Italien, sich doch besonders auch auf Florenz gut vorbereitet.

Beiläufig: was sind denn das für philologische Fragen, verehrtestes Fräulein, die Sie, wie Sie schreiben, auf dem Herzen haben? Machen Sie doch mit mir einen Versuch –

falls Ihnen nicht etwa Wilamowitz den Glauben an meine Philologie erschüttert hat. Für diesen Fall stehe ich aber immer noch zu Diensten, da ich dann Freund Rohde heranziehen würde, an dessen Philologie zu zweifeln ich niemandem erlaube.

Was haben Sie denn für den nächsten Sommer, nach der sehr schmerzlichen Trennung von Fräulein Olga, beschlossen? Und auf welchen Termin ist die Vermählung angesetzt? Und soll sie in Paris gefeiert werden? Oder bei Ihnen in Florenz?

Das Buch des Herrn Monod über Gregor von Tours ist in den deutschen gelehrten Zeitschriften sehr rühmend besprochen und als das Beste und Wertvollste, gerade vom Standpunkte strenger historischer Schule aus, bezeichnet worden, was bis jetzt über Gregor geschrieben ist.

Heute abend will ich abreisen. Ich sende Ihnen und Fräulein Olga einen herzlichen Weihnachts- und Neujahrsgruß zu. Es lebe dieses Jahr, aus manchen andern Gründen, aber namentlich weil es so schöne und hoffnungsreiche Gemeinsamkeiten geschaffen hat. Es läuft alles auf einer Bahn, und dem Tapferen muß das Gute und das Schlimme gleich recht sein.

Verehrungsvoll Ihr getreuer

Fr. Nietzsche.

54. An Freiherrn von Gersdorff

Naumburg, 23. Dezember 1872.

Mein teurer Freund,

heute begrüße ich Dich zu Deinem Geburtstage und wiederhole Dir alle jene herzlichen und besonders lebhaften Wünsche, die heute und in den letzten Zeiten alle die Dir Zugehörigen, seien sie verwandt oder befreundet, Dir ausgesprochen haben. Wir wollen alle von Herzen Dein Bestes, wie wir uns freuen, Deinem Lebenslauf in aufsteigender Linie mit teilnehmenden Blicken und zu unserer steten Genugtuung folgen zu können. Wenn ich mich erinnere, wie näher und immer näher sich die Lebenspfade und Lebensziele von uns beiden verschlungen haben – oder um genauer zu reden, wie sie sich immer mehr genähert haben und endlich in eins zusammengeflossen sind wie zwei Bäche, die in einem Strom und zu einem Meere hin zusammenzufließen den kaum bewußten Willen haben –, wenn ich mir das vorhalte, Pforta, Universitätszeit, Leipzig, Kriegsjahre, Tribschen, so weiß ich, daß das letzte Jahr auf diesen Freundschaftsbund Siegel auf Siegel gedrückt hat und daß von nun an unsre Zueinandergehörigkeit als wohlverbrieft und -versiegelt unsern Lebensrest durchdauern wird.

Also, lieber alter Freund, freuen wir uns heute auch unsrer Freundschaft; ich wünsche mir heute das Beste, wenn ich es Dir wünsche.

Das Buch, das ich Dir hiermit überreiche, ist das mir von Romundt gewidmete und überhaupt somit das erste, das mir gewidmet ist, – also ein Freundschaftsdenkmal! Weshalb ich wünsche, daß es auch in Deiner Bibliothek sei.

Nun zum Schlusse eine Anfrage in betreff Deiner Reise. Ich schreibe also von Naumburg aus, wo ich gestern abend eingetroffen bin; meine Absicht ist, spätestens Sonnabend abend nach Neujahr von hier zurückzureisen, so daß ich Sonntag abend in Basel bin. Wäre es nun nicht möglich, daß wir einen Teil zusammenreisten, etwa gar mit einer kleinen Variation über Bayreuth? Ich frage an bei Dir und bitte um Vorschläge.

Meine Angehörigen tragen mir herzliche Grüße auf: auch bitte ich Dich, mich Deinen verehrtesten Eltern von neuem wieder anzuempfehlen.

Jetzt schreibe ich noch an Frau Wagner: dieselbe bekommt von mir ein Manuskript mit folgendem Titel und Inhalt:

Fünf Vorreden zu fünf ungeschriebenen
und nicht zu schreibenden Büchern.

1. Über das Pathos der Wahrheit.
2. Der griechische Staat.
3. Über die Zukunft unsrer Bildungsanstalten. (Die ganz neue Vorrede kennst Du auch noch nicht.)
4. Der Wettkampf.
5. Über das Verhältnis der Schopenhauerischen Philosophie zu der deutschen Kultur.

Diese fünf Vorreden, die Dir alle noch fremd sind (wie auch Wagners), wirst Du möglicherweise in Bayreuth lesen.

Leb wohl, lieber Freund, und
behalte mich lieb.

Treulichst

Dein F. N.

Naumburg, 23. Dez. 1872.

55. An Malwida von Meysenbug

Basel, 6. April 1873.

Verehrtestes Fräulein, wie gern möchte ich diese Ostern bei Ihnen verbringen und wie dankbar habe ich Ihre Einladung empfangen. Wenn ich auch nicht helfen könnte Sie zu trösten, so wäre es mir doch hier und da gelungen, Sie zu zerstreuen und Ihr Nachdenken irgendwohin abzulenken. Nun muß ich leider so festgebunden sein, daß ich nur für die allerkürzesten Termine (von 8-12 Tagen) um Ostern herum etwas Freiheit habe: das hängt davon ab, daß ich außer meiner Universitätsstellung noch das Amt eines griechischen Lehrers in der obersten Klasse des Pädagogiums innehabe und somit den langweiligen Quälereien schriftlicher und mündlicher Schulexamina usw. ausgesetzt bin. Die freie Zeit ist also zu kurz, um nach Florenz reisen zu können: wie oft habe ich das beseufzt! Denn ich habe wirklich das herzlichste Bedürfnis, Sie jetzt zu sehen und zu sprechen, und würde jedenfalls nur Ihretwegen (und nicht irgendwelcher Malereien halber) nach Florenz gekommen sein. Wenn ich mir besonders noch denke, daß Ihre Gesundheit noch nicht wiederhergestellt ist und daß Sie zu der Fülle von Seelenschmerzen und Beunruhigungen höchst überflüssigerweise auch noch leiblich gequält werden, so fühle ich in mir so recht die Ohnmacht des Helfenwollens und Nichtkönnens! Hoffentlich schreibt Ihnen Frau Olga Monod das Beste und Beruhigendste, vor allem recht oft und ausführlich.

Heute abend reise ich ab, raten Sie wohin? – Sie haben es erraten. Und zwar treffe ich dort, um das Glücksmaß vollzumachen, mit dem besten der Freunde, mit Rohde zusammen; morgen nachmittag halb vier sitze ich im Hause an der Dammallee und bin ganz glücklich. Wir werden viel von Ihnen sprechen. Dann von Gersdorff, dem »taumelnden Kavalier«, wie ihn Wagner nennt. Was Sie mir erzählen von einer Abschrift, die sich Gersdorff von meinen Vorträgen gemacht hat, ist geradezu rührend und gar nicht zu vergessen. Was ich für gute Freunde habe! Es ist ordentlich beschämend.

In Bayreuth hoffe ich wieder Mut und Heiterkeit mir zu holen und mich wieder in allem Rechten zu befestigen. Mir träumte diese Nacht, ich ließe mir den *Gradus ad Parnassum* neu und schön einbinden; diese buchbinderische Symbolik ist doch verständlich, wenn auch recht abgeschmackt. Aber es ist eine Wahrheit! Von Zeit zu Zeit muß man sich, durch den Umgang mit guten und kräftigeren Menschen gewissermaßen neu einbinden lassen, sonst verliert man einzelne Blätter und fällt mutlos immer mehr auseinander. Und daß unser Leben ein *gradus ad Parnassum* sein soll, ist auch eine Wahrheit, die man sich öfters einmal sagen muß. Mein *Parnassus* der Zukunft ist, wenn ich mich sehr anstrenge und einiges Glück sowie viel Zeit habe – vielleicht ein mäßiger Schriftsteller zu werden, vor allem aber immer mehr »mäßig im Schriftstellern«. Ich habe von Zeit zu Zeit eine kindliche Abneigung gegen bedrucktes Papier, das mir dann nur wie beschmutztes Papier gilt. Und ich kann mir wohl eine Zeit denken, in der man es vorzieht, wenig zu lesen, noch weniger zu schreiben, aber viel zu denken und noch viel mehr zu tun. Denn alles wartet jetzt auf den handelnden Menschen, der jahrtausendalte Gewohnheiten von sich und andern abstreift und es besser vormacht, zum Nachmachen. In meinem Hause entsteht eben etwas voraussichtlich sehr Rühmliches, eine Charakteristik unsrer heutigen Theologie, hinsichtlich ihrer »Christlichkeit«: mein Freund und Gesinnungsbruder Prof. Overbeck, der freieste Theolog, der jetzt nach meinem Wissen lebt und jedenfalls einer der größten Kenner der Kirchengeschichte, arbeitet an dieser Charakteristik und wird, nach allem, was ich weiß und worin wir einmütig sind, einige erschreckende Wahrheiten bekanntmachen. Allmählich dürfte Basel ein Bedenken erregender Ort werden. –

Nun wird es dunkel, ich muß an die Abreise und das Einpacken denken und Sie verlassen, verehrteste und innig bedauerte Freundin. Wäre es doch wenigstens zur Abreise nach Florenz!

In Treue

der Ihrige

Friedrich Nietzsche.

56. An die Mutter

Basel, 21. Sept. 1875.

Meine liebe gute Mutter, so ist denn unsre gute Tante dahin, und wir sind wieder einsamer. Alt werden und einsam werden scheint dasselbe, und ganz zuletzt ist man wieder nur mit sich zusammen und macht andre durch unsern Tod einsam.

Gerade weil ich wenig von meinem Vater weiß und ihn mir mehr aus gelegentlichen Erzählungen erraten muß, waren mir seine nächsten Anverwandten mehr, als sonst Tanten zu sein pflegen. Ich freue mich, wenn ich an Tante Riekchen, wie an die Plauenschen usw. denke, daß sie alle eine sonderliche Natur bis in ein hohes Alter festhielten und in sich Halt hatten, um weniger von außen her und von dem so zweifelhaften Wohlwollen der Menschen abzuhängen: ich freue mich dessen, weil ich darin die Rasse-Eigenschaft derer, die Nietzsche heißen, finde und sie selbst habe.

Deshalb war die gute Tante mir immer auf das freundlichste gewogen, weil sie es fühlte, wie wir in einer Hauptsache verwandt waren, nämlich eben in der Nietzscheschen Hauptsache. Und so ehre ich denn ihr Angedenken, indem ich von Herzen begehre, wenn ich alt werden sollte, wenigstens nicht von mir selber, das heißt von dem Geiste meiner Väter abzufallen.

Erwarte jetzt, meine liebe vielgeplagte, weil vielhelfende Mutter, nichts mehr von mir und denke gerne

an Deinen Sohn

Friedrich Nietzsche.

57. An Dr. Carl Fuchs

Basel, Winter 1873/74.

Es ist Sonntag morgen, und ich dachte eben *de tranquillitate animi* nach – da brachte mir Herr Professor Overbeck Ihren Brief, lieber Herr Doktor. Nein, niemand kann Ihnen zu dem Schritte raten, von dem Sie schreiben; es müßte ein heiliger Wahnsinn sein, der Sie vorwärts triebe, wider alle Vernunft, – nun dann würden wir anderen uns so gut wie möglich ins Unvermeidliche schicken und Ihnen zu helfen suchen. Inzwischen müssen wir Ihnen nur so unzweideutig wie möglich sagen, daß Basel für Ihre Lehrerbestrebungen, für Ihre philosophische Kundgebung, für Ihr leidlich-leibliches Fortkommen ein ungeeigneter Boden ist: es sei denn, daß Sie als mönchischer Gelehrter fortleben wollen, der nichts anderes von einem Orte begehrt als Ruhe und Einsamkeit. Beides kann man hier haben – und im Verhältnis zu Ihrem zappeligen, unruhigen Hatz-Berlin will das freilich viel sagen. Aber eigentlich kann man das überall haben, ich sollte meinen, selbst gerade in Berlin oder Paris; man muß nur wenig begehren und sich eine Aufgabe stellen, bei der man gar nicht mehr versucht ist, auf den unruhigen Bildungs-Juden-Pöbel und die ganze anerkannte Öffentlichkeit hinzusehen. Die wahre Einsamkeit liegt in einem großen Werke. Vorlesungen und Akademien – das ist alles nichts oder wenig mehr als der äußerliche Rahmen unsrer Existenz. Sich dahinein zu flüchten, begreifen wir – Overbeck und ich – nicht recht mehr, da wir oft an das Gegenteil gedacht haben, an das Hinausflüchten zu völliger Unbeschränktheit, um an irgendeinem Winkel der Welt, sei es in den einfachsten Verhältnissen, denkend und frei weiterzuleben. Deshalb sind wir wohl auch schwerlich die rechten Ratgeber. Für diesen Ort könnte Ihnen übrigens niemand etwas garantieren; eine Professur für Musik haben wir nicht und bekämen wir nicht: denn zu mehr als zwei akademischen Zuhörern würden Sie es, in einer recht unmusikalischen Stadt, schwerlich bringen. Die bezahlten Professoren der Philosophie sind, wie wir nach einem ganz bestimmten höchst belehrenden Falle urteilen müssen, für einen Anhänger Schopenhauers ganz und gar unzugänglich: überhaupt herrscht große Ungeneigtheit gegen jede Förderung dieser »Richtung«. S. Bagge genügt den Baselern, ebenso der Direktor Reiter. Ich habe die Baseler gern und sage dies nicht mit Ironie, sondern nur um Ihnen über die hiesigen Schwächen und Beschränktheiten ein Licht aufzustecken. Man lebt hier teuer, ein Junggesell mit sehr mäßigen Ansprüchen nicht unter und wahrscheinlich über 3 000 Franks (800 Taler). Ja, wer könnte Ihnen raten, werter Herr Doktor? Ich vermute, daß ich an Ihrer Stelle eine Musikdirektorstelle in einer kleineren Stadt oder noch besser eine einträgliche Organistenstelle begehren würde: dann ließe ich die Welt laufen und erlaubte nicht, daß mich etwas noch hin und her zöge. Wir werden alle ruiniert, wenn wir unruhig werden. – Das ist freilich alles sehr wenig und sehr schwach, leider aber schon viel zu viel für meine Augen. Und so seien Sie nicht böse, daß ich hiermit schließe. Overbeck wünscht ebenso herzlich wie ich, daß Sie einen guten Entschluß fassen mögen – aber, wie gesagt, raten können wir Ihnen nichts. Wer könnte Ihnen raten? Mit warmen Wünschen

Ihr Friedrich Nietzsche.

N. B. Die Preisaufgabe wird von seiten des Allgemeinen Deutschen Musikvereins nicht zum zweiten Male wieder gestellt werden.

58. An die Mutter

Basel, 1. Februar 1874.

Meine geliebte Mutter,

eben wird mir gesagt, daß heute schon der erste Februar sei, ich glaube es immer noch nicht recht, mache mich aber daran, sofort an Dich zu schreiben, damit ich noch einigermaßen zur rechten Zeit mit meinen Geburtstagswünschen in Naumburg eintreffe. Nun wollen wir einmal zusehen, was dieses Jahr bringt: hoffentlich für Dich und damit auch für uns Gutes oder Erträgliches. Ich schreibe heute bei schlechter Verdauung und Übelkeit: so denke ich denn zuerst an den Leib und wünsche von Herzen, daß es Dir mit der Gesundheit so fortergehen möge, wie es Dir bis dahin ergangen ist; auch daß Du nicht etwa das absurde Beispiel Deines Herrn Sohnes nachahmest, der viel zu früh zu laborieren angefangen hat und der bereits wie ein altes Männchen sich über jeden Tag freut, wo er nicht an Unverdaulichkeit und Schmerzen erinnert wird. Im übrigen hast Du es in Naumburg so ruhig und angenehm, wie ich mich wieder Weihnachten überzeugte, daß mir auch da kein anderer Wunsch einfällt, als »es möge alles auch fernerhin beim alten bleiben«.

Es hat mir Weihnachten so gut bei Dir gefallen, daß ich wirklich bereits in meinem Gemüte die Möglichkeit erwogen habe, ob ich nicht vielleicht Ostern wiederkomme; vielleicht gelingt es Dir dann, mich wieder zu kurieren, durch Süppchen, Spazierengehen und ein Pferdchen vielleicht. Denke einmal darüber nach; oder meinst Du, es sei vernünftig, eine gute Kaltwasseranstalt in meiner Nähe zu besuchen? Ich muß jedenfalls etwas tun, die Schwäche des Magens nimmt zu sehr überhand. Auch eine Fußwanderung möchte sehr vernünftig sein. Es wird mir wohl möglich sein, von der Anwesenheit bei dem Osterexamen mich einmal ausnahmsweise dispensieren zu lassen: so daß ich ungefähr 4 Wochen Ferien hätte. Ach, ich hätte so gern ein kleines Landgut: da hinge ich auf einige Zeit meine Professur an den Nagel. Nun bin ich 5 Jahre Professor; ich dächte, es wäre bald genug. Wirklich, ich möchte es wie Gersdorff machen und Stoppelhopser werden.

Übrigens ruhe ich mich aus – was man so ausruhen nennt, eigentlich merke ich nichts davon. Das heißt, ich schreibe augenblicklich kein Buch. Von dem neu erscheinenden sind 4 Bogen gedruckt, es geht langsam. Die Augen sind öfters angegriffen.

Für unsre Lisbeth habe ich eine sehr hübsche Wohnung in meiner nächsten Nähe entdeckt: bei den vortrefflichen Hegars. Die haben zwei Häuser, das hintere Haus liegt in der Straße, in der bis jetzt Vischer-Heuslers wohnten: es ist das nächste Haus von dem Fenster meiner guten Stube aus: darin wohnt der junge Hegar mit seiner jungen allerliebsten Frau, einer Französin, vortreffliche Leute und gut eingerichtet. Da also wird unsre Lisbeth wohnen, und Frau Hegar freut sich schon darauf.

Das Befinden von Frau Vischer-Heusler ist recht befriedigend, auch die alte Frau Vischer erregt keine Besorgnis mehr, ihr Übel ist ein langwieriger Magenkatarrh.

Sonst weiß ich nichts Neues. Ich habe ein großes Bedürfnis, mich etwas auszuruhen und zu erholen, und dann denke ich immer an Euch. Auch noch ein neues Amt hängt mir auf dem Rücken: für dieses und das nächste Jahr bin ich Dekan meiner Fakultät. Ich habs satt.

Nochmals: ich bin bei Dir mit treulichem Gedenken und herzlichen Wünschen.

Dein alter Sohn.

59. An Erwin Rohde

Basel, 15. Februar 1874.

Einen schönen Sonntagsgruß zuvor, liebster Freund! Lebst Du im grauen Norden? Wir haben so reine, warme Tage und viel Sonnenschein, ja sogar schon tieffarbige Sonnenuntergänge. Der ganze Winter hat uns einen einzigen Schneetag gegeben. Seit Neujahr habe ich auch vernünftiger und sorgfältiger gelebt, so daß ich mein Befinden heute loben kann. Nur die Augen! Ein Schreiber tut mir not! Zwar ist mir hier, seit einem halben Jahr, ein äußerst sympathischer talentvoller Schüler erwachsen, der bereits recht zu uns allen gehört: Baumgartner mit Namen, ein Elsässer, Sohn eines Mülhausener Fabrikanten. Der kommt jeden Mittwoch nachmittag und bleibt den Abend; da wird diktiert, vorgelesen, Briefe geschrieben. Kurz, das ist ein rechter Gewinn für mich und, wie ich verspreche, einstmals für uns alle. Ostern will ich wieder nach Naumburg, um dort noch einmal recht systematisch der Ruhe und der Gesundheit zu leben: so werde ichs denn auf die Dauer schon aushalten. Seit Weihnachten habe ich vielerlei durchgedacht und mußte in so entfernten Gegenden schweifen, daß ich, beim Eintreffen der Korrekturbogen, öfters zweifelte, wann ich dies Zeug eigentlich geschrieben habe, ja ob das alles von mir sei. Ich lecke jetzt sehr stark wider den Stachel der politischen und Bürgertugendpflichten und bin gelegentlich selbst über das »Nationale« hinausgeschwiffen – Gott bessere es und mich!

Du hast, bei aller Deiner Not, nun auch noch die Korrekturnot gehabt, guter treuer Freund. Jedes Winkchen ist dankbarlich benutzt (»ausgelitzt«) worden, und mancher Flecken ist durch Deine Hand abgestreift worden. Eine Anzahl Sonderlichkeiten gingen übrigens nicht auf mich, sondern auf die Abschrift meines schwer leserlichen Manuskriptes zurück. Leider habe ich gerade für den letzten Bogen Deine Hilfe nicht mehr benutzen können. Ich glaubte, aus mehreren Gründen, man habe vergessen, Dir den letzten Bogen zuzusenden, und die Sache hatte Eile. Glücklicherweise habe ich den ärgsten Anstoß selbst gehoben, auch durch Streichen von zirka einer Seite Text die Schlußpartien etwas erleichtert. Eine gewisse Allgemeinheit war übrigens geboten, weil ich Rücksichten auf speziellere Ausführungen in späteren Unzeitgemäßheiten zu nehmen hatte. So mag denn das Untier laufen – wem wirds Freude machen? Wer wirds auch nur lesen! Ich glaube, man wird auf eine ungeheure Dummheit bei mir schließen – und man wird wirklich recht haben! Nur halte ich es wirklich in der Gescheitheit nicht mehr aus und ziehe mich auf mich selbst zurück. Ich kann wirklich nicht anders; aber nicht wahr, Du wirst mich deshalb nicht gleich verachten? Denn ich denke eigentlich, daß Du mich in diesen Dingen übersiehest – und ein Recht dazu hast, liebster Freund! An meine Mit-Philologen denkend, fühle ich mitunter selbst so etwas wie Scham. Doch glaube ich nicht, daß man mich leicht aus der Bahn bringt, – und erst will ich mich einmal ganz aussprechen: es gibt doch keine größere Wohltat, die man sich erweisen kann! Wenn Du Dein Exemplar hast (hoffentlich vor zwei Wochen), bitte ich Dich noch um eins: sage mir doch mit Härte und Kürze Fehler, Manieren und Gefahren meiner Darstellung, – denn darin genüge ich mir nicht und erstrebe etwas ganz anderes. Also hilf mir mit kurzen Winken, ich werde sehr dankbar sein.

Über Bayreuth gibt es etwas Neues und wenn nur Wahres! Eine ganz ausdrückliche Notiz des Mannheimer Journals (dem Organon Heckels) bringt aus bester Quelle (d. h. Frau Wagner), daß die Aufführungen jetzt endgültig gesichert sind. So wäre denn das Wunder geschehen! Hoffen wir! Es war ein trostloser Zustand, seit Neujahr, vor dem ich mich endlich nur auf die wunderlichste Weise retten konnte: ich begann mit der größten Kälte der Betrachtung zu untersuchen, weshalb das Unternehmen mißlungen sei: dabei habe ich viel gelernt und glaube jetzt Wagner viel besser zu verstehen als früher. Ist das »Wunder« wahr, so wirft es das Resultat meiner Betrachtungen nicht um. Aber glücklich wollen wir sein und ein Fest feiern, wenn es wahr ist!

Hat man Dich denn nicht nach Greifswald berufen, an des *Schoellii* Stelle? Aber irgendwas muß doch geschehen. Wie ich höre, geht Köchly nach Berlin, als Nachfolger von Haupt, – wenigstens schwätzen die Zeitungen davon. Nun, vielleicht die Heidelberger Professur! Das wäre etwas, nachdem Freiburg mißglückt ist! – Und wie steht es mit Deinem »Roman«?

Das weißt Du noch nicht, daß wir Heinze als Philosophen bekommen haben; Romundt ist nicht akzeptiert, die Angst vor Schopenhauer trat naiv auf (nicht bei Vischer, aber er ist nicht allmächtig).

Man hat mich zu einer italienischen Revue eingeladen, die in Buchform erscheinen wird; ich habe abgesagt, ebenso Jakob Burckhardt.

Frl. v. Meysenbug ist wieder krank und in San Remo bei Nizza angelangt, von wo sie mir rührend schrieb. Olga Monod hat einen Knaben. Gersdorff, der göttliche Landedelmann, ist meiner Phantasie jetzt das Vorbild: wir sollten uns alle Landgüter erwerben und dann still und tapfer bis zu Ende leben. Aber so wie so: immer vorwärts mit strengem Fechten!

Adieu, geliebter Freund!

Dein

Friedrich N.

Basel, Mitte Februar.

60. An Freiherrn von Gersdorff

Basel, 1. April 1874.

Lieber getreuer Freund, wenn Du nur nicht eine viel zu gute Meinung von mir hättest! Ich glaube fast, daß Du Dich einmal über mich etwas enttäuschen wirst; und will selbst anfangen, dies zu tun, damit daß ich Dir aus meiner besten Selbsterkenntnis heraus erkläre, daß ich von Deinen Lobsprüchen nichts verdiene. Könntest Du wissen, wie verzagt und melancholisch ich im Grunde von mir selbst, als produzierendem Wesen, denke! Ich suche weiter nichts als etwas Freiheit, etwas wirkliche Luft des Lebens und wehre mich, empöre mich gegen das viele, unsäglich viele Unfreie, das mir anhaftet. Von einem wirklichen Produzieren kann aber gar nicht geredet werden, solange man noch so wenig aus der Unfreiheit, aus dem Leiden und Lastgefühl des Befangenseins heraus ist: werde ichs je erreichen? Zweifel über Zweifel. Das Ziel ist zu weit, und hat mans leidlich erreicht, so hat man meistens auch seine Kräfte im langen Suchen und Kämpfen verzehrt: man kommt zur Freiheit und ist matt wie eine Eintagsfliege am Abend. Das fürchte ich so sehr. Es ist ein Unglück, sich seines Kampfes so bewußt zu werden, so zeitig! Ich kann ja nichts von Taten entgegenstellen, wie es der Künstler oder der Asket vermag. Wie elend und ekelhaft ist mir oft das rohrdommelhafte Klagen! – Ich habs augenblicklich etwas sehr satt und über.

Meine Gesundheit ist übrigens ausgezeichnet: sei ganz unbesorgt. Aber ich bin mit der Natur recht unzufrieden, die mir etwas mehr Verstand, nebst einem volleren Herzen, hätte geben sollen – es fehlt mir immer am Besten. Das zu wissen ist die größte Menschenquälerei.

Die regelmäßige Arbeit in einem Amte ist so gut, weil sie

eine gewisse Dumpfheit mit sich bringt: man leidet so weniger.

Im Herbst also – ach, Du verstehst das »Also« doch? – müssen wir uns sehen, beim *concilium subalpinum sive Rhaeticum*. Wenn wir alle zusammen sind, kommt ein ganzer Kerl heraus, der keinen Grund hat, sich zu betrüben. Gemeinsam und zusammen sind wir ein Wesen, welches »Freude trinken« darf – an den Brüsten der Natur. Sage mir doch ganz genau, wann es Dir erlaubt ist, hierher zu kommen! Rohde hat im letzten Brief definitiv zugesagt. Overbeck auch, Romundt (seit gestern unser Hausgenosse) auch. Ich, der ich die wenigsten Ferien habe, denke doch die erste Hälfte des Oktober zur Disposition zu sein. Kannst Du diese Zeit uns schenken? – Lieber, teurer Freund! –

Hast Du zufällig gehört, daß Professor Plüß in Schulpforte, Nachfolger Volkmanns, in der Naumburger *Litteraria* einen »begeisterten« Vortrag über die »Geburt der Tragödie« und die Straußiade gehalten hat? Sehr scherzhaft und unglaublich, nicht wahr? – [– –]

Die gute Meysenbug schickte mir schöne frische Blumen, Frühlingsboten vom Mittelländischen Meere.

Ich lege einen schönen und auch für Dich lehrreichen Brief Rohdes bei; gelegentlich wieder zurückzugeben!

Herrliche Briefe der Bayreuther.

Dank für die Druckfehler: aber der wichtigste fehlt, Höderlin für Hölderlin. Aber nicht wahr, es sieht wunderschön aus? Aber es verstehts kein Schwein.

Meine Schriften sollen so dunkel und unverständlich sein! Ich dachte, wenn man von der Not redet, daß solche, die in der Not sind, einen verstehen werden. Das ist auch gewiß wahr: aber wo sind die, welche »in der Not« sind?

Erwarte jetzt nichts Literarisches von mir. Ich habe für mein Sommerkolleg viel vorzubereiten und tue es gern (über Rhetorik).

Übrigens ist viel seit Weihnachten durchdacht und ausgedacht worden.

Sei herzlich gegrüßt und grüße Deine verehrten Eltern.

Ja, wenn man keinen Freund hätte! Ob mans noch aushielte? ausgehalten hätte? *Dubito.*

Fridericus.

Basel, 1. April 1874.

61. An Dr. Carl Fuchs

Basel, 28. April 1874.

Ein längerer Brief, lieb und werter Herr Doktor, soll Ihnen *ad oculos* demonstrieren, wie es mir mit meinen *oculis* geht, nach deren Befinden Sie sich so teilnehmend erkundigen; und noch mehr scheint es mir endlich an der Zeit zu sein, Ihnen etwas ausführlicher und ausdrücklicher zu sagen, wie ich, in dem letzten Jahre, Ihrer sehr viel, mit manchem Wechsel der Empfindungen, mit Hoffnung und Bangen bisweilen, gedacht habe, immer aber getreu des guten Glaubens und Vertrauens, daß Sie die seltne Kraft besitzen, sich selbst zu helfen: womit freilich auch gesagt ist, daß solchen Naturen auch gar nicht anders geholfen werden kann. Erwarten Sie also auch von Freunden nichts als ein teilnahmevolles Zuschauen Ihres »Ausringens und Emporringens« (Straußisch zu reden), erwarten Sie ja nicht Ratschläge, Aufforderungen, Zurufe, mit denen Ihnen nicht genützt werden kann: so sehr man aus der Ferne einmal und öfter sich versucht fühlt, Ihnen die Hand recht herzlich hilfreich entgegenzustrecken. Neulich zum Beispiel fiel mir ein: warum rät denn niemand dem *Dr.* Fuchs, seine mannigfaltigen kleineren Abhandlungen, die bis jetzt getrennt und dazu in Fetzen publiziert und, weil in Musikblättern, nicht einmal recht publiziert wurden, schnellstens zusammen zu drucken? Ich dachte mir, es müßte Sie erheitern, den Leuten einmal eine vorläufige Probe Ihrer philosophischen, theologischen, musikalischen, schriftstellerischen Begabungsfülle zu geben: ganz vorläufig, ohne sich mit der Redaktion irgendwelche Mühe zu machen, ganz nebenbei, nur um einmal den Bann der Musikblätter zu durchbrechen und sich selbst eine kleine Ermutigung zu machen. Ich dachte an Ihren Aufsatz über Lotze, für und gegen Schopenhauer, über Renan, zu Grillparzer, »Schatzgräberversuche« und kenne wahrscheinlich nicht alles, was Sie bei dieser Gelegenheit mit in diese *lanx satura* aufnehmen können. Aber wie gesagt, was kann ich raten! Wenn Sie sich nicht schon selbst diesen kleinen Aderlaß verordnet haben und ich Sie vielleicht nur an einen eigenen Gedanken erinnere? Fast möchte ichs glauben.

Übrigens wäre ich für eine solche Sammlung Ihrer Arbeiten Ihnen sehr dankbar, denn ich lerne immer von Ihnen: während es mir Überwindung kostet, eine Musikzeitung wirklich zu lesen und ich immer mit Betrübnis Ihren Namen und Ihre Gedanken mitten unter den unbegreiflich ungeschickten und gedankenarmen Schriftgelehrten des »Musikalischen Wochenblattes« finde. Wir wollen schon später, nach ein paar Jahren, daran denken, wie wir uns für unsere Art »Kulturkampf« (wie der verfluchte Ausdruck lautet) ein öffentliches Theater gründen – später, wenn wir ein paar Namen mehr haben und nicht mehr so blutwenige sind wie gegenwärtig. Bis dahin muß jeder von uns kräftiglich allein kämpfen: ich habe mir durch meine dreizehn Unzeitgemäßen, die ich hintereinander herausgebe, eine gute Waffe geschmiedet, die ich den Leuten um die Köpfe schlage, bis dabei etwas herauskommt. Ich wollte, Sie machten es ebenso und schafften alles, was von Negativem, Polemischem, Hassendem in Ihrer Natur ist, auf diesem

Wege aus sich heraus, um dann später Ruhe zu haben und sich durch gar nichts mehr »zum Widerspruch verleiten zu lassen«. So rechne ich und getröste mich einer Zeit, wo alles Kämpfen, Ächzen und Krächzen abgetan sein wird; inzwischen aber »vorwärts mit strengem Fechten«, wie irgendein alter Brandenburger Markgraf in der Reformationszeit gesagt hat. Denn zuletzt leiden wir alle so tief und schmerzlich, daß man es eben nur im rüstigsten Kämpfen aushält, das Schwert in der Hand. Und da wir nichts für uns wollen und mit einem freudigen und guten Gewissen uns in den härtesten Strauß begeben können, so wollen wir uns zurufen: »Der Soldat allein ist der freie Mann«, und wer ein freier Mann sein, bleiben oder werden will, hat gar keine Wahl: »Vorwärts mit strengem Fechten«.

Und so leben Sie wohl und mutig, als Waffen-, Kriegs- und Siegsgenosse, und denken Sie gerne

Ihres getreuen

Friedrich Nietzsche.

Basel, 28. April 1874.

62. An Erwin Rohde

Basel, 1. Juni 1874.

Liebster Freund,

ich erfahre soeben wieder durch Gersdorff und die Bayreuther, daß man sich sehr wieder um mich sorgt, daß man meine Stimmung gefährlich und galgenhumoral findet usw. Nun, ich kann mir nicht helfen, einige Menschen sehen aus der Ferne besser als ich aus der nächsten Nähe – und so mag wohl etwas an der Besorgnis daran sein. Nur daß mein Befinden, leiblich gesprochen, gut ist: Magen, Stuhlgang, Gesichtsfarbe, alles gesund; dazu bin ich wieder in leidlich produktiver Seelenverfassung, also heiter, habe meine Schwester bei mir, kurz, ich sehe einem Glücklichen so ähnlich, als ich überhaupt weiß, was Glück ist – nämlich daß es etwas dergleichen gibt, ist kein Zweifel.

Nun lies den Gersdorffschen Brief und denke Dir Dein Teil dabei. – Wüßte ich nur, daß es Dir nicht schlimmer ginge als mir! Ich seufze, wenn ich an Dich denke.

Sage einmal, liebster Freund, willst Du nicht auch das Mittelchen gebrauchen, das ich selbst, ebenso Overbeck, gebrauchen? Man ritzt sich die Adern und läßt etwas Blut fließen – unzeitgemäß, wie die andern schreien, die den Aderlaß als ein überwundenes und antiquiertes Heilmittel betrachten. Ich meine: willst Du nicht auch einmal Dein und unser Elend etwas ausschütten und sagen, was Du leidest? Es liegt ganz gewiß etwas Befreiendes darin, den Leuten grob zu sagen, wie unsereiner sich eigentlich unter ihnen befindet. Beseitigen wir den Bandwurm der Melancholie schriftlich – indem wir die andern zwingen, unsre Schriften zu verschlucken.

Habt Ihr auch so herrliche Mondabende? Man mag gar nicht in die Häuser zurück und mitunter glaube ich wirklich, daß die Luft singt. – Ich habe eben die Vorrede zu meiner dritten Unzeitgemäßen geschrieben.

Einen schönen, allerherzlichsten Sonntagsgruß!

Dein Friedrich N.

1. Juni 1874. Basel.

63. An Oswald Marbach

Basel, 14. Juni 1874.

Hochverehrter Herr Hofrat!

Ich komme so spät dazu, Ihnen für die Übersendung Ihrer Oresteia und des Prometheus zu danken, tue dies aber mit um so mehr Überzeugung, als gerade die Beschäftigung mit der Oresteia – ich lese im Kolleg die Choephoren – einer der Gründe war, der mich vom Briefschreiben abhielt. Ich weiß kaum einen andern Menschen noch und gewiß keinen jetzt lebenden Philologen, der in einem so tiefen und natürlichen Verhältnis zur antiken Tragödie stünde wie Sie und der so sehr gehört zu werden verdiente, wenn er etwas von seinen inneren Erfahrungen mitteilt. Ich las mit dem größten Wohlgefühl Ihre Übersetzung und glaube nichts Besseres gelesen zu haben, so daß ich mir sofort Ihre Sophoklesübersetzungen kommen ließ. Im Kommentar zur Oresteia fand ich die tiefsten und nachdenklichsten Gedanken; übrigens ist es eine Wohltat, daß Sie auf die wilde Konjekturalkritik unsrer modernsten Äschylusgelehrten einfach keine Rücksicht genommen haben. Der *Dr.* Keck, Herausgeber und Verstümmler des »Agamemnon«, hat in anmaßlicher Weise sich im »Jenaer Literaturblatt« über Sie ausgelassen – diese Herren tun wirklich, als ob einer Hühner gestohlen hätte, wenn jemand, der nicht Philologe ist, sich auf ihrem Pachthofe, dem Altertumsgebiet, sehen läßt. Vom Theater versteht dies Völkchen übrigens nicht die Spur, und ihre Verse versteht kein ehrlicher Mensch. Ich las einmal meinen Schülern die Keckische Übersetzung des »Agamemnon« vor und bemühte mich sehr, – aber endlich lachte ich selbst mit über das verschrobene schwülstige Deutsch, in dem diese kleinen Äschylus-Äffchen sich so großartig fühlen. Gott sei Dank, daß Sie uns von der kauderwelschen Rhythmik befreit haben, in der gewöhnlich griechische Chöre übersetzt werden und die gewiß weder griechisch noch deutsch ist.

Was Shakespeare angeht – kennen Sie das ekelhafte Pamphlet unsres Modephilosöphchens Ed. v. Hartmann gegen »Romeo und Julia«? –

Wir leben in einer wunderlichen Zeit; die deutsche Gesittung knarrt in ihren Angeln, und die Gefahr ist groß.

Verehrungsvoll Ihr

Dr. Friedrich Nietzsche.

Basel, den 14. Juni 1874.

64. An Erwin Rohde

Basel, 7. Oktober 1874.

Gestern abend, mein lieber Freund, kam ich aus den Bergen zurück, und heute morgen soll das nun bevorstehende Winterleben mit einem Geburtstagsbriefe an Dich begonnen und eingesegnet werden. Es fehlt mir nicht an Mut und gutem Vertrauen: das habe ich aus der Stille der Berge und Seen mitgebracht, wo ich recht bald bemerkte, woran es einem fehlte oder vielmehr woran man ein Übermaß hatte. Nämlich an Egoismus; und das kommt von dem ewigen Für-sich-Fortbrüten und -Fortleiden. Zuletzt fühlt man sich fortwährend, als ob man hundert Narben hätte und als ob jede Bewegung wehe täte. Aber wahrhaftig, nun werde ich nächstens dreißig Jahre, da muß es ein wenig anders werden, nämlich männlicher und gleichmäßiger und nicht mehr so verdammt auf und nieder. Sein Werk fortsetzen und dabei so wenig als möglich an sich denken – das muß es wohl sein, was not tut. Ich kam mir bei einiger Besinnung recht undankbar und albern vor, mit meiner quälerischen Verzagtheit: denn ich dachte daran, wie unvergleichlich ich eigentlich durch die letzten sieben Jahre hindurch beschenkt worden bin und wie ich nicht genug empfinden kann, was ich an meinen Freunden habe. Eigentlich lebe ich ja durch Euch, ich gehe vorwärts, indem ich mich auf Euch stütze; denn mit meinem Selbstgefühle steht es schwach und erbärmlich, und Ihr müßt mir immer wieder mich mir selber gewährleisten. Dazu seid Ihr mir die besten Vorbilder; denn sowohl Du als Overbeck, Ihr tragt das Lebenslos würdiger und mit weniger Klagen, obschon Du es in manchem Sinne schlechter und beschwerlicher hast als ich. Und am meisten empfinde ich es, wie Ihr mich weit gerade durch liebevolle Gesinnung übertrefft und an Euch weniger denkt. Darüber habe ich viel in der letzten Zeit nachgesonnen; dies darf ich Dir bei Gelegenheit eines Geburtstagsbriefes schon sagen.

Ich war mit Romundt und Baumgartner ein paar Tage auf dem Rigi, dann eine gute Woche allein in Luzern. Meine Tischnachbarn waren der Bischof Reinkens und Professor Knoodt. Heute abend ist die Taufe von Immermanns Jüngstem; wir drei assistieren dabei. Ich war mehreremal in Tribschen und vermißte viel, viel; mit der Gräfin Bassenheim in Luzern schüttete ich das Herz aus: auch sie fühlte sich durch Wagners Fortgang ganz und gar »enterbt« und hatte offenbar eine große Freude, etwas Neueres und Genaueres über Bayreuth zu hören. Gersdorff kommt erst gegen den 12. Oktober, – Du siehst, wie unsere Herbstzusammenkunft ganz in Stücke zerfällt, denn er kommt wieder in eine Arbeitszeit hinein, da meine Stunden mit dem zehnten beginnen. Overbeck ist noch im Korrigieren drin; ich bin damit fertig und erwarte stündlich das Eintreffen der fertigen Exemplare, damit sogleich eins derselben an Dich abgehen könne. Inzwischen ist mir der Inhalt der Nr. 4 ungefähr aufgegangen: was mich sehr erfreut hat, da ich es wie ein Geschenk hinnehme. Romundt hat literarische Absichten; privatim gründet er den Staat und die Religion. Fuchs hat durch Übersendung von Grüßen und Konzertzettel ausgedrückt, daß es noch nicht aus ist; und Overbeck hat ihm einen guten ehrlichen Brief über alle unsere Beschwernisse geschrieben. Baumgartner hat mir ein großes Bild von sich hinterlassen, das ganz ausgezeichnet gelungen ist. Krug und Pinder reisen mit ihren Ehegattinnen herum und treffen miteinander in Heidelberg zusammen; ich habe leider Krugen verfehlt, ebenfalls Deussen, der auch durch Basel reiste und mich sprechen wollte.

Geld und Schlüssel ist angekommen, ich danke schönstens. Gersdorff soll in das gleiche Logis; wir wollen zusammen recht viel Deiner denken. Wenn Dein Roman fertig ist, so telegraphiere, ich bitte Dich, damit wir ein kleines Fest *a tempo* feiern können. Wenn ich nur wüßte, wie Du Dir etwas Musik schaffen könntest, Musik unserer Art!

Draußen ist der sonnigste Herbst, und ich habe so schöne Trauben auf dem Tische, daß ich nur wünschte, Du könntest sie essen und wir säßen beisammen, ich spielte Dir etwas vor; auch famose Zigaretten habe ich aus Luzern mitgebracht. Das ist nun alles wieder vorüber.

Leb wohl, mein lieber, teurer Freund, und bleibe mir so zugetan wie bisher – dann wollen wirs schon noch eine Weile auf Erden aushalten.

Dein
getreuer
Friedrich Nietzsche.

Basel, den 7. Oktober 1874.
Da fällt mir ein, daß ich ja ein fertiges Exemplar der Nr. 3 besitze, freilich nur in Aushängebogen. Immerhin, es kommt zur rechten Zeit, wenn es gerade zum 9. kommt.

65. An Malwida von Meysenbug

Basel, 25. Oktober 1874.

Endlich, verehrtestes Fräulein, komme ich wieder dazu, Ihnen etwas von mir zu erzählen, nämlich dadurch, daß ich Ihnen wieder etwas Neues von mir überreiche. Aus dem Inhalte dieser letzten Schrift werden Sie genug von dem erraten, was ich inzwischen in mir erlebt habe. Auch daß es mit mir im Verlaufe des Jahres mitunter viel schlechter und bedenklicher stand, als im Buche zu lesen steht. *In summa* aber doch, daß es geht, vorwärts geht, und daß es mir nur gar zu sehr am Sonnenscheine des Lebens fehlt; sonst würde ich sagen müssen, daß es mir gar nicht besser gehen könnte, als es geht. Denn es ist gewiß ein hohes Glück, mit seiner Aufgabe schrittweise vorwärtszukommen – und jetzt habe ich drei von den 13 Betrachtungen fertig, und die vierte spukt im Kopfe; wie wird mir zumute sein, wenn ich erst alles Negative und Empörte, was in mir steckt, aus mir herausgestellt habe, und doch darf ich hoffen, in 5 Jahren ungefähr diesem herrlichen Ziele nahe zu sein! Schon jetzt empfinde ich mit wahrem Dankgefühle, wie ich immer heller und schärfer sehen lerne – geistig! (leider nicht leiblich!) und wie ich mich immer bestimmter und verständlicher aussprechen kann. Wenn ich in meinem Laufe nicht völlig irregemacht werde oder selber erlahme, so muß etwas bei alledem herauskommen. Denken Sie sich nur eine Reihe von 50 solcher Schriften wie meine bisherigen vier, alle aus der inneren Erfahrung heraus ans Licht gezwungen, – damit müßte man doch schon eine Wirkung tun, denn man hätte gewiß vielen Menschen die Zunge gelöst und es wäre genug zur Sprache gebracht, was die Menschen nicht so bald wieder vergessen könnten und was gerade jetzt wie vergessen, wie gar nicht vorhanden erscheint. Und was sollte mich in meinem Laufe stören? Selbst feindselige Gegenwirkungen werden mir jetzt zu Nutzen und Glück: denn sie klären mich oftmals schneller auf als die freundlichen Mitwirkungen; und ich begehre nichts mehr, als über das ganze höchst verwickelte System von Antagonismen, aus denen die »moderne Welt« besteht, aufgeklärt zu werden. Glücklicherweise fehlt es mir an jedem politischen und sozialen Ehrgeize, so daß ich von da aus keine Gefahren zu befürchten habe, keine Abziehungen, keine Nötigung zu Transaktionen und Rücksichten; kurz, ich darf heraussagen, was ich denke, und ich will einmal erproben, bis zu welchem Grade unsre auf Gedankenfreiheit stolzen Mitmenschen freie Gedanken vertragen. Ich fordere vom Leben nicht zu viel und nichts Überschwengliches; dafür bekommen wir alle in den nächsten Jahren etwas zu erleben, worum uns alle Vor- und Nachwelt beneiden darf. Ebenfalls bin ich mit ausgezeichneten Freunden wider alles Verdienst beschenkt worden; nun wünsche ich mir, vertraulich gesprochen, noch recht bald ein gutes Weib, und dann denke ich meine Lebenswünsche für erfüllt anzusehen. – Alles übrige steht dann bei mir.

Nun habe ich genug von mir gesprochen, verehrteste Freundin, und noch gar nicht verraten, mit welcher herzlichen Teilnahme ich immer an Sie und an Ihr schweres Lebenslos gedacht habe. Ermessen Sie es an dem Tone unbedingten Vertrauens, in dem ich vor Ihnen von mir spreche, wie nahe ich mich Ihnen allezeit gefühlt habe und wie sehr ich wünschte, Sie hier und da ein wenig trösten und unterhalten zu können. Nun leben Sie aber leider so schrecklich entfernt. Vielleicht aber mache ich mich doch einmal um die nächste Osterzeit auf, Sie in Italien zu besuchen, vorausgesetzt, daß ich weiß, wo Sie da zu finden sind. Inzwischen meine innigsten Wünsche für Ihre Gesundheit und die alte Bitte, mir freundlich gewogen bleiben zu wollen.

Treulich Ihr
ergebenster Diener
Friedrich Nietzsche.

Ich bin kürzlich 30 Jahre alt geworden.

Anbei die Photographie meiner Schwester, die nicht mehr bei mir ist.

66. An Paul Deussen

Basel, Mitte Januar 1875.

Du hast mir wirklich, lieber Freund, eine recht große Freude mit Deinem Briefe gemacht. Wenn sich alles so verhält, wie Du es schilderst, und Du die entsprechende Energie, um solche Pläne durchzuführen, hast – oder bewahrst, wie ich sagen könnte, so bekommt wirklich Dein Leben in seltnem Grade den Charakter des Vernünftigen und Gemeinnützlichen. Ich lobe sehr Deine Absicht, Dich durch einige Jahre strengeren Frondienstes für alle übrigen Jahre des Lebens ganz und gar unabhängig zu machen; werde in der Durchführung dieses Planes ja nicht unsicher! Es ist kaum auszudrücken, was Du damit Dir gewinnst und welcherlei Gefahren Du damit den Weg verlegst. Und noch höher erscheint dieser Plan, wenn Du für die zukünftige, so schwer errungene Mußezeit ein so edles Lebenswerk Dir vorgesetzt hast, wie es das ist, die indische Philosophie durch gute Übersetzungen uns zugänglich zu machen. Wüßte ich nur Mittel, um Dich zu einer solchen Lebensrichtung zu ermutigen, wie gern wollte ich Dich ermutigen! Mein Lob kann Dir nicht genügen, vielleicht schon eher meine Begierde, selber aus jener Quelle zu trinken, welche Du uns allen einmal öffnen willst.

Wenn Du wüßtest, mit welchem Mißmute ich gerade immer an die indischen Philosophen gedacht habe! Was ich empfinden mußte, als Prof. X. (der sich mit den philosophischen Texten sehr befaßt hat, in London einen Katalog von ca. 300 philosophischen Schriften verfaßt hat!) mir sagen konnte, als er mir eine Sankhya-Schrift im Manuskript zeigte: »Sonderbar, diese Inder haben immerfort philosophiert, und immer in die Quere!« Dieses »immer in die Quere« ist bei mir sprichwörtlich geworden [– –].

Der alte Brockhaus hielt vor ein paar Jahren in Leipzig eine Rektoratsrede mit einem Überblick über die Resultate der indischen Philologie, – aber von Philosophie war alles stumm, ich glaube, er hatte sie zufällig vergessen.

Also: Du sollst gepriesen sein, daß Du sie nicht auch zufällig vergessen hast.

Wie glücklich erscheint jetzt Deine vorausgegangene Beschäftigung mit Kant und Schopenhauer! Du hast eine schöne Art entdeckt, diesen Lehrmeistern Deine Dankbarkeit auszudrücken.

Overbeck und Romundt sind, ebenso wie ich, voll Deines Lobes; und letzterem bist Du bereits mit einem so vernunftvollen Lebensplane vorbildlich und ermutigend erschienen. Er verläßt Ostern die Universität und überhaupt das akademische Philosophentum und sucht eine Lehrerstelle. –

Beiläufig: Du hast mir vor einiger Zeit einmal gemeldet, daß Du durch Basel mit einem bestimmten Zuge durchkommen würdest. Natürlich war ich auf dem Bahnhofe, zog aber schließlich traurig ab, nachdem ich alle Menschen, welche der Genfer Zug brachte, gemustert hatte und Dich nicht darunter fand.

Das mußt Du also irgendwann einmal wieder durch die Tat gutmachen, nicht wahr, lieber Freund?

Und nun lebe wohl! Meine Segenswünsche sollen mit Dir sein.

Dein Friedrich Nietzsche.

Basel, Mitte Januar 1875.

67. An Freiherrn von Gersdorff

Steinabad, 21. Juli 1875.

Ja, liebster Freund, Du kommst mir nur um ein klein wenig zuvor: denn als ich meinen letzten Brief an Dich abgelassen, fiel mir erst ein, wie es mit Deiner Zeit jetzt stehen werde und wie Du ein Recht hättest, mich unbescheiden zu nennen »ob meines unverschämten Geilens willen« oder wie die schöne Wendung *originaliter* lautet. Nein, ich gehöre nicht zu den gewalttätigen Menschen, die immer recht haben wollen und fast immer auch haben, selbst in der Freundschaft; sondern meine Unüberlegtheit ist die Schuld, Dir etwas anzumuten, was, wie ich mir hätte selbst sagen sollen, Dir jetzt nicht möglich ist. Ich hätte nur so gern noch etwas vor Bayreuth über Bayreuth mit Dir geredet, da Du doch wohl nicht nur als Gersdorff, sondern auch als Nietzsche hingehen wirst – vermutlich wenigstens, wie die Anzeichen meines Schlechtbefindens erraten lassen.

Wie mirs geht, hat Dir mein letzter Brief erzählt; inzwischen haben wir die Diät sehr verändert (auf meine Bitte esse ich viel weniger – beiläufig eine der seltsamsten Möglichkeiten der Sprache –, ich habe das viele Fleischessen satt). Ein schönes Schwimmbad ist seit gestern meine Freude; es ist unmittelbar am Garten des Hotels, ich benutze es allein, den andern Sterblichen ists zu kalt. Frühmorgens um sechs bin ich bereits darin, und kurz darauf laufe ich zwei Stunden spazieren, alles vor dem Frühstück. Gestern schweifte ich in den unglaublich schönen Forsten und verborgenen Tälern herum, gegen Abend, drei Stunden lang, und spann im Gehen an allem Hoffnungsvollen der Zukunft herum; es war ein Blick des Glücks, den ich lange nicht erhascht hatte. Wozu ist man nun noch aufgespart? Ich habe einen schönen Korb voll Arbeit für die nächsten sieben Jahre vor mir, und eigentlich wird mir jedesmal wohl zumute, wenn ich daran denke. Wir müssen unsre Jugend noch benützen und manches recht Gute noch lernen. Und allmählich wirds doch ein gemeinschaftliches Leben und Lernen, immer wieder kommt einer zur Gemeine hinzu, wie diesen Sommer ein sehr fähiger und früh gereifter (weil früh leidender) Schüler, der *stud. jur.* Brenner in Basel. Auch wurde mir von einem jungen Manne erzählt, der nach Australien abging und sich vorher mit meinen Schriften versah. Von einem Briefe des Fürsten Rudi Liechtenstein (in Wien) habe ich Dir erzählt? Heute mußte ich wieder einer Wiener Buchhandlung melden, daß eine Schrift von mir über Homer nicht veröffentlicht sei; sie fragte, wie nun schon mehrere, im Namen »eines treuen Anhängers«. Das weißt Du doch auch, daß ich nun ein zweites ausgearbeitetes und sehr inhaltreiches Manuskript über Jakob Burckhardts griechische Kultur habe, als Geschenk von dem kleinen guten *Dr. jur.* Kelterborn (der auch schon ein Amt hat).

Nun beginnt nach den Ferien meine Häuslichkeit und ein so vernünftig ausgedachtes Leben und Wirken, daß ich noch zu etwas kommen kann. Ich bin jetzt sehr hinterher, die argen Lücken unserer Erziehung (ich denke an Pforte und die Universitäten und andres) an mir selber nachträglich auszustopfen; und jeder Tag hat sein kleines Pensum, ganz abgesehn noch von dem Hauptpensum, welches mit dem Kolleg im Zusammenhange steht. Wir müssen noch eine gute Strecke Wegs immer steigen, langsam, aber immer weiter, um einen recht freien Ausblick über unsre alte Kultur zu haben; und durch mehrere mühsame Wissenschaften muß man noch hindurch, vor allem durch die eigentlich strengen. Aber dieses ruhige Vorrücken ist unsre Art von Glück, und viel mehr will ich nicht. Mit der Schriftstellerei ist es nun für längere Zeit vorüber, glaube ich. Aber mir scheint, zu einem rechten Weck- und Mahnruf reichen meine vier Schriftchen auch gerade aus, sie sind für Jünglinge und junges Streben.

Hast Du Schurés *»le drame musical«* in 2 voll. gelesen? Er sandte es mir zu und hat mir viel Freude damit gemacht: Band I enthält als Bild das griechische Theater von Egesta, Band II das Innere des Bayreuther. Und meine »Geburt« hat er verstanden und mitempfunden, daß es eine Lust ist, so frei und von Innen her. Für mein Gefühl ist alles Französische zu beredt und, bei Behandlung solcher Dinge wie der Musik, etwas zu lärmend und öffentlich. Aber das ist der Fehler der Sprache, nicht Schurés.

Liebster Freund, ich glaube jetzt wirklich, daß ich nicht nach Bayreuth kommen kann, die Zeit von vier Wochen ist für eine solche Kur an sich schon zu kurz; sollte es durchaus nötig sein, so würde ich sie auf fünf Wochen verlängern, nur um alles zu tun, was ich bei einer so ernsthaften Sache mir schuldig bin. Aber im Herbst, nicht wahr, da habe ich Dich wieder in Basel? Was wird sich da alles erzählen lassen! Und meines Studierzimmers sollst Du Dich freuen!

Herzliche Glückwünsche auf Deinen Weg! Ich folge Dir in treuer Liebe als

Dein Freund

Friedrich.

den 21. Juli.

Bonndorfs Lage: fasse Donaueschingen, die nächste Eisenbahnstation ins Auge. Von da nach Löffingen drei Stunden Post, von da bis Bonndorf zwei Stunden zu Fuße. Dabei ist das Steinabad. Diese Mitteilung als Korrektur meiner Angaben im letzten Briefe, aber keinesfalls als Ermunterungen zum Kommen! Ja nicht mißverstehen, teurer Freund.

68. An Frau Marie Baumgartner

Steinabad, 2. Aug. 1875.

Sie haben mir jedesmal, hochverehrte Frau, eine wahrhafte Freude gemacht; und Ihren letzten Brief, über die Bonner Reise, habe ich mit Rührung gelesen, Ihren Sohn glücklich preisend und fest überzeugt, daß das Gefährlichste über den Menschen keine Macht gewinnt, wo eine solche Liebe ihn hütet und tröstet. Ich habe jetzt auch an Adolf geschrieben; Sie glauben nicht, in welchem traulich-freudigen Lichte der Winter vor meiner Seele aufsteigt, der in einigen Monaten kommen wird. Zum ersten Male fühle ich mich gleichsam geborgener; ich habe einen reichen Zuwachs an Liebe und bin dadurch geschützter und nicht mehr so leicht verletzlich und so preisgegeben, wie es bisher das Los des Baseler Exils mit sich brachte. Sie müssen nicht glauben, daß ich je in meinem Leben durch Liebe verwöhnt worden sei, ich glaube, Sie haben mirs auch angemerkt. Etwas Resigniertes trage ich von der frühesten Kindheit in dieser Beziehung mit mir herum. Aber es mag sein, daß ich es nie besser verdient habe. Jetzt nun habe ich es besser, daß ist kein Zweifel! Ich erstaune mitunter mehr darüber als daß ich mich freue, es ist mir so neu. Nun wächst jetzt in mir mancherlei auf, und von Monat zu Monat sehe ich einiges über meine Lebensaufgabe bestimmter, ohne noch den Mut gehabt zu haben, es irgend jemandem zu sagen. Ein ruhiger, aber ganz entschiedener Gang von Stufe zu Stufe – das ist es, was mir verbürgt, noch ziemlich weit zu kommen. Es kommt mir so vor, als ob ich ein geborner Bergsteiger sei. – Sehen Sie, wie stolz ich reden kann. –

Meine Krankheit beunruhigt mich gar nicht mehr, sondern nötigt nur für die spätere Zeit zu bestimmten Weisen zu leben, in denen keine erhebliche Beschränkung liegt. Ich lag zwar wieder einen Tag in der bösen Baseler Manier zu Bett, am Tag, wo meine Freunde in Bayreuth zusammeneilen – mir ein sehr bestimmter Wink, ja nicht meine Kur zu unterbrechen. Also ich bleibe noch zwei Wochen hier. Eine bedeutende Verringerung der Magenerweiterung ist festgestellt. Aber auch *Dr.* Wiel denkt jetzt, wie Immermann, mehr an eine nervöse Affektion des Magens, die immer ein langwieriges Ding ist.

Für Ihre Mühe um die Bayreuther Münder und Mägen auch meinerseits den herzlichsten Dank. Es war ja viel beschwerlicher, als ich dachte!! – Ist denn meine Schwester jetzt wieder in Basel? Die Posteinrichtungen sind hier nicht gut, aber Ihr Erlebnis mit der Eisenbahn ist beschämend für mich als Deutschen.

Die Übersetzung von Grotes Plato bitte ich doch ein wenig noch zu bedenken. Die Mühe ist außerordentlich, die Frage, ob in Frankreich das Werk als nötig und als angenehm empfunden wird, sehr aufzuwerfen, und dann – was die Hauptsache ist – Grote referiert ja zum größten Teile über den griechischen Text Platos; und da kommt es immer darauf an, nicht nur das Englisch Grotes, sondern auch das zugrunde liegende Griechisch Platos zu verstehen und zur Hand zu haben – eine schwere und mühselige Aufgabe selbst für Philologen! Sonst wäre das Werk gewiß längst ins Deutsche übersetzt. –

Für heute leben Sie wohl, verehrte Frau, und nehmen Sie die herzlichen Versicherungen meiner treuen Ergebenheit und Dankbarkeit freundlich auf.

Der Ihrige
Friedrich Nietzsche.

Steinabad, den 2. Aug. 1875.

Overbeck geht es sehr gut, er ist ebenso wie Rohde und Gersdorff in Bayreuth.

69. An Malwida von Meysenbug

Steinabad, Schwarzwald,
11. August 1875.

Hochverehrte Freundin,

es ist nicht Undankbarkeit, sondern Not, was mich so lange verstummen machte, das glauben Sie mir wohl gern. Ich weiß nichts Besseres als daran zu denken, wie ich doch in den letzten Jahren immer reicher an Liebe geworden bin; und dabei fällt mir Ihr Name und Ihre treue tiefe Gesinnung immer zuerst mit ein. Wenn mir nun die Möglichkeit fehlt, solchen, die mich lieben, Freude zu machen, ja selbst der Glaube daran, so fühle ich mich ärmer und beraubter als je – und in so einer Lage war ich. Es war mir, meiner Gesundheit wegen, so aussichtslos zumute, daß ich glaubte, ich müßte nun unterducken und wie an einem heißen, drükkenden Tage nur eben unter der Schwüle und Last so fortschleichen. Alle meine Pläne veränderten sich darnach, und immer überliefs mich schmerzlich bei dem Gedanken: deine Freunde haben Besseres von dir erwartet, sie müssen nun ihre Hoffnungen fahren lassen und haben keinen Lohn für ihre Treue. – Kennen Sie diesen Zustand? Ich bin jetzt über ihn wieder hinaus, weiß aber nicht, auf wie lange, –

doch mache ich wieder Entwürfe über Entwürfe und suche mein Leben in einen Zusammenhang zu bringen – ich tue nichts lieber, nichts angelegentlicher, sobald ich nur einmal wieder allein bin. Daran habe ich einen förmlichen Barometer für meine Gesundheit. Unsereins, ich meine Sie und mich, leidet nie rein körperlich, sondern alles ist mit geistigen Krisen tief durchwachsen, so daß ich gar keinen Begriff habe, wie ich je aus Apotheken und Küchen allein wieder gesund werden könnte. Ich meine, Sie wissen und glauben das so fest wie ich, und ich sage Ihnen etwas recht Überflüssiges!

Das Geheimnis aller Genesung für uns ist, eine gewisse Härte der Haut wegen der großen innerlichen Verwundbarkeit und Leidensfähigkeit zu bekommen. Von außen her darf uns wenigstens so leicht nichts mehr anwehen und zustoßen; wenigstens quält mich nichts mehr, als wenn man so auf beiden Seiten ins Feuer kommt, von innen her und von außen. –

Meine durch die gute Schwester eingerichtete Häuslichkeit, die ich in den nächsten Tagen kennen lernen werde, soll für mich so eine neue feste, harte Haut werden: es macht mich glücklich, mich in mein Schneckenhaus hineinzudenken. Sie wissen, nach Ihnen und einigen wenigen strecke ich die Fühlhörner immerdar mit Liebe aus; verzeihen Sie den tierischen Ausdruck! Ihnen und allen, die Ihnen am Herzen liegen, das Beste wünschend,

Ihr allzeit getreuer

Friedrich Nietzsche.

70. An Dr. Carl Fuchs

Steinabad, bad. Schwarzwald,
Mitte Aug. 1875.

Sie haben Leid erfahren, lieber und armer Herr Doktor, und billigerweise sollten die, welche Sie lieben, versuchen, Ihnen eine Freude zu machen. Aber wie schwer ist dies manchmal! Man möchte ja so oft verstummen, um nur nichts mitteilen zu müssen, da die Mitteilung gewöhnlich wieder einen Gran Leides enthält. Wir sind beide nicht in Bayreuth, sehen Sie, da steckt mehr als ein Gran; und jeder Brief, welchen ich von meinen dort weilenden Freunden Gersdorff, Overbeck und Rohde erhalte, bringt bei mir einen schmerzlichen Krampf hervor – bis ich mir endlich sage: »Ein Glück, daß nur die andern dort sein können«. Da fallen aber Sie mir wieder ein! Es sind eben doch nicht alle »andern« dort, und mein Trost ist recht unvollständig!

Es ging schlimm zu, ich merke es immer an der Art, wie ich mich zu meinen großen Plänen und zum Zusammenhang meines Lebens verhalte. Diesmal war ich so weit herabgestimmt, daß ich fast ohne Pläne nur noch für heute zu morgen weiterzuleben beschloß. Hier habe ich gelernt, wieder mutiger zu sein; die vorsichtigste Existenz in manchem Betracht kann ja immer noch die mutigste sein in Beziehung auf eine Hauptsache. Und so lebe ich nun einmal und werde leben, sehr vorsichtig und für die Hauptsache sehr mutig; und nicht einmal der Tod ist es, was mich am meisten schrecken könnte, sondern nur das kranke Leben, wo man die *causa vitae* verliert.

Hier bei meinem Herumschweifen in Bergen und Wäldern – immer allein und immer auf das beste unterhalten – dachte ich viel an Sie, an die eigentümlich schwer zu verstehende Leidensgeschichte Ihres bisherigen Lebens; ich fragte mich, woran es nur hängen möge, daß auf dem, was Sie gut und mit Aufopferung schaffen und tun, nicht das Wohlwollen und die Freude andrer ruhe, daß also alles recht-Vollbrachte Sie gleichsam rückwärts verwunde. Die Geschichte Ihrer »Logik der Hände« quält mich, wenn ich an sie denke (ich habe, erinnere ich mich recht, selbst dazu beigetragen, Sie nach der Vollendung jenes Werkes zu quälen, statt Sie zu erfreuen). Ebenso gedachte ich wieder Ihrer »Präliminarien«; dadurch, daß Sie dieselben als Dissertation herausgaben, haben Sie einen Ihrer schönsten Pfeile verschossen, ich kann es nicht anders nennen und ärgere mich, weil ich immer noch glaube, daß der Gedankeninhalt dieser Schrift als einer ästhetisch-kritischen kaum seinesgleichen habe. Auch alles, was Sie dem Fritzsch für das Wochenblatt übergeben haben, war dort wie verzaubert und konnte Ihnen nicht einmal die verstehende Sympathie der Musiker sichern. Da zerbreche ich mir nun den Kopf, wovon diese wunderliche Art von Nichterfolgen abhänge. Seien Sie nicht böse, wenn ich mich dabei an das Wort Liszts von den pressanten Freunden erinnerte, es kam mir so vor, als ob eine gewisse feurige Pressiertheit, ein Nicht-warten-wollen Ihnen manchen Erfolg geraubt hat. Man soll dem Schicksal nicht merken lassen, was man will; fünf Minuten später ist es dann von selber so gutwillig, ein Anerbieten zu machen. »Bereit sein ist alles«, heißt es, denke ich, bei Shakespeare. Vielleicht ist aber das, was ich hier ziemlich altklug sage, nichts als die Theorie aus einem ziemlich mit Glücksfällen besäeten Leben? Aber Sie können mir glauben, daß es ganz meiner innersten Gesinnung entspricht, eine Sache jahrelang zu hegen und mir nicht anmerken zu lassen, dann aber, wenn sie mir in den Griff kommt, sie hinzunehmen; ich war »bereit«. Es kommt bei diesem »Hegen« noch nicht eigentlich zum Wunsche, es fehlt mir eben darin an Ihrem Feuer. Es ist nur wie eine Vorstellung, konditional empfunden, »es wäre für dich beglückend, wenn« –; Sie glauben schwerlich, was für große und herrliche Vorstellungen dieser Art ich mit mir herumtrage, für welche ich plötzlich bereit sein werde.

Nun ein Einfall. Erlösen Sie doch Ihre Präliminarien aus ihrer blutlosen Existenz bei Fritzsch und machen Sie etwas Neues daraus. »Briefe über Musik von *Dr.* Carl Fuchs« – so etwas schwebt mir vor der Seele, denn Sie haben das seltene Recht, daran zu denken, inwiefern die Briefform als wahre Kunstform behandelt werden könne. (Aristoteles galt den Alten als Klassiker der Prosakunst, nicht wegen der Schriften, die wir haben, sondern nur seiner Dialoge und Briefe wegen.) Wir andern Sterblichen haben kein Recht, Briefe zu veröffentlichen, wir wären denn affektierte Narren und wollten dies öffentlich zur Schau stellen. – In diese Briefe gießen Sie Ihre Erfahrungen über einzelne Meister und Meisterwerke, mit denen Sie unsereinem die größte Wohltat und Liebe erweisen können! Der dialektische Gang Ihrer »Kritik der Tonkunst« brauchte zu allerletzt an akademische Gangarten zu erinnern. Wenn Sie sich ein Publikum vor die Seele stellen wollen, dann nur ja keine Professoren, sondern etwa die Bayreuther Genossen, welche jetzt dort sind und im nächsten Jahre eine recht ungewöhnlich »gute Gesellschaft« machen werden.

Ihre Abfertigung Lotzes (samt einigem Neuen über Gervinum, wenn ich bitten darf) könnte anhangsweise zeigen, daß Sie auch gut auf Mensur mit Säbeln stehen können. –

Alles freundlich zu erwägen! Ich bin ferne davon, mit irgendeinem Rate zudringlich fallen zu wollen, aber mitunter trifft mans, etwas zu sagen, was ein andrer eben auf der Zunge hatte – da gibt es immer eine kleine Freude. Ich sagte Ihnen ja, wie es mein herzlicher Wunsch sei, Ihnen eine Freude zu machen.

Die weimarischen Briefe – ach wie gut ich mir alles vorstellen konnte, besonders Liszt – sind an die angegebene Adresse abgeschickt.

Was meinen Sie dazu, daß die Post fast alle Ihre Briefe nach Basel als »unzureichend frankiert« behandelt? Dabei beklage ich, daß die Marken, welche Sie darauf geklebt haben, immer gar nicht gerechnet werden, also vergeudet sind. Für den letzten Brief verlangte man z. B. von mir noch zwei Francs. Es verdrießt Sie doch nicht, daß ich dies erwähne? Lieber Himmel, gib, daß wir freien Geistes seien, alles andre kannst du für dich behalten!

Treugesinnt der Ihrige, immer noch patientenmäßige,
und *patientiam* brauchende, sowie empfehlende
F. Nietzsche.

Von morgen an bin ich in Basel bei der guten Schwester.

71. An Erwin Rohde

Basel, den 7. Oktober 1875.

Gott weiß, mein geliebter Freund, in was für einem Lichte Du diesmal den Morgen Deines Geburtstags erblickest! Kommt Dir der Tag grau, ja greulich vor, so denke doch ein wenig mit daran, was Du mir, was Du uns bist, und sei aus unserer Seele heraus dem Himmel dafür dankbar, daß Du lebst. Freue Dich einmal mit allen denen, welche Dich lieben, wenn Du aus Dir selber sonst nur Leid und Schwermut zu saugen weißt. Vielleicht aber erwartet Dich der Tag mit einem anderen Gesichte, mit einem freudigeren; ich weiß gar nicht, was sich inzwischen mit Dir begeben hat; und da ich mich ganz außerstande fühlte und noch fühle, Dir irgend nach einer Seite hin zu raten, so habe ich inzwischen auch nicht völlig verlernt zu hoffen, und zwar so wie Deine

Liebe hoffte – daß alle Verdunkelungen aufgehellt, alles Zagen beseitigt ist und daß Deinem edlen tapfern Sinne eine gleiche Gesinnung, eine gleiche Tapferkeit entspricht.

Über Deinen philologischen Vortrag hat mir bis jetzt Overbeck aus den Zeitungen noch nichts berichten können (ich lese keine Zeitungen mehr, seit dreiviertel Jahr). Ich denke, Du sendest mir den Vortrag? Wenigstens würde ich mir damit eine große Freude erbitten. Sonderbarerweise vergesse ich es fast immer mehr, daß wir als Philologen miteinander bekannt geworden sind; wir haben inzwischen so vieles Gemeinsame bekommen, daß ich das Ursprünglich-Gemeinsame kaum mehr besitze. Ich wurde neulich in fast erschreckender Weise daran erinnert, was man ist und was man gerade jetzt kann, da man sich in ein verzehrendes Antizipieren der Zukunft viel zu sehr eingelassen hat, um nicht alles gegenwärtige Können zu übersehen; mir wurde nämlich etwas aus einem Urteile J. Burckhardts über mich wiedererzählt (er hatte sich in Lörrach gegen einen ganz vertrauten Arzt ausgesprochen). Unter anderem hatte er gesagt, »so einen Lehrer würden die Baseler nicht wieder bekommen«. Das gilt also meiner Tätigkeit am Pädagogium: also zu einem ordentlichen Schulmeister hats man wirklich gebracht, fast so nebenbei, denn bis diesen Augenblick habe ich nur mit Pflichtgefühl und ohne alles Selbstgefühl diesem Amte gedient, auch ohne Freude. Vielleicht gelingt mirs auch so nebenbei und beinahe gesagt im Schlafe noch zum Philologen zu werden; ich stecke so voll von allgemeinen Nöten, daß ich mich fast wie ein Handwerker mit der Philologie befasse, ich meine, wie mit einem Ding, das man zu allen Stunden treiben kann und muß, ohne daß man viel daran denkt.

Meine Betrachtung unter dem Titel »Richard Wagner in Bayreuth« wird nicht gedruckt; sie ist fast fertig, ich bin aber weit hinter dem zurückgeblieben, was ich von mir fordere; und so hat sie nur für mich den Wert einer neuen Orientierung über den schwersten Punkt unserer bisherigen Erlebnisse. Ich stehe nicht darüber und sehe ein, daß mir selber die Orientierung nicht völlig gelungen ist – geschweige denn, daß ich anderen helfen könnte!

Auf den gleichen Punkt, doch nicht bis zu dem Grade der Ausarbeitung, habe ich im Frühjahr eine Betrachtung gebracht unter dem Titel »Wir Philologen«. Kommt eine Zeit, wo wir einmal länger zusammen und uns ineinander leben, so will ich Dir manches mitteilen: alles ist selbst erlebt, und deshalb windet es sich etwas schwer von mir los. Ich sage das, weil ich oft nach einem Zusammensein mit Dir mir vorwerfe, daß ich Dir nicht genug mitgeteilt habe. Es ist nicht der Mangel an Offenheit, das weißt Du.

Auf dem Bürgenstock war ich inzwischen, mit Overbeck; die letzten Gäste und einzigen Bewohner! Deiner viel gedenkend. Es ist nicht der Ort für Sehnsüchtige, die Ruhe kann einen toll machen.

Am 15. d. M. wird Fräulein von Meysenbug, auf ihrer Rückreise von Paris, bei mir sein. Vielleicht auch Gersdorff, der mir neulich seine nunmehr gefaßte Absicht, sich in Berlin zu verloben, mitteilte. Wir wollen unsern Segen aus vollem Herzen dazu sprechen.

Mein geliebter Freund, vergiß mich in Deiner Not nicht, vergiß es nicht, daß es im Wasser der Trübsal doch ein paar Balken gibt. Und wenn es kein Balken ist, so doch immer die Freundeshand, an die Du Dich anklammern darfst, es gehe nun, wie es gehe.

Ich sehe einen blauen ruhigen kalten Herbsttag draußen liegen. Lebe wohl, liebster Freund, und sei meiner Freundschaft sicher.

Ebenfalls grüßt meine Schwester mit den herzlichsten Wünschen.

Der Deinige F. N.

Romundt hat mir die größte Freude durch seine Mitteilungen gemacht. Er ist wie genesen und fühlt sich auch so: dafür hat er sich als Schulmeister (Griechisch in Sekunda I und II, Deutsch in Prima) sehr zu placken. Es war zum Heil.

72. An Freiherrn von Gersdorff

Basel, 13. Dezember 1875.

Gestern, mein geliebter Freund, kam Dein Brief, und heute morgen, recht am Beginn einer schweren Arbeitswoche, Deine Bücher: da soll man schon guten Mutes bleiben, wenn man so teilnehmende, liebevolle Freunde hat! Wirklich, ich bewundere den schönen Instinkt Deiner Freundschaft – der Ausdruck klingt Dir hoffentlich nicht zu tierisch –, daß Du gerade auf diese indischen Sprüche verfallen mußtest, während ich mit einer Art von wachsendem Durst mich gerade in den zwei letzten Monaten nach Indien umsah. Ich entlieh von dem Freunde Schmeitzners, Herrn Widemann, die englische Übersetzung der Sutta Nipáta, etwas aus den heiligen Büchern der Buddhisten; und eins der festen Schlußworte einer Sutta habe ich schon in Hausgebrauch genommen: »So wandle ich einsam wie das Rhinozeros«. Die Überzeugung von dem Unwerte des Lebens und dem Truge aller Ziele drängt sich mir oft so stark auf, zumal wenn ich krank zu Bette liege, daß ich verlange, davon etwas mehr zu hören, aber nicht verquickt mit den jüdisch-christlichen Redensarten: gegen die ich mir irgendwann einen Ekel angegessen habe, so daß ich mich vor Ungerechtigkeit in acht zu nehmen habe. Wie es nun mit dem Leben steht, magst Du auch aus beiliegendem Briefe des unsäglich leidenden Freundes Rohde ersehen; man soll sein Herz nicht an dasselbe hängen, das ist klar, und doch worin kann man es aushalten, wenn man wirklich nichts mehr will! Ich meine, das Erkennen-Wollen bleibe als letzte Region des Lebens-Willens übrig, als ein Zwischenbereich zwischen Wollen und Nichtmehrwollen, ein Stück Purgatorium, soweit wir auf das Leben unbefriedigt und verachtend zurückblicken, und ein Stück Nirwana, insofern die Seele dadurch dem Zustande reinen Anschauens nahe kommt. Ich übe mich darin, die Hast des Erkennen-Wollens zu verlernen; daran leiden ja die Gelehrten alle, und darüber entgeht ihnen die herrliche Beruhigung aller gewonnenen Einsicht. Nur bin ich immer noch etwas zu straff zwischen die verschiedenen Anforderungen meines Amtes eingespannt, als daß ich nicht allzuoft, wider Willen, in jene Hast geraten müßte: allmählich will ich mir schon alles zurechtrücken. Dann wird auch die Gesundheit beständiger werden; die ich nicht eher erlange, bis ich sie auch verdiene, bis ich den Zustand meiner Seele gefunden habe, der der mir gleichsam verheißene ist, der Gesundheitszustand derselben, wo sie nur noch den einen Trieb, das Erkennen-Wollen, übrigbehalten hat und sonst von Trieben und Begehrungen frei geworden ist. Ein einfacher Haushalt, ein ganz geregelter Tageslauf, keine aufreizende Ehrsucht oder Geselligkeitssucht, das Zusammenleben mit meiner Schwester (wodurch alles um mich herum so ganz Nietzschisch ist und sonderbar beruhigt wird), das Bewußtsein, ganz ausgezeichnete liebevolle Freunde zu haben, der Besitz von 40 guten Büchern aus allen Zeiten und Völkern (und von noch mehreren nicht gerade schlechten), das unwandelbare Glück, in Schopenhauer und Wagner Erzieher, in den Griechen die täglichen Objekte meiner Arbeit gefunden zu haben, der Glaube, daß es mir an guten Schülern von jetzt an nicht mehr fehlen wird – das macht jetzt mein Leben. Leider kommt die chronische Quälerei hinzu, die mich alle zwei Wochen fast zwei ganze Tage, mitunter noch länger packt – nun, das soll einmal ein Ende haben.

Später einmal, wenn Du Dein Haus sicher und wohlbedacht gegründet hast, wirst Du auch auf mich als einen länger weilenden Feriengast rechnen können; ich erquicke mich öfter mit der Vergegenwärtigung Deines späteren Lebens und denke, daß ich Dir auch noch einmal in Deinen Söhnen nützen kann. Wir haben nun, alter treuer Freund Gersdorff, ein gutes Stück Jugend, Erfahrung, Erziehung, Neigung, Haß, Bestrebung, Hoffnung miteinander bis jetzt gemein gehabt, wir wissen, daß wir uns von Herzen freuen, auch nur beieinander zu sitzen; ich glaube, wir brauchen uns nichts zu versprechen und geloben, weil wir einen recht guten Glauben zueinander haben. Du hilfst mir, wo Du kannst, das weiß ich aus Erfahrung; und ich denke bei allem, was mich freut: »Wie wird sich Gersdorff dabei freuen!« Denn, um Dir dies zu sagen, Du hast die herrliche Fähigkeit zur Mitfreude; ich meine, sie ist selbst seltener und edler als die des Mitleidens.

Nun lebe wohl und gehe in Dein neues Lebensjahr hinüber als der, welcher Du im alten warst, ich weiß Dir sonst nichts zu wünschen. Als solcher hast Du Deine Freunde erworben; und wenn es noch gescheute Weiber gibt – dann wirst Du nicht mehr lange

»einsam wandeln wie das Rhinozeros«.

Treugesinnt der Deine

Friedrich Nietzsche.

Herzliche Grüße und Glückwünsche meiner Schwester. Meine Empfehlungen an Deinen verehrten Vater. Ich schickte Dir Rütimeyers Programm, hoffentlich kam es an.

73. An Dr. Heinrich Romundt in Oldenburg

Basel, Ostersonnabend, 15. April 1876.

Endlich, mein lieber Freund, sollst Du etwas von mir auf geradem Wege hören! Die Wellen gingen inzwischen über mein Haupt, und der Winter nahm einen wahrhaft unheimlichen und schrecklichen Charakter für mich an. Nun bin ich aber vier Wochen am Genfer See, in der Nähe des Schlosses Chillon, bei Schnee, Regen, Sturm und Sonnenschein herumgelaufen und habe mich selbst dabei wiedergefunden. Das heißt nämlich das Vertrauen auf meine Ziele, das Verpflichtetsein auf meine Aufgaben und den Mut der Gesundheit. Schwimmen wir also weiter gegen den Strom; mitunter wird die Seele matt, und da wirft wohl die Welle einen beiseite, und der ganze Körper kracht. Ich weiß nie, wo ich eigentlich mehr krank bin, wenn ich einmal krank bin, ob als Maschine oder als Maschinist.

Zuletzt war ich eine Woche in Genf, entdeckte dort einen wahren Freund in der schweren Bedeutung des Wortes (Hugo von Senger, Generaldirektor des Genfer Orchesters) und machte bedeutende Erfahrungen. Ich fand zurückkehrend Dein Programm und ersah daraus den umfänglichen Charakter Deiner Tätigkeit und die angesehene Lehrerstellung, welche Du dort einnimmst. Dies ist Dein Chillon und Dein Genf, das sehe ich wohl ein; ich hoffe von Herzen, daß Du als höchsten Gewinn die Gesundheit der Seele davontragen mögest.

Ich verehre, sobald ich mir wiedergegeben bin, nur eins stündlich und täglich: die moralische Befreiung und Insubordination, und hasse alles Matt- und Skeptischwerden. Durch die tägliche Not sich und andere höher heben, mit der Idee der Reinheit vor den Augen, immer als ein *excelsior* – so wünsche ich mein und meiner Freunde Leben.

In herzlicher Liebe der
Deine
F. Nietzsche.

Am Tag nach Charfreitag
1876.

74. An Freiherrn von Gersdorff

Basel, Ostersonnabend, 15. April 1876.

Liebster Freund, am Abend vor dem grünen Donnerstag bin ich von Genf wieder zurückgekommen und habe dort sechs Tage zugebracht, sehr reiche Tage mit mancherlei Erfahrungen. Die Woche vorher, welche ich nach Deiner Abreise noch als einziger Gast in der *Printanière* aushielt, benutzte ich namentlich zu einer innerlichen Sammlung und Säuberung und wurde über vieles Kränkliche und Grillenhafte und Verzagte wieder Herr, namentlich aber hielt ich meine Ziele mit neuer Begierde mir vor Augen und verlor den Hang (mit dem ich auch Dich gequält habe!), gegen mich selbst ungerecht zu sein. Ich fand das »gute Gewissen« wieder, bis jetzt zu meiner Befreiung so viel getan zu haben, als ich konnte, und damit auch andern Menschen einen wahren Dienst getan zu haben. Auf dieser Bahn gehe ich wieder vorwärts und lasse mich auf desperate Rückblicke und Vorblicke nicht mehr ein. Ich verdanke sehr viel dem Buche unsrer herrlichen Freundin Meysenbug und werde den einen Sonntag, den ich in der höchsten moralischen Nachbarschaft mit ihr verbrachte, von früh bis nachts im Freien, nicht vergessen.

Der Genfer Aufenthalt kam gerade im rechten Augenblick, als eine Art Bestätigung und Verstärkung des Einsam-Beschloßnen. Vor allem habe ich, zur Bereicherung von uns allen, einen wahren Freund hinzugefunden, in Herrn von Senger. Ich wüßte in wenig Worten gar nicht zu sagen, wieviel ich dabei gewonnen habe. Du wirst ihn kennen lernen, einstweilen sage ich nichts.

Wenn wir uns wiedersehn, will ich Dir von Ferney, dem Sitze Voltaires (dem ich meine ersten Huldigungen brachte), erzählen, von dem glänzenden und doch wunderbar gebirgsnahen und freiheitatmenden Genf, von Villa Diodati, von einzelnen Menschen, von dem besten Schuster in Genf (einem berühmten Kommunard), von dem *Concert populaire*, in dem meinetwegen die Benvenuto-Cellini-Ouvertüre von Berlioz gemacht wurde, von der Frau Sengers, einer höchst charaktervollen Engländerin, und seinen merkwürdigen Kindern Leila und Agenor, von Madame de Saussure, Bankier Köckert (ehemaligem Virtuos), von zwei liebenswürdigen Russinnen in einer englischen Pension, von Ausflügen ins Savoyische, von der Entdekkung, daß ich ein großer Klavierspieler sein soll, von zahlreichen moralistischen Gesprächen, von Herrn Jansen und dem Makler usw. usw. In der Hauptsache habe ich aber so viel erkannt: das einzige, was die Menschen aller Art wahrhaft anerkennen und dem sie sich beugen, ist die hochsinnige Tat. Um alles in der Welt keinen Schritt zur Akkommodation! Man kann den großen Erfolg nur haben, wenn man sich selbst treu bleibt. Ich erfahre es, welchen Einfluß ich jetzt schon habe, und würde mich selbst nicht nur, sondern viele mit mir wachsende Menschen schädigen oder vernichten, wenn ich schwächer und skeptisch werden wollte.

Mit einer Nutzanwendung für Dich, mein geliebter Freund: ich bitte Dich inständig, mancherlei nicht zu berücksichtigen, was ich Dir in schwächeren Stunden in betreff Deiner Verehelichung sagte. Um keinen Preis eine Konventionsehe! (wie es alle mir bis jetzt von Dir genannten und Dir von andern proponierten Ehen sind). Wir wollen in diesem Punkte der Reinheit des Charakters ja nicht wankend werden! Zehntausendmal lieber immer allein bleiben – das ist jetzt meine Losung in dieser Sache.

Nochmals danke ich Dir von ganzem Herzen für die Aufopferung Deiner Ferien und Deine treuen Freundesdienste, über deren Wert für mich Du Dir auch keinen Augenblick einen quälenden Gedanken darfst beikommen lassen. Ein anderes Mal soll es heiterer und mutiger zugehen: diesmal war ich im ganzen doch krank, und namentlich auch moralisch krank; über die Bosheit der Welt sollte nicht soviel geredet werden, aber über das Durchsetzen und Vollbringen des Guten und Rechten; dabei flieht jede Morosität, und jede Muskel spannt sich straffer.

In dankbarer Liebe
der Deinige
F. Nietzsche.

Meine Schwester und der Rektor Overbeck grüßen herzlich. Am Tage nach Charfreitag 1876,
Basel.

75. An Erwin Rohde

Rosenlauibad, 28. August 1877.

Lieber, lieber Freund,

wie soll ich es nur nennen – immer wenn ich an Dich denke, überkommt mich eine Rührung; und als mir neulich jemand schrieb: »Rohdens junge Frau, ein höchst liebliches Wesen, dem die edle Seele aus allen Zügen hervorleuchtet«, da habe ich sogar Tränen vergossen, ich weiß gar keinen haltbaren Grund dafür anzugeben. Wir wollen einmal die Psychologen fragen; die bringen am Ende heraus, es sei der Neid, daß ich Dir Dein Glück nicht gönne, oder der Ärger darüber, daß mir jemand meinen Freund entführt habe und nun Gott weiß wo in der Welt, am Rhein oder in Paris, verborgen halte und ihn gar nicht wieder herausgeben wolle! Als ich neulich meinen »Hymnus an die Einsamkeit« im Geiste mir vorsang, war es mir plötzlich, als ob Du meine Musik gar nicht möchtest und durchaus ein Lied auf die Zweisamkeit verlangtest: am Abend darauf spielte ich auch eins, so gut ich es verstand, und es gelang mir: so daß alle Englein mit Vergnügen hätten zuhören können, die menschlichen Englein zumal. Aber es war in einer finstern Stube, und niemand hörte es: so muß ich Glück und Tränen und alles in mich verschlucken.

Soll ich Dir von mir erzählen? Wie ich immer, schon zwei Stunden bevor die Sonne in die Berge kommt, unterwegs bin, und dann namentlich in den langen Schatten des Nachmittags und Abends? Wie ich mir vielerlei ausgedacht habe und mir so reich vorkomme, nachdem dies Jahr mir endlich einmal erlaubt hat, die alte Moosschicht täglichen Lehr- und Denkzwanges einmal abzuheben? So wie ich hier lebe, ertrage ich es selbst mit allen Schmerzen, die mir freilich auch auf die Höhe gefolgt sind, – aber dazwischen gibt es so viele glückliche Erhebungen des Gedankens und der Empfindung.

Ganz neuerdings erst erlebte ich durch den »Entfesselten Prometheus« einen wahren Weihetag. Wenn der Dichter nicht ein veritables »Genie« ist, so weiß ich nicht mehr, was eins ist: alles ist wunderbar, und mir ist, als ob ich meinem erhöhten und verhimmlischten Selbst darin begegnete. Ich beuge mich tief vor einem, der so etwas in sich erleben und herausstellen kann.

In drei Tagen gehe ich nach Basel zurück. Meine Schwester ist dort bereits mit Einrichten tüchtig beschäftigt.

Der treue Musiker P. Gast zieht in meine Behausung und will die Dienste eines hilfreichen Schreiber-Freundes übernehmen.

Mir graut etwas vor diesem Winter; es muß anders werden. Jemand, der täglich nur wenig Zeit für seine Hauptsachen und fast alle Zeit und Kraft für Pflichten auszugeben hat, die andre so gut besorgen können wie er – ein solcher ist nicht harmonisch, mit sich im Zwiespalt, – er wird endlich krank. Wenn ich Wirkung auf die Jugend habe, so verdanke ich sie meinen Schriften, und diese meinen abgestohlenen Stunden, ja den durch Krankheit eroberten Interimszeiten zwischen Beruf und Beruf. – Nun, es wird anders: *si male nunc, non olim sic erit.* Inzwischen möge das Glück meiner Freunde wachsen und blühen: es tut mir immer herzlich wohl, an Dich zu denken, mein geliebter Freund (ich sehe Dich eben an einem rosenumgrenzten See und einen schönen weißen Schwan auf Dich zuschwimmen).

In brüderlicher Liebe

Dein F.

76. An Frau Marie Baumgartner

Rosenlauibad, 30. August 1877.

Hier, meine liebe und verehrte Frau, ein Briefchen als Vorreiter meiner Ankunft in Basel – nicht als Antwort auf Ihren guten, wie immer seelenreichen Brief. Wenn es mir manichmal graute, an die Dämmerung meiner Baseler Existenz in diesem kommenden Winter zu denken, so fiel mir auch immer Ihre trauliche Stube und Ihr herzliches Empfinden ein. »Entbehren sollst du, mußt entbehren«, heißt es ja überall, in jedem Menschenleben: da müssen die guten Freunde schön aneinanderhalten, damit es doch ein warmes Plätzchen in der Welt gibt, wohin die Öde des Entbehrens nicht hinein darf.

Mir ist jetzt immer deutlicher geworden, daß es eigentlich der übergroße Zwang war, den ich mir selbst in Basel antun mußte, an dem ich zuletzt krank geworden bin; die Widerstandskraft war endlich gebrochen. Ich weiß es, fühle es, daß es eine höhere Bestimmung für mich gibt, als sie sich in meiner Baseler so achtbaren Stellung ausspricht; auch bin ich mehr als ein Philologe, so sehr ich für meine höhere Aufgabe auch die Philologie selbst gebrauchen kann. »Ich lechze nach mir« – das war eigentlich das fortwährende Thema meiner letzten zehn Jahre. Jetzt, wo durch ein Jahr Zusammensein mit mir selbst alles ganz deutlich und übersichtlich geworden ist (– ich kann nicht aussprechen, wie reich, wie schaffensfreudig, trotz allen Schmerzen, ich mich fühle, sobald man mich allein läßt –), jetzt sage ich Ihnen auch mit Bewußtsein, daß ich nicht nach Basel zurückkehre, um dort zu bleiben. Wie es sich gestalten wird, ich weiß es nicht; aber meine Freiheit (– ach, die äußeren Bedingungen dazu sollen so bescheiden wie möglich sein –), diese Freiheit werde ich mir erobern.

Nun helfen und sinnen Sie mit, aus gutem freundschaftlichen Herzen, wie ich es zunächst wieder ertrage.

Ihr lieber Sohn geht nach Jena! Das hat mich sehr erfreut, ich wüßte ihm auch nichts Besseres zu raten. Rohde ist der begabteste und tüchtigste der jungen Philologen. – Aber ich sehe ihn noch im September? so schreibt mir meine Schwester, die arme, die jetzt wieder das Haus instand zu bringen hat.

Also auf Wiedersehen in Kürze.

Treulich der Ihre
Friedrich Nietzsche.

30. August.

77. An Freiherrn von Seydlitz, Salzburg

Basel, 4. Januar 1878.

Sie sind so gut, lieber, lieber Freund, mit Ihren Wünschen und Verheißungen, und ich bin jetzt so arm. Jeder Ihrer Briefe ist ein schönes Stück Lebensfreude für mich, aber ich kann Ihnen nichts, gar nichts dagegen geben. Wieder sind, während der Weihnachtsferien, böse, böse Tage, ja Wochen an mir vorbeigezogen: nun wollen wir sehen, was das neue Jahr kann. Uns zusammenbringen? Ich halte daran fest.

Gestern kam, von Wagner gesandt, der »Parsifal« in mein Haus. Eindruck des ersten Lesens: mehr Liszt als Wagner, Geist der Gegenreformation; mir, der ich zu sehr an das Griechische, menschlich Allgemeine gewöhnt bin, ist alles zu christlich zeitlich beschränkt; lauter phantastische Psychologie; kein Fleisch und viel zuviel Blut (namentlich beim Abendmahl geht es mir zu vollblütig her); dann mag ich hysterische Frauenzimmer nicht; vieles, was für das innere Auge erträglich ist, wird bei der Aufführung kaum auszuhalten sein: denken Sie sich unsere Schauspieler betend, zitternd und mit verzückten Hälsen. Auch das Innere der Gralsburg kann auf der Bühne nicht wirkungsvoll sein, ebensowenig der verwundete Schwan. Alle diese schönen Erfindungen gehören ins Epos und, wie gesagt, fürs innere Auge. Die Sprache klingt wie eine Übersetzung aus einer fremden Zunge. Aber die Situationen und ihre Aufeinanderfolge – ist das nicht von der höchsten Poesie? Ist es nicht eine letzte Herausforderung der Musik?

So viel für heute, nehmen Sie fürlieb. Ihnen und Ihrer lieben Frau Gemahlin

treu ergeben

Ihr Freund Nietzsche.

Basel, d. 4. Januar 1878.
P. S. Lipiner ist, nach seinem Brief an mich, ein guter Wagnerianer; beiläufig sollte man es fast wünschen, er möchte den »Parsifal« noch einmal überdichten.

78. An Karl Hillebrand

Naumburg, Mitte April 1878.

Hochverehrter Herr,

nach einem Winter schwerer Erkrankung genieße ich jetzt im Wiedererwachen der Gesundheit Ihre vier Bände »Zeiten, Völker und Menschen« und freue mich darüber, wie als ob es Milch und Honig wäre. O Bücher, aus denen eine europäische Luft weht und nicht der liebe nationale Stickstoff! Wie das den Lungen wohltut! Und dann: ich möchte den Autor sehen, der Ihnen an Unbefangenheit und wohlwollendem Gerechtigkeitssinne gleichkäme – oder vielmehr: ich will mich bemühen, alle Autoren – wie wenige werden es aber sein! – kennen zu lernen, die Ihnen in betreff jener hohen Tugenden nahe kommen. –

Wie danke ich Ihnen, daß Sie diese Aufsätze gesammelt haben! Sie wären mir sonst fast ganz entgangen, da ich weder Zeitungen noch Zeitschriften lese und überhaupt, der Nähe der Erblindung wegen, sehr wenig lese (und schreibe). Dies erinnert mich daran, daß Sie auch über meine Schriften gesprochen haben: es ist bei weitem das einzige, was mir von dem, was mir von Urteilen über dieselben bekannt geworden ist, wirklich Freude gemacht hat. Denn hier urteilt ersichtlich die Überlegenheit (in Erfahrung und Geschmack und einigen anderen Dingen –): da ergreift der Beurteilte, wenn er kein Narr ist, mit Vergnügen gegen sich selber Partei. Und wie gerne man von Ihnen lernt!

Von Herzen dankbar und ergeben

Dr. Friedrich Nietzsche,
(Universität Basel, Schweiz).

Verargen Sie dem Philologen eine Pedanterie nicht: es heißt »das Sophisma«, nicht »der Sophismus« – ich bitte um Verzeihung! –

79. An Freiherrn von Seydlitz

Basel, 13. Mai 1878.

Lieber Freund,

seit drei Wochen bin ich wieder in voller akademischer Sommertätigkeit – sehr zufrieden darüber! Wenig Zeit übrig! – Heute nur einen Wink, den ein Freund verstehen wird.

Können Sie mir jenes Gefühl – das unvergleichbare – nachfühlen, zum ersten Male öffentlich sein Ideal und sein Ziel bekannt zu haben, das keiner sonst hat, das fast niemand verstehen kann und dem nun ein armes Menschenleben genügen soll – so werden Sie mir auch nachfühlen, warum ich in diesem Jahre, sobald mein Beruf mich frei gibt, Einsamkeit brauche. Keinen Freund – niemanden will ich dann, es ist so nötig. Nehmen Sie dies, bitte, ohne Erörterung hin. –

Einige Worte Ihres Briefes haben mich fast erschreckt. Sind Sie wirklich je in Ihren Gedanken auch den furchtbaren Weg, mit seinen *Via-mala*-Konsequenzen, gegangen? – gehen Sie ihn nicht wieder! Ich wußte davon nichts! Soweit ich Sie kennen lernte, würde ich aber mir zu sagen erlauben: Ihr Temperament und Ihre Lebensstellung sind dafür nicht geeignet: Unzufriedenheit und Qual wäre Ihr Los, und niemand hätte den Nutzen davon.

– Gerne hätte ich von Ihnen etwas über Lipiners Eindruck auf Sie gehört. Bei mir hat er sich eigentlich durch seine wiederholten Versuche, aus der Ferne her über mein Leben zu disponieren und durch Rat und Tat in dasselbe einzugreifen, unmöglich gemacht. So etwas verabscheue ich: keiner meiner ältesten Freunde würde wagen, mir solche dreiste Dinge zu proponieren. Mangel an Scham – das ist es. Von so einem muß ich ganz ferne sein: dann gelingt es mir ganz gut, selbst sein Freund zu werden, – aber *in partibus*.

– Meine gute Schwester, welche diesmal mir es überlassen hat, dem trefflichen und edelgesinnten Briefschreiber zu danken, liest jetzt mein neues Buch, ist aber ferne davon, darüber ein böses Gesicht zu machen. Ich glaube, sie hält die Partien, auf welche Sie anspielen (Freigeist und Ehe) für richtig. Mit ihnen haben die abnormen Umstände, unter denen wir Geschwister uns entschlossen, eine Zeitlang zusammen zu leben, und die niemand näher zu kennen braucht, nichts zu tun. – Ich glaubte, daß alle Frauen sich beim Lesen solcher Dinge Glück wünschen würden, keine Freigeister zu Männer zu haben: – und so meinte ich das eheliche Glück im allgemeinen gefördert zu haben.

Nichts liegt mir entfernter, als Proselyten zu machen: niemand hat so wie ich vor dem Gefährlichen des freien Geistes gewarnt und zurückgeschreckt.

Bleiben Sie mir gut, mein lieber Freund. Ihnen und Ihrer verehrten Frau Gemahlin

treulich zugetan
Friedrich Nietzsche.

13. Mai 1878.

80. An Peter Gast

Basel, den 31. Mai 1878.

Lieber Freund, am Tage Voltaires kam zweierlei zu mir; rührend und ergreifend war beides: Ihr Brief und dann eine anonyme Sendung aus Paris, die Büste Voltaires, mit einer Karte, auf der sich nur die Worte befanden *»l'âme de Voltaire fait ses compliments à Frédéric Nietzsche«*.

Nehme ich zu Ihnen die beiden noch hinzu, welche sich wirklich über mein Buch erfreut gezeigt haben, Rée und Burckhardt (der es wiederholt »das souveräne Buch« genannt hat), so habe ich einen Wink darüber, wie die Menschen beschaffen sein müßten, wenn mein Buch eine schnelle Wirkung tun sollte. Aber das wird und kann es nicht, so leid es mir des trefflichen Schmeitzner wegen tut. Von Bayreuth aus ist es in eine Art von Bann getan: und zwar scheint die große Exkommunikation über seinen Autor zugleich verhängt. Nur versucht man, meine Freunde doch noch festzuhalten, während man mich verliert – und so höre ich denn von manchem, was hinter meinem Rücken geschieht und geplant wird. – Wagner hat eine große Gelegenheit, Größe des Charakters zu zeigen, unbenutzt gelassen. Mich darf es nicht beirren, weder in meiner Meinung über ihn, noch über mich.

Ja, wenn man so viel eindringenden Ernstes und auch so viel Zeit einem solchen Erzeugnis weihen wollte, wie Ihre Güte getan, so käme wohl etwas dabei heraus: nämlich Neues an Gedanken und Gefühlen und eine kräftigere Stimmung, wie als ob man in leichter gewordene Luft der Höhe geraten sei. Rée sagt, er habe eigentlich nur einmal durch ein Buch eine gleiche Stimmung produktiven Genießens erfahren, durch Eckermanns Gespräche; ganze Hefte von Reflexionen seien schon entstanden.

Das aber ist das Beste, was ich erhoffte – die Erregung der Produktivität anderer und die »Vermehrung der Unabhängigkeit in der Welt« (wie J. Burckhardt sagte).

Meine Gesundheit bessert sich, ich bin unermüdlich im Spazierengehen und einsamen Für-mich-hindenken. Ich freue mich des Frühlings und bin ruhig, wie einer, der nicht mehr so leicht aus dem Geleise zu bringen ist. – Könnte ich doch bis ans Ende so weiter leben! –

Dies alles handelt von mir, weil Sie gern etwas von mir hören wollten. Vieles möchte ich verschweigen, den Tod und die letzten gequälten Zeiten Brenners, die seltsame Entfremdung vieler Bekannten und Freunde. –

Bleiben Sie mir gut, in aller Freiheit. – Wie verstehe ich Ihr »unstet und flüchtig«, wie ähnlich sind Sie mir darin! – Nun wachsen Sie fort und fort! In dieser Hoffnung bin ich immerdar

Ihr Freund F. N.

81. An Erwin Rohde

Basel, Juni 1878.

So ists recht und schön, liebster Freund: wir zusammen stehen doch noch nicht auf einem tönernen Gestell, das ein Buch gleich umwerfen möchte.

Ich warte diesmal in Ruhe ab, wie die Wellen, in denen meine armen Freunde herumplätschern, sich allmählich legen: habe ich sie in diese Wellen hineingestoßen – lebensgefährlich ists nicht, das weiß ich aus Erfahrung; und wenns freundschaftsgefährlich hier und da sein sollte – nun, so wollen wir der Wahrheit dienen und sagen: »Wir liebten bisher aneinander eine Wolke.«

Vieles wäre zu sagen: noch mehr Unsägliches dabei zu

denken; im Scherz sei nur der Vergleich gewagt, daß ich einem Manne gleiche, der eine große Mahlzeit veranstaltet und dem angesichts aller guten Speisen die Gäste davonlaufen. Wenn da einer oder der andre wenigstens einige Bissen sich schmecken läßt (wie Du, lieber, guter, den *Graecis* die Ehre antust), so ist besagter Mann darüber schon sehr erbaut.

Grüble nicht über die Entstehung eines solchen Buches nach, sondern fahre fort, dies und jenes Dir herauszulangen. Vielleicht kommt dann auch einmal die Stunde, wo Du mit Deiner schönen konstruktiven Phantasie das Ganze als Ganzes schaust und an dem größten Glücke, das ich bisher genoß, teilnehmen kannst.

Beiläufig: suche nur immer mich in meinem Buche und nicht Freund Rée. Ich bin stolz darauf, dessen herrliche Eigenschaften und Ziele entdeckt zu haben, aber auf die Konzeption meiner »*Philosophia in nuce*« hat er nicht den allergeringsten Einfluß gehabt: diese war fertig und zu einem guten Teile dem Papier anvertraut, als ich im Herbste 1876 seine nähere Bekanntschaft machte. Wir fanden einander auf gleicher Stufe vor: der Genuß unserer Gespräche war grenzenlos, der Vorteil gewiß sehr groß, auf beiden Seiten (so daß Rée mit liebevoller Übertreibung mir in sein Buch [Ursprung der moralischen Empfindungen] schrieb »dem Vater dieser Schrift dankbarst deren Mutter«).

Dadurch erscheine ich Dir vielleicht noch fremdartiger, unbegreiflicher? Fühltest Du nur, was ich jetzt fühle, seitdem ich mein Lebensideal endlich aufgestellt habe – die frische, reine Höhenluft, die milde Wärme um mich – Du würdest Dich sehr, sehr Deines Freundes freuen können. Und es kommt auch der Tag.

Von ganzem Herzen

Dein F.

Meine liebe Schwester grüßt von Herzen. Weißt Du schon, daß sie in zwei Wochen nach Naumburg zurückkehrt?

82. An Dr. Carl Fuchs

Basel, Ende Sommer 1878.

Also auch Sie, lieber Herr Doktor, sind in betreff Wagners in die Krisis geraten! Nun, so werden wir wohl die ersten sein; in meinem Buche habe ich in dieser Hinsicht die größte Schonung geübt, obwohl über zwanzig Punkte zum Entsetzen aller Wagnerianer in mir die Wahrheit feststeht. Irgendwann wird sie auch ans Licht müssen, – aber dringend bitte ich Sie, ja nichts zu übereilen und alle Gärung erst verbrausen zu lassen, daß es auch in diesen Dingen einen edlen hellen Wein gebe! Schreiben sie jetzt nicht über Wagner! Was werden Sie noch alles entdecken! Sie sind ja in der günstigsten Unabhängigkeit von Bayreuth und den andern »Richtungen«; was Wagner und Frau Wagner von Ihnen denken, muß Ihnen ganz gleichgültig sein. Wagner selbst ist alt und hat keinen Frühling mehr zu erwarten: die Wahrheit aber altert nicht und muß in diesen Dingen ihren Frühling erst noch erleben. – Eine einzige Kombination von Fähigkeiten und Kenntnissen berechtigt Sie dazu, das Charakteristische des Stils bei jedem der großen Meister zu beschreiben – zum ersten Male, wie ich meine. Tun Sie dies doch zuerst einmal thesenhaft, aphoristisch, in der knappsten Form und mit haarscharfem Ausdruck. Ein halbes Tausend musikalischer Einzelsätze und Beobachtungen von Ihnen, die Quintessenzen Ihrer Erfahrungen – das gibt Ihnen Namen und Stellung.

Nur nichts Periodisches und Kleines (seien es »Briefe« oder Aufsätze für Zeitschriften), bevor Sie sich nicht erst als

Ganzes gezeigt haben! – Verzeihung, wenn mein Wunsch, Sie endlich in der Achtung der Achtung-Verleihenden befestigt zu sehen, mich in meinen Ratschlägen zudringlich erscheinen läßt. – (Mein Plan, ein »Jahrbuch der Freunde« herauszugeben, kann vor zwei und mehr Jahren nicht in Ausführung gebracht werden: Schmeitzners Ungeduld soll mich nicht zum Toren machen. Dies *privatissime.*) Nichts liegt mir ferner als eine Konkurrenz mit so erbarmungswürdigem Zeug, wie die »Bayreuther Blätter« sind, und überhaupt – eine Orientierung nach irgendeinem Bayreuther Sehwinkel. Auch Sie sprechen noch von einer »Spaltung im eignen Lager«. Was geht mich jetzt ein »Lager« an!!!!! Gar noch gegen Wolzogen! schreiben! wie konnte Ihnen das in den Sinn kommen, lieber verehrter Herr Doktor! Ich weiß mitunter nicht, wie Sie sich eigentlich taxieren. – Nochmals Verzeihung!

Meinen Bekannten mißfällt Ihr Stil in den gedruckten Sachen. Die Gründe sind 1) die Sätze sind viermal zu lang. 2) Sie affektieren Gelehrtenhaftigkeit, recht künstlerhaft, aber eine schreckliche Geschmacksverirrung (fremde wissenschaftliche Worte und Begriffe im Überfluß). 3) Die Hauptsachen kommen nicht stark und stämmig heraus, die Nebeneinfälle überwuchern sie, Sie schneiden nicht genug weg und arbeiten nicht genug um. 4) Ihr Geist liebt es, spitz zu werden; es ist das Geheimnis der guten Schriftsteller, nie für die subtilen und spitzen Leser zu schreiben. – –

Nicht wahr, Sie verargen mir diese *epistula didactica* nicht! – Womit sollte ich auch eine solche ehrliche Mitteilung, als Ihre letzte war, vergelten als mit Ehrlichkeit?

Ganz Ihnen ergeben F. N.

83. An Frau Marie Baumgartner

Basel, 15. November 1878.

Verehrte liebe Frau Baumgartner, nur ein paar Worte! Über Ihre Dichtungen als Gedichte nur eine Meinung zu haben, wäre ganz und gar von mir unbescheiden. Genug, Sie scheinen mir im Elemente Ihrer Sprache und der kunstvollen Form sich heimisch zu fühlen; im übrigen weiß wohl ein Gedankendichter wie Herr Prudhomme zu raten.

Ihre Dichtungen aber als Wahrheiten betrachtet, die Sie sich und mir sagen: ja – da bedauere ich Sie ebensosehr, als ich mich beglückwünsche. Denn Sie haben an mir viel, viel weniger gefunden, als Sie erwarteten, und ich weiß jetzt, daß ich unendlich mehr empfangen habe und besitze, als ich verdiene – nämlich eine zuverlässige treue Seele, welche überdies den Ehrgeiz hat, die Treue auf Erden mir gegen alle skeptischen Einflüsterungen zu beweisen.

So empfinde ich es: tut es Ihnen wehe? – Ich hoffe nicht. –

Die letzten Bissen des Manuskripts, die ich Ihnen gestern gab, sind am schwersten zu kauen, es beschämt mich, Sie so zu bemühen. Fangen Sie mit den letzten Seiten an und endigen Sie mit den vordersten. Oder wie Sie wollen.

Ganz und gar ergeben und dankerfüllt

F. N.

15. Nov. 1878

Wissen Sie, daß es seit lange meine Empfindung ist: »Ich verdiene das alles nicht, was ich an Freundschaft und Liebe erfahren habe«, daß ich mitunter gegen meine Freunde voll Verdruß bin, weil ich ihnen nicht wiedergeben kann. So ist es: geben ist seliger schon als wiedergeben; aber immer nur nehmen, nehmen müssen – das kann einen unselig machen. Zu ändern ist es nicht, hier steht das Fatum vor uns.

84. An Freiherrn von Seydlitz

Basel, 18. November 1878.

Seien und bleiben Sie mir, mein geliebter Freund, mit Ihrer herzlichen guten Seele gesegnet! So, wie ich es hier sage, denke ich immer an Sie. Briefe schreiben geht nicht mehr, meine ältesten wie meine letzten Freunde dürfen es nicht mehr von mir erwarten. Ich habe meinem Amte und meiner Aufgabe zu leben – einem Herrn und einer Geliebten und Göttin zugleich: viel zuviel für meine schwache Kraft und tief erschütterte Gesundheit. Äußerlich gesehen, ist es ein Leben wie das eines Greises und Einsiedlers: völlige Enthaltung von Umgang, auch dem der Freunde, gehört dazu. Trotzdem bin ich mutig, vorwärts, *excelsior*! –

Über Wagner empfinde ich ganz frei. Dieser ganze Vorgang mußte so kommen, er ist wohltätig, und ich verwende meine Emanzipation von ihm reichlich zu geistiger Förderung. – Jemand sagte mir: »Der Karikaturenzeichner von Bayreuth ist ein Undankbarer und ein Narr« – ich antwortete: »Menschen von so hoher Bestimmung muß man in bezug auf die bürgerliche Tugend der Dankbarkeit nach dem Maße ihrer Bestimmung messen.« Übrigens bin ich vielleicht nicht »dankbarer« als Wagner, – und was die Narrheit betrifft –

Aber vielleicht habe ich schon zu viel gesagt, der »Wagnerianer« regt sich in Ihnen und sucht nach Steinen …

Nein, lieber Freund, Sie werfen nicht nach mir, das weiß ich. – Aber tun Sie mir auch die Ehre an, mich nie zu verteidigen. Meine Position ist dafür zu stolz, Verzeihung! – Ich denke, meine Freunde sollen mit mir zusammen auch stolz sein.

Der lieben Frau meines Freundes erwidere ich treulich alles Gute und Herzliche, was sie mir durch meine Schwester sagen ließ.

Ich bin und bleibe der Ihrige

Friedrich Nietzsche.

18. November 1878.

85. An Professor Overbeck

Genf, 11. April 1879.

Lieber Freund, wir haben jetzt wieder einen Wunsch gemeinsam: daß jemand das überreiche Philosophieren des Altertums über Freundschaft zusammenfasse und wiedererwecke. Es muß einen Klang wie von hundert verschiedenen Glocken geben. – An die Züricher liebwerte Gastfreundschaft hatte ich für Pfingsten gedacht (falls ich lebe). – Den Hamburger Brief hebe mir auf: er enthält das bestellte Los, für das ich in Basel noch die Einzahlung gemacht habe. – Ein Brief des Hr. Fuchs wird den Poststempel »Danzig«, einer des Hr. Rée den »Tütz« tragen. – *Ceterum censeo Basileam esse derelinquendam.* Ich habe Urteile aller Stände aus den verschiedensten Gegenden der Schweiz: man stimmt überein, daß Basel eine schlechte drückende, zu Kopfleiden disponierende Luft habe. Ich habe dort nie, seit Jahren, einen ganz freien Kopf, wie ich ihn z. B. hier seit einigen Tagen habe. Sodann: ich vertrage Lesen und Schreiben nur bis zu 20 Minuten. Ergo: *Academia derelinquenda est.* Was sagst Du? Von Herzen grüßt

Euer F. N.

Ich bleibe hier so lange ich irgend kann.

86. An Peter Gast

Adr.: St. Moritz-Dorf, *poste restante*,
den 11. Sept. 1879.

Lieber, lieber Freund, wenn Sie diese Zeilen lesen, ist mein Manuskript in Ihren Händen; es mag seine Bitte an Sie selber vortragen, ich habe nicht den Mut dazu. – Aber ein paar Augenblicke des Glücks sollen Sie auch mit mir teilen, die ich jetzt beim Gedanken an mein nunmehr vollendetes Werk habe. Ich bin am Ende des 35sten Lebensjahres; die »Mitte des Lebens«, sagte man anderthalb Jahrtausende lang von dieser Zeit; Dante hatte da seine Vision und spricht in den ersten Worten seines Gedichts davon. Nun bin ich in der Mitte des Lebens so »vom Tod umgeben«, daß er mich stündlich fassen kann; bei der Art meines Leidens muß ich an einen plötzlichen Tod, durch Krämpfe, denken (obwohl ich einen langsamen klarsinnigen, bei dem man noch mit seinen Freunden reden kann, hundertmal vorziehen würde, selbst wenn er schmerzhafter wäre). Insofern fühle ich mich jetzt dem ältesten Manne gleich; aber auch darin, daß ich mein Lebenswerk getan habe. Ein guter Tropfen Öles ist durch mich ausgegossen worden, das weiß ich, und man wird es mir nicht vergessen. Im Grunde habe ich die Probe zu meiner Betrachtung des Lebens schon gemacht: viele werden sie noch machen. Mein Gemüt ist durch die anhaltenden und peinlichen Leiden bis diesen Augenblick noch nicht niedergedrückt, mitunter scheint es mir sogar, als ob ich heiterer und wohlwollender empfände als in meinem ganzen früheren Leben: wem habe ich diese stärkende und verbessernde Wirkung zuzumessen? Den Menschen nicht, denn, ganz wenige ausgenommen, haben sich in den letzten Jahre alle »an mir geärgert« und sich auch nicht gescheut, es mich merken zu lassen. Lesen Sie, lieber Freund, dieses letzte Manuskript durch und fragen Sie sich dabei immer, ob Spuren des Leidens und des Druckes zu finden sind; ich glaube nicht daran, und schon dieser Glaube ist ein Zeichen, daß in diesen Ansichten Kräfte verborgen sein müssen und nicht Ohnmachten und Ermüdungen, nach denen die mir Abgeneigten suchen werden. Nun werde ich nicht eher ruhig, als bis ich die Blätter, von der Hand des aufopferndsten Freundes geschrieben und durch mich revidiert, nach Chemnitz absenden kann. Ich selber werde nicht zu Ihnen kommen – so eifrig mir auch Overbecks und meine Schwester dazu zureden; es gibt einen Zustand, wo es mir schicklicher zu sein scheint, in die Nähe der Mutter, der Heimat und der Kindeserinnerungen sich zu begeben. Doch nehmen Sie alles dies nicht als etwas Letztes und Unwiderrufliches. Je nachdem die Hoffnungen steigen oder fallen, muß ein Kranker seine Pläne machen und ändern dürfen. Mein Sommerprogramm ist ausgeführt: 3 Wochen Mittelhöhe (in Wiesen), 3 Monate Engadin, und der letzte Monat davon die eigentliche St. Moritzer Trinkkur, deren beste Wirkung man erst im Winter spüren soll. Dieses Durchführen eines Programms tut mir wohl: leicht war es nicht! Die Entsagung in allem – es fehlten Freunde und jeder Verkehr, ich konnte keine Bücher lesen; alle Kunst war ferne von mir; ein Kämmerchen mit Bett, die Speise eines Asketen (die übrigens mir gut getan hat: keine Magenbeschwerden den ganzen Sommer!) – diese Entsagung war vollständig, bis auf einen Punkt: ich hing meinen Gedanken nach – was sollte ich auch tun! – Dies ist aber gewiß meinem Kopfe das Allerschädlichste – aber noch weiß ich nicht, wie ichs hätte vermeiden können. Genug, für diesen Winter heißt das Programm: Erholung von mir selber, Ausruhen von meinen Gedanken – dies kenne ich seit Jahren nicht mehr. Vielleicht bringe ich in Naumburg eine Tagesordnung zustande, bei der diese Ruhe mir zuteil wird. –

Aber erst der »Nachtrag!« »Der Wanderer und sein Schatten«! –

Ihr letzter Gedankenbrief war Overbeck und mir eine solche Freude, daß ich ihm erlaubte, denselben mit nach Zürich zu nehmen, um ihn den Frauen dort vorzulesen. Verzeihung dafür! Und Verzeihung für Größeres!

Ihr Freund N.

87. An Peter Gast

Naumburg, 5. Oktober 1879.

Gestern vormittag lief meine Karte an Sie, lieber Freund, ab, und drei Stunden später hatte ich wieder neue Beweise Ihrer unermüdlichen Güte für mich in den Händen. Könnte ich nur nun auch Ihren Wünschen entsprechen! »Doch Gedanken stehn zu fern«, wie Tieck singt. Sie glauben nicht, wie getreu ich bis jetzt das Programm der Gedankenlosigkeit durchgeführt; und ich habe Gründe, hier treu zu sein, denn »hinter dem Gedanken steht der Teufel« eines wütenden Schmerzanfalls. Das Manuskript, welches Sie von St. Moritz aus bekamen, ist so teuer und schwer erkauft, daß vielleicht um diesen Preis niemand es geschrieben haben würde, der es hätte vermeiden können. Mir graut jetzt öfter beim Lesen, namentlich der längeren Abschnitte, der häßlichen Erinnerung halber. – Alles ist, wenige Zeilen ausgenommen, unterwegs erdacht und in 6 kleine Hefte mit Bleistift skizziert worden: das Umschreiben bekam mir fast jedesmal übel. Gegen 20 längere Gedankenketten, leider recht wesentliche, mußte ich schlüpfen lassen, weil ich nie Zeit genug fand, sie aus dem schrecklichsten Bleistiftgekritzel herauszuziehen: so wie es mir schon vorigen Sommer gegangen ist. Hinterher verliere ich den Zusammenhang der Gedanken aus dem Gedächtnis: ich habe eben die Minuten und Viertelstunden der »Energie des Gehirns«, von der Sie sprechen, zusammenzustehlen, einem leidenden Gehirne abzustehlen. Einstweilen scheint es mir, als ob ich nie wieder es tun werde. Ich lese Ihre Abschrift, und es wird mir so schwer, mich selber zu verstehen – so müde ist mein Kopf.

Das Sorrentiner Manuskript hat der Teufel geholt; mein Umzug und endgültiges Verlassen Basels hat in manchen Dingen sehr gründlich aufgeräumt – mir eine Wohltat, denn solche alte Manuskripte sehen mich wie Schuldner an.

Lieber Freund, über Luther bin ich nach längerer Zeit außerstande, in ehrlicher Weise etwas Verehrendes zu sagen: die Nachwirkung einer mächtigen Materialsammlung über ihn, auf die mich Jakob Burckhardt aufmerksam machte. Ich meine Janssen, »Geschichte des deutschen Volkes« Band II, in diesem Jahre erst erschienen (ich besitze es). Hier redet einmal nicht die verfälschte protestantische Geschichtskonstruktion, an welche wir zu glauben angelernt worden sind. Augenblicklich scheint es mir nichts mehr als Sache des nationalen Geschmacks in Norden und Süden, daß wir Luther als Menschen dem Ignaz Loyola vorziehen! Die gräßliche, hochmütige, gallig-neidische Schimpfteufelei Luthers, dem gar nicht wohl wurde, wenn er nicht vor Wut auf jemanden speien konnte, hat mich zu sehr angeekelt. Gewiß haben Sie recht mit der »Förderung der europäischen Demokratisierung« durch Luther, aber gewiß war dieser rasende Bauernfeind (der sie wie tolle Hunde totschlagen hieß und eigens den Fürsten zurief, jetzt könne man mit Schlachten und Würgen von Bauernvieh sich das Himmelreich erwerben) einer der unfreiwilligsten Förderer derselben. – Übrigens sind Sie in der billigeren Stimmung gegen ihn. Geben Sie mir Zeit! – Für die anderen Hindeutungen auf Lücken meiner Gedankenreihen sage ich Ihnen ebenso Dank, nur einen ganz ohnmächtigen Dank! Ach, hier denke ich eben wieder an meine »Wünsche der Wünsche«. Nein, ich dachte mir neulich den Freund Gast nicht als eigentlichen Schriftsteller, es gibt so viele Arten von dem inneren Zustande und Gesund- und Reifwerden Zeugnis abzulegen. Zunächst für Sie den Künstler! Hinter Äschylus kam ein Sophokles! Deutlicher möchte ichs nicht sagen, was ich hoffe. – Und um einmal auch über Sie als Kopf und Herz ein aufrichtiges Wort zu sagen: welchen Vorsprung haben Sie vor mir, die Jahre abgerechnet und was die Jahre mit sich bringen! Aufrichtig nochmals, ich halte Sie für besser und für begabter als ich bin und folglich auch für verpflichteter. – In Ihrem Lebensalter trieb ich mit größtem Eifer Untersuchungen über die Entstehung eines Lexikons des 11. Jahrhunderts *post Chr.* und über die Quellen des Laertius Diogenes und hatte keinen Begriff von mir, als ob ich ein Recht hätte, eigne allgemeine Gedanken zu haben und gar vorzutragen. Noch jetzt überfällt mich das Gefühl der kläglichsten Neulingschaft; mein Alleinsein, mein Kranksein hat mich etwas an die »Unverschämtheit« meiner Schriftstellerei gewöhnt. Aber andere müssen alles besser machen, mein Leben sowohl als mein Denken. – Antworten Sie nicht hierauf.

In wahrhaft treuer Liebe

Ihr
auf Sie hoffender Freund
N.

88. An Malwida von Meysenbug

Naumburg, 14. Janurar 1880.

Obwohl Schreiben für mich zu den verbotensten Früchten gehört, so müssen Sie, die ich wie eine ältere Schwester liebe und verehre, doch noch einen Brief von mir haben – es wird doch wohl der letzte sein! Denn die furchtbare und fast unablässige Marter meines Lebens läßt mich nach dem Ende dürsten, und nach einigen Anzeichen ist mir der erlösende Hirnschlag nahe genug, um hoffen zu dürfen. Was Qual und Entsagung betrifft, so darf sich das Leben meiner letzten Jahre mit dem jedes Asketen irgendeiner Zeit messen; trotzdem habe ich diesen Jahren viel zur Läuterung und Glättung der Seele abgewonnen – und brauche weder Religion noch Kunst mehr dazu. (Sie merken, daß ich darauf stolz bin; in der Tat, die völlige Verlassenheit hat mich erst meine eignen Hilfsquellen entdecken lassen.) Ich glaube mein Lebenswerk getan zu haben, freilich wie einer, dem keine Zeit gelassen war. Aber ich weiß, daß ich einen Tropfen guten Öles für viele ausgegossen habe und daß ich vielen zur Selbsterhebung, Friedfertigkeit und gerechtem Sinne einen Wink gegeben habe. Dies schreibe ich Ihnen nachträglich, es sollte eigentlich bei der Vollendung meiner »Menschlichkeit« ausgesprochen werden. Kein Schmerz hat vermocht und soll vermögen, mich zu einem falschen Zeugnis über das Leben, wie ich es erkenne, zu verführen.

Zu wem dürfte ich dies alles sagen, wenn nicht zu Ihnen? Ich glaube – aber es ist unbescheiden es zu sagen? – daß unser Charakter viele Ähnlichkeiten hat. Z. B.: wir sind beide mutig, und weder Not noch Geringschätzung kann uns von der Bahn, die wir als die rechte erkennen, abdrängen. Auch haben wir beide in uns und vor uns manches erlebt, dessen Leuchten wenige der Gegenwärtigen gesehen haben – wir hoffen für die Menschheit und bringen uns selber als bescheidenes Opfer, nicht wahr? – – Hören Sie Gutes von Wagners? Es sind drei Jahre, daß ich nichts von ihnen erfahre: die haben mich auch verlassen, und ich wußte es längst, daß Wagner von dem Augenblicke an, wo er die Kluft unsrer Bestrebungen merken würde, auch nicht mehr zu mir halten werde. Man hat mir erzählt, daß er gegen mich schrieb. Möge er damit fortfahren: es muß die Wahrheit auf jede Art ans Licht kommen! Ich denke in einer dauernden Dankbarkeit an ihn, denn ihm verdanke ich einige der kräftigsten Anregungen zur geistigen Selbständigkeit. Frau Wagner, Sie wissen es, ist die sympathischste Frau, der ich im Leben begegnet bin. – Aber zu allem Verkehren und gar zu einem Wiederanknüpfen bin ich ganz untauglich. Es ist zu spät.

Ihnen, meine liebe, schwesterlich verehrte Freundin, der Gruß eines jungen Alten, der dem Leben nicht gram ist, ob er gleich nach dem Ende verlangen muß.

Friedrich Nietzsche.

89. An Peter Gast

Marienbad, 18. Juli 1880.

Mein lieber Freund, noch immer denke ich täglich einigemal an die angenehme Venediger Verwöhnung und an den noch angenehmeren Verwöhner und sage nur, daß mans eben nicht lange so gut haben darf und daß es ganz recht ist, jetzt wieder Eremit zu sein und zehn Stunden des Tages als solcher spazieren zu gehen, fatale Wässerchen zu trinken und ihre Wirkung abzuwarten. Dabei grabe ich mit Eifer in meinem moralischen Bergwerke und komme mir dabei mitunter ganz unterirdisch vor – es scheint mir jetzt so, als ob ich inzwischen den leitenden Gang und Ausweg gefunden hätte; indessen will so etwas hundertmal geglaubt und verworfen sein. Hin und wieder tönt ein Echo Chopinscher Musik in mir, und das haben Sie nun erreicht, daß ich dabei immer an Sie denke und mich in Sinnen über Möglichkeiten verliere. Mein Vertrauen ist sehr groß geworden, Sie sind viel fester gebaut als ich vermutete, und abgesehn von dem schädlichen Einfluß, den gelegentlich Hr. Nietzsche auf Sie geübt hat, sind Sie von allen Seiten gut bedingt. *Ceterum censeo* Berge und Wälder seien besser als Städte, und Paris besser als Wien. Darauf kommt aber nichts an.

Unterwegs kam ich mit einem höheren Geistlichen in Verkehr, welcher zu den ersten Förderern alter katholischer Musik zu gehören schien: er war jeder Detailfrage gewachsen. Ich fand ihn sehr eingenommen für Wagners Arbeit an Palestrina; er sagte, das dramatische Rezitativ (in der Liturgie) sei der Keim der Kirchenmusik, und wollte darnach auch den Vortrag so dramatisch wie möglich. Regensburg sei jetzt die einzige Stadt auf Erden, wo man die alte Musik studieren, vor allem hören könne (namentlich in der Passionszeit).

Haben Sie von dem Brande von Mommsens Hause gelesen? Und daß seine Exzerpten vernichtet sind, die mächtigsten Vorarbeiten, die vielleicht ein jetzt lebender Gelehrter gemacht hat? Er soll immer wieder in die Flammen hineingestürzt sein, und man mußte endlich gegen ihn, den mit Brandwunden Bedeckten, Gewalt anwenden. Solche Unternehmungen wie die M's. müssen sehr selten sein, weil ein ungeheures Gedächtnis und ein entsprechender Scharfsinn in der Kritik und Ordnung eines solchen Materials selten zusammenkommen, vielmehr gegeneinander zu arbeiten pflegen. – Als ich die Geschichte hörte, drehte sich mir das Herz im Leibe um, und noch jetzt leide ich physisch, wenn ich dran denke. Ist das Mitleid? Aber was geht mich Mommsen an? Ich bin ihm gar nicht gewogen. –

Hier, in der allein im Walde gelegenen »Eremitage«, deren Eremit ich bin, ist seit gestern große Nort; ich weiß eigentlich nicht, was geschehen ist, aber der Schatten eines Verbrechens liegt auf dem Haus. Man hat etwas vergraben, andre haben es entdeckt, man hörte schrecklich jammern, viele Gendarmen waren da, Haussuchung fand statt, und nachts hörte ich im Zimmer neben mir jemand schwer gequält seufzen, so daß mich der Schlaf floh. Auch schien in der tiefsten Nacht wieder im Walde gegraben zu werden, aber es fand eine Überraschung statt, und es gab wieder Tränen und Geschrei. Ein Beamter sagte mir, es sei eine »Banknotengeschichte« – ich bin nicht neugierig genug, um so viel zu wissen, wieviel wahrscheinlich alle Welt um mich weiß. Genug, die Waldeinsamkeit ist unheimlich.

Ich las eine Novelle von Mérimée, in der Henry Beyles Charakter geschildert sein soll: »Die etrurische Vase«; es wäre, falls dies wahr ist, jener St.-Clair. Das Ganze ist spöttisch, vornehm und tief schwermütig.

Zuletzt eine Reflexion: man hört auf, sich selber recht zu lieben, wenn man aufhört, sich in der Liebe zu andern zu üben: weshalb dies letztere (das Aufhören) sehr zu widerraten ist. (Aus meiner Erfahrung.).

Leben Sie wohl, mein geliebter und sehr wertgehaltener Freund! Gehe es Ihnen gut bei Tag und Nacht!

Treulich Ihr F. N.

In Ihrem Verhalten zum Deserteur würde Schopenhauer einen Beweis für die Unveränderlichkeit des Charakters sehen – und unrecht dabei haben, wie fast immer.

90. An Peter Gast

Marienbad, 20. August 1880.

Freund Gast, in meine Ernte-, ja Erntefeststimmung klingt Ihr Brief hinein, zwar etwas düster, aber so gut und kräftig, daß ich auch heute wieder wie jedesmal mein Nachdenken über Sie mit dem Chorale zu Ende und zur Ruhe bringe:

»Was Gast tut, das ist wohlgetan,
Es bleibt gerecht sein Wille!« Amen.

Sie sind aus stärkerem Stoffe als ich und dürfen sich schon höhere Ideale bilden. Ich für mein Teil leide abscheulich, wenn ich der Sympathie entbehre; und durch nichts kann es mir z. B. ausgeglichen werden, daß ich in den letzten Jahren der Sympathie Wagners verlustig gegangen bin. Wie oft träume ich von ihm, und immer im Stile unsers damaligen vertraulichen Zusammenseins! Es ist nie zwischen uns ein böses Wort gesprochen worden, auch in meinen Träumen nicht, aber sehr viele ermutigende und heitere, und mit niemandem habe ich vielleicht so viel zusammen gelacht. Das ist nun vorbei – und was nützt es, in manchen Stücken gegen ihn recht zu haben! Als ob damit diese verlorne Sympathie aus dem Gedächtnis gewischt werden könnte! – Und Ähnliches habe ich schon vorher erlebt, und werde es vermutlich wieder erleben. Es sind die härtesten Opfer, die mein Gang im Leben und Denken von mir verlangt hat, – noch jetzt schwankt nach einer Stunde sympathischer Unterhaltung mit wildfremden Menschen meine ganze Philosophie: es scheint mir so töricht, recht haben zu wollen um den Preis von Liebe, und sein Wertvollstes nicht mitteilen zu können, um nicht die Sympathie aufzuheben. *Hinc meae lacrimae.* –

Ich bin noch in Marienbad: das »österreichische Wetter« hielt mich fest! Denken Sie, daß es seit dem 24. Juli jeden

Tag geregnet hat, und oft tagelang. Regenhimmel, Regenluft, aber gute Wege im Walde. Meine Gesundheit ging dabei wieder rückwärts: *in summa* bin ich aber mit Venedig und Marienbad zufrieden. Es ist gewiß hier seit Goethe noch nicht so viel gedacht worden, und auch Goethe wird nicht so prinzipielle Dinge sich haben durch den Kopf gehen lassen, – ich war über mich selber weit hinaus. Einmal, im Walde, fixierte mich ein Herr, der an mir vorüberging, sehr scharf: ich empfand in diesem Augenblicke, daß ich den Ausdruck strahlenden Glücks im Gesicht haben müsse und daß ich schon zwei Stunden mit ihm herumlaufe. Ich lebe *incognito*, wie der bescheidenste aller Kurgäste; in der Fremdenliste stehe ich als »Herr Lehrer Nietzsche«. Es gibt viel Polen hier, und diese – es ist wunderlich – halten mich durchaus für einen Polen, kommen mit polnischen Grüßen auf mich zu und – glaubens mir nicht, wenn ich mich als Schweizer zu erkennen gebe. »Es ist die polnische Rasse, aber das Herz ist Gott weiß wohin gewendet« – damit verabschiedete sich einer von mir, ganz betrübt.

Anfang September bin ich in Naumburg. Dorthin kommen auch Overbecks. Auch Frau von Wöhrmann (sie löst ihren Haushalt in Naumburg auf und geht nach Venedig zurück). Der Sohn von Frau von Wöhrmann und ebenso sein Freund O. von Werthern, die das Naumburger Gymnasium besuchen, kommen zu uns ins Haus.

Haben Sie die »Menschen des 18. Jahrhunderts« von Sainte-Beuve? Es sind herrliche Gemälde von Menschen, und Ste.-Beuve ist ein großer Maler. Aber ich sehe über jeder Gestalt noch eine Bogenlinie, die er nicht sieht, und diesen Vorsprung gibt mir meine Philosophie. Meine Philosophie? Hole mich der Teufel! Und Sie möge der liebe Gott holen, – er hat Freude an allen Gasten.

Treulich der Ihre

F. N.

91. An Gustav Krug

Genua, 16. November 1880.

Hier in Genua, mein lieber Gustav, finde ich Deine Trauerkunde; ich schreibe schnell ein paar Zeilen, unvorbereitet, wie es auf der Reise zugeht, und mehr ein Zeichen meines Mitgefühls als ein Ausdruck desselben. Dazu ist es, wie mich eben der Kalender belehrt, Dein Geburtstag – Du wirst mit einer besondren Wehmut heute auf Dein Leben zurückblicken! Wir werden älter und damit einsamer: gerade jene Liebe verläßt uns, die uns wie eine unbewußte Notwendigkeit liebte, nicht wegen unsrer besondren Eigenschaften, sondern oft trotz derselben. Unsere Vergangenheit zieht sich zu, wenn die Mutter stirbt: da erst wird unsere Kindheit und Jugend ganz Erinnerung. Und dann geht es weiter, es sterben die Jugendfreunde, die Lehrer, die Ideale jener Zeiten – immer mehr Einsamkeit, immer kältere Winde umblasen uns. Du hast gut getan, einen Garten der Liebe wieder um Dich zu pflanzen, lieber Freund! Ich glaube, daß Du heute Deinem Schicksal besonders dankbar sein wirst. Sodann bist Du Deiner Kunst treu geblieben: ich höre alles, was Du davon mir meldest, mit einer innigen Befriedigung, und vielleicht kommt ein Alter, meinem Leibe günstiger als die jetzigen Zeitläufte, wo wir wieder zusammensitzen und Vergangenes aus Deinen Tönen heraus wieder auferstehen sehen, so wie wir wohl in unserer jugendlichen Musik beide zusammen von unsrer Zukunft geträumt haben.

Mehr darf ich nicht sagen, mein Leiden (das immer noch, nach wie vor, jeden Tag seine eigne Geschichte hat) legt seine gebieterische Hand auf mich. Du darfst glauben, wenn Du an mich denkst (wie Du es zu meinem Geburtstag getan hast, den ich selber diesmal vergessen hatte), daß ich nicht des Mutes und der Geduld ermangele und hohen, sehr hohen Zielen auch so, wie es nun einmal steht und geht, nachstrebe – Du darfst ebenso bestimmt glauben, daß ich Dein Freund bin und bleibe.

In herzlicher Liebe mit Dir verbunden

Friedrich Nietzsche.

Genua.

92. An Peter Gast

Genua, 24. November 1880.
(Postkarte)

Lieber Freund, ich lasse ein Kärtchen zu Ihnen fliegen, bloß um Ihnen zu sagen, was ich eben stark empfinde: ich glaube, Sie und ich, wir sind auf dem rechten Wege! Einsamkeit, und Strenge gegen uns vor unserm eignen Richterstuhl, kein Hinhorchen mehr nach anderen, Mustern und Meistern! Ein Leben, das unserm innersten Wunsche gemäß ist und wird, eine Tätigkeit ohne Hast, kein fremdes Gewissen über uns und unserm Tun! So versuche ichs nun wieder einmal mir herzurichten: und Genua scheint mir der rechte Ort; dreimal jedes Tages ist mir hier das Herz übergegangen, bei dieser in die Ferne weisenden Größe und unternehmenden Mächtigkeit. Hier habe ich Gewühl und Ruhe und hohe Bergpfade und das, was schöner ist als mein Traum davon, das *Campo santo*.

In Liebe und Treue der Ihre

F. N.

93. An Peter Gast

Genua, 8. Januar 1881.
(Postkarte)

Lieber lieber Freund, ich habe nichts zu schreiben, aber ich dachte eben an Sie recht lange; ich lag wieder still am Meere wie eine Eidechse in der Sonne, an den fernen Bergesspitzen glänzte zum ersten Male der Schnee (näher ist er noch nicht gekommen). Ihr Brief, gut wie alles, was ich von Ihnen erfahre, zeigt mir wieder, daß ich Ihnen Not mache, mehr als ich möchte. Ertragen wir es in Stille miteinander! Im späteren Leben, wenn wir immer mehr zusammengewachsen sind wie treue alte Bäume, lachen wir wohl noch einmal über die Jugend unsres Verkehrens! Bewahren Sie sich mir auch im neuen Jahrzehnt: – ich fürchte, am Ende desselben noch einsamer zu sein, als ich jetzt bin (ich fürchte es und bin beinahe vorläufig schon stolz darauf!). Aber Sie müssen mir bleiben, und ich will Ihnen bleiben!

Treugesinnt Ihr Freund F. N.

94. An die Mutter

Genua, d. 30. Januar 1881.

Meine liebe gute Mutter,

so möge Dir das neue Jahr ein heiteres Gesicht machen! Und wenn es dabei ein Gesicht zeigt, das von dem des alten Jahres nicht gar zu verschieden ist, so wollen wir alle damit zufrieden sein! Denn im Grunde hast Du, meine liebe Mutter, Dein erträgliches und rechtschaffenes Maß von irdischem Wohlbefinden, davon überzeuge ich mich bei jedem Besuche mit großem Vergnügen. Daß das »Glück« eines Tages mit Trommeln und Trompeten erst noch käme, daran glauben wir ja alle nicht mehr; jeder hat seine Aufgabe und muß täglich zusehen und sich tummeln, daß sie gerät, – und gerät sie, so ist man guter Dinge; schlimmstenfalls macht man eine gute Miene, wie ich jetzt zum bösen Spiele des Winters.

Ja, das ist ein Spazierenlaufen! Denn im Zimmer ist es nicht lange Zeit auszuhalten, und ich habe bis jetzt noch keinen geheizten Raum betreten. Trotzdem bin ich nicht verstimmt, obschon meine Gesundheit entschieden seit dem Eintritt des harten Winters zum Schlechten sich wendet. Hoffentlich dauert es nicht mehr zu lange. Es bedarf einer so sorgfältigen und peinlichen Überlegung, jeden Tag mit einer solchen Gesundheit durch alle Klippen hindurchzuschiffen, daß ich froh bin, es allein abzumachen, denn es sieht so kleinlich aus, selbst unmännlich. Aber ich habe meine Tapferkeit und Männlichkeit in andern Dingen und muß mich eben durchschlagen, um etwas Ordentliches in meiner Art doch noch, trotz aller bösen Krankheit, zustande zu bringen. Ich esse diesen Winter, der Erwärmung und leichteren Verdauung wegen, mehr Fleisch. Dagegen wagte ich noch nicht wieder mit den Eiern zu beginnen. Zum Frühstück esse ich altbacknes Weißbrot, zu Tee oder Kaffee. Ich bin regelmäßig wie eine Uhr. Sechs bis acht Stunden gehe ich herum. Eigentlich habe ich das Leben, wie ich es früher ersehnte, als ich von Rothenburg an der Tauber träumte – erinnere doch unsre Lisbeth daran! –, ja, ich habe es gründlicher und tüchtiger, als ich es damals mir ausdachte (ich war noch nicht unabhängig genug im Geiste und noch nicht so durch Erfahrung und Leiden durchgearbeitet, wie ich jetzt es bin – denn, meine liebe Mutter, ob man mir es ansieht oder nicht, ich habe in den letzten 10 Jahren unbändig viel erlebt).

Und nun nochmals! Frieden und Freuden um Dich!

In Treue und Liebe Dein Sohn F.

95. An Erwin Rohde

Genua, 24. März 1881.

So läuft nun das Leben dahin und davon, und die besten Freunde hören und sehen nichts voneinander! Ja das Kunststück ist nicht gering: zu leben und nicht mißmutig zu werden! Wie oft bin ich in dem Zustande, wo ich gerne bei meinem alten, rüstigen, blühenden, tapferen Freunde Rohde eine Anleihe machen möchte, wo ich eine »Transfusion« von Kraft, nicht von Lammblut, sondern von Löwenblut, recht vonnöten hätte, – aber da steckt er in Tübingen, in Büchern und im Ehestande, für mich in allen Beziehungen unerreichbar. Ach, Freund, so muß ich denn fort und fort vom »eignen Fette« leben: oder, wie jeder weiß, der dies einmal recht versucht hat, vom eignen Blute trinken! Da gilt es sowohl den Durst nach sich selber nicht verlieren, als auch sich nicht auszutrinken.

Im ganzen bin ich aber erstaunt, um es Dir zu gestehen, – wieviel Quellen der Mensch in sich fließen lassen kann. Selbst einer, wie ich, der nicht zu den Reichsten gehört. Ich glaube, wenn ich alle die Eigenschaften besäße, die Du vor mir voraus hast, ich würde übermütig und unausstehlich. Schon jetzt gibt es Augenblicke, wo ich auf den Höhen über Genua mit Blicken und Empfindungen herumwandele, wie sie von eben hier aus vielleicht einmal der selige Kolumbus auf das Meer und auf alle Zukunft hinausgesandt hat.

Nun, mit diesen Augenblicken des Mutes und vielleicht sogar der Narrheit muß ich mein Lebensschiff wieder ins Gleichgewicht zu bringen suchen. Denn Du glaubst nicht, wieviel Tage und wieviel Stunden selbst an erträglichen Tagen – überstanden werden müssen, um nicht mehr zu sagen. Soweit man mit »Weisheit« der Lebenspraxis einen schwierigen Zustand der Gesundheit erleichtern und mildern kann, tue ich wahrscheinlich alles, was man in meinem Falle tun kann – ich bin darin weder gedanken- noch erfindungslos –, aber ich wünsche niemandem das Los, an welches ich anfange mich zu gewöhnen, weil ich anfange zu begreifen, daß ich ihm gewachsen bin.

Aber Du, mein teurer, lieber Freund, bist nicht in einer solchen Klemme, wo man sich dünn machen muß, um gerade sich durchzuwinden; Overbeck ist es auch nicht, Ihr tut Eure schöne Arbeit, und ohne viel davon zu sprechen, vielleicht ohne viel daran zu denken, habt Ihr alles Gute vom Mittage des Lebens – und ein wenig Schweiß dazu, wie ich vermute. Wie gerne hörte ich ein Wort von Deinen Plänen, von großen Plänen – denn mit einem solchen Kopfe und Herzen, wie Du hast, trägt man hinter all der täglichen und vielleicht kleinen Arbeit, irgend etwas Umfängliches und sehr Großes mit sich herum – wie sehr würdest Du mich erquicken, wenn Du mich solcher Mitteilungen nicht für unwürdig hieltest! Solche Freunde, wie Du, müssen mir helfen, den Glauben an mich in mir selber aufrecht zu erhalten; und das tust Du, wenn Du mich für Deine besten Ziele und Hoffnungen zum Vertrauten behältst. – Wenn sich unter diesen Worten die Bitte um einen Brief verbergen sollte, nun ja! liebster Freund, ich hätte gerne etwas recht, recht Persönliches von Dir wieder einmal in Händen – damit ich nicht immer nur den vergangenen Freund Rohde im Herzen empfinde, sondern auch den gegenwärtigen und – was mehr ist – den werdenden und wollenden: ja den werdenden! den wollenden!

Von Herzen der Deine.

Sage Deiner lieben Frau ein Wort zu meinen Gunsten: sie soll nicht böse sein, daß ich sie immer noch nicht kenne: irgendwann einmal mache ich alles gut.
Adr.: *Genova (Italia), poste restante.*

96. An Professor Overbeck

Sils Egd., 23. Juni 1881.

Es freut mich sehr, mein lieber Freund, daß auch in dieser Angelegenheit unsre Freundschaft standhält, ja sich neu besiegelt hat – ich denke mitunter mit Bangnis an alle die Feuer- und Kälteproben, denen die mir liebsten Menschen durch meine »Unumwundenheit« ausgesetzt werden. Was das Christentum betrifft, so wirst Du mir wohl das eine glauben: ich bin in meinem Herzen nie gegen dasselbe gemein gewesen und habe mir von Kindesbeinen an manche innerliche Mühe um seine Ideale gegeben, zuletzt freilich immer mit dem Ergebnis der puren Unmöglichkeit. – Auch hier habe ich viel zu leiden, der Sommer ist diesmal heißer und elektrizitätsreicher als gewöhnlich, zu meinem Nachteil. Trotzdem weiß ich mir nichts meiner Natur Angemesseneres als dies Stück Ober-Engadin[1]. – Frau Baumgartner hat mir sehr gut und herzlich geschrieben. – Ich selber bin noch nicht im Besitz meines Buches. – Hellwald mit Dank empfangen; es ist ein Kompendium einer Gattung von Meinungen.

Dir und Deiner lieben Frau von Herzen zugetan

F. N.

1 im Text: Ober-Erde.

97. An die Mutter

Sils-Maria, Mitte Juli 1881.

Meine liebe Mutter,

ich betrübe mich sehr über Deinen und unsern Verlust! Es war ein so sanftmütiger und braver Mensch, unser Theobald, streng gegen sich und doch kein Fanatiker. Wir werden immer seiner mit Rührung gedenken.

Nun noch ein Wort von mir, zur Beruhigung. Ich mache mir Vorwürfe über meine Torheit, Euch meine kurzen Gesundheitskärtchen und nichts weiter zu schicken; – so müßt Ihr einen falschen Eindruck von mir gewinnen. Nie gab es einen Menschen, auf den das Wort »niedergedrückt« weniger gepaßt hätte. Meine Freunde, die mehr von meiner Lebensaufgabe und deren unaufhaltsamer Förderung erraten, meinen, ich sei wenn nicht der glücklichste, so jedenfalls der mutigste der Menschen. Ich habe Schwereres auf mir als meine Gesundheit und werde damit fertig, auch dies zu tragen. Mein Aussehen ist übrigens vortrefflich, meine Muskulatur infolge meines beständigen Marschierens fast die eines Soldaten, Magen und Unterleib in Ordnung. Mein Nervensystem ist, in Anbetracht der ungeheuren Tätigkeit, die es zu leisten hat, prachtvoll und der Gegenstand meiner Verwunderung, sehr fein und sehr stark: selbst die langen schweren Leiden, ein unzweckmäßiger Beruf und die fehlerhafteste Behandlung haben ihm nicht wesentlich geschadet, ja im letzten Jahre ist es stärker geworden, und, dank ihm, habe ich eines der mutigsten und erhabensten und besonnensten Bücher hervorgebracht, welche jemals aus menschlichem Gehirne und Herzen geboren sind. Selbst wenn ich mir in Recoaro das Leben genommen hätte, so wäre einer der ungebeugtesten und überlegtesten Menschen gestorben, nicht ein Verzweifelnder. Mein Gehirnleiden ist sehr schwer zu beurteilen; in betreff des wissenschaftlichen Materials, welches hierzu nötig ist, bin ich jedem Arzte überlegen. Ja, es beleidigt meinen wissenschaftlichen Stolz, wenn Ihr mir Eurerseits neue Kuren vorschlagt und gar meint, ich »ließe meine Krankheit laufen«. Vertraut mir doch ein wenig mehr auch hierin! Bis jetzt bin ich erst zwei Jahre in meiner Behandlung, und wenn ich Fehler gemacht habe, so lag es immer daran, daß ich dem eifrigen Zureden anderer endlich nachgegeben habe und Versuche machte. Dahin gehört der Aufenthalt in Naumburg, in Marienbad usw. Jeder verständige Arzt hat mir übrigens eine Genesung erst nach einer längeren Reihe von Jahren in Aussicht gestellt, und vor allem muß ich die schweren Nachwirkungen loszuwerden suchen, von allen jenen falschen Methoden her, nach denen ich so lange Zeit behandelt worden bin. Seid mir ja nicht böse, wenn ich Eure Liebe und Teilnahme in diesem Punkte zurückzuweisen scheine. Aber ich will durchaus mein eigner Arzt nunmehr sein, und die Menschen sollen mir noch nachsagen, daß ich ein guter Arzt gewesen sei – und nicht nur für mich allein. – Immerhin gehe ich noch vielen, vielen Leidenszeiten entgegen; werdet nicht darüber ungeduldig, ich bitte Euch von Herzen! Dies macht mich ungeduldiger als meine Leiden selber, weil es mir zeigt, daß meine nächsten Verwandten so wenig Glauben an mich haben.

Wer im geheimen zusehen könnte, wie ich die Rücksichten auf meine Genesung mit der Förderung meiner großen Aufgaben zu verknüpfen weiß, der würde mir keine geringe Ehre zollen. Ich lebe nicht nur sehr mutig, sondern im höchsten Maße vernünftig und unterstützt von einem reichen medizinischen Wissen und unablässigen Beobachten und Forschen.

Von ganzem Herzen und mit der Bitte, mir nichts übelzudeuten

Euer Sohn und Bruder.

Schreibt mir gute Dinge hier hinauf, wo ich über der Zukunft der Menschheit brüte, und lassen wir alles das kleine persönliche Leiden und Sorgen beiseite.

98. An die Schwester

Sils-Maria, Mitte Juli 1881.

Meine liebe Schwester,

Du hast in so vielen Stücken über mich recht, daß ich von Herzen wünsche, Du mögest auch über Dich selber immer recht haben und das Dir Zuträglichste beschließen. Ich denke, Du wirst über den Irrtum vieler Mädchen hinaus sein, welche ihren Zug zur Zurückgezogenheit und Unabhängigkeit auf dem Wege der Ehe zu befriedigen denken: das Ergebnis ist gewöhnlich ganz wider Erwarten das Umgekehrte, von den seltensten Ausnahmen abgesehen. Dein Leben in Pforta gefällt mir sehr. Sieh Dich nur reichlich um, wo Ort, Menschen und Tätigkeit (Klima nicht zu vergessen) gerade für Dich gemacht zu sein scheinen. So denke ich für meinen Teil auch, und müßte ich selber darüber Europa verlassen. Denn alles, was wir leiden, müssen nicht nur wir, sondern das muß die andre Menschenwelt tragen, – sehen wir also zu, so wenig wie möglich zu leiden.

Ich werde Dich schwerlich abhalten können, meine »Morgenröte« zu lesen: so dachte ich über ein Mittel nach, auch dies für Dich und mich zum besten zu wenden. Lies das Buch also, wenn ich bitten darf, unter einem Gesichtspunkt, den ich allen andern Lesern gerade widerraten würde, aus einem ganz persönlichen Sehwinkel (Schwestern haben zuletzt auch Privilegien). Suche alles heraus, was Dir verrät, was im Grunde Dein Bruder am meisten braucht, am meisten nötig hat, was er will und was er nicht will. Lies dazu namentlich das fünfte Buch, wo vieles zwischen den Zeilen steht. Wohin alles bei mir noch strebt, ist nicht mit einem Worte zu sagen – und hätte ich das Wort, ich würde es nicht sagen. Es kommt auf günstige, aber ganz unberechenbare Umstände an. Meine guten Freunde (und jedermann) wissen eigentlich nichts über mich und haben auch wohl noch nicht darüber nachgedacht; ich selber war immer sehr schweigsam über alle meine Hauptsachen, ohne daß es doch so erschien.

Versorge mich, mein liebes Lama, doch mit schönen Notizbüchern und lege eine Werkstatt dazu an – ich brauche jährlich mindestens 4; feinstes, sehr starkes Papier (weiß), ungefähr 100 Blätter in jedem Buche.

Wenn Du von Menschen hörst, die etwas mir zu Gefallen tun wollen – heiße sie Notizbücher machen. Der Zustand, in dem ich in bezug hierauf lebe, ist schmachvoll. Anbei das Format. Ja nicht größer!

In herzlicher Liebe und mit den besten Grüßen an unsre Mutter

Dein Bruder.

Wie sieht denn mein Buch aus? Mein Verleger, gegen mich taktlos und nachlässig (ich bin seiner müde, und er vielleicht meiner auch), beehrt mich nicht mit einem Exemplar.

99. An Professor Overbeck

Sils Egd., 30. Juli 1881.

Ich bin ganz erstaunt, ganz entzückt! Ich habe einen Vorgänger, und was für einen! Ich kannte Spinoza fast nicht: daß mich jetzt nach ihm verlangte, war eine »Instinkthandlung«. Nicht nur, daß seine Gesamttendenz gleich der meinen ist – die Erkenntnis zum mächtigsten Affekt zu machen –, in fünf Hauptpunkten seiner Lehre finde ich mich wieder; dieser abnormste und einsamste Denker ist mir gerade in diesen Dingen am nächsten: er leugnet die Willensfreiheit –; die Zwecke –; die sittliche Weltordnung –; das Unegoistische –; das Böse –; wenn freilich auch die Verschiedenheiten ungeheuer sind, so liegen diese mehr in dem Unterschiede der Zeit, der Kultur, der Wissenschaft. *In summa:* meine Einsamkeit, die mir, wie auf ganz hohen Bergen, oft, oft Atemnot machte und das Blut hervorströmen ließ, ist wenigstens jetzt eine Zweisamkeit. – Wunderlich!

Übrigens ist mein Befinden gar nicht meinen Hoffnungen entsprechend. Ausnahmewetter auch hier! Ewiges Wechseln der atmosphärischen Bedingungen! – das treibt mich noch aus Europa! Ich muß reinen Himmel monatelang haben, sonst komme ich nicht von der Stelle. Schon sechs schwere, zwei- bis dreitägige Anfälle!! – In herzlicher Liebe Euer Freund.

100. An Peter Gast

Sils-Maria, 14. August 1881.

Nun, mein lieber guter Freund! Die Augustsonne ist über uns, das Jahr läuft davon, es wird stiller und friedlicher auf Bergen und in den Wäldern. An meinem Horizonte sind Gedanken aufgestiegen, dergleichen ich noch nicht gesehen habe, – davon will ich nichts verlauten lassen und mich selber in einer unerschütterlichen Ruhe erhalten. Ich werde wohl einige Jahre noch leben müssen! Ach, Freund, mitunter läuft mir die Ahnung durch den Kopf, daß ich eigentlich ein höchst gefährliches Leben lebe, denn ich gehöre zu den

Maschinen, welche zerspringen können! Die Intensitä meines Gefühls machen mich schaudern und lachen – scl ein paarmal konnte ich das Zimmer nicht verlassen, aus dem lächerlichen Grunde, daß meine Augen entzündet waren – wodurch? Ich hatte jedesmal den Tag vorher auf meinen Wanderungen zuviel geweint, und zwar nicht sentimentale Tränen, sondern Tränen des Jauchzens; wobei ich sang und Unsinn redete, erfüllt von einem neuen Blick, den ich vor allen Menschen voraus habe.

Zuletzt – wenn ich nicht meine Kraft aus mir selber nehmen könnte, wenn ich auf Zurufe, Ermutigungen, Tröstungen von außen warten müßte, wo wäre ich! was wäre ich! Es gab wahrhaftig Augenblicke und ganze Zeiten meines Lebens (z. B. das Jahr 1878), wo ich einen kräftigenden Zuspruch, einen zustimmenden Händedruck wie das Labsal aller Labsale empfunden hätte – und gerade da ließen mich alle in Stich, auf welche ich glaubte mich verlassen zu können und die mir jene Wohltat hätten erzeigen können. Jetzt erwarte ichs nicht mehr und empfinde nur ein gewisses trübes Erstaunen, wenn ich z. B. an die Briefe denke, die ich jetzt bekomme, – alles ist so unbedeutend, keiner hat etwas durch mich erlebt, keiner sich einen Gedanken über mich gemacht, – es ist achtbar und wohlwollend, was man mir sagt, aber ferne, ferne, ferne. Auch unser lieber Jakob Burckhardt schrieb so ein kleinlautes verzagtes Brieflein.

Dagegen nehme ich es als Belohnung auf, daß dies Jahr mir zweierlei zeigte, das zu mir gehört und mir innig nahe ist: das ist Ihre Musik und diese Landschaft. Das ist keine Schweiz, kein Recoaro, etwas ganz anderes, jedenfalls etwas viel Südlicheres, – ich müßte schon nach den Hochebenen von Mexiko am Stillen Ozeane gehen, um etwas Ähnliches zu finden (z. B. Oaxaca) und da allerdings mit tropischer Vegetation. Nun, dies Sils-Maria will ich mir zu erhalten suchen. Und ebenso empfinde ich für Ihre Musik, aber weiß gar nicht, wie ihrer habhaft werden! Notenlesen und Klavierspielen habe ich aus meinen Beschäftigungen ein für allemal streichen müssen. Die Anschaffung einer Schreibmaschine geht mir im Kopf herum, ich bin in Verbindung mit ihrem Erfinder, einem Dänen aus Kopenhagen.

Was machen Sie im nächsten Winter? Ich nehme an, daß Sie in Wien sein werden. Aber für den darauffolgenden Winter wollen wir uns eine Zusammenkunft ausdenken, wenn auch nur eine kurze, – denn ich weiß jetzt wohl, daß ich nicht zu Ihrem Umgang tauge und daß es Ihnen freier und fruchtbarer zumute ist, wenn ich wieder fortgeflogen bin. Mir liegt andererseits an der immer größeren Befreiung Ihres Gefühls und an dem Erwerbe eines innigen und stolzen Zuhauseseins, *in summa* an Ihrem glücklichen, allerglücklichsten Schaffen und Reifwerden so unbeschreiblich viel, daß ich mich in jede Lage leicht finden werde, welche aus den Bedingungen Ihrer Natur erwächst. Ich habe nie gegen Sie irgendwelche häßlichen Gefühle, vertrauen Sie darauf, lieber Freund! –

Sagen Sie mir noch beiläufig, wie man jetzt deutsches Papiergeld in Italien verkauft (für italienisches Papier), ich meine, was der Kurs ist.

Die Adresse von Fräulein von Meysenbug habe ich auch nicht im Kopfe; jetzt wird sie wohl mit Monods irgendwo zusammensitzen; ich meine, Hr. Schmeitzner mag das Exemplar nach Paris schicken. – Mit Hrn. Schmeitzner ist alles aufs schonendste ausgeglichen; ich habe mir vorgenommen, ihn nicht dafür leiden zu lassen, daß ich auf voreilige Schlüsse hin manches von ihm erwartete, was nicht zu seiner Natur gehört.

In herzlicher Freundschaft und Dankbarkeit

Ihr F. N.

(Ich bin viel krank gewesen.)

101. An Peter Gast

Genua, 28. November 1881.
(Postkarte)

Hurra! Freund! Wieder etwas Gutes kennen gelernt, eine Oper von Georges Bizet (wer ist das?!): Carmen. Hörte sich an wie eine Novelle Mérimées, geistreich, stark, hier und da erschütternd. Ein echt französisches Talent der komischen Oper, gar nicht desorientiert durch Wagner, dagegen ein wahrer Schüler von Hector Berlioz. So etwas habe ich für möglich gehalten! Es scheint, die Franzosen sind auf einem besseren Wege in der dramatischen Musik; und sie haben einen großen Vorsprung vor den Deutschen in einem Hauptpunkte: die Leidenschaft ist bei ihnen keine so weithergeholte (wie z. B. alle Leidenschaften bei Wagner).

Heute etwas krank, durch schlechtes Wetter, nicht durch die Musik: vielleicht sogar wäre ich viel kränker, wenn ich sie nicht gehört hätte. Das Gute ist mir Medizin! Darum meine Liebe zu Ihnen!!

102. An die Schwester

Genua, 22. Jan. 1882.

Mein liebes Lama,

also ich will Dir genau sagen, wie es mit mir und meiner Gesundheit steht. – Du bist mit meinen kurzen Notizen nicht zufrieden. Ich machte mit Deinem Briefe in der Tasche einen langen Spaziergang und dachte nach. – Wir werden uns des eigentlichen Sinnes einer Lebensperiode selten bewußt, solange wir in ihr stehen, – als ich aber heute hoch über Genua dahinschritt und bei dem himmlischsten Wetter weit über Stadt und Meer hinausschaute, da sah ich die letzten zwei Jahre mit ihren Leiden und langsamem Vorwärtsschreiten zum Besseren so deutlich vor mir – und ein seltsames Gefühl von Seligkeit quoll in mir empor, die Seligkeit des Genesenden! Wie melancholisch wanderte ich sonst durch diese Gassen und Gäßchen, wie fremd sah ich auf diese lärmende Menschheit mit ihrer Ungeduld des Begehrens und Genießens – als wäre ich nur ein Schatten unter Lebenden! Aber jetzt höre ich aus all dem Geschrei und Jauchzen dieser Lebensdurstigen einen Klang, einen Ton heraus, bei welchem auch meine Seele mit erklingt.

Ja, meine Schwester, ich habe Kraft, Mut und Gesundheit wiedergewonnen! Es ist nicht jene Bärengesundheit von damals, als ich, ohne die geringste Beschwerde, in drei Tagen und zwei Nächten meine lateinische Preisarbeit niederschrieb, sondern eine feinere Gesundheit, die sich täglich neu erobern lassen will. Es fehlt ihr noch manches, jedenfalls die Zuverlässigkeit; ich werde wohl immer, wie Tante Riekchen von sich sagte, »anfällig« bleiben, d. h. mein Anfall wird mich jeden Monat mindestens einmal anfallen, – aber in der Zwischenzeit bin ich voller Lebenskraft und Lebensmut, zuweilen sogar voller Übermut wie einer, der dem Tode glücklich entronnen ist.

Was ich Dir heute schreibe, bleibt unter uns – daß ich es tue, ist der Dank für Deine nimmermüde Güte. Ich bitte Dich aber, mit einiger Vorsicht an Overbeck zu schreiben. Sonderbar! er scheint anzunehmen, daß mir die Basler die Pension zum Kranksein und nicht zum Gesundwerden geben; es fehlt nicht an Andeutungen, als ob ich im letzten Falle sogleich wieder ein Amt zu suchen hätte. Damit wäre aber alles verloren, was jetzt erreicht ist. Also Vorsicht, bitte! Ich schreibe an O. nur an meinen schlechten Tagen – übrigens wie auch sonst und an andre; – deshalb kommt viel Geseufze in meine Briefe. An guten Tagen verliere ich meine Zeit nicht mit Briefe-schreiben. Heute mache ich eine Ausnahme! Bist Du zufrieden, meine liebe, liebe Schwester?

Dein getreuer und gesunder Bruder. [– –]

103. An Professor Overbeck

Genua, 29. Januar 1882.

Mein lieber Freund,

gestern schrieb mir meine Schwester, daß sie gerne von meinem »Anrecht« auf einen Platz in Bayreuth Gebrauch machen würde: nun, wenn es nicht zu spät ist, wohlan, so will ich das Formular, von dem Du mir schriebst, unterzeichnen – denn von den Quittungen habe ich nichts mehr. – Übrigens ist es mir lieb, von diesem Entschlusse meiner Schwester zu hören; ich denke, daß alle meine Freunde dort sein werden, auch Herr Köselitz. Ich selber aber habe Wagner zu nahe gestanden, als daß ich ohne eine Art von »Wiederherstellung) (κατάστασις πάντων ist der kirchliche Ausdruck) als einfacher Festgast dort erscheinen könnte. Zu dieser Wiederherstellung, die natürlich von Wagner selber ausgehen müßte, ist aber keine Aussicht; und ich wünsche sie nicht einmal. Unsere Lebensaufgaben sind verschieden; ein persönliches Verhältnis bei dieser Verschiedenheit wäre nur möglich und angenehm, wenn Wagner ein viel delikaterer Mensch wäre. Ich denke, lieber Freund, Du verstehst mich hierin. Jene nun einmal eingetretene Entfremdung hat ihre Vorteile, die ich nicht so leicht gegen einen Kunstgenuß, oder aus reiner »Gutmütigkeit«, wieder aufgeben werde. Freilich: ich verliere die einzige Gelegenheit, einmal alle, die mir nahe stehen oder standen, wiederzusehen, und viele wacklig gewordene Verhältnisse wieder fest zu machen. Da ist Freund Rohde, der mir seit der Übersendung der »Morgenröte« kein Wort gegönnt hat, ganz wie Fräulein von Meysenbug und so weiter. Nun, wenn Du mit Deiner lieben Frau dort bist, so bitte ich, für mich bei dem und jenem ein freundliches Wort einzulegen. Ich bin wahrlich kein »Unmensch« geworden! –

Gestern sandte ich das neue Manuskript an Hrn. Köselitz nach Venedig ab. Es fehlen noch das 9te und 10te Buch, welche ich jetzt nicht mehr machen kann – es gehört frische Kraft dazu und tiefste Einsamkeit (*Dr.* Rée kommt in nächster Woche). Vielleicht finde ich einen Monat in diesem Sommer, der mir beides gibt, in irgendeinem Walde: ich habe an die Wälder Korsikas gedacht, aber auch an den Schwarzwald (St. Blasien?). Vielleicht aber muß ich mit dieser schwersten aller meiner Aufgaben bis zum Winter warten.

Inzwischen gibt es böse Neuigkeiten von Hrn. Köselitz. Die Wiener haben die Partitur ihm zurückgeschickt; ein Versuch, den er darauf anstellte, Bülows Interesse für sein Werk zu gewinnen, mißlang ebenfalls (er will nichts mehr mit deutscher Opernmusik zu tun haben). – Ich bin für alles unsäglich dankbar, was unserem armen Freunde in dieser schweren Lage wie ein Ermunterung und Genugtuung klingen könnte. – Übrigens ist er Philosoph, mehr als ich. Wahrhaftig, ich selber trage härter an seinem Mißerfolg als er! –

Mein lieber Freund, was mache ich Dir doch immer für Mühe und Not! – Wenn wir uns wiedersehn, so erweisest Du mir die Ehre, mir Deinen Vortrag über die Entstehung der christl. Literatur vorzulesen? – Habt Ihr auch einen solchen »Frühling« wie wir? Die wahren »Wunder des heiligen Januarius!« –

Von Herzen Dein und Euer

Friedrich Nietzsche.

Genova, den 29. Januar 1882.

104. An die Schwester

Genua, d. 3. Feb

Nur wenige Zeilen, meine geliebte Schwester, um Dir für Deine guten Worte über Wagner und Bayreuth zu danken. Gewiß, es sind die schönsten Tage meines Lebens gewesen, die ich mit ihm in Tribschen und durch ihn in Bayreuth (1872, nicht 1876) verlebt habe. Aber die allmächtige Gewalt unsrer Aufgaben trieb uns auseinander, und jetzt können wir nicht mehr zueinander, wir sind uns zu fremd geworden. Ich bin damals, als ich Wagner fand, unbeschreiblich glücklich gewesen! Ich hatte so lange nach dem Menschen gesucht, der höher war als ich und der mich wirklich übersah. In Wagner glaubte ich, ihn gefunden zu haben. Es war ein Irrtum. Jetzt darf ich mich nicht einmal mehr mit ihm vergleichen – ich gehöre einem andern Rang an.

Im übrigen habe ich meine Wagner-Schwärmerei teuer bezahlen müssen. Hat mir diese nervenzerrüttende Musik nicht meine Gesundheit verdorben? Und die Enttäuschung und der Abschied von Wagner – war das nicht lebensgefährlich? Habe ich nicht fast sechs Jahre gebraucht, um mich von diesem Schmerz zu erholen? Nein, Bayreuth ist für mich unmöglich! Es war nur ein Scherz, was ich neulich schrieb. Aber Du mußt jedenfalls nach Bayreuth gehn. Es ist mir von großem Wert.

Treulich Dein Bruder.

105. An Gustav Krug

Genua, Februar 1882.

Lieber Freund! Mit Deinen Liedern ging es mir seltsam. Eines schönen Nachmittags fiel mir Deine ganze Musik und Musikalität ein – und ich fragte mich schließlich: Warum läßt er nie etwas drucken? Dabei klangen mir die Ohren von einer Zeile aus »Jung Niklas«. Am nächsten Morgen kam Freund Rée in Genua an und überbrachte mir Dein erstes Heft, und als ich es aufschlug, fiel mir gleich Jung Niklas in die Augen. Das wäre eine Geschichte für die Herren Spiritisten! –

Deine Musik hat Tugenden, die jetzt selten sind –: ich sehe mir jetzt alle neue Musik auf die immer größer werdende Verkümmerung des melodischen Sinns an. Die Melodie, als die letzte und sublimste Kunst der Kunst, hat Gesetze der Logik, welche unsre Anarchisten als Sklaverei verschreien möchten –: gewiß ist mir nur, daß sie bis zu diesen süßesten und reifsten Früchten nicht hinauflangen können. Ich empfehle allen Komponisten die lieblichste aller Askesen: für eine Zeit die Harmonie als nicht erfunden zu betrachten und sich Sammlungen von reinen Melodien, zum Beispiel aus Beethoven und Chopin, anzulegen. – In Deiner Musik klingt mir viel gute Vergangenheit und, wie Du siehst, auch etwas von Zukunft. Ich danke Dir von ganzem Herzen.

Dein Freund
F. N.

106. An Malwida von Meysenbug

Genua, Februar 1882.

Mein hochverehrtes Fräulein, eigentlich haben wir voneinander schon einen letzten Abschied genommen – und es war meine Ehrfurcht vor solchen letzten Worten, welche mich für so lange Zeit vor Ihnen stumm gemacht hat. Inzwischen ist Lebenskraft und jede Art von Kraft in mir tätig gewesen: und so lebe ich denn ein zweites Dasein und höre mit Entzücken, daß Sie den Glauben an ein solches zweites Dasein bei mir niemals ganz verloren haben. Ich bitte Sie heute, recht lange, lange noch zu leben: so sollen Sie auch an mir noch Freude erleben. Aber ich darf nichts beschleunigen – der Bogen, in dem meine Bahn läuft, ist groß, und ich muß an jeder Stelle desselben gleich gründlich und energisch gelebt und gedacht haben: ich muß noch lange, lange jung sein, ob ich mich gleich schon den Vierzigern nähere. – Daß jetzt alle Welt mich allein läßt, darüber beklage ich mich nicht, – ich finde es vielmehr erstens nützlich und zweitens natürlich. So ist es und war es immer die Regel. Auch Wagners Verhalten zu mir gehört unter diese Trivialität der Regel. Überdies ist er der Mann seiner Partei; und der Zufall seines Lebens hat ihm eine so zufällige und unvollständige Bildung gegeben, daß er weder die Schwere noch die Notwendigkeit meiner Art von Leidenschaft begreifen kann. Die Vorstellung, daß Wagner einmal geglaubt haben kann, ich teilte seine Meinungen, macht mich jetzt erröten. Zuletzt, wenn ich mich über meine Zukunft nicht ganz täusche, wird in meiner Wirkung der beste Teil der Wagnerschen Wirkung fortleben – und das ist beinahe das Lustige an der Sache. – – –

Senden Sie mir, ich bitte Sie, Ihren Aufsatz über *Pieve di Cadore:* ich wandle gern Ihren Spuren nach. Vor zwei Jahren habe ich gerade diesen Ort sehnsüchtig ins Auge gefaßt. – Glauben Sie dem nicht, was Freund Rée von mir sagt – er hat eine zu gute Meinung von mir – oder vielmehr: ich bin das Opfer seines idealistischen Triebes. –

Von Herzen Ihnen ergeben und immer der Alte noch, wenn auch der Neue

Friedrich Nietzsche.

107. An Erwin Rohde

Tautenburg, 15. Juli 1882.

Mein lieber alter Freund, es hilft nichts, ich muß Dich heute auf ein neues Buch von mir vorbereiten; höchstens noch vier Wochen hast Du davor Ruhe! Ein mildernder Umstand ist, daß es das letzte für eine lange Reihe von Jahren sein soll: – denn im Herbst gehe ich an die Universität Wien und fange neue Studentenjahre an, nachdem die alten mir, durch eine zu einseitige Beschäftigung mit Philologie, etwas mißraten sind. Jetzt gibt es einen eigenen Studienplan und hinter ihm ein eigenes geheimes Ziel, dem mein weiteres Leben geweiht ist, – es ist mir zu schwer, zu leben, wenn ich es nicht im größten Stile tue, im Vertrauen gesagt, mein alter Kamerad! Ohne ein Ziel, welches ich nicht für unaussprechlich wichtig hielte, würde ich mich nicht oben im Lichte und über den schwarzen Fluten gehalten haben! Dies ist eigentlich meine einzige Entschuldigung für diese Art von Literatur, wie ich sie seit 1876 mache: es ist mein Rezept und meine selbstgebraute Arzenei gegen den Lebensüberdruß. Welche Jahre! Welche langwierigen Schmerzen! Welche innerlichen Störungen, Umwälzungen, Vereinsamungen! Wer hat denn so viel ausgestanden als ich? Leopardi gewiß nicht! Und wenn ich nun heute über dem allen stehe, mit dem Frohmute eines Siegers und beladen mit schweren neuen Plänen – und, wie ich mich kenne, mit der Aussicht auf neue, schwerere und noch innerlichere Leiden und Tragödien und mit dem Mute dazu! so soll mir niemand darüber böse sein dürfen, wenn ich gut von meiner Arzenei denke. *Mihi ipsi scripsi* – dabei bleibt es; und so soll jeder nach seiner Art für sich sein Bestes tun – das ist meine Moral: – die einzige, die mir noch übriggeblieben ist. Wenn selbst meine leibliche Gesundheit zum Vorschein kommt, wem verdanke ich denn das? Ich war in allen Punkten mein eigener Arzt; und als einer, der nichts Getrenntes hat, habe ich Seele, Geist und Leib auf einmal und mit denselben Mitteln behandeln müssen. Zugegeben, daß andere an meinen Mitteln zugrunde gehen könnten: dafür tue ich auch nichts eifriger, als vor mir zu warnen. Namentlich dieses letzte Buch, welches den Titel führt »Die fröhliche Wissenschaft«, wird viele vor mir zurückschrecken, auch Dich vielleicht, lieber alter Freund Rohde! Es ist ein Bild von mir darin, und ich weiß bestimmt, daß es nicht das Bild ist, welches Du von mir im Herzen trägst.

Also: habe Geduld, und sei es auch nur darum, weil Du einsehen mußt, daß es bei mir heißt: *»Aut mori aut ita vivere.«*

Von ganzem Herzen Dein Nietzsche.

»Tautenburg bei Dornburg, Thüringen«,
Mitte Juli 1882.

108. An Peter Gast

Tautenburg, 20. August 1882.

Mein lieber Freund,

die »Fröhliche Wissenschaft« ist eingetroffen; ich sende Ihnen sofort das erste Exemplar. Mancherlei wird Ihnen neu sein: ich habe noch bei der letzten Korrektur dies und jenes anders und einiges hoffentlich besser gemacht. Lesen Sie z. B. die Schlüsse des II. und III. Buches; auch über Schopenhauer habe ich ausdrücklicher geredet (– auf ihn und auf Wagner werde ich vielleicht nie wieder zurückkommen, ich mußte jetzt mein Verhältnis feststellen, in bezug auf meine früheren Meinungen, – denn zuletzt bin ich ein Lehrer und habe die Pflicht, zu sagen, worin ich mir gleichbleibe und worin ich ein andrer geworden bin). Machen Sie einige Bemerkungen zu diesem und jenem Abschnitt, lieber Freund. Und auch über das Ganze und die ganze Stimmung: teilt sie sich wirklich mit? Namentlich: ist *Sanctus Januarius* überhaupt verständlich? Nach allem, was ich erlebt habe, seit ich wieder unter Menschen bin, ist mein Zweifel daran ungeheuer! Ich habe diesen Grad von Fremdheit und Gleichgültigkeit gegen das, was mir das Wichtigste ist – eingerechnet mich selber –, nicht für möglich gehalten: darin sind sich alle »Freunde« gleich. Wer ist mir liebevoller gesinnt als die gute Meysenbug? – aber doch schreibt sie mir eben, sie sei überzeugt, wenn ich »meinen Gipfel erreicht hätte, würde ich freudig wieder zu Wagner und Schopenhauer zurückkehren«. Und Schmeitzner drückt sich in bezug auf »Zarathustra« also aus: »Nach der letzten Nummer Ihres neusten Buches zu urteilen, darf sich der Buchhändler nun freuen, wieder Bücher »für das Publikum« von Ihnen zu erhalten; das wird auch mehr Leben in den Absatz der älteren bringen.«

Ekel und Mitleid – – –!

Doch, wie gesagt, das sind nicht Ausnahmen, es ist die Regel. Ich habe dies Faktum sogar auf die grausamste aller denkbaren Weisen zu fühlen bekommen, – aber das ist nichts zum Schreiben, und nicht einmal zum Sprechen.

Zuletzt, lieber Freund, bin ich alledem gewachsen, und mein Mut hat bei diesem Aufenthalt unter Gespenstern nicht abgenommen. – Seltsam! In allem bin ich sonst der empfindlichste Mensch: aber was die Meinung über mich betrifft, komme ich mir jetzt so eselhaft-geduldig vor! Wie geht das zu? –

Leben Sie wohl! Wir wollen dem Leben ja nicht gram werden, sondern immer mehr werden, die wir sind – die »fröhlich-Wissenden«.

Lou bleibt noch eine Woche bei mir. Sie ist das intelligenteste aller Weiber. Alle fünf Tage haben wir eine kleine Tragödienszene. – Alles was ich Ihnen über sie schrieb, ist Unsinn, wahrscheinlich auch das, was ich eben schrieb.

Von ganzem Herzen Ihnen ergeben und dankbar

F. N.

109. An Heinrich von Stein

S. Margherita, Anfang Dezember 1882.

Aber, lieber Herr Doktor, Sie hätten mir gar nicht schöner antworten können, als Sie es getan haben – durch Übersendung Ihrer Bogen. Das traf glücklich zusammen. Und bei allen ersten Begegnungen sollte es ein so gutes »Vogelzeichen« geben!

Ja, Sie sind ein Dichter! Das empfinde ich: die Affekte, ihr Wechsel, nicht am wenigsten der szenische Apparat – das ist wirksam und glaubwürdig (worauf alles ankommt!).

Was die »Sprache« betrifft, – nun wir sprechen zusammen über die Sprache, wenn wir uns einmal sehen: das ist nichts für den Brief. Gewiß, lieber Herr Doktor, Sie lesen noch zu viel Bücher, namentlich deutsche Bücher! Wie kann man nur ein deutsches Buch lesen!

Ah, Verzeihung! Ich tat es selber eben und habe Tränen dabei vergossen.

Wagner sagte einmal von mir, ich schriebe lateinisch und nicht deutsch: was einmal wahr ist und sodann – auch meinem Ohre wohlklingt. Ich kann nun einmal an allem deutschen Wesen nur einen Anteil haben, und nicht mehr. Betrachten Sie meinen Namen: meine Vorfahren waren polnische Edelleute, noch die Mutter meines Großvaters war Polin. Nun, ich mache mir aus meinem Halbdeutschtum eine Tugend zurecht und nehme in Anspruch, mehr von der Kunst der Sprache zu verstehen, als es Deutschen möglich ist. –

Also hierin auf Wiedersehen!

Was »den Helden« betrifft: so denke ich nicht so gut von ihm wie Sie. Immerhin: er ist die annehmbarste Form des menschlichen Daseins, namentlich wenn man keine andre Wahl hat.

Man gewinnt etwas lieb: und kaum ist es einem von Grund aus lieb geworden, so sagt der Tyrann in uns (den wir gar zu gerne »unser höheres Selbst« nennen möchten): »Gerade das gib mir zum Opfer.« Und wir gebens auch – aber es ist Tierquälerei dabei und Verbranntwerden mit langsamem Feuer. Es sind fast lauter Probleme der Grausamkeit, die Sie behandeln: tut dies Ihnen wohl? Ich sage Ihnen aufrichtig, daß ich selber zuviel von dieser »tragischen« Komplexion im Leibe habe, um sie nicht oft zu verwünschen; meine Erlebnisse im kleinen und großen nehmen immer den gleichen Verlauf. Da verlangt es mich am meisten nach einer Höhe, von wo aus gesehen das tragische Problem unter mir ist. – Ich möchte dem menschlichen

Dasein etwas von seinem herzbrecherischen und grausamen Charakter nehmen. Doch, um hier fortfahren zu können, müßte ich Ihnen verraten, was ich niemandem noch verraten habe – die Aufgabe, vor der ich stehe, die Aufgabe meines Lebens. Nein, davon dürfen wir nicht miteinander sprechen. Oder vielmehr: so wie wir beide sind, zwei sehr getrennte Wesen, dürfen wir davon nicht einmal miteinander schweigen.

Von Herzen Ihnen dankbar und zugetan

F. Nietzsche.

Ich bin wieder in meiner Residenz Genua oder in deren Nähe, mehr Einsiedler als je: *Santa Margherita Ligure (Italia) (poste restante).*

110. An Hans v. Bülow

Santa Margherita bei Genua, Dez. 1882.

Hochverehrter Herr,

durch irgendeinen guten Zufall erfahre ich, daß Sie mir – trotz meiner entfremdenden Einsamkeit, zu der ich seit 1876 genötigt bin – nicht fremd geworden sind: ich empfinde eine Freude dabei, die ich schwer beschreiben kann. Es kommt zu mir wie ein Geschenk und wiederum wie etwas, auf das ich gewartet, an das ich geglaubt habe. Es schien mir immer, sobald Ihr Name mir einfiel, daß es mir wohler und zuversichtlicher ums Herz werde; und wenn ich zufällig etwas von Ihnen hörte, meinte ich gleich, es zu verstehen und gutheißen zu müssen. Ich glaube, ich habe wenige Menschen so gleichmäßig in meinem Leben gelobt wie Sie! – Verzeihung! Was habe ich für ein Recht, Sie zu »loben«! –

Inzwischen lebte ich jahrelang dem Tode etwas zu nahe und, was schlimmer ist, dem Schmerze. Meine Natur ist gemacht, sich lange quälen zu lassen und wie mit langsamem Feuer verbrannt zu werden; ich verstehe mich nicht einmal auf die Klugheit, »den Verstand dabei zu verlieren«. Ich sage nichts von der Gefährlichkeit meiner Affekte, aber das muß ich sagen: die veränderte Art zu denken und zu empfinden, welche ich seit sechs Jahren auch schriftlich zum Ausdruck brachte, hat mich im Dasein erhalten und mich beinahe gesund gemacht. Was geht es mich an, wenn meine Freunde behaupten, diese meine jetzige »Freigeisterei« sei ein exzentrischer, mit den Zähnen festgehaltner Entschluß und meiner eigenen Neigung abgerungen und abgezwungen? Gut, es mag eine »zweite Natur« sein: aber ich will schon noch beweisen, daß ich mit dieser zweiten Natur erst in den eigentlichen Besitz meiner ersten Natur getreten bin. –

So denke ich von mir: im übrigen denkt fast alle Welt recht schlecht von mir. Meine Reise nach Deutschland in diesem Sommer – eine Unterbrechung der tiefsten Einsamkeit – hat mich belehrt und erschreckt. Ich fand die ganze liebe deutsche Bestie gegen mich anspringend, – ich bin ihr nämlich durchaus nicht mehr »moralisch genug«.

Genug, ich bin wieder Einsiedler und mehr als je; und denke mir – folglich – etwas Neues aus. Es scheint mir, daß allein der Zustand der Schwangerschaft uns immer wieder ans Leben anbindet. –

Also: ich bin, der ich war, jemand, der Sie von Herzen verehrt,

Ihr ergebener

Dr. Friedrich Nietzsche.

(Santa Margherita Ligure [Italia] poste rest.)

111. An Peter Gast

Rapallo, 1. Februar 1883.

Lieber Freund, ich schrieb Ihnen lange nicht, und es war gut so. Meine Gesundheit hatte sich wieder an Zustände gewöhnt, welche ich hinter mir glaubte: es war eine große Leib- und Seelenquälerei – wobei das jetzige Europawetter keinen geringen Anteil hatte.

Inzwischen gab es aber wieder reine klare Tage, und sofort bin ich auch wieder meiner selber Herr geworden. Ein Glück bleibt es bei alledem, wenn man in der Einsamkeit mit sich selber fertig werden kann: aber wie viele sind gebunden und müssen ihr Elend im Verkehre mit Menschen verdoppelt tragen!

Gefroren habe ich übrigens wie noch niemals, und ebenfalls niemals schlechter gegessen. Eine Veränderung meines Aufenthaltortes ist jetzt nötig: ich hatte bereits das Zimmer wieder gemietet, welches ich im letzten Winter in Genua bewohnte – aber die neueste Nachricht ist, daß der Herr, welcher jetzt darin wohnt, sich anders entschlossen hat und bleiben will.

Nun hat mich die alte gute Freundin Meysenbug nach Rom eingeladen: und mir mit Bestimmtheit jemanden in Aussicht gestellt, der täglich 2 Stunden mit mir schreiben will. Da ich gerade auf das dringendste jemanden zum Schreiben und Diktieren nötig habe, so will ich nach Rom übersiedeln – so wenig es, wie Sie wissen, der Ort meiner Wahl ist.

Dieser bereitwillige »Schreiber« ist Fräulein Cécilie Horner, die Verwandte Brenners (ich habe sie nie gesehn).

Aber vielleicht haben Sie Vergnügen daran zu hören, was es zu schreiben und druckfertig zu machen gibt. Es handelt sich um ein ganz kleines Buch – hundert Druckseiten etwa. Aber es ist mein Bestes, und ich habe einen schweren Stein mir damit von der Seele gewälzt. Es gibt nichts Ernsteres von mir und auch nichts Heitreres; ich wünsche von Herzen, daß diese Farbe – welche nicht einmal eine Mischfarbe zu sein braucht – immer mehr zu meiner »Natur«farbe werde. Das Buch soll heißen

ALSO SPRACH ZARATHUSTRA. Ein Buch für Alle und Keinen. Von F. N.

Mit diesem Buche bin ich in einen neuen »Ring« eingetreten – von jetzt ab werde ich wohl in Deutschland unter die Verrückten gerechnet werden. Es ist eine wunderliche Art von »Moralpredigten«.

Mein Aufenthalt in Deutschland hat mich vollkommen zu dem gleichen Gesichtspunkte gebracht, wie Sie, liebster Freund, der Ihrige – nämlich, daß ich nicht mehr hineingehöre. Und jetzt wenigstens, nach meinem »Zarathustra«, geht es mir auch wie Ihnen: diese Einsicht und »Stellungnahme« hat mich ermutigt.

Wohin wir jetzt gehören? – Seien wir glücklich, daß wir eine solche Frage überhaupt stellen dürfen!

Unsre Erlebnisse waren ziemlich gleich: nur haben Sie ein besseres Temperament, eine bessere, stillere, einsamere Vergangenheit – und eine bessere Gesundheit vor mir voraus. Ich bin beinahe erstickt. –

Also bis zum 10. werde ich noch hier sein. Später *Roma poste restante.*

Ihnen immer sehr in Gedanken und Wünschen nahe

F. N.

Sie haben Overbecks entzückt! Wie mich!

112. An Peter Gast

Rapallo, 19. Februar 1883.

Lieber Freund, jeder Ihrer letzten Briefe war eine Wohltat für mich: ich danke Ihnen von ganzem Herzen dafür.

Dieser Winter war der schlechteste meines Lebens; und ich betrachte mich als das Opfer einer Naturstörung. Das alte Sündfluteuropa bringt mich noch um; aber vielleicht kommt mir noch ein Mensch zu Hilfe und schleppt mich auf die Hochlande von Mexiko. Allein kann ich solche Reisen nicht unternehmen: das verbieten die Augen und einiges andre.

Die ungeheure Last, die infolge des Wetters auf mir liegt (sogar der alte Ätna beginnt zu speien!), hat sich bei mir in Gedanken und Gefühle verwandelt, deren Druck furchtbar war: und aus dem plötzlichen Loswerden von dieser Last, infolge von zehn absolut heitern und frischen Januartagen, die es gab, ist mein »Zarathustra« entstanden, das losgebundenste meiner Erzeugnisse. Teubner druckt bereits daran; ich selber habe die Abschrift gemacht. Übrigens meldet Schmeitzner, daß im vergangenen Jahre alle meine Schriften besser gekauft worden sind, und ich erfahre sonst allerlei über eine wachsende Teilnahme. Sogar ein Mitglied des Reichstags und Anhänger Bismarcks (Delbrück) soll seinen äußersten Unwillen darüber ausgedrückt haben, daß ich nicht – in Berlin lebe, sondern in Santa Margherita!!

Verzeihen Sie dies Geschwätz, Sie wissen, was mir sonst jetzt gerade im Kopfe und am Herzen liegt. Ich war einige Tage heftig krank und machte meinen Wirten Besorgnisse. Es geht nun wieder, und ich glaube sogar, daß der Tod Wagners die wesentlichste Erleichterung war, die mir jetzt geschafft werden konnte. Es war hart, sechs Jahre lang Gegner dessen sein zu müssen, den man am meisten verehrt hat, und ich bin nicht grob genug dazu gebaut. Zuletzt war es der altgewordne Wagner, gegen den ich mich wehren mußte; was den eigentlichen Wagner betrifft, so will ich schon noch zu einem guten Teile sein Erbe werden (wie ich es oft gegen Malwida gesagt habe). Im letzten Sommer empfand ich, daß er mir alle die Menschen weggenommen hatte, auf welche in Deutschland zu wirken überhaupt Sinn haben kann, und sie in die verworrene wüste Feindseligkeit seines Alters hineinzuziehn begann.

Es versteht sich, daß ich an Cosima geschrieben habe.

Was Ihre Worte über Lou betrifft, so habe ich sehr lachen müssen. Glauben Sie denn, daß ich darin einen andern »Geschmack« habe als Sie? Nein, durchaus nicht! Aber im gegebenen Falle handelte es sich verdammt wenig um »mit oder ohne Liebreiz«, sondern darum, ob ein groß angelegter Mensch zugrunde geht oder nicht. –

Also die Korrekturen dürfen wieder zu Ihnen laufen, mein alter hilfreicher Freund? – Schönsten Dank für alles.

F. N.

113. An Paul Deussen

Genua, 16. März 1883.

Das ist schön, lieber alter Freund! So soll mans machen: alle seine sieben Kräfte einzeln entfalten und zuletzt zusammennehmen und mit sieben Pferden nach Einem Ziele fahren. Da mußte viel in einem Menschen zusammenkommen, um eine solche Vedântalehre uns Europäern offenbaren zu können; und ich preise nicht am wenigsten, alter Freund, daß Du nicht verlernt hast, tüchtig zu arbeiten. Hieß nicht eine der drei Musen Μελέτη? Der Himmel weiß es: ohne rechtschaffnen Fleiß wächst nur Unkraut aus der schönsten Anlage. In der Nähe gesehn, soll auch der beste Künstler sich nicht vom Handwerker unterscheiden. Ich hasse das Lumpengesindel, das kein Handwerk haben will und den Geist nur als eine Feinschmeckerei gelten läßt.

Es macht mir großes Vergnügen, einmal den klassischen Ausdruck der mir fremdesten Denkweise kennen zu lernen: dies leistet mir Dein Buch. Es kommt darin alles aufs naivste ans Licht, was ich in Hinsicht auf diese Denkweise geargwöhnt habe: ich lese Seite für Seite mit vollkommener »Bosheit«, – Du kannst Dir keinen dankbareren Leser wünschen, lieber Freund!

Der Zufall will, daß man gerade jetzt ein Manifest von mir druckt, welches ungefähr mit derselben Beredsamkeit Ja! sagt, wo Dein Buch Nein! sagt. Das ist zum Lachen; aber vielleicht tut Dirs wehe, und ich bin mit mir noch nicht einig, ob ich es Dir schicken werde. Um Dein Buch machen zu können, durftest Du nicht so über alle Dinge denken wie ich; und Dein Buch mußte gemacht werden.

Folglich – – – – – – – –

Von Herzen dankbar

Friedrich Nietzsche.

114. An Peter Gast

Genua, 6. April 1883.

Lieber Freund,

beim Lesen Ihres letzten Briefes überlief mich ein Schauder. Gesetzt, Sie haben recht – so wäre also mein Leben doch nicht mißraten? Und gerade jetzt am wenigsten, wo ich es am meisten geglaubt habe?

Andererseits gab mir Ihr Brief das Gefühl, daß ich nun

nicht mehr lange zu leben habe – und es soll so gut sein! Sie glauben, lieber Freund, es nicht, was für einen Überschuß von Leiden mir das Leben abgeworfen hat, in allen Zeiten, von früher Kindheit an. Aber ich bin ein Soldat: und dieser Soldat ist zu guter Letzt noch der Vater Zarathustras geworden! Diese Vaterschaft war seine Hoffnung; ich denke, Sie empfinden jetzt den Sinn des Verses an den *Sanctus Januarius:* »Der du mit dem Flammenspeere meiner Seele Eis zerteilt, daß sie brausend nun zum Meere ihrer höchsten Hoffnung eilt« – –

Und auch den Sinn der Überschrift *»incipit tragoedia«.*

Genug davon. Ich habe vielleicht keine größere Freude in meinem Leben gehabt als Ihren Brief. –

Nun geben Sie mir einen Rat. Overbeck besorgt sich um mich (geben Sie ihm doch etwas Vertrauen auch in bezug auf Zarathustra) und hat mir jüngst den Vorschlag gemacht, ich möchte wieder nach Basel zurückkehren, und zwar nicht an die Universität; aber etwa als Lehrer am Pädagogium weiterwirken (er schlägt mir vor, »als Lehrer des Deutschen«). Dies ist sehr gut und fein empfunden, ja es hat mich beinahe schon verführt: meine Gegengründe sind Gründe von Wetter und Wind usw. Overbeck meint, daß es schon »Anknüpfungspunkte« geben würde, falls ich dieses Willens sei; man hat mich gut im Gedächtnis, und, die Wahrheit zu sagen, ich bin nicht der schlechteste Lehrer gewesen. Meine Augen und die geringe Arbeitskraft meines Kopfes in Hinsicht auf Dauer wollen in Rechnung gebracht sein: ebenso die Nähe Jakob Burckhardts, eines der wenigen Menschen, mit dem zusammen ich mich wirklich wohl fühle. In diesem Sommer will ich einige Vorreden zu neuen Auflagen meiner früheren Schriften machen: nicht als ob neue Auflagen bevorstünden, sondern damit ich noch zur rechten Zeit besorge, was zu besorgen ist. Gar zu gerne möchte ich auch noch den Stil meiner älteren

Schriften reinigen und klären; aber das ist nur bis zu einer gewissen Grenze möglich. –

Was macht der »Apulische Hirtenreigen«? –

Mich ekelt davor, daß »Zarathustra« als Unterhaltungsbuch in die Welt tritt; wer ist ernst genug dafür! Hätte ich die Autorität des »letzten Wagner«, so stünde es besser. Aber jetzt kann mich niemand davon erlösen, zu den »Belletristen« geworfen zu werden. Pfui Teufel! –

Treulich und dankbar

Ihr Freund Nietzsche.

115. An Karl Hillebrand

Rom, 24. Mai 1883.

Verehrtester Herr,

manche Jahre sind vorüber, in denen ich gegen Sie geschwiegen habe – schwerverständliche Jahre voller Selbstüberwindung und schwarzer Wellen, aus denen ich nunmehr »an die Oberfläche komme«, nicht als ein Ertrunkener, sondern, wie ich meine, voller als je an Leben.

Dies kleine Buch, das ich hiermit Ihrer Güte anheimgebe, ist ein ganz plötzliches Ereignis, das Werk von zehn vollkommen hellen Tagen dieses schwermütigsten aller Winter. Jetzt, wo ich es kennen lerne – denn bei seinem Entstehen fehlte mir dazu die Zeit, und inzwischen war ich krank –, erschüttert es mich durch und durch, und ich bin nach jeder Seite in Tränen. Alles, was ich gedacht, gelitten und gehofft habe, steht darin und in einer Weise, daß mir mein Leben jetzt wie gerechtfertigt erscheinen will. Und dann wieder schäme ich mich vor mir selber: denn ich habe hiermit nach den höchsten Kronen die Hand ausgestreckt, welche die Menschheit zu vergeben hat. –

Wer ist umfänglich genug an Menschlichkeit und Wissen, um einem solchen Narren, wie ich jetzt bin, das zu sagen, was er am liebsten hört, die Wahrheit, jede Wahrheit?

Unter den Lebenden weiß ich nur Sie und Jakob Burckhardt, die mir diesen Dienst leisten könnten – so bitte ich Sie denn von ganzem Herzen: tun Sie es!

Nicht wahr, Sie wissen, wie hoch ich Sie verehre?

Friedrich Nietzsche.

Roma, Piazza Barberini 56, *ultimo piano.*

116. An Frau Marie Baumgartner

Rom, 28. Mai 1883.

Inzwischen, verehrteste Frau, wird mein »Zarathustra« bei Ihnen angelangt sein; und nach dem zu schließen, was Sie mir voriges Jahr über die ersten Zeilen desselben geschrieben haben (sie bildeten den Schluß der »Fröhlichen Wissenschaft«), darf ich beinahe mit Sicherheit darauf schließen, daß dieser mein jüngster und liebster Sohn bei Ihnen nicht in der Fremde sein wird. – Ich bin jetzt auf hoher See und verlange das Höchste von mir und – für mich. – Im Zusammenhange damit steht nun ein Entschluß, der seit Jahren kommt und geht und wiederkommt und endlich – jetzt! – mich reif findet und stark genug: der Entschluß, auf ein paar Jahre zu »verschwinden«.

Aber Sie meinen vielleicht, verehrte Freundin, ich sei schon genug »verschwunden gewesen«? – und Ihr letzter äußerst gütiger Brief scheint mir vielmehr den Wunsch auszudrücken, ich möchte aus den dunklen Wassern der Vereinsamung wieder »an die Oberfläche« kommen!

Fragen Sie hierüber auch meinen Sohn Zarathustra: und wenn Entschuldigen von irgendwelcher »Schuld« dabei not tut, so wird er mich auch entschuldigen müssen!

Ich will es so schwer haben, wie nur irgendein Mensch es hat: erst unter diesem Drucke gewinne ich das gute Gewissen dafür, etwas zu besitzen, das wenige Menschen haben und gehabt haben: Flügel – um im Gleichnisse zu reden.

Bleiben Sie mir gut, auch dann, wenn ich »verschwunden« und »verflogen« bin!

Von Herzen Ihr Freund
Nietzsche.

117. An Freiherrn von Gersdorff

Sils-Maria, 28. Juni 1883.

Mein lieber alter Freund Gersdorff,

inzwischen habe ich erfahren, daß Dir etwas sehr Schmerzliches widerfahren ist – der Verlust Deiner Mutter. Als ich dies hörte, war es mir ein rechter Trost, Dich nicht allein im Leben zu wissen, und ich gedachte der herzlichen und dankbaren Worte, mit denen Du, in Deinem letzten Briefe an mich, Deine Lebensgefährtin erwähntest. Wir haben es in unserer Jugend schwer gehabt, Du und ich – aus verschiedenen Gründen; aber es wäre eine schöne Billigkeit darin, wenn unserem Mannesalter einiges Milde und Tröstliche und Herzstärkende begegnete.

Was mich betrifft, so habe ich eine lange schwere Askese des Geistes hinter mir, die ich freiwillig auf mich nahm und die nicht jedermann sich hätte zumuten dürfen. Die letzten sechs Jahre waren in diesem Betracht die Jahre meiner größten Selbstüberwindung: wobei ich noch absehe von dem, was mich Gesundheit, Einsamkeit, Verkennung und Verketzerung überwinden ließ. Genug, ich habe auch diese Stufe meines Lebens überwunden – und was jetzt noch vom Leben übrig ist (wenig, wie ich glaube!), soll nun ganz und voll das zum Ausdruck bringen, um dessentwillen ich überhaupt das Leben ausgehalten habe. Die Zeit des Schweigens ist vorbei: mein »Zarathustra«, der Dir in diesen Wochen übersandt sein wird, möge Dir verraten, wie hoch mein Wille seinen Flug genommen hat. Laß Dich durch die legendenhafte Art dieses Büchleins nicht täuschen: hinter all den schlichten und seltsamen Worten steht mein tiefster Ernst und meine ganze Philosophie. Es ist ein Anfang, mich zu erkennen zu geben – nicht mehr! – Ich weiß ganz gut, daß niemand lebt, der so etwas machen könnte, wie dieser »Zarathustra« ist. –

Lieber alter Freund, nun bin ich wieder im Oberengadin, zum dritten Male, und wieder fühle ich, daß hier und nirgends anderswo meine rechte Heimat und Brutstätte ist. Ach, was liegt noch alles verborgen in mir und will Wort und Form werden! Es kann gar nicht still und hoch und einsam genug um mich sein, daß ich meine innersten Stimmen vernehmen kann!

Ich möchte Geld genug haben, um mir hier eine Art ideale Hundehütte zu baun: ich meine ein Holzhaus mit zwei Räumen; und zwar auf einer Halbinsel, die in den Silser See hineingeht und auf der einst ein römisches Kastell gestanden hat. Es ist mir nämlich auf Dauer unmöglich, in diesen Bauernhäusern zu wohnen, wie ich bisher getan habe: die Zimmer sind niedrig und gedrückt, und immer gibt es mancherlei Unruhe. Sonst sind mir die Einwohner von Sils-Maria sehr gewogen; und ich schätze sie. Im Hotel Edelweiß, einem ganz vorzüglichen Gasthofe, esse ich: allein natürlich, und zu einem Preise, der nicht gänzlich im Mißverhältnis zu meinen kleinen Mitteln steht. Ich habe einen großen Korb Bücher mit heraufgebracht: und auf drei

Monate ist es wieder abgesehn. Hier wohnen meine Musen: schon im »Wanderer und sein Schatten« habe ich gesagt, diese Gegend sei mir »blutsverwandt, ja noch mehr«. –

Nun habe ich Dir etwas von Deinem alten Freunde und Einsiedler Nietzsche erzählt, – ein Traum von dieser Nacht brachte mich dazu.

Bleib mir gut und treu! – wir sind alte Kameraden und haben manches gemeinsam gehabt!

Dein Friedrich Nietzsche.

Sils-Maria, Oberengadin (Schweiz)
Ende Juni 1883.

118. An Gottfried Keller

Rom, Juni 1883.

Hochverehrter Herr,

als Antwort auf Ihren gütigen Brief und zugleich als Bestätigung Ihres darin ausgesprochenen Gedankens – daß der große Schmerz die Menschen beredter mache, als sie es sonst sind –: möchte sich Ihnen das beifolgende Büchlein empfehlen, das den Titel trägt »Also sprach Zarathustra«.

Seltsam! Aus einem wahren Abgrunde von Gefühlen, in die mich dieser Winter, der gefährlichste meines Lebens, geworfen hatte, erhob ich mich mit einem Male und war zehn Tage lang wie unter dem hellsten Himmel und hoch über hohen Bergen.

Die Frucht dieser Tage liegt nun vor Ihnen: möge sie süß und reif genug sein, um Ihnen – einem Verwöhnten im Reiche des Süßen und Reifgewordenen! – wohlzutun!

Von Herzen Sie verehrend

Prof. *Dr.* Nietzsche.

Roma, via Polveriera 4 (piano II).

119. An Peter Gast

Sils-Maria (Engadin), 1. Juli 1883.

Wie kommt es doch, lieber Freund Gast, daß ich so lange nicht an Sie geschrieben habe? – so fragte ich mich eben. Aber ich war so unsicher und unschlüssig inzwischen, ein Hauch von Krankheit lag noch auf mir: da wollte ich nicht schreiben (– ich habe diesen Winter leider viel zuviel Briefe geschrieben, die voller Krankheit sind –). Sodann mißriet mir einiges: so der Versuch, in Italien einen Sommeraufenthaltsort für mich zu finden. Einmal versuchte ichs im Volskergebirge und einmal in den Abruzzen (in Aquila). Nun ist mir verwunderlich gewesen, warum ich jetzt jedes Jahr, wenn der Frühling kommt, den heftigsten Trieb fühle, noch südlicher zu gehn: so dies Jahr nach Rom, voriges Jahr nach Messina; vor zwei Jahren war ich drauf und dran, mich nach Tunis einzuschiffen, – da kam der Krieg. Die Erklärung liegt wohl darin, daß ich die Winter über jedesmal so an der Kälte gelitten habe (drei Winter ohne Ofen!), daß mit dem Erwachen der Wärme ein wahrer Heißhunger nach Wärme in mir erwacht. – Dies Jahr kam noch ein Heißhunger nach menschlichen, ich meine humanen Beziehungen hinzu: und namentlich nach »menschlicheren«, als das vorige Frühjahr mir gebracht hat. In der Tat, so wie ich jetzt alles überschaue, so war das, was mir im vorigen Jahr und diesen Winter begegnet ist, von der schauerlichsten und bösesten Art: und ich wundere mich, daß ich mit dem Leben davongekommen bin, – wundere mich und zittere jetzt noch dabei. – Man hat mir in Rom sehr viel Liebes und Herzliches erwiesen; und wer mir gut gewesen ist, ist es jetzt mehr als je.

Von »Zarathustra« höre ich jetzt eben, daß er noch »unversandt« in Leipzig wartet: sogar die Freiexemplare. Das machen die »sehr wichtigen Verhandlungen« und beständigen Reisen des Chefs der *Alliance antijuive*, des Herrn Schmeitzner: da muß »der Verlag einmal etwas warten«, so schreibt er. Es ist wahrhaftig zum Lachen: zuerst das christliche Hindernis, die 500 000 Gesangbücher, und nun das judenfeindliche Hindernis, – das sind ganz »religionsstifterliche Erlebnisse«.

Malwida und meine Schwester waren erstaunt, wie bitter (verbittert) »Zarathustra« ausgefallen sei; ich – wie süß. *De gustibus* usw. –

Nun habe ich wieder mein geliebtes Sils-Maria im Engadin, den Ort, wo ich einmal sterben will; inzwischen gibt er mir die besten Antriebe zum Noch-Leben. Ich bin im ganzen merkwürdig schwebend, erschüttert, voller Fragezeichen –: es ist kalt hier oben, das hält mich zusammen und stärkt mich. –

Ich will drei Monate hier sein: aber was wird dann? Ach Zukunft! – – –

Fast jeden Tag denke ich mir aus, wie ich einmal wieder zum Hören Ihrer Musik komme! Sie fehlt mir, ich weiß so wenig Dinge noch, die mir von Grund aus wohltun. Aber Sils-Maria und Ihre Musik gehören dazu.

Ihr letzter Brief enthielt sehr schöne Gedanken, für die ich mich recht bedanke! Ich sah daraufhin mir noch einmal Epikurs Büste an: Willenskraft und Geistigkeit sind im höchsten Grade an dem Kopfe ausgeprägt.

Ihnen nahe und von Herzen treu

F. N.

120. An Peter Gast

Sils-Maria, 26. August 1883.

Wie gut tat mir wieder Ihr Brief, Freund Venezianer! – das heiße ich »Vorlesungen über griechische Kultur« vor einem, der sie nötig hat – und nicht vor Leipziger Studenten *et hoc genus omne*!

Man hat mich ein Jahr lang zu einer Gattung von Gefühlen gehetzt, denen ich mit allerbestem Willen abgeschworen habe und über die ich in der gröberen Form wirklich glaubte Herr geworden zu sein: Rachegefühle und »Ressentiments«.

Der Gedanke der Vorlesungen in Leipzig war ein Gedanke der Verzweiflung, – ich wollte eine Distraktion durch stärkste tägliche Arbeit, ohne eigentlich auf meine letzten Aufgaben zurückgeworfen zu sein. Aber der Gedanke ist bereits wieder beiseite getan: und Heinze, der jetzige Rektor der Universität, hat mir klaren Wein darüber eingeschenkt, daß mein Gesuch in Leipzig scheitern werde (und wohl auch an allen deutschen Universitäten); die Fakultät werde es nicht wagen, mich dem Ministerium vorzuschlagen – von wegen meiner Stellung zum Christentum und den Gottesvorstellungen. Bravo! Dieser Gesichtspunkt gab mir meinen Mut wieder.

Auch die erste Besprechung des ersten Zarathustra, die mir zugesandt wird (von einem Christen und Antisemiten, und, sonderbarerweise, im Gefängnisse entstanden), macht mir Mut, insofern auch da sofort die populäre Position, die einzig an mir begriffen werden kann, eben meine Stellung zum Christentum, gut und scharf begriffen ist. *»Aut Christus, aut Zarathustra!«* Oder auf deutsch: es handelt sich um den alten längstverheißenen Antichrist – so empfinden es die Leser. Da werden alle Verteidiger »unsrer

Lehre vom Welt-Heilande« feierlich herbeigerufen (»umgürtet euch mit dem Schwerte des heiligen Geistes«!!) gegen Zarathustra: und dann heißt es: »Bezwingt ihr ihn, so wird er der Eure und wird treu sein, denn an ihm ist kein Falsch; bezwingt er euch, so habt ihr euren Glauben verwirkt: das ist die Buße, die ihr dem Sieger zahlen müßt!«

Hier, lieber Freund, so lächerlich es Ihnen vielleicht klingen mag, hörte ich zum ersten Male von außen her, was ich von innen her lange hörte und weiß: ich bin einer der furchtbarsten Gegner des Christentums und habe eine Angriffsart erfunden, von der auch Voltaire noch keine Ahnung hatte. – Aber das geht Sie »Gott sei Dank!« nichts an.

Worum ich Epikur beneide, das sind seine Schüler in seinem Garten; ja, da läßt sich schon das edle Griechenland, und da ließe sich gar das unedle Deutschland vergessen! Und daher meine Wut, seit ich im breitesten Sinne begriffen habe, was für erbärmliche Mittel (die Herabsetzung meines Rufs, meines Charakters, meiner Absichten) genügen, um mir das Vertrauen und damit die Möglichkeit von Schülern zu nehmen. »Um des Ruhmes willen« habe ich nicht eine Zeile geschrieben, das glauben Sie mir wohl: aber ich meinte, meine Schriften könnten ein guter Köder sein. Denn zuletzt: der Trieb des Lehrens ist stark in mir. Und insofern brauche ich sogar Ruhm, daß ich Schüler bekomme – zumal es mit einer Stellung an Universitäten nach der letzten Erfahrung unmöglich ist.

Ich war ein paar Tage mit Overbeck zusammen – ein paar reine, sonnenhelle Tage, an denen auch Ihrer viel gedacht wurde! Ihr F. N.

Ihren Worten über Epikur, wie den früheren über Seneca, weiß ich nichts an die Seite zu stellen – an Sachkenntnis.

121. An Peter Gast

Sils-Maria, Montag,
3. September 1883.

Mein lieber Freund,

nun ist es wieder einmal mit dem Engadin für mich zu Ende: Mittwoch will ich abreisen – nach Deutschland, wo es mehreres für mich zu tun und abzutun gibt. Geben Sie, wenn Sie mir schreiben wollen, Ihrem Briefe die Richtung auf Naumburg; da will ich ein wenig mich in den natürlichsten Empfindungen ausruhen und erholen, eingerechnet, daß ich viel schönes Obst essen will. Was mir auch dort fehlen wird, wie es mir überall fehlt – das ist Ihre Musik. Ich glaube, wie Sie meine Sachen vielleicht stärker und unbequemer empfinden als irgend jemand, so muß ich alles, was von Ihnen kommt, balsamischer empfinden, als andere es können; dies ist ja ein ganz artiges Verhältnis zwischen uns! Vielleicht ist es ein Verhältnis wie zwischen Komödien- und Tragödiendichtern (ich sagte Ihnen wohl einmal, daß Wagner in mir einen verkappten Tragödiendichter sah): gewiß ist, daß ich im ganzen »epikurischer« dabei wegkomme als Sie; und so ist es das »Gesetz der Dinge«: der Komödiendichter ist die höhere Gattung und muß mehr wohltun als jener andere, ob er es nun will oder nicht.

Dies Engadin ist die Geburtsstätte meines »Zarathustra«. Ich fand eben noch die erste Skizze der in ihm verbundenen Gedanken; darunter steht »Anfang August 1881 in Sils-Maria, 6000 Fuß über dem Meere und viel höher über allen menschlichen Dingen«.

Wie die Qual und Wirrsal meines Gemüts auf die Farben der zwei ersten Teile gewirkt haben mag? (denn die Gedanken und Richtungen waren gegeben) seltsam, alter Freund! Ich meine allen Ernstes, daß »Zarathustra« heiterer und lustiger ausgefallen ist, als er sonst ausgefallen sein würde. Ich könnte dies beinahe »aktenmäßig« beweisen.

Andrerseits: ich würde lange, lange, lange nicht so tief gelitten haben und leiden, wenn ich nicht in den zwei letzten Jahren fünfzigmal Motive aus meiner Einsiedlertheorie auf die Praxis übertragen hätte und aus den schlimmen, ja schauerlichen Folgen dieser »Praktik« zum Zweifel an mir selber getrieben worden wäre. Dergestalt hat »Zarathustra« sich auf meine Kosten erheitert, und ich habe mich auf seine Kosten verdüstert.

Übrigens muß ich Ihnen, nicht ohne Betrübnis, melden, daß jetzt, mit dem dritten Teile, der arme Zarathustra wirklich ins Düstere gerät – so sehr, daß Schopenhauer und Leopardi nur als Anfänger und Neulinge gegen seinen »Pessimismus« erscheinen werden. So will es der Plan. Um aber diesen Teil machen zu können, brauche ich selber erst tiefe, himmlische Heiterkeit: denn das Pathetische der höchsten Gattung wird mir nur als Spiel gelingen. (Zum Schluß wird Alles hell.)

Vielleicht arbeite ich inzwischen noch etwas Theoretisches aus; meine Skizzen dafür haben jetzt die Überschrift

Die Unschuld des Werdens.

Ein Wegweiser zur Erlösung von der Moral.

Der erste Teil »Zarathustra« ist jetzt endlich unterwegs, der zweite fertig gedruckt (ich notiere für den Fall einer zweiten Auflage diese Druckfehler: *p.* 6 oben: Denkbarkeit, nicht Dankb. / *p.* 7 ganz unten: euch, nicht auch / *p.* 38: Rosenhänge, nicht Rosengänge / *p.* 44: schreien, nicht schreie / *p.* 98 Zeile 9: Da, nicht Dann //

Beinahe wäre ich nach Venedig gekommen! Feiern Sie ein Fest dafür, daß es nicht geschehen ist, und behalten Sie lieb Ihren Freund

Nietzsche.

122. An Mutter und Schwester

Genua, Ende November 1883.

Morgen geht es fort, meine Herzenslieben, ich will etwas Neues, nämlich Nizza, versuchen, denn Genua hat mir dieses Mal nicht gutgetan. Auch war ich inzwischen hier zu bekannt geworden – ich konnte nicht mehr leben, wie ich wollte. Genua ist mir eine ausgezeichnete Schule harter, einfacher Lebensweise gewesen; ich weiß jetzt, daß ich wie ein Arbeiter und Mönch leben kann. So habe ich nämlich in all den Jahren hier gelebt (ohne irgendwelche Entbehrung zu empfinden) und meine Gesundheit dabei erobert.

Genua ist heute, wie zum Abschied, rührend schön in ihrem herbstlichen leuchtenden Glanze, so recht die Stadt für Menschen des Kolumbus. Das ist sie mir immer gewesen! Nun habe ich selbst ein neues Land entdeckt – glaubt mir das nur, meine Lieben! – Sobald ich mich fest für Nizza entschlossen habe, schreibe ich. Euer F.

123. An Professor Overbeck

Nizza, 8. Dezember 1883.

Mein lieber Freund Overbeck,

habe nur noch Geduld mit mir wie bisher! Nach meinen guten Stunden und Minuten gerechnet – seltenen Dingen! das ist wahr – bin ich einer der beneidenswertesten Sterblichen, und jetzt mehr als je. Zwischen inne liegt vieles, was an Verzweiflung grenzt und dessenthalben ich Deine Geduld mit mir haben muß – das ist auch wahr. In jenen guten Stunden aber weiß ich, daß ich nicht umsonst jahrelang die einsamste aller Meerfahrten gemacht habe: ich habe mein

»neues Land« entdeckt, von dem noch niemand etwas wußte; nun muß ichs mir freilich immer noch, Schritt für Schritt, erobern. –

Von allen guten Dingen, die ich gefunden habe, will ich am wenigsten die »Fröhlichkeit des Erkennens« wegwerfen oder verloren haben, wie Du vielleicht angefangen hast zu argwöhnen. Nur muß ich jetzt, mit meinem Sohne Zarathustra zusammen, zu einer viel höheren Fröhlichkeit hinauf, als ich sie je bisher in Worten darstellen konnte. Das Glück, welches ich in der »Fröhlichen Wissenschaft« darstellte, ist wesentlich das Glück eines Menschen, der sich endlich reif zu fühlen beginnt für eine ganz große Aufgabe, und dem die Zweifel über sein Recht dazu zu schwinden anfangen. Lies mir zuliebe doch noch einmal Seite 194 und das Gedicht auf der folgenden Seite; übrigens steckt das ganze Buch voll solcher Stellen, an denen ausgedrückt ist »die Stunde ist da! Machen wir uns vorher noch ein kleines Fest mit Singen und Springen!« –

Das eigentümliche Unglück des letzten und vorletzten Jahres bestand im strengsten Sinne darin, daß ich einen Menschen gefunden zu haben meinte, der mit mir die ganz gleiche Aufgabe habe. Ohne diesen voreiligen Glauben würde ich nicht in diesem Maße an dem Gefühle der Vereinsamung (Verkennung, Verachtung und was alles damit zusammenhängt) gelitten haben und leiden, wie ich es tat und tue: denn ich bin und war darauf vorbereitet, allein meine Entdeckungsfahrt zu Ende zu führen. Aber sobald ich nur einmal den Traum geträumt hatte, nicht allein zu sein, war die Gefahr fürchterlich. Noch jetzt gibt es Stunden, wo ich nicht weiß, mich selber zu ertragen.

Das andere Unglück war: ein ungewöhnlich trübes Wetter im vorigen Winter, ebenso wie im letzten Sommer. Ich bin auf Licht eingerichtet: – es ist beinahe das einzige, was ich absolut nicht zu entbehren und zu ersetzen weiß: Lichtfülle eines heiteren Himmels. Mit Genua habe ichs darin überhaupt nicht gut getroffen: jetzt erst fand ich die statistische Angabe, daß Genua im ganzen Jahre nicht viel mehr reine Tage hat als Nizza in den sechs Wintermonaten: worauf ich umgehend mich nach Nizza aufmachte.

Bin ich erst des Spanischen mächtig, so geht es weiter nach Valencia, etwa im nächsten Winter. Ein Mensch, so bescheiden wie Dein Freund in Wohnung und Kost und Kleidung, lebt überall leicht und billig. –

Es geht mir jetzt besser. –

Herzlichen Dank für Deinen Brief und Deine Gefühle für mich – ich will zusehn, daß ich Dir und Deiner verehrten lieben Frau nicht wieder solche Not mache, wie zuletzt.

Dein Nietzsche.

124. An Malwida von Meysenbug

Nizza, Februar 1884.

Meine verehrte Freundin,

aus tiefer Arbeit heraus ein Wort! Und damit ist im Grunde auch alles schon gesagt: meine Entschuldigung für Nicht-Schreiben, Nicht-Kommen und was ich sonst noch für »Schuld« gegen Sie auf dem Herzen haben mag. –

Nizza ist, in der auffälligsten Weise, der erste Ort, der meinem Kopf (und sogar meinen Augen!) wohltut; und ich ärgere mich, so spät zu dieser Einsicht gekommen zu sein. Was ich brauche, erstens, zweitens und drittens: das ist Heiterkeit des Himmels und Sonnenschein ohne jegliches Wölkchen, gar nicht zu reden vom Scirocco, meinem Todfeinde. Nizza hat im Jahre durchschnittlich 220 solcher Tage, wie ich sie brauche: unter diesem Himmel will ich schon das Werk meines Lebens vorwärts bringen, das härteste und entsagungsreichste Werk, das sich ein Sterblicher auflegen kann. – Ich habe niemanden, der darum weiß: niemanden, den ich stark genug wüßte, mir zu helfen. Es ist die Form meiner Menschlichkeit, über meine letzten Absichten hübsch schweigsam zu leben; und außerdem auch die Sache der Klugheit und Selbsterhaltung. Wer liefe nicht von mir davon! – wenn er dahinter käme, was für Pflichten aus meiner Denkweise wachsen. Auch Sie! Auch Sie, meine hochverehrte Freundin! – Diesen würde ich zerbrechen und jenen verderben: lassen Sie mich nur in meiner Einsamkeit!!!

[– –] Es war zuletzt eine Eselei von mir, mich »unter die Menschen« zu begeben: ich mußte es ja voraus wissen, was mir da begegnen werde.

Die Hauptsache aber ist die: ich habe Dinge auf meiner Seele, die hundertmal schwerer zu tragen sind als *la bêtise humaine*. Es ist möglich, daß ich für alle kommenden Menschen ein Verhängnis, das Verhängnis bin, – und es ist folglich sehr möglich, daß ich eines Tages stumm werde, aus Menschenliebe!!!

Ich blätterte dieser Tage einmal in Schopenhauer – ah, diese *bêtise allemande* – was ich das satt habe! Die verdirbt alle großen Dinge! Auch den »Pessimismus«! –

Haben Sie davon gehört, daß mein »Zarathustra« fertig ist? (in drei Teilen – Sie kennen den ersten davon). Eine Vorhalle zu meiner Philosophie – für mich gebaut, mir Mut zu machen. Schweigen wir davon. –

Ah, was ich jetzt Musik nötig hätte! Was ich es bedaure, daß die Gräfin Dönhoff nicht hier ist! Ob schon je ein Mensch solchen Durst nach Musik gehabt hat? –

Bleiben wir tapfer und guter Dinge, ein jeder auf seinen zwei Beinen! –

Das Herzlichste und Beste für Sie und das geliebte edle Wesen, das zu meiner Freude jetzt bei Ihnen ist!

Ihr Freund Nietzsche.

125. An Erwin Rohde

Nizza, 22. Februar 1884.

Mein alter lieber Freund,

ich weiß nicht, wie es zuging: aber als ich Deinen letzten Brief las und namentlich als ich das liebliche Kinderbild sah, da war mirs, als ob Du mir die Hand drücktest und mich dabei schwermütig ansähest: schwermütig, als ob Du sagen wolltest: »Wie ist es nur möglich, daß wir so wenig noch gemein haben und wie in verschiedenen Welten leben! Und einstmals – – «

Und so, Freund, geht es mir mit allen Menschen, die mir lieb sind: alles ist vorbei, Vergangenheit, Schonung; man sieht sich noch, man redet, um nicht zu schweigen –, man schreibt sich Briefe noch, um nicht zu schweigen. Die Wahrheit aber spricht der Blick aus: und der sagt mir (ich höre es gut genug!): »Freund Nietzsche, Du bist nun ganz allein!«

So weit habe ichs nun wirklich gebracht. –

Inzwischen gehe ich meinen Gang weiter, eigentlich ists eine Fahrt, eine Meerfahrt – und ich habe nicht umsonst jahrelang in der Stadt des Kolumbus gelebt. – –

Mein »Zarathustra« ist fertig geworden, in seinen drei Akten: den ersten hast Du, die beiden andern hoffe ich in 4-6 Wochen Dir senden zu können. Es ist eine Art Abgrund der Zukunft, etwas Schauerliches, namentlich in seiner Glückseligkeit. Es ist alles drin mein eigen, ohne Vorbild, Vergleich, Vorgänger; wer einmal darin gelebt hat, der kommt mit einem andern Gesichte wieder zur Welt zurück.

Aber davon soll man nicht reden. Für Dich aber, als einen *homo litteratus*, will ich ein Bekenntnis nicht zurückhalten: – ich bilde mir ein, mit diesem »Zarathustra« die deutsche Sprache zu ihrer Vollendung gebracht zu haben. Es war, nach Luther und Goethe, noch ein dritter Schritt zu tun –; sieh zu, alter Herzenskamerad, ob Kraft, Geschmeidigkeit und Wohllaut je schon in unsrer Sprache so beieinander gewesen sind. Lies Goethe nach einer Seite meines Buchs – und Du wirst fühlen, daß jenes »Undulatorische«, das Goethen als Zeichner anhaftete, auch dem Sprachbildner nicht fremd blieb. Ich habe die strengere, männlichere Linie vor ihm voraus, ohne doch, mit Luther, unter die Rüpel zu geraten. Mein Stil ist ein Tanz; ein Spiel der Symmetrien aller Art und ein Überspringen und Verspotten dieser Symmetrien. Das geht bis in die Wahl der Vokale. –

Verzeihung! Ich werde mich hüten, dies Bekenntnis einem andern zu machen, aber Du hast einmal, ich glaube als der einzige, mir eine Freude an meiner Sprache ausgedrückt. –

Übrigens bin ich Dichter bis zu jeder Grenze dieses Begriffs geblieben, ob ich mich schon tüchtig mit dem Gegenteil aller Dichterei tyrannisiert habe.

Ach, Freund, was für ein tolles, verschwiegenes Leben lebe ich! So allein, allein! So ohne »Kinder«!

Bleibe mir gut, ich bins Dir wahrhaftig.

Dein F. N.

126. An Dr. Paneth

Mai 1884.

Werter Herr Doktor,

meinen Glückwunsch voran! Aber vielleicht geht es Ihnen gerade jetzt so gut, daß nichts mehr »zu wünschen übrigbleibt« –: dann um so besser! Und um so mehr wird es meinen Wünschen für Sie gemäß sein!

Mein Verleger hat seit lange den Auftrag, Ihnen den letzten Teil meines »Zarathustra« zuzustellen. Betrachten

Sie mich nunmehr wie jemanden, der seine Fahne entrollt hat und keinen Zweifel über sich mehr übrigläßt. –

Bemerken Sie aber wohl: mein Werk hat Zeit –, und mit dem, was diese Gegenwart als ihre Aufgabe zu lösen hat, will ich durchaus nicht verwechselt sein. Fünfzig Jahre später werden vielleicht einigen (oder einem: – es bedürfte eines Genies dazu!) die Augen dafür aufgehn, was durch mich getan ist. Augenblicklich aber ist es nicht nur schwer, sondern durchaus unmöglich (nach den Gesetzen der »Perspektive«), von mir öffentlich zu reden, ohne nicht grenzenlos hinter der Wahrheit zurückzubleiben. – –

Also! – mein werter Herr Doktor Paneth, ich will nicht, daß jetzt schon über mich »geschrieben wird«.

Behalten Sie mich und unsre Gespräche an der *provença*lischen *riviera* (der Heimat der *»gaya scienza«* –) in gutem Angedenken!

Ihr Nietzsche.

Venezia, San Canciano calle nuova 5256.

127. An die Schwester

Venedig, Mitte Juni 1884.

Liebe Schwester.

Unsre Mutter schreibt mir, daß Du von dem III. Teil des »Zarathustra« so erfüllt wärest und keine Worte fändest, den Dank für das Geschenk auszudrücken. Es sollte schon längst in Deinen Händen sein, wenigstens habe ich dem Verleger schon lange den Auftrag dazu gegeben. Das ist aber auch kein Geschenk, für das man so ohne weiteres zu danken hätte – ich verlange ein Umlernen in betreff der liebsten und verehrtesten Empfindungen, und viel mehr als ein Umlernen! Wer weiß wie viele Generationen erst vorübergehen müssen, um einige Menschen hervorzubringen, die es in seiner ganzen Tiefe nachfühlen, was ich getan habe! Und selbst dann macht mir der Gedanke Schrecken, was für Unberechtigte und gänzlich Ungeeignete sich einmal auf meine Autorität berufen werden. Aber das ist die Qual jedes großen Lehrers der Menschheit: er weiß, daß er, unter Umständen und Unfällen, der Menschheit zum Verhängnis werden kann, so gut als zum Segen.

Nun, ich selber will alles tun, um zum mindesten keinem allzu groben Mißverständnis Vorschub zu leisten; und jetzt, nachdem ich mir diese Vorhalle meiner Philosophie gebaut habe, muß ich die Hand wieder anlegen und nicht müde werden, bis auch der Hauptbau fertig vor mir steht. Menschen, die nur die Sprache der Ambition verstehen, mögen mir nachsagen, daß ich nach der höchsten Krone griffe, welche die Menschheit zu vergeben hat. Wohlan!

Also das Gerüste zu meinem Hauptbau soll in diesem Sommer aufgerichtet werden; oder anders ausgedrückt: ich will das Schema zu meiner Philosophie und den Plan für die nächsten sechs Jahre in diesen nächsten Monaten aufzeichnen. Möchte meine Gesundheit dazu ausreichen!

Dein Bruder.

128. An Professor Overbeck

Sils-Maria, 14. Sept. 1884.

Lieber Freund, herzlichen Dank voraus!

Im ganzen sind alle Dinge diesen Sommer bei mir von der Stelle gekommen, und der Hauptzweck ist erreicht worden, freilich sehr auf Unkosten der Gesundheit: namentlich ist eine plötzliche auffallende Verdunkelung der Augen hinzugekommen, die mich nötigt, mit Schieß zu korrespondieren. Die Gesamtdepression, an der ich leider bei unserm Zusammensein in Basel litt, ist aber gehoben; ich glaube jetzt, daß ich die Differenz mit meinen Angehörigen hundertmal zu schwer genommen habe. Es genügte schon der Vorschlag zu einem Rendezvous mit meiner Schwester, um vergnügte Gesichter zu machen. Das ist nun mein ewig wiederholter Fehlgriff, daß ich mir fremdes Leid viel zu groß vorstelle. Von meiner Kindheit an hat sich der Satz »im Mitleiden liegen meine größten Gefahren« immer wieder bestätigt (vielleicht die böse Konsequenz der außerordentlichen Natur meines Vaters, den alle, die ihn kannten, mehr zu den »Engeln« als zu den »Menschen« gerechnet haben). Genug, daß ich durch die schlimmen Erfahrungen, die ich mit dem Mitleiden gemacht habe, zu einer theoretisch sehr interessanten Veränderung in der Wertschätzung des Mitleides angeregt worden bin.

Das Erlebnis des Sommers war der Besuch Baron Steins (er kam direkt aus Deutschland für drei Tage nach Sils und reiste direkt wieder zu seinem Vater – eine Manier, in einen Besuch Akzent zu legen, die mir imponiert hat). Das ist ein prachtvolles Stück Mensch und Mann und mir wegen seiner heroischen Grundstimmung durch und durch verständlich und sympathisch. Endlich, endlich ein neuer Mensch, der zu mir gehört und instinktiv vor mir Ehrfurcht hat! Zwar einstweilen noch *trop wagnetisé*, aber durch die rationale Zucht, die er in der Nähe Dührings erhalten hat, doch sehr zu mir vorbereitet! In seiner Nähe empfand ich fortwährend auf das schärfste, welche praktische Aufgabe zu meiner Lebensaufgabe gehört, wenn ich nur erst genug jüngere Menschen einer ganz bestimmten Qualität besitze! – einstweilen ist es noch unmöglich, davon zu reden, wie ich denn auch noch zu keinem Menschen davon geredet habe. Welch sonderbares Schicksal, vierzig Jahre alt werden und alle seine wesentlichsten Dinge, theoretische wie praktische, als Geheimnisse mit sich noch herumschleppen! – Vom Zarathustra sagte Stein ganz aufrichtig, er habe »zwölf Sätze und nicht mehr« davon verstanden: was mich sehr stolz gemacht hat, denn es charakterisiert die unsägliche Fremdheit aller meiner Probleme und Lichter (zufällig brachte der Sommer mir mehrmals dasselbe Zeugnis in betreff der Morgenröte u. Fröhl. Wissenschaft, »die fremdartigsten Bücher, die es gibt«).

Dagegen ist Stein Dichter genug, um z. B. von dem »anderen Tanzlied« (dritter Teil) aufs tiefste ergriffen zu sein (er hatte es auswendig gelernt). Wer nämlich gerade bei den Heiterkeiten Zarathustras nicht Tränen vergießen muß, der gilt mir als noch ganz fern von meiner Welt, von mir.

Stein hat mir aus freien Stücken versprochen, zu mir nach Nizza überzusiedeln, sobald sein Vater nicht mehr lebt: dem zuliebe er es im Norden und an einer deutschen Universität aushält.

Daniella v. Bülow hat mir durch ihn sagen lassen, daß sie ihre Verlobung aufgelöst habe und jetzt, zur Stärkung, meine Schrift »Schopenhauer als Erzieher« lese.

Köselitzens Schicksal macht mir viel Sorge. Mit der früheren Unabhängigkeit scheint es vorbei zu sein, es steht nicht gut mit der Färberei seines Vaters, er wird schwerlich wieder von Hause fortkönnen, solange er nicht Erfolge hat. Was diese betrifft, so ist der jetzt herrschende Wagnerismus ihm durchaus nicht schädlich, im Gegenteil: vorbereitend, wie ich selber es persönlich erlebt habe – die zartesten und sublimsten Zustände haben noch nie vor Wagner so geleuchtet, und erst nachdem man durch ihn Augen für diese Lichter und Farben bekommen hat, weiß man, wohin die Kunst unsres Venediger *maëstro* will und muß. – – Seine Gegnerschaft liegt vielmehr im deutschen bewußten oder unbewußten Obskurantismus und Sentimentalismus, in den Zweiten-Aufguß-Brühen, wie sie z. B. Brahms serviert, und in Summa in der deutschen Mittelmäßigkeit des bürgerlichen Geistes, welcher allem Südländischen gegenüber sich argwöhnisch – reizbar verhält und »Frivolität« wittert. Es ist derselbe Gegensatz, den meine Philosophie zu spüren bekommt – man haßt an mir und an Köselitzens Musik den hellen Himmel.

Ein Italiener sagte kürzlich, »gegen das, was wir Himmel *cielo* nennen, ist der deutsche Himmel *una carricatura*«.

Bravo! da steckt meine ganze Philosophie! –

Von Herzen grüßend und Dir samt den Deinen das Beste wünschend, Dein Freund

N.

Es geht in den nächsten Tagen fort, mutmaßlich nach Nizza. Adresse jedenfalls: Nizza *poste restante*.

»Der Kampf um Gott« Roman von H. Lou (Stuttgart, Auerbach) – Stein sprach davon. –

129. An Dr. Bernhard Förster

Venedig, 16. April 1885.

Donnerstag.

Lieber und sehr verehrter Herr Doktor,

– endlich eingerichtet: Geistesgegenwart, Tintenfaßgegenwart und alles, was dazu gehört, um einen Brief zu schreiben. *Voilà!*

Hier und da fällt auch mir ein guter Tag vom Himmel: so geschahs kürzlich, als ich wieder in der Stadt war, die ich allein liebe. Und da gerade, zu allen den guten Geschenken eines ersten Vormittags auf dem St. Markusplatze, kam mir auch noch Ihr Brief zu Händen. Es ist gar nicht möglich, daß ich einen Brief unter herzlicheren Empfindungen lesen kann. –

– Also, es hilft nichts, meine Schwester geht »in die weite weite Welt« und mit Ihnen, mein lieber Herr Doktor. Die Liebe führt das Lama – Pardon! so nannte ich sie bisher –, wie mir scheint, in viele Gefahren, fernab von der Heimat, in ein Leben voller Versuche, wo manches schief, manches gut gehn wird: *in summa*, es erwartet sie eine tapfere Zukunft. In dem allen tut sie mir es gleich: es scheint, dies gehört zur Rasse. Und wenn die Liebe sie in weniger »abstrakter« Gestalt führt als mich, so hat sie vielleicht von uns beiden den besseren Geschmack und »den besseren Teil« erwählt: nämlich Herrn Bernhard Förster. Die Frauen sind in solchen Dingen schlauer als die Männer: unsereins läuft der »Wahrheit« und solchen andern blassen Schönheiten nach, und schließlich, wenn man es weit bringt, bringt man es so weit, bei dieser Leidenschaft, daran zu zweifeln, ob man noch imstande ist, irgendeinen Menschen recht aus letztem Herzensgrunde zu lieben: was, nach Briefen und sonstigen Dokumenten der Seele zu schließen, meiner Schwester ganz und gar nicht widerfahren ist.

Dies soll nicht ein Seufzer meinerseits sein, sondern nur ein Einwand gegen eine gewisse allzu schmeichelhafte und unverdiente Wendung Ihres viel zu ernsten Briefes. Man soll, wenn man liebt, eine Sache auch mit ihren schlimmen Kehrseiten lieben (wie das Leben einmal eingerichtet ist, bezahlt man alles etwas zu teuer – scheint mir), umgekehrt: um mit meinem Sohne Zarathustra zu reden: »Jedwedes schlimme Ding hat zwei gute Kehrseiten« – und was Ihnen fürderhin auch begegnen mag, verehrter Herr Doktor, meine Schwester wird Ihnen helfen, die »guten Kehrseiten« und den Himmel wieder hell zu finden. Es scheint, auch dies gehört zur Rasse. –

Mit vielen guten Wünschen, auch unaussprechbaren – Ihr sehr ergebener

Nietzsche.

130. An die Schwester

Venedig, 20. Mai 1885.

Mein liebes Lama,

für den Tag, welcher über Dein Lebenslos entscheidet (und zu dem Dir niemand mehr als ich Glück und Gedeihen und gute Vorzeichen und guten Mut anwünschen kann) – für diesen Tag muß ich mir selber eine Art Lebensabrechnung machen. Von jetzt an wirst Du ganz andere Sachen zunächst und zuvörderst in Kopf und Herzen haben als die Sachen Deines Bruders, und so soll es recht und billig sein – und ebenso liegt es in der Natur, daß Du mehr und mehr die Denkweise Deines Gatten teilen wirst: welche ganz und gar nicht die meine ist, soviel ich an ihr auch zu ehren und zu rühmen habe. Damit Du aber künftighin eine Art Direktion hast, inwiefern die Beurteilung Deines Bruders viele Vorsicht und vielleicht auch Schonung erfordert: schreibe ich es Dir heute, zum Zeichen großer Herzlichkeit, worin das Schlimme und Schwere meiner Lage liegt. Ich habe bis jetzt, von Kindesbeinen an, niemanden gefunden, mit dem ich dieselbe Not auf Herzen und Gewissen hätte. Dies zwingt mich heute noch, wie zu allen Zeiten, mich, so gut es gehn will, und oft mit sehr viel schlechter Laune, unter irgendeiner der heute erlaubten und verständlichen Menschheitssorten zu präsentieren. Daß man aber eigentlich nur unter Gleichgesinnten, Gleichgewillten gedeihen kann, ist mein Glaubenssatz (bis hinab zur Ernährung und Förderung des Leibes); daß ich keinen habe, ist mein Malheur. Meine Universitätsexistenz war der langwierige Versuch der Anpassung an ein falsches Milieu; meine Annäherung an Wagners war dasselbe, nur in entgegengesetzter Richtung. Fast alle meine menschlichen Beziehungen sind aus den Anfällen des Vereinsamungsgefühles entstanden: Overbeck so gut als Rée und Malwida – ich bin lächerlich glücklich gewesen, wenn ich mit jemandem irgendein Fleckchen und Eckchen gemein fand oder zu finden glaubte. Mein Gedächtnis ist überladen mit tausend beschämenden Erinnerungen, in Hinsicht auf solche Schwächen, in denen ich die Einsamkeit absolut nicht mehr ertrug. Mein Kranksein hinzugerechnet, welches immer die schauerlichste Entmutigung über mich bringt; ich bin nicht umsonst so tief krank, gewesen, – und auch jetzt noch durchschnittlich krank, d. h. betrübt – wie gesagt, nur weil es mir am rechten Milieu fehlt und ich immer etwas Komödie spielen muß, statt mich an den Menschen zu erholen. – Ich betrachte mich deshalb ganz und gar nicht als einen versteckten oder hinterhaltigen oder mißtrauischen Menschen; im Gegenteil! Wäre ichs, so würde ich nicht so viel leiden! Man hat es aber nicht in der Hand, sich mitzuteilen, wenn man auch noch so mitteilungslustig ist, sondern man muß den finden, gegen den es Mitteilung geben kann. Das Gefühl, daß es bei mir etwas sehr Fernes und Fremdes gebe, daß meine Worte andere Farben haben als dieselben Worte bei andern Menschen, daß es bei mir viel bunten Vordergrund gibt, welcher täuscht, – genau dies Gefühl, das mir neuerdings von verschiedenen Seiten bezeugt wird, ist immer noch der feinste Grad von »Verständnis«, den ich bisher gefunden habe. Alles was ich bisher geschrieben habe, ist Vordergrund; für mich selber geht es erst immer mit den Gedankenstrichen los. Es sind Dinge gefährlichster Art, mit denen ich zu tun habe; daß ich dazwischen in populärer Manier bald den Deutschen Schopenhauer oder Wagner anempfehle, bald Zarathustras ausdenke, das sind Erholungen für mich, aber vor allem auch Verstecke, hinter denen ich eine Zeitlang wieder sitzen kann.

Halte mich deshalb, mein liebes Lama, nicht für toll und vergib es mir insbesondere, daß ich nicht bei Deinem Feste zugegen bin: so ein »krankhafter« Philosoph gäbe einen schlechten Brautvater ab! Mit tausend zärtlichen Wünschen Dein F.

131. An Mutter und Schwester

Nizza, nach Weihnachten 1885.

Meine Lieben,

es ist herrliches Wetter, da muß auch Euer Tier wieder ein fröhliches Gesicht machen, ob es schon recht melancholische Tage und Nächte gehabt hat. Weihnachten geriet aber zu einem Festtage. Mittags bekam ich Eure liebe Sendung zu Händen, und geschwind hing die Kette um den Hals, und das artige Kalenderchen kroch in die Westentasche. Darüber ist nun freilich das »Geld« entschlüpft, wenn nämlich Geld in dem Briefe war (unsre Mutter schreibt davon). Verzeiht es Eurem blinden Tiere, das seinen Kram auf der Straße auspackte: da mag wohl etwas daneben gerutscht sein, denn ich suchte sehr eifrig nach dem Briefe. Hoffentlich ist ein armes altes Weibchen in der Nähe gewesen und hat auf diese Weise ihr »Christkindchen« auf der Straße gefunden. Dann fuhr ich nach meiner Halbinsel St. Jean, lief einen großen Weg um die ganze Küste ab und setzte mich endlich unter junge Soldaten, die Kegel schoben. Frische Rosen und Geranien in den Hecken und alles grün und warm: gar nicht nordisch! Da trank denn Euer Tier drei ganz große Gläser eines süßen Landweins und war beinahe a bitzeli betrunken; wenigstens sagte ich nachher zu den Wellen, wenn sie gar zu heftig heranschnoben, wie man zu den Hühnern sagt »Butsch! Butsch! Butsch!« Dann fuhr ich wieder nach Nizza und aß in meiner Pension zu Abend, fürstlich; auch brannte ein großer Weihnachtsbaum. Denkt Euch, ich habe einen *boulanger de luxe* gefunden, welcher weiß, was »Quarkkuchen« ist: er erzählte, daß der König von Württemberg sich einen solchen zu seinem Geburtstage bestellt hat. Das fällt mir beim Worte »fürstlich« ein. –

Ein paar Tage krank. So blieb der Brief unbeendigt. Dazwischen schrieb Overbeck, daß Rohde einen Ruf nach Leipzig habe. Ob er ihn annimmt. Seltsam, es bewegt mich zu denken, daß jetzt in Leipzig oder seiner Nachbarschaft alles zusammenkommt, was mir das Gefühl gibt, nicht ganz heimatlos zu sein. Im Grunde war es auch diesen Herbst wieder hübsch in Leipzig; ein wenig melancholisch, aber gerade so, wie unsereiner alle Genüsse des Lebens gewürzt findet, mit einem alten kleinen Rosengeruch des Unwiederbringlichen.

Meine Augen werden über kurz oder lang es nur noch in Wäldern aushalten; aber alte Freunde müssen diesen »Wäldern« nahe wohnen. Heißt das nicht – alles gerechnet – »Rosental«? – Und zuletzt hat man, durch Leipziger Ratsbeschluß, dem Knoblauch den Krieg erklärt (die einzige Form des Antisemitismus, welche Eurem kosmopolitischen Nashorn gut riecht) – Verzeihung!

In alter Liebe

Euer F.

Himmel! Ich vergaß zum neuen Jahr Euch unbändig viel Glück und Gesundheit und Tapferkeit und gut Gedanken und treue Menschen zu wünschen! – –

NB. Ich habe wieder schlafen gelernt (ohne Schlafmittel).

132. An Professor Overbeck

Nizza, Frühjahr 1886.

Lieber Freund,

daß ungefähr zu gleicher Zeit, wo Du an mich schriebst, meine Gedanken bei Dir in Basel waren, wird Dir ein vorgestern an Dich abgesandtes rotes Heft verraten: – wie schön wäre es, über dergleichen *curiosa* hübsch miteinander, beieinander lachen (selbst sich ärgern) zu können! Ach, die dumme Gesundheit, die einen von seinen Freunden fern hält! Die Nachrichten über Deine eigne Gesundheit (aus beiden letzten Briefen), auch über Deine Augen, lassen mich es bewundern, wie tapfer Du Dich eigentlich dort in Basel durchschlägst. Aber freilich, Du hast es, dank Deiner Frau, eben hundert Male besser als ich: Ihr habt zusammen ein Nest – und ich habe höchstens eine Höhle, ich mag mich drehn und wenden wie ich will. Man sagt mir hier, daß ich den ganzen Winter, trotz vielfacher Beschwernis, immer »bei glänzender Laune« gewesen sei; ich selber sage mir, daß ich den ganzen Winter *profondement triste*, torturiert von meinen Problemen bei Tag und Nacht, eigentlich noch mehr höllenmäßig als höhlenmäßig gelebt habe – und daß ich den gelegentlichen Verkehr mit Menschen wie ein Fest, wie eine Erlösung von »mir« fühle. Das große Mißverständnis der Heiterkeit! Die brave Malwida, die mit ihrer rosigen Oberflächlichkeit sich in einem schweren Leben immer »obenauf« gehalten hat, schrieb mir einmal, zu meinem bittersten Vergnügen, daß sie, aus meinem »Zarathustra« heraus, schon den »heitren Tempel winken« sehe, den ich auf diesem Fundamente aufbauen werde. Nun, es ist einfach zum Totlachen; und ich gebe mich nachgerade damit zufrieden, daß man mir nicht zusieht und ansieht, an was für einem »Tempel« ich baue. –

Erholung, lieber alter Freund, nichts als Erholung habe

ich auch jetzt wieder nötig: aber sie ist immer schwerer zu schaffen. – Die erquickliche leichte Musik Köselitzens gehört dahin: was bin ich diesem Glücksfunde meines Lebens dankbar! (Aber warum hast Du mir nichts über den Brief K.s gesagt, den ich dem letzten Briefe an Dich beigelegt hatte? Hoffentlich ist nichts verloren gegangen? Ich schrieb gleich nach dem Eintreffen des letzten Geldes; seitdem hörte ich nichts von Dir.) Es ist dem Armen mit Wien wie mit Dresden mißraten; er bat mich, etwas zu seinen Gunsten bei Mottl in Karlsruhe zu versuchen. Letzterer, obschon mir persönlich unbekannt, hat inzwischen sehr artig an mich geschrieben: er lege den größten Wert auf meine Empfehlung (»die Empfehlung eines von mir enthusiastisch verehrten Mannes«). Hoffentlich bleibt es nicht bei Worten. – Was Du von Deinen literarischen Absichten schreibst, macht mir rechte Freude. Ich lese Dich so gern, selbst noch abgesehn von dem, was man durch Dich lernt. Du verschlingst so artig Deine Gedanken, ich möchte fast sagen, listig, als ein Mensch der *nuances*, der Du bist. Der Himmel segne Dich dafür, in einem Zeitalter, das täglich plumper wird. –

Inzwischen hat man sich bemüht, mich zur Wiederaufnahme meiner akademischen Tätigkeit anzureizen. Ich soll durchaus kulturgeschichtliche Kollegien lesen. – Sonderbar! Rein als Frage der Erholung ist mir dieser Gedanke sogar recht geläufig. Aber es gibt eine Verrechnung dabei.

Bitte, sende mir, sobald Du kannst, das flügge werdende Geld hierher (zur Hälfte französisch, zur Hälfte italienisch, wofern dies möglich ist und Dir keine Mühe macht). Ich bleibe hier bis zum 13. April. Meine Augen erlauben es nicht länger. Nachher wahrscheinlich Venedig, mit seinem Gäßchen-Dunkel; dann Engadin; im Herbst muß ich meiner alten armen Mutter etwas Trost zusprechen.

Herr Credner ist bereit, »einen zweiten Band der ›Morgenröte‹ in Verlag zu nehmen«, er hat mir brieflich angezeigt, daß er wünsche, »unter meine Verehrer gerechnet zu werden«. Solchen Glauben in Israel habe ich noch nicht gefunden. Trotzdem – – –

Ach, wie vieles gäbe es zu sagen und zu beratschlagen, lieber Freund! Empfiehl mich angelegentlich Deiner Frau und ihren Angehörigen. Dieses Jahr wird mich auch einmal nach München bringen.

Treulich Dein Freund

Nietzsche.

(Sehr in Arbeit. Sei übrigens unbesorgt, es wird keinen zweiten Band »Morgenröte« geben. –)

133. An Jakob Burckhardt

Sils-Maria, Oberengadin,
22. Sept. 1886.

Hochverehrter Herr Professor,

es tut mir wehe, so lange Sie nicht gesehn und gesprochen zu haben! Mit wem möchte ich eigentlich noch sprechen, wenn ich nicht mehr zu Ihnen sprechen darf? Das *»silentium«* um mich nimmt überhand. –

Hoffentlich hat inzwischen C. G. Naumann seine Schuldigkeit getan und mein letzthin erschienenes »Jenseits« in Ihre verehrten Hände gelegt. Bitte lesen Sie dies Buch, (ob es schon dieselben Dinge sagt, wie mein »Zarathustra«, aber anders, sehr anders –). Ich kenne niemanden, der mit mir eine solche Menge Voraussetzungen gemein hätte wie Sie: es scheint mir, daß Sie dieselben Probleme in Sicht bekommen haben, – daß Sie an den gleichen Problemen in ähnlicher Weise laborieren, vielleicht sogar stärker und tiefer noch als ich, da Sie schweigsamer sind. Dafür bin ich jünger... Die unheimlichen Bedingungen für jedes Wachstum der Kultur, jenes äußerst bedenkliche Verhältnis zwischen dem, was »Verbesserung« des Menschen (oder geradezu »Vermenschlichung«) genannt wird, und der Vergrößerung des Typus Mensch, vor allem der Widerspruch jedes Moralbegriffs mit jedem wissenschaftlichen Begriff des Lebens – genug, genug, hier ist ein Problem, das wir glücklicherweise, wie mir scheint, mit nicht gar vielen unter den Lebenden und Toten gemein haben dürften. Es aussprechen ist vielleicht das gefährlichste Wagnis, das es gibt, nicht in Hinsicht auf den, der es wagt, sondern in Hinsicht auf die, zu denen er davon redet. Mein Trost ist, daß zunächst die Ohren für meine großen Neuigkeiten fehlen, – Ihre Ohren ausgenommen, lieber und hochverehrter Mann: und für Sie wiederum werden es keine »Neuigkeiten« sein! ––

Treulich der Ihre

Dr. Friedrich Nietzsche.

Adresse: *Genova, ferma in posta.*

134. An Paul Deussen

Sils-Maria, September 1886.

Lieber alter Freund,

es gibt, wie man mir mitteilt, den schönsten Anlaß, Dir Glück zu wünschen – oder vielmehr nicht einmal erst zu wünschen. Halte fest, was Du jetzt hast, mein alter Freund und Kamerad, sonderlich wenn das »Glück«, wie in Deinem Falle, ein gutes Weib ist; denn das Glück läuft gar zu gerne von unsereinem davon (nämlich von uns Philosophen und Untieren der Erkenntnis ...).

Zum Zeichen, wie gern ich einmal mich wieder in Deiner Nähe wissen würde, habe ich mir erlaubt, Dir mein jüngstes und bösartigstes Kind zuzusenden: hoffentlich lernt es in Deiner Nähe etwas »Moralität« und Vedânteske Würde, da es an beidem von seinem Vater her Mangel leidet. »Jenseits von Gut und Böse« heißt es; eben las ich bereits einen furchtbar ernsten Aufsatz darüber unter dem Titel »Nietzsches gefährliches Buch« – es wird das Thema durchfiguriert »das ist Dynamit« ...

Was liegt daran! War jemals ein Mensch verwegener zu den Dingen gestellt als ich? Man muß es aushalten können: das ist die Probe; was man dazu »sagt«, davon »denkt«, ist mir gleichgültig. Schließlich – ich will nicht für heute und morgen, sondern für Jahrtausende recht behalten.

Diesen Sommer sprach ich öfter über Dich mit Leskien (Sils-Maria ist nämlich in der zweiten Hälfte des Sommers ein wahres Professorenrendezvous: so daß der alte »Einsiedler von Sils-Maria« auf dem laufenden erhalten wird – – ja, ja, auf dem laufenden, aber zum Davonlaufen, was die heutigen deutschen Universitäts-Bildungs-Zustände anbetrifft). Leskien erzählte von der außerordentlichen Schätzung, welche Böhtlingk für Dein Werk habe; er meinte, es würde leichter sein, Dir eine Sanskrit-Professur als einen Lehrstuhl (Lehnstuhl) für Philosophie zu schaffen. Im Grunde hättest Du Dich mit Deiner Doppelbegabung zwischen zwei Stühle gesetzt: – man läßt ja nach alter Gelehrtengewöhnung nur die »Spezialität« gelten, man darf nicht zweien Herren dienen, zumal wenn es zwei Weiber sind, wie Philologie und Philosophie...

Mir selbst hat Dein Buch immer von neuem wieder tiefes Interesse und Belehrung gegeben: ich wünschte, es gäbe etwas ähnlich Klares, Dialektisch-Durchgearbeitetes auch für die Sankhya-Philosophie. –

Behalte in gutem Gedächtnisse
Deinen Freund
Friedrich Nietzsche.

135. An Freiherrn von Seydlitz

Nizza, pension de Genève,
pet. rue St. Etienne
26. Oktober 1886

Lieber Freund,

schönsten Dank! – Aber ich will nicht nach Paraguay, wohin man mich einladet. Viel eher noch nach München: vorausgesetzt, daß ich wieder heiterer und »menschenfreundlicher« werde, als ich jetzt gerade bin.

Was für ein schwermütiger Herbst! Bleigewichte überall, niemand, der mich etwas aufhellt, – und nichts um mich als meine alten Probleme, die alten rabenschwarzen Probleme! – Hast Du Dich in meinem »Jenseits« umgetan? (Es ist eine Art Kommentar zu meinem »Zarathustra«. Aber wie gut müßte man mich verstehn, um zu verstehn, inwiefern es zu ihm ein Kommentar ist!) Ein Buch für die Menschen umfänglichster Bildung, z. B. Jakob Burckhardt und Hippolyte Taine, die ich einstweilen für meine einzigen Leser halte: und zuletzt nicht einmal ein Buch für sie –, sie haben weder die gleiche Not noch den gleichen Willen mit mir gemein. – Dies ist Einsamkeit: – ich habe niemanden, der mit mir mein Nein und mein Ja gemein hätte!

Die Reise nach Korsika gab ich auf, weil mir der Mensch, der mich dahin begleiten sollte, gänzlich bei näherer Besichtigung zuwider wurde. Meine Dreiviertelsblindheit zwang mich, alles eigne Experimentieren zu lassen und schnellstens nach Nizza zu flüchten, das meine Augen »auswendig gelernt« haben. Ja, gewiß! Es hat mehr Licht als München! Bis jetzt weiß ich außer Nizza und dem Engadin keine Gegend, wo ich noch es aushalte, täglich ein paar Stunden mit den Augen tätig zu sein. Aber auch damit geht es vielleicht mit diesem Winter zu Ende. – Habe nur Geduld: ich komme schon nach München.

Vielleicht gibt es daselbst ein sehr lustiges weibliches Geschöpf, mit dem ich lachen kann? Ich muß das Lachen nachholen.

Von Paraguay aus die herzlichsten Grüße an Dich und Deine liebe Frau, der ich wünsche bestens empfohlen zu sein.

Treulich Dein Nietzsche.

Den Wagnerianern (namentlich Levi) in München allesamt meine besten *compliments, sincères et tendres!*

136. An Malwida von Meysenbug

Nizza, 13. Dez. 1886.
Pension de Genève.
Petite rue St.-Etienne.

Verehrteste Freundin,

Ihre liebenswürdige Absicht, mir schreiben zu wollen, hat mich in Gestalt einer grünen Karte erreicht: sie hatte dazu den Sprung von Genua nach Nizza zu machen. Es ist mein vierter Winter an diesem Orte, mein siebenter an dieser Küste: so will es meine ebenso dumme als anspruchsvolle Gesundheit, auf die böse zu sein gerade jetzt wieder die Anlässe zu häufig sind. Nizza und Engadin: aus diesem Zirkeltanze darf ich altes Pferd immer noch nicht heraus. –

Zum mindesten darf ich nicht in jene wärmeren Länder, wohin ich jetzt sehr gelockt werde: jeder Brief aus Paraguay enthält Künste der Verführung. Aber umsonst! – ich weiß zu gut, daß mich die Kälte verwöhnt hat (denn mein Kunststück, um die letzten zehn Jahre durchzubringen, bestand in dem Sich-auf-Eis-legen; ein kleiner milder Januar, ungefähr für das ganze Jahr durchgeführt, Nordzimmer, blaue

Hände, nichts von Ofen, eiskalte Gedanken – ah, davon brauche ich Ihnen nicht zu schreiben?! –). – Meine Tischnachbarin sagte neulich, in diesem Betrachte, meine Nähe verursache ihr Schnupfen. –

Hoffentlich finden Sie in Rom genug von Liebe und Freundschaft vor, um die Abreise von Versailles einigermaßen zu verwinden. Von Minghettis Tode habe sogar ich gehört. –

Hier ist die Saison sehr im Gange und Glanze, die letzte, wie man überall hört und fühlt, die letzte Saison vor »dem Kriege«. Man ist früher hier eingetroffen als je; ich selbst war unter den Frühesten. Auch die Kälte hat sich beeilt: vielleicht wird der Winter sehr kurz, und schon der Februar bringt den Frühling! Sicherlich kann es keine schönere Jahreszeit für Nizza geben als die jetzige: der Himmel blendend weiß, das Meer tropisch blau, des Nachts ein Mondlicht, daß die Gaslaternen sich schämen und rot werden: und darin laufe ich nun wieder herum, wie schon so viele Male, und denke meine schwarze Art Gedanken aus...

Treulich Ihr alter sehr vereinsiedelter Freund

F. N.

137. An Peter Gast

21. Januar 1887.

Nice (France), rue des Ponchettes 29 au premier.

Lieber Freund,

es ist mir eine wahre Erleichterung, Sie wieder in Venedig zu wissen. Ihr Brief – o was er mir wohltat! Es war mir wie ein Versprechen darin, daß es auch bei mir nun wieder besser gehen solle – besser, das heißt heller, heiterer, südlicher, unbekümmerter, hoffentlich auch »unliterarischer«: denn diese ganze Inszenesetzung meiner alten Literatur hat mich greulich malträtiert und »persönlich« gemacht. Ich tauge nicht fürs »Wiederkäuen« des Lebens. Jetzt ergötze und erhole ich mich an der kältesten Vernunftkritik, bei der man unwillkürlich blaue Finger bekommt (und folglich die Lust verliert, zu schreiben –). Ein Generalangriff auf den gesamten »Kausalismus« der bisherigen Philosophie kommt dabei heraus, auch einiges Schlimmere noch. –

Hätten Sie doch ein Stück Ihrer Oper zur Aufführung gebracht! Man muß, wenn man sich produzieren will, das am meisten Charakteristische, also Fremdeste produzieren. Daß Sie dem Levi Ihr Septett vorführen, ist, nach meinem Gefühle, mehr Höflichkeit als etwas anderes (etwas »Sachse« – Vergebung, alter Freund!). Das Beste an der Geschichte ist, daß Ihr Septett so aufgenommen wurde, wie Sie schreiben; hätte es gefallen, so hätte ich an eine Verwechslung geglaubt. –

Levi hat mir vom Frühling her den besten Eindruck hinterlassen. Auch was mir von anderer Seite inzwischen aus München gemeldet wurde, bestätigt, daß er eine Art Zusammenhang mit mir (er nennts Dankbarkeit) weder verloren hat, noch verlieren will: was übrigens von allen Wagnerianern gilt (ob ich es schon mir nicht recht zu erklären weiß). Man hat mich letzten Herbst in München erwartet »mit fieberhafter Spannung«, wie Seydlitz (jetzt Präsident des Wagner-Vereins) meldete. Im Engadin, beiläufig gesagt, hatte ich als Tischnachbarin die Schwester des Barbiers von Bagdad: Sie verstehen diese abgekürzte Redeweise?

Zuletzt – neulich hörte ich zum ersten Male die Einleitung zum »Parsifal« (nämlich in Monte Carlo!). Wenn ich Sie wiedersehe, will ich Ihnen genau sagen, was ich da verstand. Abgesehn übrigens von allen unzugehörigen Fragen (wozu solche Musik dienen kann oder etwa dienen soll?), sondern rein ästhetisch gefragt: hat Wagner je etwas besser gemacht? Die allerhöchste psychologische Bewußtheit und Bestimmtheit in bezug auf das, was hier gesagt, ausgedrückt, mitgeteilt werden soll, die kürzeste und direkteste Form dafür, jede Nuance des Gefühls bis aufs Epigrammatische gebracht; eine Deutlichkeit der Musik als deskriptiver Kunst, bei der man an einen Schild mit erhabener Arbeit denkt; und, zuletzt, ein sublimes und außerordentliches Gefühl, Erlebnis, Ereignis der Seele im Grunde der Musik, das Wagnern die höchste Ehre macht, eine Synthesis von Zuständen, die vielen Menschen, auch »höheren Menschen« als unvereinbar gelten werden, von richtender Strenge, von »Höhe« im erschreckenden Sinne des Wortes, von einem Mitwissen und Durchschauen, das eine Seele wie mit Messern durchschneidet – und von Mitleiden mit dem, was da geschaut und gerichtet wird. Dergleichen gibt es bei Dante, sonst nicht. Ob je ein Maler einen so schwermütigen Blick der Liebe gemalt hat, als W. mit den letzten Akzenten seines Vorspiels? –

Treulich Ihr Freund Nietzsche.

138. An die Schwester

Nizza, 26. Januar 1887.

Meine liebe Schwester,

Donnerstag nachmittag, als ich im Spazierengehn gerade an das fremdherrliche Lama dachte und ihm einen Brief zu schreiben beschloß, trat ein unbekannter Herr zu mir und sagte: »*Madame Gazzola a des lettres pour Monsieur.*« Sofort ging Monsieur zu Madame Gazzola – ah, eine *gazza ladra* schlimmen Angedenkens vom letzten Winter her – und siehe da, es gab einen Brief mit der unverkennbaren Handschrift eines südamerikanischen Lamas. Allerschönsten

Dank! Er kam sehr erwünscht, denn die Choleranachrichten der Zeitungen hatten mich recht auf ein Lebenszeichen von Dir warten machen. Das Beste aber an Deinem guten Briefe ist die in ihm über vier Jahre weg gespannte Hoffnung und Regenbogenbrücke eines Wiedersehens, und zwar hier in Nizza: – was, beiläufig gesagt, selbst auf verwöhnte Südamerikaner nicht ohne Anziehungskraft zu sein scheint, denn wir haben immer Gäste von dort, diesen Winter zum Beispiel die erste Militär-Personnage von Montevideo, eine Zeitlang auch den Präsidenten von Argentinien. Diesmal gerade, wo Europa sich in einen Schneeberg und Eisbär verwandelt hat, verdient unser Streifen Riviera dreifache Sterne der Auszeichnung: bisher noch kein Stäubchen Schnee; und wenn auch die ferneren Berge um Nizza herum sich weiß gepudert haben, so möchte dies mehr unter die Toilettenkünste dieser südländischen Schönheit und Zauberin gehören als unter ihre Bösartigkeiten (an denen sie übrigens reich ist, *comme beauté et comme femme*). Wie gut, daß ich nicht in München bin! Seydlitz meldete mir kürzlich von dort eine bis dahin noch gar nicht dagewesene Verdummung bei sich (man hat ihn zum Präsidenten des Wagner-Vereins gemacht –): sicherlich die Konsequenz der ewigen betrübten, eisigen, feuchten Sonnenlosigkeit des deutschen Winters. Rothpletzens sind allesamt nach Teneriffa entschlüpft; Herr Gast, nach einer langen resultatlosen Tierquälerei daselbst, die mir große Besorgnisse gab, hat sich wieder in die Venediger Einsiedelei davongemacht. Aus Rom meldet man (nämlich Malwida ebenso als General Simon) die große allgemeine Schmutzerei in den Gassen – man beneidet mich um das reinliche Nizza. Kurz, jenes philosophische Murmeltier, welches seine Sommer im Engadin verpfeift – – denn das Murmeltier pfeift, es hat nichts Besseres von der Musik gelernt –, macht diesmal wieder seinen Winterschlaf in Nizza ab: und es ist Vernunft darin, *quod erat demonstrandum*. Übrigens sagt man mir, daß ich noch nie so gesund ausgesehn hätte als diesen Winter. Tatsächlich fehlt noch viel an der wirklichen Gesundheit; ich erinnere mich aber eines ganzen Nachmittags, wo ich mir gesund vorkam, und es ist kein Zweifel, daß ich jeden Winter seit sieben Jahren einen Hops in der Richtung hin gemacht habe, wo die vollkommene Gesundheit wohnt. Hoffen wir, daß ich sie bei einem längeren Leben schließlich doch noch erwische, sei es auch nur im Greisenalter, als wackeliger alter Weisheitsgreis. Was nämlich meine bisherige »Weisheit« betrifft, so habe ich sie satt. Inzwischen wurde meine ganze bisherige Literatur mit Vorreden und neuen Manschetten versehen: vielleicht daß sie dadurch anziehender für andere geworden ist – für mich ist es damit aus. Wenn es Euch, meine verehrten Hinterwäldler, darnach gelüsten sollte, so wird einmal das Ganze meiner Literatur, *l'œuvre de Frédéric Nietzsche*, wie man sich in Frankreich ausdrücken würde, seine Reise über den Ozean machen (*in summa* 4 starke Bände). Aber wer weiß, wann endlich die sächsische Verleger- und Druckerbummelei mit dem *œuvre* fertig wird! Das Letzte, was zustande kam, ist die »Morgenröte«; die größte Veränderung aber begibt sich mit der »Fröhlichen Wissenschaft«, welche zuletzt in lauter Lieder und Liederlichkeit ausläuft, unter dem Titel »Lieder des Prinzen Vogelfrei«. – Anbei, nämlich indem ich gezwungen war, meine ganze Büchermenschvergangenheit still für mich wiederzukäuen, habe ich konstatiert:

1. daß die lieben Deutschen es in fünfzehn Jahren noch nicht zu einer einzigen auch nur mittelmäßig gründlichen und ernsthaften Rezension irgendeines meiner zwölf Bücher gebracht haben;

2. daß ich selber dies Faktum erst jetzt bemerke, also wahrscheinlich innewendig nicht sehr um die Aufmerk-

samkeit der lieben Deutschen bemüht gewesen bin – kurz, daß ichs »verdient« habe –;

3. daß ich keinen Menschen weiß, der von dem Hintergrunde dieser ganzen Literatur, von meinem sehr merkwürdigen eigentlichen Schicksale, etwas »wüßte« oder es mir zu verstehen gegeben hätte, daß er etwas wüßte; ich bin folglich in der Ironie und Menschenverspottung ziemlich avanciert, jetzt bereits so weit, daß ich auf »verehrende Briefe«, wie sie nicht ganz selten eintreffen, nicht mehr antworte, – ich rieche die Verwechslung immer fünfhundert Schritt weit.

Genug. Aber ich sage dies, um auch meinerseits das Bedürfnis auszudrücken, einige Wochen nichts zu tun, als zu lachen. Also: in vier Jahren, meine liebe Schwester, wird gelacht, dabei bleibt es; ich danke von ganzem Herzen für dies Versprechen.

Inzwischen die treulichsten Wünsche für Eure mutigen Unternehmungen, die fortfahren, mich in Erstaunen zu setzen.

In Liebe
F.

139. An die Schwester

Nizza, Mittwoch, d. 23. März 1887.

Mein liebes Lama,

es ist mir jetzt schlecht zu helfen: wenn man sich mit aller Mühe ein halbes Leben lang fast unbedingte Unabhängigkeit erkämpft hat, wie ich es nötig fand, so muß man auch die Nachteile einer solchen Situation mit in den Kauf nehmen – man hat das eine nicht ohne das andere. Zu diesen Nachteilen gehört, daß von außen her niemand leicht errät, was einem abgeht. Ich wünschte etwas mehr Geld zu ha-

ben, so daß ich zum Beispiel bloß im Intere
schwankenden Gesundheit und um die unzählig
ler zu vermeiden, denen ich in Restaurants
ausgesetzt bin, eine eigene Küche haben könnte.
eine Sache des Stolzes: ich möchte ein Leben f , das wirklich mir gemäß ist und nicht derartig schablonenmäßig erscheint wie das Leben »eines Gelehrten auf Reisen«. – Aber selbst die fünf Bedingungen, die mir das Leben erträglich machen könnten und wirklich nicht unbescheiden sind, scheinen nicht erfüllbar. Ich brauche 1) jemanden, der meinen Magen überwacht, 2) jemanden, der mit mir lachen kann und einen heiteren Sinn hat, 3) jemanden, der stolz auf meine Gesellschaft ist und die »anderen« im richtigen Respekt mir gegenüber erhält, 4) jemanden, der mir vorliest, ohne ein Buch zu verdummen. Es gäbe schon noch ein Fünftes, aber davon will ich gar nicht reden.

Mich zu verheiraten, wäre jetzt vielleicht eine einfache Dummheit, bei der mir meine blutig erworbene Unabhängigkeit sofort wieder flöten ginge. Ich hätte dabei ja wieder nötig, in irgendeinem Staate Europas mich zum Bürger zu machen, mitzuwählen, ich würde Rücksicht auf Weib, Kind, Familie des Weibes, den Ort, wo ich lebte, die Menschen, mit denen wir verkehrten, zu nehmen haben: aber mir dergestalt die Zunge zu binden, wäre mein Untergang. Lieber elend, krank, gefürchtet in irgendeinem Winkel leben als »arrangiert« und eingereiht in die moderne Mittelmäßigkeit! Es fehlt mir weder an Mut noch an guter Laune. Beides ist mir geblieben, weil ich keine Feigheiten und falschen Kompromisse auf dem Gewissen habe. Beiläufig gesagt, ein weibliches Wesen, das sich zum Verkehr mit mir eignete, dessen Nähe mich nicht langweilte und nervös machte, habe ich bis jetzt noch nicht wieder gefunden. (Das Lama war ein guter Hausgenosse, dafür finde ich keinen Ersatz, aber es wollte seine Energie austoben und sich auf-

‚tern. Für wen? für eine jämmerliche fremde Menschheit, von welcher es niemals Dank erfährt – und nicht für mich. Und ich wäre ein so dankbares Tier und immer bereit zu einem fröhlichen Gelächter. Kannst Du denn überhaupt noch lachen? Ich fürchte, bei diesen verbitterten Menschen da drüben wirst Du es ganz verlernen –). Übrigens, ich kenne halb Europa in Hinsicht auf Weiblichkeit, und überall, wo ich die Einwirkung der Frauen auf ihre Männer beobachten konnte, bemerkte ich eine Art langsamen Herunterkommens als Resultat, z. B. bei dem armen ***. Wenig ermutigend, nicht wahr?

Anfang nächsten Monats verlasse ich Nizza, um eine stille Zurückgezogenheit am Lago Maggiore zu suchen, wo es Wald und Schatten gibt und nicht diese blendend weiße und beständige Sonne des Nizzaer Frühlings! Die Adresse ist: Villa Badia, Cannobio (Lago Maggiore); aber ehe Dich dieser Brief erreicht, wer weiß, wo ich dann schon wieder bin.

In Liebe

Dein F.

140. An Peter Gast

Cannobio, 19. April 1887.
Villa Badia, Dienstag.

Wirklich, lieber Freund, meine Karte war ohne alle Hintergedanken, ein reiner Ausdruck der Dankbarkeit gegen Sie und Venedig (Vergebung, wenn das in mir durcheinandergewachsen ist: Frühling, Venedig und Ihre Musik weiß ich nicht mehr auseinanderzuhalten – wozu auch! ich habs zusammen erlebt!). Nun aber, nach Ihrer Karte, nach Ihrem verführerischen Bilde, mit dem auch größere Asketen zu verlocken wären als ich bin, nun kommen die Hintergedanken: oder vielmehr, ich bin bereits entschlossen, am 1. Mai meine Frühlingspilgerschaft zu Ihrer Stadt anzutreten. Vielleicht aber reden Sie es mir noch aus? Vielleicht ist die Stadt überfüllt? Wohnung nur zu extremen Preisen zu haben? (Beiläufig: hat die alte Östreicherin am *Canal grande* vermietet?) Dann aber – es ist kein Zweifel, daß mir jetzt eine Erholung, eine Abziehung von mir im höchsten Grade not tut: ich hatte an eine Kaltwasserkur in der Schweiz gedacht, fürchte mich aber vor den Schweizern noch mehr als vor der Einsamkeit. Ich würde viel darum geben, mit Ihnen einige *aesthetica* zu reden, Prinzipielles, wozu mich Ihre eigne Musik immer wieder treibt. (»Wir« entbehren eigentlich aller musikalischen Ästhetik und wissen unsre Werte, wie wir sie stark genug empfinden, nicht recht mehr zu begründen: bei mir ein wahrer Notstand!) Die ganze Stellung der Kunst ist mir zum Problem geworden: und, psychologisch geredet, was ging eigentlich in Ihnen vor, als Sie den Mut zu Ihrem jetzigen Geschmack gewannen? und was in mir, als ich mich Wagnern entfremdete (und vor W. schon der Schumannschen Musik)? Ich will dahinterkommen, warum Ihre »Löwenmusik« mir in dem Maße erquicklich, heilkräftig, innig, heiter, verklärt erscheint, wie – nun zum Beispiel wie Goethes Löwennovelle (Sie kennen sie doch? es ist der frühste und stärkste Eindruck, den ich von Goethe habe) oder wie Stifters »Nachsommer«. In dieser Richtung liegt noch eine ganze Welt der Schönheit: und es gäbe kaum ein größeres Leidwesen für mich als zu denken, daß die traurigen Kruditäten der letzten Jahre Sie, lieber Freund, von dieser einmal entdeckten Welt abspenstig machen sollten. Ich segne Venedig, das alte und das neue, weil es nun einmal ihre Muschel ist: und ich ehre Ihre Konchylienabgeschlossenheit zu hoch in meiner Seele, als daß mir nicht immer einiges Mißtrauen kommt, wenn ich eine Reise nach Venedig ins Auge fasse.

Ihren Aufsatz habe ich mit ungeheurem Vergnügen gelesen: er ist, wenn mir das zu sagen erlaubt ist, in einem Stile geschrieben, der Nietzischer gar nicht gedacht werden kann. Es gibt so viel Geheimnisse des Rhythmus, der Satzkadenzen, von denen meine Leser nichts wissen, meinen Leser ausgenommen!

Eben sendet Fritzsch den vorletzten Bogen des V. Buches. Wollen wir das Fertigwerden der »Fröhlichen Wissenschaft«, im Grunde das Fertigwerden meiner ganzen bisherigen »Literatur« zusammen feiern? Ich fühle, daß es jetzt einen Abschnitt in meinem Leben gibt – und daß ich nun die ganze große Aufgabe vor mir habe! Vor mir und, noch mehr, auf mir!

Im übrigen würde ich in Venedig still und abseits, wie ein Englein leben, kein Fleisch essen und alles vermeiden, was die Seele düster und gespannt macht. Kürzlich noch schrieb ich an Overbeck, daß ich nur einen einzigen Ort auf der Erde liebe, nämlich Venedig.

Bitte, alter Freund, sagen Sie, soll ich kommen? ...

Ihr
Nietzsche.

141. An Malwida von Meysenbug

12. Mai 1887.
Adresse: Chur (Schweiz), Rosenhügel
– bis zum 10. Juni –
nachher: Celerina, Oberengadin.

Hochverehrte Freundin.

Seltsam! Was Sie zuletzt mir mit solcher Güte ausdrückten, ob es nicht für uns beide jetzt fruchtbar und erquicklich sein müßte, unsre zwei Einsamkeiten wieder einmal in die allernächste herzlichste Nachbarschaft zu rükken, das habe ich selbst oft genug in der letzten Zeit gedacht und gefragt. Noch einen Winter mit Ihnen zusammen, vielleicht gar von Trina gemeinsam gepflegt und gewartet – das ist in der Tat eine äußerst verlockende Aussicht und Perspektive, für die ich Ihnen nicht genug Dank sagen kann! Am liebsten schon noch einmal in Sorrent (δίς χαὶ τρίς τὸ καλόν sagen die Griechen: »Alles Gute zweimal, dreimal!«). Oder in Capri – wo ich Ihnen wieder Musik machen will, und bessere als damals! Oder in Amalfi oder Castellammare. Zuletzt selbst in Rom (obschon mein Mißtrauen gegen römisches Klima und gegen die großen Städte überhaupt auf guten Gründen steht und nicht leicht umzuwerfen ist). Die Einsamkeit mit der einsamsten Natur war bisher mein Labsal, mein Mittel der Genesung: solche Städte des modernen Treibens wie Nizza, wie sogar schon Zürich (von wo ich eben komme), machen mich auf die Dauer reizbar, traurig, ungewiß, verzagt, unproduktiv, krank. Von jenem stillen Aufenthalte da unten habe ich eine Art Sehnsucht und Aberglauben zurückbehalten, wie als ob ich dort, wenn auch nur ein paar Augenblicke, tiefer aufgeatmet hätte als irgendwo sonst im Leben. Zum Beispiel bei jener allerersten Fahrt in Neapel, die wir zusammen nach dem Posilipp zu machten. – Am Ende, alles erwogen, sind Sie allein mir zu einem solchen Wunsche übriggeblieben: im übrigen fühle ich mich zu meiner Einsamkeit und Burg verurteilt. Da gibt es keine Wahl mehr. Das, was mich noch leben heißt, eine ungewöhnliche und schwere Aufgabe, heißt mich auch den Menschen aus dem Wege zu gehn und mich an niemanden mehr anzubinden. Es mag die extreme Lauterkeit sein, in die mich eben jene Aufgabe gestellt hat, daß ich nachgerade »die Menschen« nicht mehr riechen kann, am wenigsten die »jungen Leute«, von denen ich gar nicht selten heimgesucht werde (– o, sie sind zudringlich-täppisch, ganz wie junge Hunde!). Damals, in der Sorrentiner Einsamkeit, waren mir Brenner und Rée zuviel: ich bilde mir ein, daß ich damals gegen Sie sehr schweigsam gewesen bin, selbst über Dinge, über die ich zu niemandem geredet hätte als zu Ihnen.

Auf meinem Tische liegt die neue Auflage (die zweibändige) von »Menschliches, Allzumenschliches«, deren erster Teil damals ausgearbeitet wurde – seltsam! seltsam! gerade in Ihrer verehrungswürdigen Nähe! In den langen »Vorreden«, welche ich für die Neuherausgabe meiner sämtlichen Schriften nötig befunden habe, stehen kuriose Dinge von einer rücksichtslosen Aufrichtigkeit in bezug auf mich selbst. Damit halte ich mir »die vielen« ein für allemal vom Leibe: denn nichts agaziert die Menschen so sehr, als etwas von der Strenge und Härte merken zu lassen, mit der man sich selbst, unter der Zucht seines eigensten Ideals, behandelt und behandelt hat. Dafür habe ich meine Angel nach »den wenigen« ausgeworfen, zuletzt auch dies ohne Ungeduld: denn es liegt in der unbeschreiblichen Fremdheit und Gefährlichkeit meiner Gedanken, daß erst sehr spät – und gewiß nicht vor 1901 – die Ohren sich für diese Gedanken aufschließen werden.

Nach Versailles zu kommen – ach wäre es nur irgendwie mir möglich! Denn ich verehre den Kreis Menschen, den Sie dort vorfinden (sonderbares Bekenntnis für einen Deutschen: aber ich fühle mich im heutigen Europa nur den geistigsten Franzosen und Russen verwandt, und ganz und gar nicht meinen gebildeten Landsleuten, die alle Dinge nach dem Prinzip »Deutschland, Deutschland über alles« beurteilen). Aber ich muß wieder in die kalte Luft des Engadins: der Frühling setzt mir unglaublich zu: ich mag gar nicht eingestehn, bis in welche Abgründe von Mutlosigkeit ich mich unter seinem Einflusse verirre. Mein Leib fühlt sich (wie übrigens auch meine Philosophie) auf die Kälte als sein konservierendes Element angewiesen – das klingt paradox und ungemütlich, ist aber die bewiesenste Tatsache meines Lebens.

– Damit verrät sich zuletzt keineswegs eine »kalte Natur«: das verstehen Sie gewiß, meine hochverehrte und treue Freundin!...

In alter Liebe und Dankbarkeit Ihr

Nietzsche.

Frl. Salomé hat mir gleichfalls die Verlobung mitgeteilt; aber auch ich habe ihr nicht geantwortet, so aufrichtig ich ihr Glück und Gedeihen wünsche. Dieser Art Mensch, der die Ehrfurcht fehlt, muß man aus dem Wege gehn.

In Zürich habe ich das vortreffliche Fräulein von Schirnhofer aufgesucht, eben von Paris zurückkehrend, über ihre Zukunft, Absicht, Aussicht ungewiß, aber, gleich mir, für Dostojewskij schwärmend.

142. An die Schwester

Chur, 21. Mai 1887.

Meine geliebte Schwester.

Dein guter Brief ist gestern bei mir angelangt, bei Deinem einsiedlerischen Bruder, dem von außen her selten etwas Gutes kommt und der im allgemeinen eine kleine Furcht vor der Post hat. Um so mehr freut er sich, wenn etwas kommt, was so viel Güte des Herzens verrät. Sonderbar: aber es scheint mir, daß in den letzten Jahren mein Mißtrauen dergestalt überhand genommen hat, daß es wie eine Krankheit ist. Auch wird mir Jahr für Jahr schwerer; und die schlimmsten und schmerzhaftesten Zeiten meiner Gesundheit erschienen mir nicht so drückend und hoffnungsarm wie meine jetzige Gegenwart. Was ist denn geschehen? Nichts als was notwendig war, – meine Differenz mit allen Menschen, von denen ich bis dahin Vertrauen empfangen hatte, ist ans Licht gekommen: man merkt gegenseitig, daß man sich eigentlich verrechnet hat. Der eine schwenkt hierhin ab, der andere dorthin, jeder findet seine kleine Herde und Gemeinschaft, nur gerade der Unabhängigste nicht, der allein übrigbleibt und vielleicht, wie in meinem Fall, gerade schlecht zu dieser radikalen Vereinsamung taugt, – hier in Chur habe ich noch keinen guten Tag gehabt, das Wetter hat seinen Anteil daran, aber leider nicht den wesentlichsten. So oft gedachte ich der frohen Tage, die wir damals hier verlebten – der Kontrast mit jetzt ist ungeheuer: Himmel! was bin ich jetzt einsam! Ich habe niemand mehr, mit dem ich lachen kann, der mit mir Tee trinkt und mich liebreich tröstet. – Ich denke mit Mißtrauen an den Sommer im Engadin, in Erinnerung der langen Strapaze und Selbstüberwindung, welche bisher jeder dieser Aufenthalte gewesen ist. Wäre ich wenigstens bei dem trefflichen Gast! Aber der sitzt auch trübselig und enttäuscht in seinem Venedig; ich gestehe, ich selbst würde mich erleichtert fühlen, wenn von ihm sich Gutes hören ließe. Zuletzt bin ich etwas an seinem Schicksal schuld, nämlich an seinem Geschmack und der Selbständigkeit, mit der er sich aufrechterhalten hat.

Auch Du, mein Lama, bist mir mit diesen exzentrischen Unternehmungen da drüben ganz fremd geworden, – es liegt ja auf der Hand, daß man mehr Mittel nötig hat, einen solchen Landbesitz rentieren zu machen, mindestens das Doppelte, als was der Ankauf gekostet hat. Vor allem Arbeitskräfte: wieviel Menschen sind eigentlich nötig, um diese Quadratmeilen Waldland ertragsfähig zu machen?? – Wenn mein Herr Schwager 300 Bauernfamilien zur sichern Disposition hätte, so wäre das der einzig sichre Fond, auf dem man bauen könnte, besser als große Kapitalien. – –

Gestern ist auch die erste Andeutung des Ostermeßberichts von einem meiner Leipziger Verleger gekommen, er lautet sehr ungünstig. Es herrscht eben gegen meine Literatur eine solche Fremdheit, daß sie nicht einmal Abneigung ist, sondern einfach Gleichgültigkeit, absolute »Wurschtigkeit«, mit Bismarck zu reden. Das Erträgnis übrigens geht darauf und kommt gar nicht in meine Hände, insofern ich Herrn E. W. Fritzsch viel Druckerei zu bezahlen habe, die die teilweise Umarbeitung und Umgestaltung meiner alten Literatur nötig gemacht hat. Hoffentlich decken sich die beiden Summen! so daß ich wenigstens nicht noch Geld neu aufnehmen muß. –

Den Frühling in Naumburg zu verleben, will ich nach den vorjährigen Erfahrungen nicht wieder versuchen, obgleich es ein wahres Vergnügen ist, unsre liebe Mutter so guter Dinge in ihrem behaglichen Nest zu sehen. Laß ihr nur den Spaß mit der Vermieterei! Was soll sie denn sonst, allein wie sie ist, mit dem Hause anfangen?

Nach Naumburg komme ich also so bald nicht wieder – überhaupt nicht nach Deutschland oder zu den »Freunden«!... Wieviel Gram, Frost und Verwunderung gab es bei jedem Wiedersehen! Mit Schaudern denke ich an meinen letzten längeren Aufenthalt in Basel. Wieviel heimliche Bitterkeit muß ein Mensch der Tiefe herunterschlucken, bis er die Kunst und den guten Willen hinzulernt, seine nächsten Freunde nun auch nicht mehr zu »enttäuschen«: das heißt, bis man sich entschließt, seine Not und sein Glück immer erst in die Oberfläche, in die Maske zu übersetzen, um ihnen verständlich zu werden, um etwas von sich überhaupt noch mitteilen zu können. Auch in Leipzig erfuhr ich, einige Lichtblicke ausgenommen, nichts als Demütigungen. Naumburg ist leider meine Abneigung *par excellence.* Die kleine Stadt und gedrückte Seelen! Du und ich sind nicht Naumburgisch geraten: viel zu unabhängig und vielleicht auch zu leicht zufrieden und in uns zufrieden: was diesen Rats- und Staatsmenschen nicht so leicht begegnet.

Es ist so schlimm, daß ich gar keine Menschen mehr habe, die es verstünden, mich zu erholen – so gut wie Du und Gersdorff hat es niemand wieder verstanden. Ja, die guten alten Zeiten! Wie wohl täte es mir, im Grunde nichts wohler, als mich von meinem guten Lama pflegen zu lassen. [...]

Du sagst, Neu-Germania habe nichts mit dem Antisemitismus zu tun, aber ich weiß es ganz sicher, daß das Kolonisationsprojekt wesentlich antisemitischen Charakter hat, aus jenem »Korrespondenzblatt«, das nur im geheimen verschickt wird und nur an die zuverlässigsten Mitglieder der Partei. (Hoffentlich gibt es Dir mein Herr Schwager nicht zu lesen! es wird immer unangenehmer.) Es scheint mir aber sehr möglich, ja wahrscheinlich, daß die Partei zwar darüber redet, aber nichts tut...

Ach, mein gutes Lama, wie bist Du nur dazu gekommen, Dich in solche Abenteuer zu stürzen? Wenn es nur gut endet! Immer wenn ich bedrückt bin, quälen mich allerhand Besorgnisse; denn wie ich meine liebe Schwester kenne, so wird sie lieber sterben als ihre Sache im Stich lassen. Aber das ist Nietzschisch! Dein Fritz.

Dazu scheinst Du dich durchaus zum »freiwilligen Opfertier« auszubilden und alle Unannehmlichkeiten auf Dich zu nehmen. Und mein Herr Schwager läßt sich diesen Blitzableiter gefallen? (Siehe »Menschliches, Allzumenschliches«! – Beian gesagt, warum hat Frau Wagner gerade diesen Aphorismus damals so übel genommen? Wagners wegen? Oder ihretwegen? Das war mir immer ein Rätsel.)

143. An Hippolyte Taine

Sils-Maria, Oberengadin, den 4. Juli 1887.

Hochverehrter Herr!

Es gäbe so viele Gründe für mich, Ihnen Dank zu sagen: für die nachsichtige Güte Ihres Briefes, in dem die Worte über Jakob Burckhardt mir besonders erquicklich zu Ohren klangen; für Ihre unvergleichlich starke und einfache Charakteristik Napoleons in der »Revue«, deren ich in diesem Mai beinahe zufällig habhaft wurde (ich war zuletzt nicht übel auf sie vorbereitet durch ein neuerdings erschienenes Buch Mr. Barbey d'Aurévillys, dessen Schlußkapitel – über neue Napoleon-Literatur – wie ein langer Schrei des Verlangens klang – wonach doch? Unzweifelhaft gerade nach einer solchen Erklärung und Auflösung jenes ungeheuren Problems von Unmensch und Übermensch, wie Sie sie uns gegeben haben). Ich will auch das nicht vergessen, daß ich mich freute, Ihrem Namen in der Widmung des letzten Romans von Mr. Paul Bourget zu begegnen: obwohl ich das Buch nicht mag – es wird Mr. B. niemals möglich sein, ein wirkliches physiologisches (?) Loch in der Brust eines Mitmenschen glaubwürdig zu machen (dergleichen ist für ihn bloß *quelque chose arbitraire,* wovon ihn sein delikater Geschmack hoffentlich fürderhin fernhalten wird. Aber es scheint, daß der Geist Dostojewskijs diesen Pariser Romanziers keine Ruhe läßt?). Und nun seien Sie so geduldig, verehrter Herr, und lassen Sie sich die Überreichung von zweien meiner Bücher gefallen, die eben in neuen Auflagen erschienen sind. Ich bin ein Einsiedler, Sie werden es wissen, und bekümmere mich nicht viel um Leser und um Gelesenwerden, doch hat es mir seit meinen zwanziger Jahren (ich bin jetzt dreiundvierzig) niemals an einzelnen ausgezeichneten und mir sehr zugetanen Lesern gefehlt (es waren immer alte Männer), darunter zum Beispiel Richard Wagner, der alte Hegelianer Bruno Bauer, mein verehrter Kollege Jakob Burckhardt und jener Schweizer Dichter, den ich für den einzigen lebenden deutschen Dichter halte, Gottfried Keller. Ich hätte eine große Freude daran, wenn ich auch den von mir am meisten verehrten Franzosen unter meinen Lesern hätte.

Diese zwei Bücher sind mir lieb. Das erste, die »Morgenröte«, habe ich in Genua geschrieben, in Zeiten schwersten und schmerzhaftesten Siechtums, von den Ärzten aufgegeben, angesichts des Todes und inmitten einer unglaublichen Entbehrung und Vereinsamung: aber ich wollte es damals nicht anders und war trotzdem mit mir in Frieden und Gewißheit. Das andre, die »Fröhliche Wissenschaft«, verdanke ich den ersten Sonnenblicken der wiederkehrenden Gesundheit: es entstand ein Jahr später (1882), ebenfalls in Genua, in ein paar sublimklaren und sonnigen Januarwochen. Die Probleme, mit denen sich die beiden Bücher beschäftigen, machen einsam. Darf ich Sie bitten, dieselben aus meinen Händen mit Wohlwollen in Empfang zu nehmen?

Ich bin und verbleibe mit dem Ausdruck meiner tiefen und persönlichen Hochschätzung

Ihr ergebenster

Friedrich Nietzsche.

144. An die Mutter

Venedig, Montag, den 3. Okt. 1887.

Meine liebe Mutter,

ich danke Dir herzlich für Deinen Brief, der mich erheiterte; auch brachte er sehr gute Nachrichten über unsre

Südamerikaner. Es scheint in der Tat, daß das Lama ihrer dortigen Aufgabe auf das tapferste nachkommt, – insgleichen, daß sie eine Aufgabe hat, bei der ihre Talente sich frei und natürlich entfalten können: mehr darf man eigentlich vom Leben nicht wünschen. Wenn die Sache gerät, so hat sie (wie mir wenigstens vorkommen will) den Löwenanteil am Gelingen. Die Männer geben in solchen Fällen allerdings die Initiative, aber meistens auch das Malheur hinzu. – Die Zeit bisher in Venedig war im ganzen nicht ungünstig; im Grunde habe ich seit zehn Jahren keinen Ort für den Herbst gewählt, der sich so wohltätig erwiesen hätte wie dies Venedig. Allerdings auch ein Wetter ohne Vergleich; klar, frisch, rein, wolkenlos, fast wie in Nizza. Unseren Gast finde ich besser eingerichtet (würdiger, distinguierter, unabhängiger) als ich es je gewesen bin; die alte vornehme Familie, in deren Haus er wohnt, lebt ganz für ihn, hat seit seinem Wiederkommen die besten Zimmer ihm abgetreten, kocht für ihn: so daß er auch besser genährt ist, als man es sonst im Süden wird. In dieser verbesserten Lage hat er wieder wunderschöne Musik gemacht, die sich auf das glücklichste von dem Wagnerischen Kampf- und Krampfwesen unterscheidet. Wir beide zusammen sind nicht gar zu leicht nach dem lieben Vaterlande zu verführen; die Borniertheit daselbst macht mich lachen; und wenn ich es vielleicht nötig habe, dorthin zurückzukehren (zu gelehrten Zwecken), so werde ich mir erst mit einem naturwissenschaftlichen Sprüchlein Mut machen, zum Beispiel:

»Um das Rhinozeros zu sehn,
Beschloß nach Deutschland ich zu gehn.«

Ich fand hier beieinander, was in den deutschen Zeitschriften alles über mein letztes Buch gedruckt worden ist: ein haarsträubendes Kunterbunt von Unklarheit und Abneigung. Bald ist mein Buch »höherer Blödsinn«, bald ist es »diabolisch berechnend«, bald verdiente ich, dafür aufs Schafott zu kommen (wenigstens nach der Art der früheren Zeiten, sich gegen unangenehme Freigeister zu wehren), bald werde ich als Philosoph der junkerlichen Aristokratie verherrlicht, bald als zweiter Edmund von Hagen verhöhnt, bald als Faust des neunzehnten Jahrhunderts bemitleidet, bald als »Dynamit« und Unmensch vorsichtig beiseite getan. Und dies Stück Erkenntnis in bezug auf mich hat ungefähr fünfzehn Jahre Zeit gebraucht; hätte man etwas von meiner ersten Schrift »Geburt der Tragödie« verstanden, so hätte man schon damals in gleicher Weise sich entsetzen und bekreuzigen können. Aber damals lebte ich unter einem hübschen Schleier und wurde vom deutschen Hornvieh verehrt, gleich als ob ich zu ihm gehörte. Nun, dies hat seine Zeit gehabt. Unzweifelhaft werde ich immer noch einige Jahre früher in Frankreich »entdeckt« sein als im Vaterlande.

Meine Absicht ist, am 21. Okt. von hier nach Nizza überzusiedeln, zu einem langen arbeitsamen Winter.

Dein altes Geschöpf.

145. An die Mutter

Venedig, den 18. Oktober 1887.

Meine liebe Mutter!

Dein Brief, am Geburtstage eintreffend, fand mich bei einer Tätigkeit, an der Du Vergnügen gehabt hättest: ich schrieb gerade ein Briefchen an das südamerikanische Lama. Dein Brief und Deine Glückwünsche waren übrigens die einzigen, die bei mir anlangten: was mir einen guten Begriff von meiner inzwischen erreichten »Unabhängigkeit« gegeben hat: letztere aber ist für einen Philosophen die Bedingung ersten Ranges. Hoffentlich hast Du in meinen letzten Mitteilungen die gute Laune nicht überhört, mit der ich Dir die Speisekarte deutscher Urteile über mich vorlegte: diese kennen zu lernen hat mich wirklich erheitert, – auch bin ich Menschenkenner genug, um zu wissen, wie sich in fünfzig Jahren das Urteil über mich herumgedreht haben wird und in welcher Glorie von Ehrfurcht dann der Name Deines Sohnes strahlt, wegen derselben Dinge, derentwegen ich bis jetzt mißhandelt und beschimpft worden bin. Seit meiner Kindheit nie ein tiefes und verständnisvolles Wort gehört zu haben – das gehört eben zu meinem Los, auch erinnere ich mich nicht, darüber geklagt zu haben. Übrigens bin ich »den Deutschen« gar nicht gram deshalb; erstens fehlt ihnen gerade die ganze Bildung, der ganze Ernst für die Probleme, wo mein Ernst ist, und dann – sie sind wirklich zu sehr okkupiert und haben alle Hände voll zu tun, als daß sie Zeit hätten, sich mit etwas absolut Fremdem zu beschäftigen. Anbei, zu Deiner Beruhigung gesagt: Du scheinst zu glauben, daß der Widerspruch, den ich finde, etwas Wesentliches mit meiner Stellung zum Christentum zu tun hat. Nein! So »harmlos« ist Dein Sohn nicht, so »harmlos« sind auch meine Herren Gegner nicht. Die Urteile, die ich Dir schrieb, stammen samt und sonders aus der Sphäre der unkirchlichsten Parteien, die es jetzt gibt. Das waren keine Theologenurteile. Fast jede dieser Kritiken (die zum Teil von sehr intelligenten Kritikern und Gelehrten stammten) wehrte sich ausdrücklich gegen den Verdacht, als ob sie etwa mich durch den Hinweis auf die Gefährlichkeit meines Buchs »den Kanzelraben und den Altarkrähen ausliefern« wollten. Der Gegensatz, in dem ich mich befinde, ist hundertmal radikaler, als daß dabei die religiösen Fragen und Konfessionsschattierungen ernstlich in Betracht kämen.

Verzeihung für diese allzu lange Zwischenrede: aber wenn ich sage, daß die intelligentesten Gelehrten sich in bezug auf mich bisher vergriffen haben, so versteht es sich von selber, daß der alte Pinder nicht etwa feiner gewesen ist. Der empfand natürlich nichts weiter, als daß seine und meine Ansichten verschiedene Ansichten sind – und bedauerte dies. –

Die Nachrichten über Paraguay sind wirklich sehr erquicklich; doch fehlt bei mir immer noch der leiseste Wunsch, mich in die Nachbarschaft meines antisemitischen Herrn Schwagers zu setzen. Seine und meine Ansichten sind verschiedene Ansichten: – und ich bedaure dies nicht. – Der Koffer zu meiner Abreise ist bereits zur Hälfte gepackt; übermorgen abends oder morgens geht es fort. Die Gesundheit hat sich im ganzen gehalten, abgesehen, daß die Augen mir Not machen.

Mit den herzlichsten und dankbarsten Grüßen

Dein altes Geschöpf.

Von Nizza aus will ich über den Transport des kleinen *Carbon-Natron*-Öfchens schreiben, den ich für mein dortiges Nordzimmer nötig haben werde (mit einem Zentner Material).

146. An Jakob Burckhardt

Nice (France), 14. November 1887.
Pension de Genève.

Verehrtester lieber Herr Professor,

auch diesen Herbst bitte ich wieder um die Erlaubnis, Ihnen etwas von mir vorlegen zu dürfen, moralhistorische Studien unter dem Titel »Zur Genealogie der Moral«: auch dieses Mal wieder wie alle Male nicht ohne eine gewisse Unruhe. Denn – ich weiß es nur zu gut – alle Schüsseln, welche von mir aufgetischt werden, enthalten so viel Hartes und Schwerverdauliches, daß zu ihnen sich noch Gäste einladen und so verehrte Gäste, wie Sie es sind, eigentlich eher ein Mißbrauch freundschaftlich-gastfreundschaftlicher Beziehungen ist. Man sollte mit solcher Nußknackerei hübsch bei sich bleiben und nur die eigenen Zähne in Gefahr bringen. Gerade in diesem neuesten Falle handelt es sich um psychologische Probleme härtester Art: so daß es fast mehr Mut bedarf, sie zu stellen, als irgendwelche Antworten auf sie zu riskieren. Wollen Sie mir noch einmal Gehör schenken? ... Jedenfalls bin ich diese Abhandlungen Ihnen schuldig, weil sie im engsten Bezuge zu dem letztübersandten Buche (»Jenseits von Gut und Böse«) stehn. Es ist möglich, daß ein paar Hauptvoraussetzungen jenes schlecht zugänglichen Buchs hier deutlicher herausgekommen sind; – wenigstens ging meine Absicht dahin. Denn alle Welt hat mir über jenes Buch das gleiche gesagt: daß man nicht begreife, um was es sich handle, daß es so etwas sei wie »höherer Blödsinn«: zwei Leser ausgenommen, Sie selbst, hochverehrter Herr Professor, und andererseits einer Ihrer dankbarsten Verehrer in Frankreich, Mr. Taine. Verzeihung, wenn ich mir mitunter zum Troste sage: »Ich habe bis jetzt nur zwei Leser, aber solche Leser!« – Das sehr innerliche und schmerzhaft verwickelte Leben, das ich bisher gelebt habe (und an dem meine im Grunde stark angelegte Natur Schiffbruch gelitten hat), hat nachgerade eine Vereinsamung mit sich gebracht, gegen die es kein Heilmittel mehr gibt. Mein liebster Trost ist immer noch der, der wenigen zu gedenken, die es unter ähnlichen Bedingungen ausgehalten haben, ohne zu zerbrechen, und sich eine gütige und hohe Seele zu bewahren gewußt haben. Es kann niemand Ihrer dankbarer gedenken, hochverehrter Mann, als ich es tue.

Treulich und unveränderlich
Ihr ergebenster
Nietzsche.

Meine Wünsche für Ihre Gesundheit zu guter Letzt! Dieser Winter scheint hart zu werden. O wären Sie hier!!

147. An Peter Gast

Nizza, 24. November 1887.

Lieber Freund,

ich genieße diesen Morgen eine große Wohltat: zum ersten Male steht ein »Feuergötze« in meinem Zimmer: ein kleiner Ofen – ich bekenne, daß ich um ihn herum bereits einige heidnische Sprünge gemacht habe. Die Zeit bis heute war eine blaufingrige Fröstelei, bei der auch meine Philosophie nicht auf den besten Füßen stand. Es ist schlecht erträglich, wenn man im eignen Zimmer den eiskalten Anhauch des Todes spürt, – wenn man sich nicht auf sein Zimmer wie auf seine Burg zurückziehen kann, sondern nur wie in sein Gefängnis zurückgezogen wird –. Der Regen floß stromweise die letzten zehn Tage: man hat berechnet, daß auf einen Quadratmeter 208 Liter Wasser gefallen sind. Der Oktober war der kälteste, den ich bisher erlebte, der November der regenreichste. Nizza ist noch ziemlich leer; doch sind wir 25 Personen bei Tische, freundliche und wohlwollende Menschlein, gegen die nichts einzuwenden ist.

Inzwischen hat nur Overbeck geschrieben, voll Freude über den »Hymnus« und seine »schöne, ungemein eindringliche und würdevolle Weise«; (»mir kommt Deine jetzige Musik außerordentlich einfach vor«). Er hebt den »prachtvollen, wiederum so sprechenden Akzent auf dem ersten ›Pein‹« heraus und »die mir fast noch mehr ins Herz klingende Beschwichtigung der Schlußtakte«. – Freund Krug (der mich übrigens bittet, den Justizrat in Regierungsrat »umzuwerten« –) spricht von »tiefer Rührung bis zu Tränen«. »Ich hoffe bestimmt, daß der Chor hier aufgeführt wird... Die Instrumentation ist vortrefflich, soweit ich beurteilen kann. Sie zeigt eine angenehme Steigerung und Abwechselung bei weiser Mäßigung, wie z. B. auf S. 8, wo die Worte ›und in der Glut des Kampfes‹ durch das Tremolo der Bratschen und die Tenorposaune mit nachfolgender *p*-Fanfare der Trompete nur leise gedeutet werden. Schön wird sich auch S. 6 und 10 die zart herabsteigende Flöte ausnehmen« usw., usw. –

– Daß Gluck zu seinen ersten Anhängern Rousseau gehabt hat, gibt zu denken: mir wenigstens ist alles, was dieser Mensch geschätzt hat, ein wenig fragezeichenwürdig; insgleichen alle, die ihn geschätzt haben (– es ist eine ganze Familie Rousseau, dahin gehört auch Schiller, zum Teil Kant; in Frankreich George Sand, sogar Sainte-Beuve; in England die Eliot usw.). Jedermann, der »die moralische Wörde« nötig gehabt hat, *faute de mieux,* hat zu den Verehrern Rousseaus gehört, bis auf unsern Liebling Dühring hinab, der den Geschmack hat, sich in seiner Selbstbiographie geradezu als Rousseau des neunzehnten Jahrhunderts zu präsentieren. (Bemerken Sie, wie jemand sich zu Voltaire und Rousseau verhält: es macht den tiefsten Unterschied, ob er zum ersten Ja sagt oder zum zweiten. Die Feinde Voltaires (z. B. Victor Hugo, alle Romantiker, selbst die letzten Raffinierten der Romantik, wie die Gebrüder Goncourt) sind allesamt gnädig gegen den maskierten Pöbelmann Rousseau – ich argwöhne, daß auf dem Grunde der Romantik selbst etwas von pöbelhaftem Ressentiment zu finden ist ...) Voltaire ist eine prachtvolle geistreiche *canaille*; aber ich bin der Meinung Galianis:

»un monstre gai vaut mieux
qu'un sentimental ennuyeux«.

Voltaire ist nur auf dem Boden einer vornehmen Kultur möglich und erträglich, die sich eben den Luxus der geistigen *canaillerie* gestatten kann ... –

Sehen Sie, welche warmen Gefühle, welche »Toleranz« bereits mein Ofen in mich überzuströmen beginnt ... Bitte, lieber Freund, halten Sie sich diese Aufgabe gegenwärtig, Sie kommen nicht um dieselbe herum: Sie müssen in *rebus musicis et musicantibus* die strengeren Prinzipien wieder zu Ehren bringen, durch Tat und Wort, und die Deutschen zu dem Paradoxon verführen, das nur heute paradox ist: daß die strengeren Prinzipien und die heitere Musik zusammengehören ...

Treulich und dankbar

Ihr Freund N.

148. An Dr. Carl Fuchs

Nizza (France), den 14. Dez. 1887.
Pension de Genève.

Lieber und werter Freund,

es war ein sehr guter Augenblick, mir einen solchen Brief zu schreiben. Denn ich bin, fast ohne den Willen dazu, aber gemäß einer unerbittlichen Notwendigkeit, gerade mitten darin, mit Mensch und Ding bei mir abzurechnen und mein ganzes »Bisher« *ad acta* zu legen. Fast alles, was ich jetzt tue, ist ein Strich-drunter-ziehn. Die Vehemenz der inneren Schwingungen war erschrecklich, die letzten Jahre hindurch; nunmehr, wo ich zu einer neuen und höheren Form übergehn muß, brauche ich zuallererst eine neue Entfremdung, eine noch höhere Entpersönlichung. Dabei ist es wesentlich, was und wer mir noch bleibt. –

Wie alt ich eigentlich schon bin? Ich weiß es nicht; ebensowenig, wie jung ich noch sein werde. –

Ich betrachte mit Vergnügen Ihr Bild; es scheint mir viel Jugend und Tapferkeit drin zu sein, gemischt, wie es sich ziemt, mit beginnender Weisheit (und weißen Haaren?..).

In Deutschland beschwert man sich stark über meine »Exzentrizitäten«. Aber da man nicht weiß, wo mein Zentrum ist, wird man schwerlich darüber die Wahrheit treffen, wo und wann ich bisher »exzentrisch« gewesen bin. Zum Beispiel, daß ich Philologe war – damit war ich außerhalb meines Zentrums (womit, glücklicherweise, durchaus nicht gesagt ist, daß ich ein schlechter Philologe war). Insgleichen: heute scheint es mir eine Exzentrizität, daß ich Wagnerianer gewesen bin. Es war ein über alle Maßen gefährliches Experiment; jetzt, wo ich weiß, daß ich nicht daran zugrunde gegangen bin, weiß ich auch, welchen Sinn es für mich gehabt hat – es war meine stärkste Charakterprobe. Allmählich diszipliniert einen freilich das Innewendigste zur Einheit zurück; jene Leidenschaft, für die man lange keinen Namen hat, rettet uns aus allen Digressionen und Dispersionen, jene Aufgabe, deren unfreiwilliger Missionär man ist.

– Dergleichen ist schwer aus der Ferne zu verstehn. Meine letzten zehn Jahre waren dadurch über die Maßen schmerzhaft und gewaltsam. Falls Sie Lust haben sollten, mehr von dieser bösen und problematischen Geschichte zu hören, so seien Ihrer freundschaftlichen Teilnahme die Neuausgaben meiner früheren Schriften empfohlen, insbesondere deren Vorreden. [Anbei bemerkt: mein aus guten Gründen etwas desperater Verleger, der treffliche E. W. Fritzsch in Leipzig, ist bereit, jedermann diese Neuausgaben auszuhändigen, vorausgesetzt, daß man ihm dafür einen längeren Essay (über »Nietzsche *en bloc*«) verspricht. Die größeren Literaturblätter, wie Lindaus »Nord und Süd«, sind reif dafür, einen solchen Essay nötig zu haben, da eine wirkliche Unruhe und Aufregung über die Bedeutung meiner Literatur sich bemerkbar macht. Bisher hat noch niemand genug Mut und Intelligenz gehabt, mich den lieben Deutschen zu entdecken: meine Probleme sind neu, mein psychologischer Horizont ist bis zum Erschrekken umfänglich, meine Sprache kühn und deutsch, vielleicht gibt es keine gedankenreicheren und unabhängigeren deutschen Bücher als die meinen.]

– Der Hymnus gehört zu diesem »Strich-drunter-ziehn«. Können Sie ihn nicht sich einmal singen lassen? Man hat mir von verschiedenen Seiten schon die Aufführung in Aussicht gestellt (z. B. Mottl in Karlsruhe). Seine eigentliche Bestimmung soll freilich sein, einmal »zu meinem Gedächtnis« gesungen zu werden: er soll von mir übrigbleiben, gesetzt, daß ich selbst übrigbleibe. Behalten Sie mich in guter Erinnerung, mein lieber Herr Doktor: ich danke Ihnen auf das herzlichste dafür, daß Sie mir auch in der zweiten Hälfte Ihres Jahrhunderts zugetan bleiben wollen.

Ihr Freund Nietzsche.

149. An Freiherrn von Gersdorff

Nice (France), Pension de Genève.
20. Dez. 1887.

Lieber Freund,

selten in meinem Leben hat mir ein Brief solche Freude gemacht wie der Deinige vom 30. November. Es scheint mir, daß damit alles zwischen uns auf das rechtschaffenste und gründlichste wieder in Ordnung gebracht ist. Ein solches Glück konnte gar nicht auf einen passenderen Zeitpunkt mir aufgespart bleiben, als es der jetzige ist. In einem bedeutenden Sinn steht mein Leben gerade jetzt wie im vollen Mittag: eine Tür schließt sich, eine andre tut sich auf. Was ich nur in den letzten Jahren getan habe, war ein Abrechnen, Abschließen, Zusammenaddieren von Vergangenem; ich bin mit Mensch und Ding nachgerade fertig geworden und habe einen Strich drunter gezogen. Wer und was mir übrigbleiben soll, jetzt wo ich zur eigentlichen Hauptsache meines Daseins übergehn muß (überzugehn verurteilt bin...), das ist jetzt eine kapitale Frage. Denn, unter uns gesagt, die Spannung, in welcher ich lebe, der Druck einer großen Aufgabe und Leidenschaft, ist zu groß, als daß jetzt noch neue Menschen an mich herankommen könnten. Tatsächlich ist die Öde um mich ungeheuer; ich vertrage eigentlich nur noch die ganz Fremden und Zufälligen und, andererseits, die von alters her und aus der Kindheit mir Zugehörigen. Alles andre ist abgebröckelt, oder auch abgestoßen worden (es gab viel Gewaltsames und Schmerzliches dabei –).

Es bewegte mich, Deinen Brief, und Deine alte Freundschaft darin, gerade jetzt zum Geschenk zu erhalten. Etwas Ähnliches geschah im vorigen Sommer, als plötzlich Deussen im Engadin erschien, den ich fünfzehn Jahre lang nicht gesehn hatte (– er ist der erste Philosophie-Professor Schopenhauerischer Konfession und behauptet, daß ich die Ursache seiner Verwandlung sei). Insgleichen bin ich tief dankbar für alles das, was ich dem Venediger *maëstro* verdanke. Ich habe ihn fast jedes Jahr besucht und darf Dir ohne Übertreibung sagen: er ist *in rebus musicis et musicantibus* meine einzige Hoffnung, mein Trost und mein Stolz. Denn er ist beinahe aus mir gewachsen: und das, was er jetzt von Musik macht, ist an Höhe und Güte der Seele und an Klassizität des Geschmacks weit über allem, was jetzt sonst von Musik gemacht wird. Daß man sich ablehnend und unanständig gegen ihn verhält und daß er ganze Jahre einer wirklichen Tortur durch Zurückweisungen, Taktlosigkeiten und deutsche Tölpeleien durchgemacht hat, steht dazu nicht im Widerspruch. Aber dies ist die Moral der Geschichte: entweder geht man an den Widerwärtigkeiten des Lebens zugrunde oder kommt stärker aus ihnen heraus.

Auch Du, mein lieber alter Freund! Du Vielgeprüfter! wirst diesen Satz unterschreiben können? –

Es scheint mir, daß ich Dir diesmal einen Geburtstagsbrief geschrieben habe? Ganz wie ehedem, in unsrer »guten alten« Zeit? (Ich bin Dir wirklich nicht einen Augenblick untreu geworden: sage das auch Deiner lieben Frau, zugleich mit meiner angelegentlichen Empfehlung!)

In alter Liebe und Freundschaft

Dein Nietzsche.

Eben erschien, bei E. W. Fritzsch: Hymnus an das Leben. Für gemischten Chor und Orchester komponiert von Friedrich Nietzsche. Partitur. – Bitte, lies doch die neue Ausgabe der »Fröhlichen Wissenschaft«: – es ist einiges zum Lachen darin.

150. An die Schwester

Nizza, 26. Dezember 1887.

Mein liebes altes Lama,

wirklich kam Dein Weihnachtsgruß ganz zur rechten Zeit in meine Hände – bei dieser Entfernung ein wahres Wunder –, aber er fand mich nicht in der von Dir so sehr gewünschten »Heiterkeit«. Ich könnte fast sagen: im Gegenteil! Trotzdem mache ich mir immer klar, daß meine jetzt etwas vereinsamte Existenz, selbst wenn sie ein Übel sein sollte, doch das geringere von zwei Übeln ist – und daß ich mich sehr viel schlimmer befinden würde, wenn ich jetzt Versuche machte, wieder mitten unter alten Bekannten und Freunden zu leben. Meine Aufgabe ist jetzt, mich so tief wie möglich zu sammeln und allen Störungen aus dem Wege zu gehen, die das Gleichgewicht meines Geistes zu schädigen imstande wären, damit die Frucht meines Lebens langsam reif und süß wird und nichts Saures und Verbittertes in sie kommt. Niemand kennt mich genügend; und meine Geschichte dieser letzten fünfzehn Jahre ist jedermann ein Rätsel. Keiner meiner »Freunde« weiß, womit man mir wohl und womit wehe tut; und nachdem ich Malheurs aller Art durch die wohlwollende Voraussetzung erlebt habe, daß man ungefähr wisse, worum es sich bei mir handle, bin ich endlich klug genug geworden, mich von dieser Voraussetzung loszumachen. Mögen sie's treiben, wie sie Lust haben: ich treibe es nunmehr auf eigne Faust und will von denen nichts mehr, welche mir nichts zu geben haben. Später wird sich das Urteil über mich schon wieder berichtigen. – Eine der größten Dummheiten hast Du, mein armes Lama, gemacht – für Dich und für mich! Deine Verbindung mit einem antisemitischen Chef drückt eine Fremdheit gegen meine ganze Art zu sein aus, die mich immer von neuem mit Groll oder Melancholie erfüllt. Du sagst zwar, Du habest den Kolonisator Förster und nicht den Antisemiten geheiratet, und dies ist auch richtig; aber in den Augen der Welt wird Förster bis an sein Lebensende der Antisemitenchef bleiben. Also um des Himmels willen kein »Friedrichsland« oder »Friedrichshof«! Ich habe Dich doch ausdrücklich um den Namen »Lamaland« gebeten.

Weißt Du, mein gutes Lama, es ist eine Ehrensache für mich, nach seiten des Antisemitismus hin absolut reinlich und unzweideutig zu sein, nämlich ablehnend, wie ich es in meinen Schriften tue. Man hat mich in den letzten Zeiten mit Briefen und antisemitischen Korrespondenzblättern heimgesucht; mein Widerwille vor dieser Partei (die gar zu gern ihren Vorteil von meinem Namen haben möchte!) ist so ausgesprochen wie möglich, aber die Verwandtschaft mit Förster, ebenso wie die Nachwirkung meines ehemaligen antisemitischen Verlegers Schmeitzner bringen immer wieder die Anhänger dieser unangenehmen Partei auf die Vorstellung, ich müsse wohl zu ihnen gehören. Wie sehr mir das schadet und geschadet hat, kannst Du Dir kaum vorstellen. Die gesamte deutsche Presse schweigt meine Schriften tot – seitdem! sagt Overbeck! Es erweckt vor allem Mißtrauen gegen meinen Charakter, wie als ob ich öffentlich etwas ablehne, was ich im geheimen begünstige, – und daß ich nichts dagegen zu tun vermag, daß in jedem antisemitischen Korrespondenzblatt der Name »Zarathustra« gebraucht wird, hat mich schon mehrere Male beinahe krank gemacht. – Verzeihung! es ist unrecht, Dir das zu sagen, und unbillig, das arme Lama für die Gesinnungen dieser Partei verantwortlich zu machen. Aber ich bin nicht immer »billig« gesinnt. Malwida schrieb mir einmal, daß ich gegen zwei ungerecht wäre: gegen Wagner und gegen Dich, meine Schwester. Warum wohl? Vielleicht weil ich Euch beide am meisten geliebt habe und den Groll nicht überwinden kann, daß Ihr mich verlassen habt? – Deshalb lies aus all meinen schlimmen Gedanken und scharfen Worten den Schmerz heraus, daß ich Dich verloren habe und daß Dein Name mit einer Partei in Verbindung gebracht wird, mit der Dich kein einziger gemeinschaftlicher Gedanke verbindet, mit welcher Du nichts zu tun hast.

Ich weiß es wohl, daß sich seit Jahren verschiedene Leute bemüht haben, Dir und mir begreiflich zu machen, daß Du nicht zu mir und zu meiner Philosophie paßtest. Wir armen impressionablen Menschen sind zuweilen schwach und fremden Einflüssen zugänglich, aber glaube mir: ich habe mich nie durch Deine »kindliche Außenseite« täuschen lassen! Das ist »Dein Vordergrund«, hinter dem sich ein Charakter verbirgt, der der besten und tapfersten Handlungen fähig ist. Ich hätte Dir das öfter sagen sollen, aber ein alter Einsiedler und Philosoph verlernt es ganz, Liebe und Wertschätzung zu zeigen. Erst seit Du so weit davongelaufen, fühle ich, wieviel Du mir gewesen bist. Du warst meine Erholung, die Brücke zu den »andern«! Jetzt sitze ich einsam auf ödem Gestein, dunkle Fluten trennen mich von den andern Ufern, – kein Laut, kein Wort der Liebe erreicht mich mehr.

Dein F. N.

Nachschrift. Wenn Euer Buchhändler Euch meine Komposition schicken sollte, so wirst Du die Melodie erkennen. Sie stammt aus meiner glücklichsten Zeit, als ich »Schopenhauer als Erzieher« schrieb und noch an Freunde und

Freundschaft glaubte. Bei manchen Stellen höre ich weit in der Ferne den Rheinfall rauschen. Weißt Du noch? – Aber Verse und Orchestrierung sind nicht von mir, das weißt Du auch. Es ist bei dieser Veröffentlichung ein wenig Mystifikation, die gelegentlich am rechten Ort aufgeklärt werden soll.

151. An Paul Deussen

Nizza (France), Pension de Genève.
3. Januar 1888.

Lieber Freund,

das Jahr hat begonnen, ich schreibe eben zum ersten Male seine drei Achten: was kann ich zu seinen Ehren Besseres tun, als meinem alten Freunde Deussen einen Neujahrsbrief zu schreiben? Zumal derselbe in diesem Falle auch zugleich ein Geburtstagsbrief sein wird.

Wie alt man schon ist? Wie jung man noch werden wird?...

Ich habe einen so hohen Begriff von Deiner tätigen und tapferen Existenz, daß es wenig Sinn hat, besondre Wünsche auszudrücken. Wer einen eigenen Willen in die Dinge zu legen hat, über den werden die Dinge nicht Herr; zuletzt arrangieren sich die Zufälle noch nach unsern eigentlichsten Bedürfnissen. Ich erstaune oft, wie wenig die äußerste Ungunst des Schicksals über einen Willen vermag. Oder vielmehr: ich sage mir, wie sehr der Wille selbst Schicksal sein muß, daß er immer wieder auch gegen das Schicksal Recht bekommt, ὑπὲρ μόρον –

Seltsam, daß gerade jetzt mir meine ältesten Freunde wieder in die Nähe gekommen sind (außer Dir zum Beispiel auch Karl von Gersdorff, von dem ich jüngst einen herrlichen Brief hatte). Nämlich zu gleicher Zeit, wo ich meiner radikalen Vereinsamung mir bewußt werde und wo ich, schmerzhaft und ungeduldig, eine menschliche Beziehung nach der andern von mir ablöse, ablösen muß. Im Grunde macht jetzt alles Epoche bei mir; mein ganzes Bisher bröckelt von mir ab; und wenn ich zusammenrechne, was ich in den letzten zwei Jahren überhaupt getan habe, so erscheint es mir jetzt immer als ein und dieselbe Arbeit: mich von meiner Vergangenheit zu isolieren, die Nabelschnur zwischen mir und ihr zu lösen. Ich habe so viel erlebt, gewollt und, vielleicht, erreicht, daß eine Art Gewalt not tut, um wieder fern und los davon zu werden. Die Vehemenz der inneren Schwingungen war ungeheuer; daß dies ungefähr auch aus der Ferne bemerkbar ist, erschließe ich aus den regulären *epithetis ornantibus,* mit denen man mich seitens der deutschen Kritik behandelt (»exzentrisch«, »pathologisch«, »psychiatrisch«, *et hoc genus omne*). Diese Herren, die keinen Begriff von meinem Zentrum, von der großen Leidenschaft haben, in deren Diensten ich lebe, werden schwerlich einen Blick dafür haben, wo ich bisher außerhalb meines Zentrums gewesen bin, wo ich wirklich »exzentrisch« war. Aber was liegt daran, daß man sich über mich und an mir vergreift! Schlimmer wäre es, wenn mans nicht täte (– es würde mich mißtrauisch gegen mich selber machen).

Jetzt begehre ich für eine Reihe Jahre nur eins: Stille, Vergessenheit, die Indulgenz der Sonne und des Herbstes für etwas, das reif werden will, für die nachträgliche Sanktion und Rechtfertigung meines ganzen Seins (eines sonst aus hundert Gründen ewig problematischen Seins!).

Für alles, was Du Deinerseits vorhast, habe ich, wie Du weißt, eine tiefe Sympathie. Auch gehört es zu den wesentlichsten Förderungen meiner Vorurteilslosigkeit (meines »übereuropäischen Auges«), daß Dein Sein und Wirken mich immer wieder an die einzige große Parallele erinnert, die es zu unsrer europäischen Philosophie gibt. Hier in

Frankreich herrscht in betreff dieser indischen Entwicklung noch immer die alte vollkommene Unwissenheit: so daß z. B. die Anhänger A. Comtes ganz naiv Gesetze für eine historisch-notwendige Entwicklung und Folge der philosophischen Hauptdifferenzen konstruieren, bei denen die Inder gar nicht in Betracht kommen, – Gesetze, denen die indische Entwicklung widerspricht. Aber das weiß Msr. de Roberty nicht *(l'ancienne et la nouvelle philosophie, 1887)*.

Gib mir irgendwann einmal wieder ein Lebenszeichen, alter Freund; inzwischen empfehle ich, gesetzt, daß Du Lust und Zeit hast, Dich mit mir zu unterhalten, Dir etwas von meiner Immoralisten-Literatur zu Gemüte zu führen (besonders »Die fröhliche Wissenschaft« und die »Morgenröte«, wohlverstanden in den neuen Ausgaben: – auch gibt es da dies und jenes zu lachen).

Deiner lieben Frau, welche mir mit ihrer kleinen tapferen und treuen Art sehr gut im Gedächtnis geblieben ist, meinen ergebensten Gruß und Glückwunsch.

Von Herzen
Dein Nietzsche.

Mein Wunsch, den Winter einmal wieder an einer gelehrten Stätte Deutschlands zu verleben mit der Nachbarschaft guter Freunde und Bücher (ein Wunsch, der in Hinsicht auf die Ernährungsbedürfnisse meines Geistes sich bisweilen zum Hunger und zur Tortur steigert), ist bisher immer an der *force majeure* (oder *mineure* –) meiner Gesundheit gescheitert. Aber »einst wird kommen der Tag« – – –

152. An Freiherrn von Seydlitz, Kairo

Nizza, pension de Genève,
den 12. Februar 1888.

Lieber Freund,

das war kein »stolzes Schweigen«, das mir inzwischen den Mund fast gegen jedermann verbunden hat, vielmehr ein sehr demütiges, das eines Leidenden, der sich schämt zu verraten, wie sehr er leidet. Ein Tier verkriecht sich in seiner Höhle, wenn es krank ist; so tut es auch *la bête philosophe.* Es kommt so selten noch eine freundschaftliche Stimme zu mir. Ich bin jetzt allein, absurd allein; und in meinem unerbittlichen und unterirdischen Kampfe gegen alles, was bisher von den Menschen verehrt und geliebt worden ist (– meine Formel dafür ist »Umwertung aller Werte«), ist unvermerkt aus mir selber etwas wie eine Höhle geworden – etwas Verborgenes, das man nicht mehr findet, selbst wenn man ausginge, es zu suchen. Aber man geht nicht darauf aus... Unter uns gesagt, zu Dreien – es ist nicht unmöglich, daß ich der erste Philosoph des Zeitalters bin, ja vielleicht noch ein wenig mehr, irgend etwas Entscheidendes und Verhängnisvolles, das zwischen zwei Jahrtausenden steht. Eine solche absonderliche Stellung büßt man beständig ab – durch eine immer wachsende, immer eisigere, schneidendere Absonderung. Und unsre lieben Deutschen!... In Deutschland hat man es, obwohl ich im 45. Lebensjahre stehe und ungefähr fünfzehn Werke herausgegeben habe (– darunter ein *non plus ultra,* den »Zarathustra«, –) auch noch nicht zu einer einzigen auch nur mäßig achtbaren Besprechung auch nur eines meiner Bücher gebracht. Man hilft sich jetzt mit den Worten: »exzentrisch«, »pathologisch«, »psychiatrisch«. Es fehlt nicht an schlechten und verleumderischen Winken in bezug auf mich; es herrscht ein zügellos feindseliger Ton in den Zeitschriften, gelehrten und ungelehrten, – aber wie kommt es, daß nie jemand dagegen protestiert? daß nie jemand sich beleidigt fühlt, wenn ich beschimpft werde? – Und jahrelang kein Labsal, kein Tropfen Menschlichkeit, nicht ein Hauch von Liebe. –

Unter diesen Umständen muß man in Nizza leben. Es wimmelt auch diesmal von Nichtstuern, *grecs* und anderen Philosophen, es wimmelt von »meinesgleichen«: und Gott läßt, mit dem ihm eigenen Zynismus, gerade über uns seine Sonne schöner scheinen als über das so viel achtbarere Europa des Herrn von Bismarck (– das mit fieberhafter Tugend an seiner Bewaffnung arbeitet und ganz und gar den Aspekt eines heroisch gestimmten Igels darbietet). Die Tage kommen hier mit einer unverschämten Schönheit daher; es gab nie einen vollkommeneren Winter. Und diese Farben Nizzas: ich möchte sie Dir schicken. Alle Farben mit einem leuchtenden Silbergrau durchgesiebt; geistige, geistreiche Farben; nicht ein Rest mehr von der Brutalität der Grundtöne. Der Vorzug dieses kleinen Stücks Küste zwischen Alassio und Nizza ist eine Erlaubnis zum Afrikanismus in Farbe, Pflanze und Lufttrockenheit: das kommt im übrigen Europa nicht vor.

O wie gern säße ich mit Dir und Deiner lieben verehrten Frau zusammen unter irgendeinem homerisch-phäakischen Himmel ... aber ich darf nicht mehr südlicher (– die Augen zwingen mich bald zu nördlicheren und stupideren Landschaften). Schreibe mir, bitte, noch einmal über die Zeit, wo Du wieder in München bist, und vergib mir diesen düsteren Brief!

Dein getreuer Freund

Nietzsche.

Seltsam! Ich habe drei Tage Deine Ankunft hier im Hotel erwartet. Es war Besuch aus München angemeldet, man wollte mir nicht sagen wer; man machte zwei Plätze neben mir bei Tische frei – Enttäuschung! Es waren alte Spieler und Montecarlisten, welche mir zuwider sind...

153. An Peter Gast

Nizza, 13. Februar 1888.

Lieber Freund,

ich hätte Ihnen unter allen Umständen heute geschrieben und will mich am wenigsten dadurch abhalten lassen, daß eben, als schönster Morgengruß, Ihr Brief bei mir eingetreten ist. Das, was Sie mir zuerst erzählen, von einer Art Gemütsrekonvaleszenz, korrespondiert angenehmerweise mit einem eigenen inzwischen bewerkstelligten Fortschritte zur »Vernunft«: und sogar in betreff der Art des Mittels ist unser Instinkt auf derselben Fährte gewesen. – Lieber Freund, ich sage mir jetzt in jedem gesunden Augenblick (– und dabei denke ich wenigstens so sehr an Sie als an mich): »Es ist sehr viel erreicht! Es ist trotz alledem sehr viel erreicht! Man soll bei sich den Mut zu diesem allerberechtigtsten Stolze aufrechterhalten!«... In Wahrheit kommen Sie sogar, bei einer solchen Nachrechnung, was eigentlich erreicht ist, viel besser weg als ich. Ich selber bin über Versuche und Wagnisse, über Vorspiele und Versprechungen aller Art nicht hinausgekommen: aber so etwas aus der Welt des Vollkommenen und Glücklichen, wie es Ihre ganze Oper ist, liegt ruhig in seinem eignen Lichte und winkt nicht, wie alles bei mir, über sich hinweg –. Und was die »Idealität« in der Musik betrifft, so habe ich noch von meinem letzten Venediger Besuche einen unauslöschlichen Geschmack von etwas auf der Zunge zurückbehalten, für das ich gar keinen andern Namen habe als »Idealität«. Damals sagte ich mir, es steht so gut als es stehen kann mit dem Freunde Gast – er erfindet sich seine eignen Heilmittel und reinigt sich mit *bains intérieurs* von allem Unverdaulichen, das sein Leben in ihn geworfen hat (– Verzeihung für das allzu klinisch geratene Gleichnis: eine der züchtigsten Damen Frankreichs, Madame Valmore, bediente sich des Ausdrucks *bains int.* in gewissen Fällen).

– Ich fand bei Plutarch, mit welchen Mitteln sich Cäsar gegen Kränklichkeit und Kopfschmerz verteidigte: ungeheure Märsche, einfache Lebensweise, ununterbrochner Aufenthalt im Freien, Strapazen...

– Mein Einwand gegen Venedig liegt vor allem darin, daß es zu sehr einschließt: ich sollte glauben, man müsse eine Kur von Zeit zu Zeit gegen Venedigs Einfluß nötig haben... Dann geht oder ginge es vielleicht.

– Ein Sprung in die Venediger Alpen? – Es ist erstaunlich, was die *variatio sanat.* Für fruchtbare und weibsartig periodische Wesen (wie es alle Künstler sind) scheint mir das brüske Einlegen von Zwischenakten, Kontrasten beinahe unerläßlich. Vielleicht erwägen Sie, liebster Freund, alsbald das Problem Ihres nächsten Sommers – oder schon Frühjahrs? Die Luft in der Heimat Tizians vielleicht? Eine Fußreise dorthin? – Zuletzt wird Ihnen nichts übrigbleiben, als sich ganz auf venezianischem Fuß einzurichten: aber dazu gehört, wie mir scheint, die Flucht vor Venedig, Land, Berg, Wald, die ganze in Venedig vergessene Welt.

Schließlich möchte ich eine Anfrage nicht unterlassen. Von welchem Orte (oder Menschen) aus glauben Sie jetzt am ersten noch, daß etwas zugunsten Ihres Bekanntwerdens getan werden könnte? Ist irgendein Musikfest in Aussicht? (– ein Stuttgarter, erste Hälfte Juni, mit Brahms, d'Albert, Joachim usw. ist das einzige, von dem ich weiß.) Haben Sie an Riedel vielleicht geschrieben? – Eben fällt mir Bologna ein: großes Fest im Mai. Ist es nicht möglich, Ihrerseits dazu etwas einzuschicken? zur Konzertaufführung? –

Fritzsch schweigt. – Mein Druck bei Naumann hat ca. 200 Taler gekostet. – Ich habe die erste Niederschrift meines »Versuchs einer Umwertung« fertig: es war, alles in allem, eine Tortur, auch habe ich durchaus noch nicht den Mut dazu. Zehn Jahre später will ichs besser machen. – Schreiben Sie mir, bitte, etwas Genaues darüber, was und wieviel jetzt fertig geworden ist und woran Sie noch arbeiten.

Von Herzen

Ihr Freund Nietzsche.

154. An Peter Gast

Turin, 7. April 1888.
Sonnabend.

Lieber Freund,

wie hat mir das wohlgetan! Der erste Gruß, der mich hier empfing, war von Ihnen; und der letzte, der mich in Nizza erreichte, war auch von Ihnen. Und wie gute seltsame Dinge meldeten Sie! Daß Ihr Quartett in irgendwelcher kalligraphischen Vollkommenheit vor Ihnen liegt und daß Sie seinethalben nun auch diesen Winter segnen! Im Grunde wird man eine sehr anspruchsvolle Art Mensch, wenn man bei sich sein Leben durch Werke sanktioniert: namentlich verlernt man damit, den Menschen zu gefallen. Man ist zu ernst, sie spüren das: es ist ein teufelsmäßiger Ernst hinter einem Menschen, der vor seinem Werke Respekt haben will . . .

Lieber Freund, ich benutze die erste Windstille einer sehr stürmischen Fahrt, um an Sie zu schreiben. Vielleicht gibt mir dies einige Ruhe und Haltung: denn ich war bisher außer Rand und Band und bin noch nie unter so ungünstigen Verhältnissen gereist. Ist es möglich, zwischen Montag und Samstag so viel absurde Dinge zu erleben! Es mißriet alles, von Anfang! ich lag zwei Tage krank, wo? – in Sampierdarena. Glauben Sie ja nicht, daß ich dahin habe reisen wollen. Nur mein Koffer hatte die ursprüngliche Intention nach Turin festgehalten; wir andern, nämlich mein Handgepäck und ich, gingen in verschiedenen Richtungen auseinander. Und wie teuer war die Reise! Wie bereicherte man sich an meiner Armut! Ich bin wirklich nicht gemacht mehr zum Alleinreisen: es regt mich zu sehr auf, so daß ich alles dumm anfange. Auch hier ging es zunächst drunter und drüber. Nachts schlaflos, erstaunt, nicht begreifend, was der Tag alles gebracht hatte. – Wenn ich Sie einmal wiedersehe, will ich Ihnen eine Szene in Savona beschreiben, die einfach in die »Fliegenden Blätter« gehört. Nur machte sie mich krank. – In Genua bin ich herumgegangen wie ein Schatten unter lauter Erinnerungen. Was ich einstmals dort liebte, fünf, sechs ausgesuchte Punkte, gefiel mir jetzt noch mehr: es schien mir von unvergleichlicher bleicher *noblesse* und hoch über allem, was die Riviera bietet. Ich danke meinem Schicksal, daß es mich in diese harte und düstere Stadt in den Jahren der *décadence* verurteilt hatte: geht man aus ihr heraus, so ist man auch jedesmal aus sich herausgegangen, – der Wille weitet sich wieder, man hat nicht den Mut mehr, feige zu sein. Ich war nie dankbarer als bei dieser Pelerinage bei Genua. –

Aber Turin! Lieber Freund, seien Sie beglückwünscht! Sie raten mir nach dem Herzen! Das ist wirklich die Stadt, die ich jetzt brauchen kann! Dies ist handgreiflich für mich und war es fast vom ersten Augenblick an: wie schauderhaft auch die Umstände meiner ersten Tage waren. Vor allem miserables Regenwetter, eisig, unbeständig, auf die Nerven drückend, mit schwülen halben Stunden dazwischen. Aber was für eine würdige und ernste Stadt! Gar nicht Großstadt, gar nicht modern, wie ich gefürchtet hatte: sondern eine Residenz des 17. Jahrhunderts, welche nur einen kommandierenden Geschmack in allem hatte, den Hof und die *noblesse.* Es ist die aristokratische Ruhe in allem festgehalten: es gibt keine mesquinen Vorstädte; eine Einheit des Geschmacks, die bis auf die Farbe geht (die ganze Stadt ist gelb oder rotbraun). Und für die Füße wie für die Augen ein klassischer Ort! Was für Sicherheit, was für Pflaster, gar nicht zu reden von den Omnibus und Trams, deren Einrichtung hier bis ins Wunderbare gesteigert ist! Man lebt, scheint es, billiger hier als in den andern großen Städten Italiens, die ich kenne; auch hat mich noch niemand betrogen. Man hält mich für einen *ufficiale tedesco* (während ich diesen Winter im offiziellen Fremdenverzeichnis Nizzas *comme Polonais* figurierte). Nein, was für ernste und feierliche Plätze! Und der Palaststil ohne Prätension; die Straßen sauber und ernst – und alles viel würdiger, als ich es erwartet hatte! Die schönsten Cafés, die ich sah. Diese Arkaden haben bei einem solchen Wechselklima etwas Notwendiges: nur sind sie großräumig, sie drücken nicht. Abends auf der Po-Brücke: herrlich! Jenseits von Gut und Böse!! Das Problem bleibt das Wetter Turins. Ich habe außerordentlich bisher unter ihm gelitten: ich erkannte mich kaum wieder. – Es grüßt Sie in dankbarer Ergebenheit

Ihr Freund Nietzsche.

155. An Georg Brandes

Turin, den 23. Mai 1888.

Verehrter Herr,

Ich möchte Turin nicht verlassen, ohne Ihnen nochmals auszudrücken wie vielen Anteil Sie an meinem ersten wohlgeratenen Frühling haben. Die Geschichte meiner Frühlinge, seit fünfzehn Jahren zum mindesten, war nämlich eine Schauergeschichte, eine Fatalität von Dekadenz und Schwäche. Die Orte machten darin keinen Unterschied; es war, als ob kein Rezept, keine Diät, kein Klima den wesentlich depressiven Charakter dieser Zeit verändern könnten. Aber siehe da! Turin! Und die ersten guten Nachrichten, Ihre Nachrichten, verehrter Herr, aus denen mir bewiesen ward, daß ich lebe... Ich pflege nämlich mitunter zu vergessen, daß ich lebe. Ein Zufall, eine Frage erinnerte mich dieser Tage daran, daß in mir ein Hauptbegriff des Lebens geradezu ausgelöscht ist, der Begriff »Zukunft«. Kein Wunsch, kein Wölkchen Wunsch vor mir! Eine glatte Fläche! Warum sollte ein Tag aus meinem siebzigsten Lebensjahr nicht genau meinem Tage von heute gleichen? – Ist es, daß ich zu lange in der Nähe des Todes gelebt habe, um die Augen nicht mehr für die schönen Möglichkeiten aufzumachen? – Aber gewiß ist, daß ich jetzt mich darauf beschränke, von heute bis morgen zu denken, – daß ich heute festsetze, was morgen geschehen soll – und für keinen Tag weiter! Das mag unrationell, unpraktisch, auch vielleicht unchristlich sein – jener Bergprediger verbot gerade diese Sorge »um den andern Tag« –, aber es scheint mir im höchsten Grade philosophisch. Ich bekam vor mir etwas Respekt mehr, als ich ihn sonst schon habe: – ich begriff, daß ich verlernt habe, zu wünschen, ohne es auch nur gewollt zu haben. –

Diese Wochen habe ich dazu benutzt, »Werte umzuwerten«. – Sie verstehen diesen Tropus? – Im Grunde ist der Goldmacher die verdienstlichste Art Mensch, die es gibt: ich meine der, welcher aus Geringem, Verachtetem etwas Wertvolles und sogar Gold macht. Dieser allein bereichert, die andern wechseln nur um. Meine Aufgabe ist ganz kurios diesmal: ich habe mich gefragt, was bisher von der Menschheit am besten gehaßt, gefürchtet, verachtet worden ist – und daraus gerade habe ich mein »Gold« gemacht...

Daß man mir nur nicht Falschmünzerei vorwirft! Oder vielmehr: man wird es tun. –

– Ist meine Photographie in Ihre Hände gelangt? Meine Mutter hat mir den großen Dienst erwiesen, in einem so außerordentlichen Falle nicht undankbar erscheinen zu müssen. Hoffentlich hat auch der Leipziger Verleger E. W. Fritzsch seine Schuldigkeit getan und den »Hymnus« expediert.

Ich bekenne zuletzt eine Neugierde. Da es mir versagt war, an der Türspalte zu horchen, um etwas über mich zu erfahren, würde ich gern auf eine andere Weise etwas horchen mögen. Drei Worte zur Charakteristik der Themata Ihrer einzelnen Vorlesungen – wieviel wollte ich aus drei Worten lernen!

Es grüßt Sie, verehrter Herr, herzlich und ergeben

Ihr

Nietzsche.

156. An Peter Gast

Turin, Donnerstag.
31. Mai 1888.

Wenn ich Ihnen sofort wieder antworte, so wird es Ihnen nicht zweifelhaft sein, woran es mir fehlt, – daß Sie mir fehlen, lieber Freund! Wie sehr auch der Frühling mir geraten ist, er bringt mir gerade das Beste nicht, das, was auch die schlimmsten Frühlinge mir brachten – Ihre Musik! Dieselbe ist mit meinem Begriff »Frühling« zusammengewachsen – seit Recoaro! – ungefähr so, wie das sanfte Glockenläuten über der Lagunenstadt mit dem Begriff »Ostern«. Sooft mir eine Ihrer Melodien einfällt, bleibe ich mit einer langen Dankbarkeit an diesen Erinnerungen hängen: ich habe durch nichts so viel Wiedergeburt, Erhebung und Erleichterung erfahren wie durch Ihre Musik. Sie ist meine gute Musik *par excellence,* für die ich innewendig mir immer ein reinlicheres Kleid anziehe als zu aller anderen.

Ich erlaubte mir, vorgestern Theaterberichte des *Dr.* Fuchs an Sie abzusenden. Es ist viel Feines und Erlebtes darin. Die Vorlesungen des *Dr.* Brandes sind auf eine schöne Weise zu Ende gegangen, – mit einer großen Ovation, von der aber Brandes behauptet, daß sie nicht ihm gegolten habe. Er versichert mich, daß mein Name jetzt in allen intelligenten Kreisen Kopenhagens populär und in ganz Skandinavien bekannt sei. Es scheint, daß meine Probleme diese Nordländer sehr interessiert haben; im einzelnen waren sie besser vorbereitet, z. B. für meine Theorie einer »Herren-Moral« durch die allgemeine genaue Kenntnis der isländischen Sagas, die das reichste Material dafür abgeben. Es freut mich, zu hören, daß die dänischen Philologen meine Ableitung von *bonus* gutheißen und akzeptieren: an sich ist es ein starkes Stück, den Begriff »gut« auf den Begriff »Krieger« zurückzuführen. Ohne meine Voraussetzungen würde nie ein Philologe auf einen solchen Einfall geraten können. –

Es ist wirklich schade, daß Sie nicht eine Ausschweifung ins Cadore gemacht haben statt ins Papierschwärzerische. Mein schlechtes Beispiel verdirbt ersichtlich Ihre an sich sehr viel besseren Sitten. Das Wetter war sehr geeignet zu einer solchen Gebirgsentdeckung: ich selbst zwar habe auch keinen Gebrauch davon gemacht und bin in ähnlicher Weise darüber mit mir unzufrieden.

Eine wesentliche Belehrung verdanke ich diesen letzten Wochen: ich fand das Gesetzbuch des Manu in einer französischen Übersetzung, die in Indien, unter genauer Kontrolle der hochgestellten Priester und Gelehrten daselbst, gemacht worden ist. Dies absolut arische Erzeugnis, ein Priesterkodex der Moral auf Grundlage der Veden, der Kastenvorstellung und uralten Herkommens – nicht pessimistisch, wie sehr auch immer priesterhaft – ergänzt meine Vorstellungen über Religion in der merkwürdigsten Weise. Ich bekenne den Eindruck, daß mir alles andere, was wir von großen Moralgesetzgebungen haben, als Nachahmung und selbst Karikatur davon erscheint: voran der Ägyptizismus; aber selbst Plato scheint mir in allen Hauptpunkten einfach bloß gut belehrt durch einen Brahmanen. Die Juden erscheinen dabei wie eine Tschandala-Rasse, welche von ihren Herren die Prinzipien lernt, auf die hin eine Priesterschaft Herr wird und ein Volk organisiert... Auch die Chinesen scheinen unter dem Eindruck dieses klassischen uralten Gesetzbuchs ihren Konfuzius und Laotse hervorgebracht zu haben. Die mittelalterliche Organisation sieht wie ein wunderliches Tasten aus, alle die Vorstellungen wiederzugewinnen, auf denen die uralte indisch-arische Gesellschaft ruhte – doch mit pessimistischen Werten, die ihre Herkunft aus dem Boden der Rassen-*décadence* haben. –

Die Juden scheinen auch hier bloß »Vermittler«, – sie erfinden nichts.
So viel, mein lieber Freund, zum Zeichen, wie gern ich mich mit Ihnen unterhielte –. Dienstag Abreise. –

Von Herzen

Ihr Nietzsche.

157. An Professor Karl Knortz in Evansville (Indiana)

Sils-Maria, Oberengadin, den 21. Juni 1888.
(Schweiz.)

Hochgeehrter Herr!

Das Eintreffen von zwei Werken Ihrer Feder, das mich Ihnen zu Dank verpflichtet, scheint mir zu verbürgen, daß inzwischen meine Literatur in Ihren Besitz übergegangen ist. Die Aufgabe, ein Bild von mir, sei es vom Denker, sei es vom Schriftsteller und Dichter zu geben, scheint mir außerordentlich schwer. Der erste größere Versuch der Art ist letzten Winter von dem ausgezeichneten Dänen *Dr.* Georg Brandes gemacht worden, der Ihnen als Literarhistoriker bekannt sein wird. Derselbe hat unter dem Titel »Der deutsche Philosoph Friedrich Nietzsche« einen längeren Zyklus von Vorlesungen an der Kopenhagener Universität über mich veranstaltet, deren Erfolg, nach allem, was mir von dort gemeldet worden ist, ein glänzender gewesen sein muß. Er hat eine Zuhörerschaft von 300 Personen für die Kühnheit meiner Problemstellungen lebhaft interessiert und, wie er selbst sagt, meinen Namen im ganzen Norden populär gemacht. Sonst habe ich eine mehr verborgene Hörer- und Verehrerschaft, zu der auch einige Franzosen, wie Mr. Taine, gehören. Meine innerste Überzeugung ist, daß diese meine Probleme, diese ganze Position eines »Immoralisten« für heute noch viel zu früh, noch viel zu unvorbereitet ist. Mir selbst liegt der Gedanke an Propaganda vollkommen fern; ich habe noch nicht einen Finger dafür gerührt.

Von meinem »Zarathustra« glaube ich ungefähr, daß es das tiefste Werk ist, das in deutscher Sprache existiert, auch das sprachlich vollkommenste. Aber das nachzufühlen, dazu bedarf es ganzer Geschlechter, die erst die inneren Erlebnisse nachholen, auf Grund deren jenes Werk entstehen konnte. Fast möchte ich raten, mit den letzten Werken anzufangen, die die weitgreifendsten und wichtigsten sind (»Jenseits von Gut und Böse« und »Genealogie der Moral«). Mir selbst sind am sympathischsten meine mittleren Bücher, »Morgenröte« und »Die fröhliche Wissenschaft« (es sind die persönlichsten).

Die »unzeitgemäßen Betrachtungen«, Jugendschriften in gewissem Sinne, verdienen die höchste Beachtung für meine Entwicklung. In »Völker, Zeiten und Menschen«, von Karl Hillebrand, stehen ein paar sehr gute Aufsätze über die ersten »Unzeitgemäßen«. Die Schrift gegen Strauß erregte einen großen Sturm; die Schrift über Schopenhauer, deren Lektüre ich besonders empfehle, zeigt, wie ein energischer und instinktiv jasagender Geist auch von einem Pessimisten die wohltätigsten Impulse zu nehmen versteht. Mit Richard Wagner und Frau Cosima Wagner war ich einige Jahre, die zu den wertvollsten meines Lebens gehören, in tiefem Vertrauen und innerstem Einvernehmen verbunden. Wenn ich jetzt zu den Gegnern der Wagnerschen Bewegung gehöre, so liegen, wie es sich von selbst versteht, dahinter keine mesquinen Motive. In den gesammelten Werken Wagners Band IX (wenn ich mich recht erinnere) steht ein Brief an mich, der von unserm Verhältnis Zeugnis ablegt.

Ich bilde mir ein, daß meine Bücher durch Reichtum psychologischer Erfahrungen, durch Unerschrockenheit vor dem Gefährlichsten, durch eine erhabene Freimütigkeit ersten Ranges sind. Ich scheue auch, hinsichtlich der Kunst der Darstellung und der artistischen Ansprüche, keine Vergleichung. Mit der deutschen Sprache verbindet mich eine lange Liebe, eine heimliche Vertrautheit, eine tiefe Ehrfurcht! Grund genug, um fast keine Bücher mehr zu lesen, die in dieser Sprache geschrieben werden.

Empfangen Sie, hochgeehrter Herr, die ergebensten Grüße Ihres

Professor *Dr.* Nietzsche.

158. An Malwida von Meysenbug

Sils, Ende Juli 1888.

Hochverehrte Freundin,
endlich! nicht wahr? – Aber ich verstumme unwillkürlich gegen jedermann, weil ich immer weniger Lust habe, jemand in die Schwierigkeiten meiner Existenz blicken zu lassen. Es ist wirklich sehr leer um mich geworden. Wörtlich gesagt, es gibt niemanden, der einen Begriff von meiner Lage hätte. Das Schlimmste an ihr ist ohne Zweifel, seit zehn Jahren nicht ein Wort mehr gehört zu haben, das mich noch erreichte – und dies zu begreifen, dies als notwendig zu begreifen! Ich habe der Menschheit ds tiefste Buch gegeben. [– –] Wie man das büßen muß! – Es stellt aus jedem menschlichen Verkehr heraus, es macht eine unerträgliche Spannung und Verletzbarkeit, man ist wie ein Tier, das beständig verwundet wird. Die Wunde ist, keine Antwort, keinen Laut Antwort zu hören und die Last, die man zu teilen, die man abzugeben wünschte (– wozu schriebe man sonst?), in einer entsetzlichen Weise allein auf seinen Schul-

tern zu haben. Man kann daran zugrunde gehn, »unsterblich« zu sein! – Zufällig habe ich noch das Mißgeschick, mit einer Verarmung und Verödung des deutschen Geistes gleichzeitig zu sein, die Erbarmen macht. Man behandelt mich im lieben Vaterlande wie einen, der ins Irrenhaus gehört: dies ist die Form des »Verständnisses« für mich! Außerdem steht mir auch der Bayreuther Kretinismus im Wege. Der alte Verführer Wagner nimmt mir, auch nach seinem Tode noch, den Rest von Menschen weg, auf die ich wirken könnte. – Aber in Dänemark – es ist absurd, zu sagen! – hat man mich diesen Winter gefeiert!! Der geistreiche *Dr.* Georg Brandes hat es gewagt, einen längeren Zyklus von Vorlesungen an der Kopenhagener Universität über mich zu halten! Und mit glänzendem Erfolge! Mehr als 300 Zuhörer regelmäßig! Und eine große Ovation am Schluß! – Eben stellt man mir etwas Ähnliches für Neuyork in Aussicht. Ich bin der unabhängigste Geist Europas und der einzige deutsche Schriftsteller – das ist etwas! –

Das erinnert mich an eine Frage Ihres letzten verehrten Briefes. Daß ich für Bücher, wie ich sie schreibe, kein Honorar erhalte, werden Sie voraussetzen. Aber was Sie vielleicht nicht voraussetzen, ich habe auch die ganzen Herstellungs- und Vertriebskosten zu bestreiten (in den letzten Jahren ca. 4000 *fr.*). In Anbetracht, daß ich bei Presse und Buchhandel verfemt und ausgeschlossen bin, verkauft sich nicht ein Hundert der gedruckten Exemplare. Ich bin fast ohne Vermögen, meine Pension in Basel ist bescheiden (3000 *fr.* jährlich), doch habe ich von letzterer immer etwas zurückgelegt: so daß ich bis jetzt keinen Pfennig Schulden habe. Mein Kunststück ist, das Leben immer mehr zu vereinfachen, die langen Reisen zu vermeiden, eingerechnet das Leben in Hotels. Es ging bisher; ich will es auch nicht anders haben. Nur gibt es für den Stolz diese und jene Schwierigkeit. –

Unter diesem mannigfachen Druck von innen und außen her hat leider meine Gesundheit sich nicht zum besten befunden. In den letzten Jahren ging es nicht mehr vorwärts. Die letzten Monate, wo die Ungunst des Wetters dazu kam, sahen sogar meinen schlechtesten Zeiten zum Verwechseln ähnlich. –

Um so besser ist es inzwischen meiner Schwester gegangen. Die Unternehmung scheint glänzend gelungen, der festliche, beinahe fürstliche Einzug in der Kolonie vor ungefähr vier Monaten hat einen großen Eindruck auf mich gemacht. Es sind ca. 120 Deutsche, nebst einem reichlichen Zubehör einheimischer Peons; es sind gute Familien darunter, z. B. die Mecklenburger Baron Maltzans. –

Ich wurde kürzlich sehr lebhaft an Sie, verehrteste Freundin, erinnert, dank einem Buche, in dem eine Vordergrundsfigur des ersten Bandes der »Memoiren einer Idealistin« in hellstes Licht trat. Insgleichen hat mir Frl. von Salis sehr dankbar über ihr Zusammensein mit Ihnen geschrieben.

Mit den herzlichsten Wünschen für Ihr Wohlbefinden und der Bitte um fortdauernde, wenn auch stille Anteilnahme

Ihr treu ergebener

Nietzsche.

Es bedarf Größe der Seele, um meine Schriften überhaupt auszuhalten. Ich habe das Glück, alles, was schwach und tugendhaft ist, gegen mich zu erbittern.

159. An Jakob Burckhardt

Sils-Maria, Herbst 1888.

Hochverehrter Herr Professor,

hiermit nehme ich mir die Freiheit, Ihnen eine kleine ästhetische Schrift vorzulegen, die, wie sehr auch immer mitten im Ernst meiner Aufgaben als Erholung gemeint, doch ihren Ernst für sich hat. Sie werden sich hierüber nicht einen Augenblick durch den leichten und ironischen Ton irreführen lassen. Vielleicht habe ich ein Recht, von diesem »Fall Wagner« einmal deutlich zu reden, – vielleicht selbst eine Pflicht. Die Bewegung ist jetzt in höchster Glorie. Drei Viertel aller Musiker ist ganz oder halb überzeugt, von St. Petersburg bis Paris, Bologna und Montevideo leben die Theater von dieser Kunst, jüngst hat noch der junge deutsche Kaiser die ganze Angelegenheit als nationale Sache ersten Ranges bezeichnet und sich an deren Spitze gestellt: Gründe genug, daß es erlaubt ist, auf den Kampfplatz zu treten. – Ich bekenne, daß die Schrift, bei dem durchaus europäisch-internationalen Charakter des Problems, nicht deutsch, sondern französisch hätte geschrieben werden müssen. Bis zu einem gewissen Grade ist sie französisch geschrieben: und jedenfalls möchte es leichter sein, sie ins Französische zu übersetzen als ins Deutsche...

– Es ist mir nicht verborgen geblieben, daß es vor nicht lange einen Tag gab, wo die Pietät einer ganzen Stadt sich mit tiefer Dankbarkeit ihres ersten Erziehers und Wohltäters erinnerte. Ich habe mir, in aller Bescheidenheit, erlaubt, mein eigenes Gefühl zu dem einer ganzen Stadt hinzuzulegen.

Mit dem Ausdruck großer Liebe und Verehrung

Ihr

Dr. Friedrich Nietzsche.

(Meine Adresse ist bis Mitte November *Torino poste restante*: ein einziges Wort von Ihnen würde mich glücklich machen.)

160. An die Schwester

Sils, d. 14. Sept. 1888.

Mein liebes Lama.

Sehr anders, als es mein Wunsch war, komme ich erst am Schluß meines Engadiner Sommers (–?–) dazu, Dir zu schreiben. Es ging dies Jahr in allen Stücken sehr außergewöhnlich zu: man konnte nichts versprechen, nichts beschließen. Dabei kam meine Gesundheit recht in die Brüche; und als es wieder besser ging, habe ich den großen Zeitverlust für meine Aufgabe durch eine um so angespanntere Arbeit auszugleichen gesucht. Nun ist wirklich etwas erreicht: und ich kann zu menschenfreundlicheren Arbeiten und selbst zu Briefen mir wieder Zeit nehmen. Wie lange schon lag es mir auf dem Herzen, Dir meine große Freude über das Definitivum der Übersiedelung und die festliche Art und Weise, in der sie vollzogen wurde, auszudrücken! Auch daß Deine Gesundheit der Menge neuer Pflichten und Sorgen so tapfer standhält, ist keine kleine Beruhigung. Wir haben es beide, auf eine etwas verschiedene Weise, schwer – wir haben es beide andrerseits auch wieder gut. Wir lassen uns nicht so leicht fallen – uns nicht und auch die Sachen nicht, die uns angehen. Das eigentliche Malheur in der Welt ist alles bloß Schwäche...

Von mir wäre zu erzählen, daß zu den bewiesenen Orten Nizza und Sils noch ein dritter als Zwischenakt hinzugekommen ist: Turin. Klimatisch und menschlich der mir sympathischste Ort, den ich bisher gefunden habe. Großstadt, aber ruhig, vornehm, aristokratisch, Universität, gute Bibliotheken, sehr viel Entgegenkommen für mich, ausgezeichnete Theaterverhältnisse – und sehr billige Preise. Kost und Luft, Wasser und Spaziergänge – alles vollkommen nach meinem Geschmack. Die größeren Buchhandlungen dreisprachig (französisch, deutsch, italienisch, so daß ich für neue wissenschaftliche Literatur dort bei weitem besser daran bin, als in Leipzig selbst). Der Ring von Hochgebirge, der auf drei Seiten Turin einschließt, hält dieselbe trockne und dünne Luft aufrecht, wie sie, aus gleichen Gründen, Sils und Nizza haben. Da ich mitten in der entscheidenden Arbeit meines Lebens bin, so ist mir eine vollkommne Regel für eine Anzahl Jahre die erste Bedingung. Winter Nizza, Frühling Turin, Sommer Sils, zwei Herbstmonate Turin – dies ist der Plan. Entsprechend ist auch meine Diät normal gemacht, d. h. absolut persönlich, und den eigensten Bedürfnissen gemäß eingerichtet. Dazu gehört natürlich die Emanzipation von jedem Essen in Gesellschaft. Der Erfolg des allmählich von mir ausprobierten *optimum* von Existenz zeigt sich in einer enormen Steigerung der Arbeitskraft. Die drei Abhandlungen vom vorigen Sommer, denen Ihr die Ehre Eurer Anteilnahme geschenkt habt, sind in weniger als 25 Tagen beschlossen, ausgeführt und druckfertig fortgeschickt worden. Dasselbe habe ich diesen Sommer, bei dem ersten Umschwung zum Bessern, noch einmal geleistet. In Turin ist, mit spielender Leichtigkeit, ein entscheidendes Stück Musikerpsychologie zustande gekommen, das Euch diesen Herbst zugehen wird. Auch von der »Umwertung aller Werte« gibt es, beinahe wenigstens, das erste Buch. – Diese Nachrichten sind nicht schlecht, nicht wahr, mein liebes Lama? – Der Haken liegt darin, daß ich meine Schriften selbst drucken muß – und daß die Zeit für immer vorbei ist, wo es zwischen mir und der Gegenwart irgend noch ein anderes Verhältnis gäbe als Krieg aufs Messer! – Mit diesem etwas indianerhaft geratenen Schluß grüßt und umarmt Dich, mein liebes Lama, Dein Bruder Fritz. – Das Herzlichste an Deinen Bernhard. –

161. An Paul Deussen

Sils-Maria, d. 14. Sept. 1888.
Adresse bis 15. November: *Torino (Italia), ferma in posta.*

Lieber Freund,

ich möchte Sils nicht verlassen, ohne Dir nochmals die Hand zu drücken, in Erinnerung an die größte Überraschung, die mir dieser an Überraschungen reiche Sommer gebracht hat. Auch darf ich jetzt wieder mutiger reden als damals, wo ich Dir zu antworten hatte: die Gesundheit ist seitdem wiedergekommen mit dem »besseren« Wetter (denn der Begriff »gut« ist für Meteorologen und Philosophen impraktikabel). Zwar hatten wir die allerletzte Woche noch den eigentlichen Exzeß des ganzen Jahrs – eine wahre Sündflut, die die ernstesten Überschwemmungsnotstände im Ober- und Unterengadin hervorrief. Es fiel in vier Tagen 220 Millim. Niederschlag, während das Normalquantum eines ganzen Monats hier 80 Millim. ist. – Du wirst noch in diesem Monate eine Zusendung erhalten: eine kleine ästhetische Streitschrift, in der ich, zum ersten Male und auf die unbedingteste Weise, das psychologische Problem Wagner ans Licht stelle. Es ist eine Kriegserklärung ohne Pardon an diese ganze Bewegung: zuletzt bin ich der einzige, der Umfang und Tiefe genug hat, um hier nicht unsicher zu sein. – Daß eine Schrift von mir, ein Pamphlet, wenn man will, gegen Wagner, eine gewisse Aufregung mit sich bringt, gibt mir schon der letzte Bericht meines Verlegers zu verstehn. Bloß auf die vorläufige Ankündigung im Buchhändler-Börsenblatt hin sind so viel Bestellungen eingelaufen, daß die Auflage von 1000 Ex. als erschöpft betrachtet werden kann (d. h. wenn die Exemplare, die verlangt sind, später nicht den Krebsgang gehn...). Lies die Schrift einmal auch vom Standpunkt des Geschmacks und Stils: so schreibt heute kein Mensch in Deutschland. Es würde ebenso leicht sein, die Schrift ins Französische zu übersetzen, als schwer, fast unmöglich, sie ins Deutsche zu übersetzen...

– Es ist bereits ein andres Manuskript bei meinem Verleger, das einen sehr strengen und feinen Ausdruck meiner ganzen philosophischen Heterodoxie gibt – unter vieler Anmut und Bosheit versteckt. Es heißt: »Müßiggang eines Psychologen«. – Zuletzt sind diese beiden Schriften nur wirkliche Erholungen inmitten einer unermeßlich schweren und entscheidenden Aufgabe, welche, wenn sie verstanden wird, die Geschichte der Menschheit in zwei Hälften spaltet. Der Sinn derselben heißt in drei Worten: Umwertung aller Werte. Es steht vieles hinterdrein nicht mehr frei, was bis jetzt frei stand: das Reich der Toleranz ist durch Wertentscheidungen ersten Rangs zu einer bloßen Feigheit und Charakterschwäche heruntergesetzt. Christ sein – um nur eine Konsequenz zu nennen – wird von da an unanständig. – Auch von dieser radikalsten Umwälzung, von der die Menschheit weiß, ist vieles bei mir schon in Fluß und Gang. Nur, nochmals gesagt, habe ich jede Art Erholung und Seitensprung nötig, um das Werk ohne jedwede Mühe, wie ein Spiel, wie eine »Freiheit des Willens« hinzustellen. Das erste Buch davon ist zur Hälfte vollendet. – Mein alter Freund, Du errätst, daß es etwas in diesem und in den nächsten Jahren zu drucken gibt – und daß wirklich jene seltsame Geldgroßmut in einem entscheidend guten Augenblick an meine Tür klopfte. Man muß zu allem Glück haben, selbst noch zum Gutestun... Ein paar Jahre früher – wer weiß, was ich Dir geantwortet hätte! – Mit dem herzlichsten Gruße

Dein Freund

Nietzsche.

– Ich sende auch ein Exemplar an Herrn Rechtsanwalt Volkmar. –

162. An Professor Overbeck

Turin, den 18. Okt. 1888.

Lieber Freund,

ich machte gestern, mit Deinem Brief in der Hand, meinen gewohnten Nachmittags-Spaziergang außerhalb Turins. Reinstes Oktoberlicht überall; der herrliche Baumweg, der mich ungefähr eine Stunde dicht am Po entlang führte, vom Herbst noch kaum berührt. Ich bin jetzt der dankbarste Mensch von der Welt – herbstlich gesinnt in jedem guten Sinne des Wortes: es ist meine große Erntezeit. Alles wird mir leicht, alles gerät mir, obwohl schwerlich schon jemand so große Dinge unter den Händen gehabt hat. Daß das erste Buch der Umwertung aller Werte fertig ist, druckfertig, das melde ich Dir mit einem Gefühle, für das ich kein Wort habe. Es werden vier Bücher; sie erscheinen einzeln. Diesmal führe ich, als alter Artillerist, mein großes Geschütz vor: ich fürchte, ich schieße die Geschichte der Menschheit in zwei Hälften auseinander. – Mit jener Schrift, über die ich im letzten Brief eine Andeutung machte, sind wir bald am Ende: es ist, um mir möglichst wenig Zeit von meiner jetzt ganz unschätzbaren Zeit zu nehmen, mit ausgezeichneter Präzision gedruckt worden. Dein Zitat aus »Menschl. Allzumenschl.« kam vollkommen zur rechten Zeit, um eingetragen zu werden. – Diese Schrift ist bereits eine hundertfache Kriegserklärung, mit einem fernen Donner im Gebirge; im Vordergrund viel »Lustiges«, von der Art meiner bedingten Lustigkeit*... Man kann sich zum Erstaunen leicht mit dieser Schrift über meinen Grad von Heterodoxie unterrichten, die in der Tat keinen Stein auf dem andern läßt. Gegen die Deutschen gehe ich darin in ganzer Front vor: Du wirst Dich nicht über »Zweideutigkeit« zu beklagen haben.

Diese unverantwortliche Rasse, die alle großen Malheurs der Kultur auf dem Gewissen hat und in allen entscheidenden Momenten der Geschichte etwas »andres« im Kopfe hatte (– die Reformation zur Zeit der Renaissance; Kantische Philosophie, als eben eine wissenschaftliche Denkweise in England und Frankreich mit Mühe erreicht war; »Freiheits-Kriege« beim Erscheinen Napoleons, des Einzigen, der bisher stark genug war, aus Europa eine politische und wirtschaftliche Einheit zu bilden –) hat heute »das Reich«, diese Rekrudeszenz der Kleinstaaterei und des Kultur-Atomismus, im Kopfe, in einem Augenblicke, wo die große Wertfrage zum erstenmal gestellt wird. Es gab nie einen wichtigeren Augenblick in der Geschichte: aber wer wüßte etwas davon? Das Mißverhältnis, das hier zutage tritt, ist vollkommen notwendig: im Augenblick, wo eine noch nie geahnte Höhe und Freiheit der geistigen Leidenschaft Besitz ergreift von dem höchsten Probleme der Menschheit und für deren Schicksal die Entscheidung heraufbeschwört, muß sich die allgemeine Kleinheit und Stumpfheit um so schärfer dagegen abheben. Gegen mich gibt es durchaus noch keine »Feindschaft«: man hat einfach

* [Am Rande:] Inmitten der ungeheuren Spannung dieser Zeit war ein Duell mit Wagner für mich eine vollkommene Erholung: auch tat es not, jetzt, wo ich in offenem Krieg auftrete, einmal öffentlich zu beweisen, daß ich »das Handgelenk frei habe«...

keine Ohren für irgend etwas von mir, folglich weder ein Für noch ein Wider...

Lieber Freund, lege, wenn ich bitten darf, auch noch die 500 *frs.*, von denen Du schreibst, bei der Handwerkerbank nieder. Ich muß jetzt mit aller Kraft Ökonomie machen, um den außerordentlichen Druckkosten der nächsten drei Jahre gewachsen zu sein. (Ich nehme also an, daß die am 1. Oktober fällig gewordenen 1000 *frs.* jetzt ganz daselbst deponiert sind.) Ende Dezember werde ich dann freilich die 500 *frs.* sehr dringend nötig haben. Mein Plan ist, bis zum 20. November hier auszuhalten (– ein etwas frostiges Vorhaben, da der Winter früh kommt!) Dann will ich nach Nizza und daselbst, mit vollkommenem Bruch aller bisherigen *usances,* mir die Existenz herstellen, die ich jetzt brauche. Ich habe bisweilen auch an Bastia auf Korsika gedacht: doch fürchte ich mich, mitten in der tiefen Selbstbesinnung, die mir not tut, vor dem Experiment und seinen Gefahren.

Herr Köselitz ist nach Berlin übergesiedelt; seine Briefe atmen die allerbeste Seelenverfassung, die man auf Erden wünschen kann. Auch geschieht etwas für ihn: darüber einmal später. Adresse: Berlin *SW.*, Lindenstraße 116, IV l.

Es grüßt Dich und Deine liebe Frau auf das dankbarste

Dein

Nietzsche.

163. An Peter Gast

Turin, Dienstag d. 30. Okt. 1888.

Lieber Freund,

ich sah mich eben im Spiegel an, – ich habe nie so ausgesehn. Exemplarisch gut gelaunt, wohlgenährt und zehn Jahre jünger als es erlaubt wäre. Zu alledem bin ich, seitdem ich Turin zur Heimat gewählt habe, sehr verändert in den Honneurs, die ich mir selber erweise, – erfreue mich z. B. eines ausgezeichneten Schneiders und lege Wert darauf, überall als distinguierter Fremder empfunden zu werden. Was mir auch zum Verwundern gelungen ist. Ich bekomme in meiner Trattoria unzweifelhaft die besten Bissen, die es gibt: man macht mich immer aufmerksam, was gerade besonders gelungen ist. Unter uns, ich habe bis heute nicht gewußt, was mit Appetit essen heißt; ebensowenig, was ich nötig habe, um bei Kräften zu sein. Meine Kritik der Winter in Nizza ist jetzt sehr herbe: unzureichende und gänzlich gerade mir unzuträgliche Diät. Dasselbe, vielleicht verstärkt, gilt, es hilft nichts, lieber Freund! von Ihrem Venedig. Ich esse hier, mit der allerheitersten Verfassung an Seele und Eingeweide, gut viermal soviel wie in der »Panada«. – Auch sonst ist Nizza die reine Torheit gewesen. Landschaftlich ist Turin mir in einer Weise mehr sympathisch als dies kalkige baumarme und stupide Stück Riviera, daß ich mich gar nicht genug ärgern kann, so spät davon loszukommen. Ich sage kein Wort von der verächtlichen und feilen Art Mensch daselbst, – die Fremden nicht ausgenommen. Hier kommt Tag für Tag mit gleicher unbändiger Vollkommenheit und Sonnenfülle herauf: der herrliche Baumwuchs in glühendem Gelb, Himmel und der große Fluß zart blau, die Luft von höchster Reinheit – ein Claude Lorrain, wie ich ihn nie geträumt hatte zu sehn. Früchte, Trauben in braunster Süße – und billiger als in Venedig! In allen Stücken finde ich es hier lebenswert. Der Kaffee in den ersten Cafés, ein kleines Kännchen, von merkwürdiger Güte, sogar erster Güte, wie ich sie noch nicht fand, 20 *cs.* – und man zahlt in Turin nicht Trinkgelder. Mein Zimmer, erste Lage im Zentrum, Sonne von früh bis nachmittag, Blick auf den Palazzo Carignano, die Piazza Carlo Alberto und darüber weg auf die grünen Berge – monatlich 25 *frs.* mit Bedienung, auch Stiefelputzen. In der Trattorie zahle ich für jede Mahlzeit 1 *fr.* 15 und lege, was entschieden als Ausnahme empfunden wird, noch 10 *cs.* bei. Dafür habe ich: ganz große Portion Minestra, sei es trocken, sei es in Bouillon: allergrößte Auswahl und Abwechslung, und die italienischen Mehlfabrikate alle von erster Güte (– ich lerne hier erst die großen Unterschiede); dann ein ausgezeichnetes Stück zartes Fleisch, vor allem Kalbsbraten, den ich nirgends so gegessen habe, mit einem Gemüse dazu, Spinat usw.; drei Brötchen, hier sehr schmackhaft (für den Liebhaber die *grissini,* die ganz dünnen Brotröhrchen, die Turinischer Geschmack sind). – Ein Ofen ist bestellt, aus Dresden: wissen Sie, Natron-Karbon-Heizung – ohne Rauch, folglich ohne Schornstein. Insgleichen lasse ich aus Nizza meine Bücher kommen. Es ist übrigens wundervoll mild, auch die Nächte. Mein Frostgefühl, von dem ich schrieb, hat nur interne Gründe. Es war übrigens sofort wieder in Ordnung.

Mit Ihrem Brief haben Sie mir eine große Freude gemacht. Im Grunde habe ichs nicht annähernd von irgend jemand erlebt, zu hören, wie stark meine Gedanken wirken. Die Neuheit, der Mut der Neuerung ist wirklich ersten Ranges: – was die Folgen betrifft, so sehe ich jetzt mitunter meine Hand mit einigem Mißtrauen an, weil es mir scheint, daß ich das Schicksal der Menschheit »in der Hand« habe. – Sind Sie zufrieden, daß ich den Schluß mit der Dionysos-Moral gemacht habe? Es fiel mir ein, daß diese Reihe

Begriffe um keinen Preis in diesem Vademekum meiner Philosophie fehlen dürfe. Mit den paar Sätzen über die Griechen darf ich alles herausfordern, was über sie gesagt ist. – Zum Schluß jene Hammerrede aus dem »Zarathustra« – vielleicht, nach diesem Buche hörbar... Ich selbst höre sie nicht ohne einen eiskalten Schauder durch den ganzen Leib.

Das Wetter ist so herrlich, daß es gar kein Kunststück ist, etwas gut zu machen. An meinem Geburtstag habe ich wieder etwas angefangen, das zu geraten scheint und bereits bedeutend avanciert ist. Es heißt »*Ecco homo*. Oder Wie man wird, was man ist«. Es handelt, mit einer großen Verwegenheit, von mir und meinen Schriften: ich habe nicht nur damit mich vorstellen wollen vor dem ganz unheimlich solitären Akt der Umwertung, – ich möchte gern einmal eine Probe machen, was ich bei den deutschen Begriffen von Preßfreiheit eigentlich riskieren kann. Mein Argwohn ist, daß man das erste Buch der Umwertung auf der Stelle konfisziert, – legal mit allerbestem Recht. Mit diesem »*Ecce homo*« möchte ich die Frage zu einem derartigen Ernste, auch Neugierde steigern, daß die landläufigen und im Grunde vernünftigen Begriffe über das Erlaubte hier einmal einen Ausnahmefall zuließen. Übrigens rede ich von mir selber mit aller möglichen psychologischen »Schläue« und Heiterkeit, – ich möchte durchaus nicht als Prophet, Untier und Moralscheusal vor die Menschen hintreten. Auch in diesem Sinne könnte dies Buch gut tun: es verhütet vielleicht, daß ich mit meinem Gegensatz verwechselt werde. –

Auf Ihre Kunstwart-Humanität bin ich sehr neugierig. Wissen Sie eigentlich, daß ich Herrn Avenarius im Sommer einen extrem groben Brief geschrieben habe, wegen der Art, mit der sein Blatt Heinrich Heine fallen ließ? – Grobe Briefe – bei mir das Zeichen von Heiterkeit...

Es grüßt Sie auf das herzlichste, mit lauter unaussprechbaren Neben-, Hinter- und Vorderwünschen (– »Eins ist notwendiger, als das andre«: also sprach Zarathustra).

N.

164. An Georg Brandes

Torino, via Carlo Alberto 6, III,
den 20. November 1888.

Verehrter Herr, Vergebung, daß ich auf der Stelle antworte. Es gibt jetzt in meinem Leben *curiosa* von Sinn im Zufall, die nicht ihresgleichen haben. Vorgestern erst; jetzt wieder. – Ach, wenn Sie wüßten, was ich eben geschrieben habe, als Ihr Brief mir seinen Besuch machte. –

Ich habe jetzt mit einem Zynismus, der welthistorisch werden wird, mich selbst erzählt. Das Buch heißt *»Ecce homo«* und ist ein Attentat ohne die geringste Rücksicht auf den Gekreuzigten; es endet in Donnern und Wetterschlägen gegen alles, was christlich oder christlich-infekt ist, bei denen einem Sehen und Hören vergeht. Ich bin zuletzt der erste Psychologe des Christentums und kann, als alter Artillerist, der ich bin, schweres Geschütz vorfahren, von dem kein Gegner des Christentums auch nur die Existenz vermutet hat. – Das ganze ist das Vorspiel der »Umwertung aller Werte«, des Werks, das fertig vor mir liegt: ich schwöre Ihnen zu, daß wir in zwei Jahren die ganze Erde in Konvulsionen haben werden. Ich bin ein Verhängnis. –

Erraten Sie, wer in *»Ecce homo«* am schlimmsten wegkommt? Die Herren Deutschen! Ich habe ihnen furchtbare Dinge gesagt... Die Deutschen haben es zum Beispiel auf dem Gewissen, die letzte große Zeit der Geschichte, die Renaissance, um ihren Sinn gebracht zu haben – in einem

Augenblick, wo die christlichen Werte, die *décadence*-Werte, unterlagen, wo sie in den Instinkten der höchsten Geistlichkeit selbst überwunden durch die Gegeninstinkte waren, die Lebensinstinkte. Die Kirche anzugreifen – das hieß ja das Christentum wiederherstellen. – (*Cesare Borgia* als Papst – das wäre der Sinn der Renaissance, ihr eigentliches Symbol.)

– Auch dürfen Sie darüber nicht böse sein, daß Sie selber an einer entscheidenden Stelle des Buchs auftreten – ich schrieb sie eben – in diesem Zusammenhange, daß ich das Verhalten meiner deutschen Freunde gegen mich stigmatisiere, das absolute In-Stich-gelassen-sein mit Ehre wie mit Philosophie. – Sie kommen, eingehüllt in eine artige Wolke von Glorie, auf einmal zum Vorschein...

Ihren Worten über Dostojewskij glaube ich unbedingt; ich schätze ihn andererseits als das wertvollste psychologische Material, das ich kenne – ich bin ihm auf eine merkwürdige Weise dankbar, wie sehr er auch immer meinen untersten Instinkten zuwider geht. Ungefähr mein Verhältnis zu Pascal, den ich beinahe liebe, weil er mich unendlich belehrt hat; der einzige logische Christ.

– Vorgestern las ich, entzückt und wie bei mir zu Hause »*Les mariés*« von Herrn August Strindberg. Meine aufrichtigste Bewunderung, der nichts Eintrag tut als das Gefühl, mich dabei ein wenig mitzubewundern. Turin bleibt meine Residenz.

Ihr Nietzsche, jetzt Untier.

Wohin darf ich Ihnen die »Götzen-Dämmerung« senden? Im Fall, daß Sie noch vierzehn Tage in Kopenhagen sind, ist keine Antwort nötig.

165. An die Mutter

Torino, via Carlo Alberto 6^{III},
den 21. Dezember 1888.

Meine alte Mutter,

es gibt, wenn mich nicht alles täuscht, in den nächsten Tagen Weihnachten: vielleicht kommt mein Brief noch zur rechten Zeit (vielleicht auch hat Herr Kürbitz einen Wink verstanden, den ich ihm vor einigen Tagen gegeben habe) mit der Bitte, Dir etwas auszudenken, was Dir Vergnügen macht und wobei Du gerne an Dein altes Geschöpf denkst und, im übrigen, um Nachsicht bittend, daß es nicht mehr ist. – Wir haben auch hier ein wenig Winter, doch nicht so, daß ich hätte heizen müssen. Die Sonne und der helle Himmel werden nach ein paar Tagen Nebel immer wieder Herr. Es gab ein großes Leichenbegängnis, einer unsrer Prinzen, der Vetter des Königs; sehr verdient um Italien, auch um die Marine, denn er war der Admiral der Flotte.

Ich bin in jedem Sinne froh, mit Nizza fertig zu sein, – man hat mir indessen drei Bücherkisten hierher gesandt. Auch die einzige wohltätige und liebenswürdige Gesellschaft, die ich dort hatte, die ausgezeichneten Köchlins, feine und an die besten Kreise gewöhnte Leute, fehlen zum ersten Male diesen Winter in Nizza. Es geht schlecht mit dem alten Köchlin, Madame Cécile hat mir ausführlich geschrieben: beständiges Fieber. Sie sind in Genua, in Nervi. – Dagegen habe ich aus Genf gute und heitere Nachrichten von Madame Fynn und ihrer russischen Freundin.

Das allerbeste aber bekomme ich von meinem Freunde Gast zu hören, dessen ganze Existenz sich erstaunlich verändert hat. Nicht nur, daß die ersten Künstler Berlins, Joachim, de Ahna, sich auf das tiefste für seine Werke interessieren, diese anspruchvollste und verwöhnteste Art Künstler, die Deutschland hat: Du würdest vor allem verwundert sein, daß er in den reichsten und vornehmsten Zirkeln Berlins nur verkehrt. Vielleicht erlebt seine Oper ihre erste Aufführung in Berlin; Graf Hochberg steht den Kreisen nahe, die er frequentiert. –

Im Grunde ist dein altes Geschöpf jetzt ein ungeheuer berühmtes Tier: nicht gerade in Deutschland, denn die Deutschen sind zu dumm und zu gemein für die Höhe meines Geistes und haben sich immer an mir blamiert, aber sonst überall. Ich habe lauter ausgesuchte Naturen zu meinen Verehrern, lauter hochgestellte und einflußreiche Menschen, in St. Petersburg, in Paris, in Stockholm, in Wien, in Neuyork. Ach, wenn Du wüßtest, mit welchen Worten mir die ersten Personnagen ihre Ergebenheit ausdrücken, die scharmantesten Frauen, eine *Madame la Princesse Tenicheff* durchaus nicht ausgeschlossen. Ich habe wirkliche Genies unter meinen Verehrern, – es gibt heute keinen Namen, der mit so viel Auszeichnung und Ehrfurcht behandelt wird, als der meinige. – Siehst Du, das ist das Kunststück: ohne Namen, ohne Rang, ohne Reichtum werde ich hier wie ein kleiner Prinz behandelt, von jedermann bis zu meiner Hökerin herab, die nicht eher Ruhe hat, als bis sie das Süßeste aus allen ihren Trauben zusammengesucht hat.

Zum Glück bin ich jetzt allem gewachsen, was meine Aufgabe von mir verlangt. Meine Gesundheit ist wirklich ausgezeichnet; die schwersten Aufgaben, zu denen noch nie ein Mensch stark genug war, fallen mir leicht.

Meine alte Mutter, empfange zum Schluß des Jahres meine herzlichsten Wünsche und wünsche mir selber ein Jahr, das den großen Dingen, die in ihm geschehn müssen, in jeder Hinsicht entspricht.

Dein altes Geschöpf.

S. 11: »Gestern war großer Kommersabend.« Nietzsche war in Bonn in die Burschenschaft Frankonia eingetreten.

14: »Werkchen«, ein Notenheft mit acht Liedern Nietzsches, vgl. Biogr.[1] I S. 205.

15: »Onkel Oskar, das Bisamfell, die Hochzeit und ich im Schlafrock« bezieht sich auf verschiedene Anlässe zu harmloser Heiterkeit, die sich während einer Schlittenfahrt zur Hochzeit von Nietzsches Onkel, Pastor Edmund Oehler in Gorenzen, ergeben hatten.

18: Der »Jahn-Ritschlstreit« betraf keine wissenschaftlichen, sondern nur Personal- und Verwaltungsfragen der Universität Bonn (vgl. Ribbecks Ritschl-Biographie S. 332-381).

»Danaearbeit« ist eine Abhandlung Nietzsches über das Danaelied des Simonides, die drei Jahre später unter dem Titel »Beiträge zur Kritik der griechischen Lyriker. I. Der Danae Klage« im Rhein. Mus. Bd. XXIII (1868) S. 480-489 veröffentlicht wurde, wieder abgedruckt in Nietzsches Werken Bd. XVII. *Philologica*, S. 55-67.

20: »Lama« war eine scherzhafte Bezeichnung Nietzsches für seine Schwester. Vgl. Biogr. I S. 82.

26: »Mein Theognis«, seine damaligen Studien über Theognis hat Nietzsche zusammengefaßt in der Abhandlung »Zur Geschichte der Theognideischen Spruchsammlung«; sie wurde veröffentlicht im Rhein. Mus. f. Philologie, N. F. Bd. XXII (1867) S. 161-200 und wieder abgedruckt in Nietzsches Werken Bd. XVII Abt. 3 Bd. I S. 1-53.

29: »δίχα ἄλλων« usw. vgl. Äschylus, Ag. 757: δίχα δ'ἄλλων μονόφρων εἰμί.

39: »Κάλλιστον τὸ δικαιότατον« usw. ist aus Theognis S. 255 f.

40: »Äschylusangelegenheit«, Nietzsche wollte es übernehmen, im Auftrag Prof. Dindorfs einen neuen *index* zu Äschylus anzufer-

1 Biogr. bedeutet »Das Leben Friedrich Nietzsches von Elisabeth Förster-Nietzsche, Leipzig, C. G. Naumann 1895-1904«.

tigen; der Plan kam indessen nicht zur Ausführung, vgl. Biogr. I S. 237f.

42: »Auch ich ... an einem Sterbebette«, Gersdorffs älterer Bruder Ernst war am 5. Jan. 1867 an den Folgen einer Verwundung während des Feldzuges gegen Österreich gestorben. Der Todesfall, auf den Nietzsche anspielt, ist der von seiner Tante Rosalie, der Schwester seines Vaters (vgl. Biogr. I S. 252f.).

43: »Der Götter Lieblinge sterben früh«, aus Menander (fr. 125 Rock): Ὃν οἱ θεοὶ φιλοῦσιν ἀποθνήσκει νέος. Vgl. Plautus, *Bacch. IV, 7, 18: Quem di diligunt adolescens moritur.*

44: »*De fontibus Diogenis Laertii*« ist die von der philosophischen Fakultät der Universität Leipzig am 31. Oktober 1867 gekrönte Preisarbeit Nietzsches, die im Rhein. Mus. Bd. XXII S. 632-653 und Bd. XXIV S. 181-228 veröffentlicht und wieder abgedruckt wurde in Nietzsches Werken Bd. XVII Abt. 3 Bd. I S. 69ff.

45: »Theodor Parkers Biographie« ist die Monographie von Albert Réville: *Theodor Parker, sa vie et ses œuvres.* Paris 1865. »τὶ γάρ ἐστιν ἄνθρωπος;« usw. bei Stobäus, Floril 98, 60.

49: »ein junger Mann« ist *Dr.* Rudolf Kleinpaul.

50: »Unsre Freimaurerei« ist die Verehrung für Schopenhauer.

51: »Die *index*-Abfassung.« Nietzsche hatte es übernommen, zu den ersten 24 Bänden des Rheinischen Museums ein Register anzufertigen; nach mehrfachen Unterbrechungen kam es 1871 zum definitiven Abschluß. Vgl. Biogr. I S. 274, 301; II S. 9.

52: »Das Benehmen der Berliner« bezieht sich darauf, daß die Akademie der Wissenschaften Ritschl trotz seiner Verdienste nicht als Mitglied aufnahm.

54: »An den Leipziger *symbolis*«, d. h. einer von Nietzsche und anderen Schülern Ritschls geplanten Schrift zu Ehren ihres Lehrers, auf die später noch mehrfach angespielt wird.

58: »γένοἰ οἷος ἐσσί«, »werde, der du bist«, aus Pindar Pyth. II 73. Motto der Preisarbeit über die Quellen des Diogenes Laertius, kehrt auch später noch des öfteren wieder, z. B. in der »Fröhlichen Wissenschaft« S. 205, 257, in »Also sprach Zarathustra« S. 346, ferner Bd. I S. 501, II S. 247, XI S. 62, XII S. 177 und im Titel von Ecce homo.

59: »πάντα λίαν καλά« 1. Mos. 1, 36.

61: »Über Demokrits Schriftstellerei« vgl. Biogr. I Anhang S. 338.

63: *»si male nunc, non olim sic erit«*, Horaz Od. II 7, 17f. *»Fulsere quondam candidi Tibi soles«* Catull VIII 3 (8).

»Das entliehene Buch«, Briefe über Musik an meine Freundin, von Louis Ehlert. 2. Aufl. Berlin 1868.

65: »Operation in nahe Aussicht«. Nietzsche hatte sich als Soldat infolge eines unglücklichen Sprunges auf sein Pferd eine innere Verletzung zugezogen, deren Heilung nur langsam fortschritt; er konsultierte am 25. Juni 1868 den berühmten Chirurgen Volkmann in Halle, der ihm riet, seine Verletzung in Bad Wittekind bei Halle auszuheilen. Schließlich mußte er sich auch noch einem operativen Eingriff unterziehen. Vgl. Biogr. I S. 268ff.

»Nicht nach der Melodie ›Ach lieber Franz‹...« ein Lied, das Ritschl in heiterer Laune in Erinnerung an seine Jugend gern sang.

66: »Blühende Eile«, eine Wendung aus dem Buche von Ehlert.

70: »Γλαυκίδιον« s. Register.

71: *»Symposiaca Anacreontea«*, die Anzeige von *Anacreontis Teii quae vocantur.* Συμποσιακὰ ἡμιάμβια ed. Val. Rose, Leipzig 1868, findet sich im Literarischen Zentralblatt 1868, Sp. 1224.

»Mein Namensvetter«, Richard Nitzsche, dessen Leipziger Dissertation *Quaestionum Eudocianarum capita IV*, Altenburg 1868, Nietzsche im Literarischen Zentralblatt 1868, Sp. 1300 anzeigte.

76: Der »Philosophenkongreß in Prag« fand vom 26. Sept. bis 4. Oktober 1868 in Prag statt. Vgl. »Philosophische Monatshefte« I, 314ff., II, 236ff., 322ff.

»ein Stück aus seiner Biographie«, Wagners noch nicht veröffentlichte Autobiographie, deren geheime Drucklegung Nietzsche Anfang der 70er Jahre in Basel überwachte.

77: »eben ein Beispiel erlebt hast«. Es handelte sich um einen Aufsatz Rohdes über Lukians Λούκιος ἢ ὄνος und sein Verhältnis zu Lucius von Pätra und die Metamorphose des Apulejus, den Nietzsche an Ritschl zur Aufnahme im Rhein. Mus. übermittelt hatte (vgl. Biogr. II S. 46ff.). Der damalige Mitherausgeber des

Rhein Mus., Dr. Klette in Bonn, lehnte den umfangreichen Aufsatz wegen Überhäufung mit Material ab; da bald nachher eine Dissertation von Knaut über den gleichen Gegenstand von der Leipziger philosophischen Fakultät sehr günstig beurteilt wurde, rief die Angelegenheit bei Nietzsche Entrüstung über die Nichtberücksichtigung seines Freundes und bei Rohde eine Verstimmung gegen Ritschl hervor.

»Auch dem Käuzchen nicht: *cf.* beifolgende Photographie«, das »Käuzchen« war die Schauspielerin Suschen Klemm aus Weimar, die von den Freunden diesen Namen erhielt nach einer von dem Photographen Eulenstein in Leipzig angefertigten Photographie.

78: »Auch in Paris«, Nietzsche plante eine gemeinsame Studienreise mit Rohde nach Paris (vgl. S. 63).

»Bileams Eselein«, bezieht sich auf den erwähnten Aufsatz Rhodes über Lukians Λούκιος ἢ ὄνος, vgl. zu S. 77.

80: »Kam eine Nachricht«, betrifft die Berufung Nietzsches als Universitätsprofessor nach Basel, die in der Tat für Ostern 1869 erfolgte.

81: »Basel« vgl. zu S. 80.

»Wie sollte es törischt sein, stets dafür zu sorgen...« aus Schopenhauers Nachlaß, hrsg. von Frauenstädt, Leipzig 1864, Aphorismen und Fragmente S. 447.

85: »Wiesike habe ich brieflich gedankt«; dafür, daß bei der im vorhergehenden Briefe erwähnten Erinnerungsfeier ein Hoch auf Nietzsche als Professor ausgebracht worden war.

86: »Mit einiger Verstimmung«, es waren außer Nietzsche noch andere zur Professur vorgeschlagen und von Baslern vertreten worden.

87: »Dies ist Richard Wagner«, das erste Zusammentreffen mit Wagners in Tribschen hatte am Pfingstmontag (17. Mai) stattgefunden. Vgl. Biogr. II S. 13 ff.

88: »Schicksal meines bisherigen Lebens«, die Berufung Nietzsches nach Basel war auf Grund eines Vorschlages von Ritschl, bei dem man angefragt hatte, erfolgt.

»Das freut dem Buche sehr, um mit dem ungrammatischen Körner zu reden«, Anspielung auf die Zeile »Das freut dem

Schwede sehr« aus Theodor Körner Lied »Du Schwert an meiner Linken«.

89: *»index«* vgl. zu S. 51.

90: *»in partibus infidelium«*, geht auf Gersdorffs Wirksamkeit für Schopenhauer unter solchen, die nicht sehr empfänglich dafür waren.

91: »vermitteln«, Anspielung auf die Ausdrucksweise Prof. Tischendorfs in Leipzig.

93: »Sarkophagen«, der Brief ist ein Versuch, Gersdorff von der Verkehrtheit der rein vegetarischen Ernährung zu überzeugen.

96: »Du kennst die Stelle«, vgl. Schopenhauer, Grundlage der Moral § 19 Nr. 7 gegen Ende.

97: »Zwei öffentliche Reden«, diese wurden tatsächlich gehalten, hatten aber etwas veränderte Titel: »Das griechische Musikdrama« (gehalten am 18. Jan. 1870) und »Sokrates und die Tragödie« (geh. am 1. Febr. 1870).

98: »Drum dulde«, nach Angabe Rohdes Verse von Julius Rodenberg, deren er und Nietzsche sich einmal gemeinsam gefreut hatten.

100: »Kollation des *certamen*«, Rohde hatte für Nietzsche die Kollation einer Handschrift in Florenz übernommen für dessen Abhandlung »Der Florentinische Traktat über Homer und Hesiod, ihr Geschlecht und ihren Wettkampf«, Rhein. Mus. Bd. XXV (1870) S. 528-540 und Band XXVIII (1873) S. 211-249, wieder abgedruckt in Werke Bd. XVII Abt. 3 Bd. 1 S. 215-276.

»ein öffentlicher Vortrag«, der Vortrag »Sokrates und die Tragödie«, vgl. zu S. 93.

104: »die römischen Briefe«, der Verfasser war wahrscheinlich Lord Acton, ein Freund und Schüler Döllingers.

105: »skandalöse Schrift«, Theodor Bergk: Beiträge zur lateinischen Grammatik. Erstes Heft. Halle 1870.

»Das Kobersteinkomitee« wurde von ehemaligen Schülern der Landesschule Pforta gebildet, die eine Stiftung zu Ehren Prof. Kobersteins zu gründen beabsichtigten.

107: »Das Schicksal deines guten Bruders« Gersdorffs jüngerer Bruder Theodor erkrankte an einem Gehirnleiden und starb schließlich im Dezember 1872 daran.

111: »nie endenwollenden Klagelaut«, dieser Eindruck kehrt, gesteigert und erhöht, als Notschrei der höheren Menschen in »Also sprach Zarathustra« wieder, vgl. Werke VI S. 350ff., 405, 475.

113: »freie Rede über ›Historische Größe‹«, Jakob Burckhardt pflegte jeden Winter sechs öffentliche Vorträge in Basel zu halten, deren einer der genannte war.

»über die dionysische Weltanschauung«, dieser Aufsatz ging ebenso wie die Gedanken der früheren Vorträge später in die »Geburt der Tragödie« über.

117: »und sollt ich nicht, sehnsüchtigster Gewalt...« aus Goethes Faust II Klass. Walpurgisnacht, Gespräch zwischen Faust und Chiron.

118: »Das Tribschener Idyll«, später Siegfried-Idyll genannt, wurde zum Geburtstag von Frau Wagner aufgeführt.

119: »den Bann lösen!« bezieht sich auf Nietzsches Plan, die Basler philosophische Professur zu übernehmen und Rohde dafür seine philologische abzutreten.

120: »Ursprung und Ziel der Tragödie«, anderer Titel der »Geburt der Tragödie aus dem Geiste der Musik«.

123: »Internationale Hydrakopf«, die Kommune.

»Pariser Brand« der Tuilerien 24. Mai 1871, der den größten Teil der Kunst- und Bücherschätze des Louvre vernichtete.

124: »Hier folgt eine Abhandlung«, der Separatabdruck von »Sokrates und die Tragödie«.

126: »Gersdorffs Besuch«, er war mit Nietzsche und seiner Schwester zusammen in Gimmelwald bei Mürren im Berner Oberland gewesen.

»Aufenthalt im Wald und auf der Heide«, in Altendammbach im Thüringer Wald, dem Pfarrdorf ihres Bruders Theobald.

127: »Dein armer Bruder«, vgl. zu S. 107.

128: »schwerlich in Mannheim«, die Mannheimer Wagnertage wurden aus dem Herbst 1871 in die Woche vor Weihnachten verschoben, das Konzert fand am 20. Dezember statt.

»Kennst du den jungen Fürsten Hatzfeld?« Er beabsichtigte mit Nietzsche eine große Weltreise zu machen. Der Plan kam aber nicht zur Ausführung.

130: »und im Ganzen, Vollen, Schönen resolut zu leben« (Goethe, »Generalbeichte«), seit einem Zusammentreffen Nietzsches mit Mazzini auf der Reise nach Lugano, wobei das Wort von Mazzini zitiert wurde, ein Lieblingsspruch Nietzsches.

»Lieber Freund, diesen Gruß zum Angebinde«, das Gedichtchen lautete:

»Lieber Freund, nimm diesen Gruß
als Angebinde:
daß dich nicht Ärgernus
nag und schinde!
Aber daß Frohgemüt
dich führe und leite,
Freunden zum Trost, Feinden jedoch
zum ewigen Neide!«

vgl. Fr. Nietzsche, Gedichte und Sprüche, Leipzig, Naumann 1901 S. XIII.

Der »künstlerische Freund« Gersdorffs ist der Bildhauer Leopold Rau aus Nürnberg, der die Titelvignette »Der entfesselte Prometheus« zu Nietzsches »Geburt der Tragödie« entworfen hatte.

132: »Über die Zukunft unserer Bildungsanstalten.« Diese Vorträge wurden in der Tat in den ersten Monaten des Jahres 1872 in Basel gehalten; sie sind veröffentlicht in Werke IX S. 295 ff.

»unser neuer Philosoph« ist Rudolf Eucken.

»Die Dämonenweihe« vgl. Biogr. II S. 63.

»meine Schrift«, die »Geburt der Tragödie aus dem Geiste der Musik«.

134: »Sylvesternacht« vgl. S. 131.

»Pythagorischen Aufsatz« ist Rohdes Abhandlung »Die Quellen des Jamblichus in seiner Biographie des Pythagoras«, Rhein. Mus. XXVI S. 554 ff., XXVII S. 23 ff. (= Rohde, Kleine Schriften II S. 102 ff.).

135: »Zarnckische Anzeige«, Rohde beabsichtigte, Nietzsches Buch in Zarnckes Literarischem Zentralblatt anzuzeigen. Eine Besprechung wurde aber abgelehnt.

137: »von Ihnen auch kein Wörtchen«, auf diese Aufforderung hin gab Ritschl in einem Brief vom 14. Februar 1872 sein Urteil über Nietzsches Buch ab, daß im wesentlichen von der Grundbestimmung getragen war: »Ich bin zu alt, um mich noch nach ganz neuen Lebens- und Geisteswegen umzuschauen.«

138: »Der Alexandriner Gersdorff«, dies scherzhafte Telegramm Wagners bezog sich nur darauf, daß Gersdorff in Berlin in der Alexandrinenstraße wohnte. – »ausgezeichnete Anzeige« vgl. zu S. 135.

139: »pädagogische Probleme«, die schon mehrfach erwähnten Vorträge »über die Zukunft unserer Bildungsanstalten«, die am 16. Januar, 6. und 27. Februar, 5. und 23. März 1872 öffentlich in der Aula des Museums in Basel gehalten wurden.

»erste Brief eines Philologen«, der des Prof. Herm. Hagen, abgedruckt in Biogr. II S. 71.

140: »Vorträge über die Nibelungenfestspiele«, dieser Plan kam nicht zur Ausführung.

143: Rohde »hat Schönes vor«, bezieht sich auf eine Anzeige der »Geburt der Tragödie« durch Rohde in der Sonntagsbeilage der Norddeutschen Allgem. Zeitung vom 26. Mai 1872 (vgl. Rohde, Kleine Schriften II S. 340 ff.).

»Dedikation eines Buches«, die geplante Übersetzung der *Dialoghi* und *Pensieri* von Giacomo Leopardi.

»deinen künstlerischen Freunden«, die Bildhauer Leopold Rau und Paul Otto.

144: »Das Sommerkolleg von Burckhardt« über griechische Kulturgeschichte.

145: »Siehst du« usw., der Brief bezieht sich auf die Broschüre von Ulrich von Wilamowitz-Möllendorf: Zukunftsphilologie! Eine Erwiderung auf Friedrich Nietzsches ord. Professors der klassischen Philologie zu Basel »Geburt der Tragödie«. Berlin 1872.

κελαινοῦ κυμοτος πιρὸν μένος aus *Aeschylus, Eumen.* 832 f.

ἐπὶ δὲ τῷ τεθυ,ένῳ... *Aeschylus,* Eumen. 329 f.

146: »Endlich, liebster Freund« usw. Der Brief ist die Antwort auf Rohdes Gegenschrift gegen die Broschüre von Wilamowitz, die betitelt war: »Afterphilologie. Zur Beleuchtung des von dem *Dr. phil.* Ulrich von Wilamowitz-Möllendorf herausgegebenen Pamphlets: ›Zukunftsphilologie!‹ Sendschreiben eines Philologen an Richard Wagner.«

Die Anspielung »an dieser herrlichen Weinbeere erstickt« bezieht sich auf eine Anekdote über den Tod des Sophokles.

153: »das Bild«, eine von Frl. von Meysenbug gewünschte Photographie Basels mit dem Blick auf das Münster und die Rheinbrücke.

»aus beifolgender Schrift«, Rohdes Broschüre, »Afterphilologie«, s. zu S. 146.

»weder zu raten noch zu nützen imstande bin«, von Senger hatte Nietzsche gebeten, für ihn einen Operntext nach Flauberts »Salambo« zu dichten, ebenso einen Kantatentext für altkatholische Reformzwecke. Der darauf bezügliche Brief von Sengers ist nicht mehr vorhanden.

155: Der »Todesfall« ist der von Gersdorff jüngerem Bruder Theodor (vgl. zu S. 107).

156: »Resolutsein im Goethe-Mazzinischen Sinne« und »jenen Spruch« vgl. zu S. 126.

160: »Vermählung«, Olga Herzen, die Tochter des Revolutionärs Alexander Herzen und Pflegetochter von Malwida von Meysenbug, vermählte sich mit Prof. Gabriel Monod in Paris.

»das Buch des Herrn Monod über Gregor von Tours«: *Études critiques sur les sources de l'histoire mérovingienne. 1872. = Bibliothèque de l'École pratique des hautes études fasc. 8.*

161: »Das Buch ... von Romundt« heißt »Die menschliche Erkenntnis und das Wesen der Dinge«. Basel 1872.

162: »Sie zu zerstreuen und ... abzulenken«, Frl. von Meysenbug fühlte sich nach der Verheiratung ihrer Pflegetochter Olga sehr vereinsamt.

163: »Haus an der Dammallee«, war Wagners Wohnung in Bayreuth bis zur Vollendung von »Wahnfried«.

»taumelnde Kavalier«, wörtlich hatte Wagner Gersdorff den »im Irrgarten der Liebe taumelnden Kavalier« genannt.

165: »so ist denn unsere gute Tante dahin«, Nietzsches Tante väterlicherseits Friederike (Riekchen) Dächsel.

166: *»de tranquillitate animi«*, Titel einer Schrift Senecas.

»Ihren Brief«, der Brief ist die Antwort auf eine Anfrage von *Dr.* Fuchs wegen seiner eventuellen Übersiedelung nach Basel.

167: Der »höchst belehrende Fall« ist der *Dr.* Romundts, für dessen Vorwärtskommen in der akademischen Laufbahn sich Basel als recht ungeeignet erwiesen hatte.

169: Das »neuerscheinende Buch« ist die 2. Unzeitgemäße Betrachtung »Vom Nutzen und Nachteil der Historie für das Leben«, die im Februar 1874 erschien.

170: »Korrekturbogen«, es handelt sich hier wie im Folgenden um die Unzeitgemäße Betrachtung »Vom Nutzen und Nachteil der Historie«.

»ausgelitzt« kommt mehrfach in Nietzsches Briefen vor; »litzen« ist ein alemannisches Wort = falten, auch schneiden, vgl. Grimms Wörterbuch *s. v.*

172: »vorwärts mit strengem Fechten«, Devise eines brandenburgischen Markgrafen aus der Reformationszeit.

174: *»concilium subalpinum sive Rhaeticum«* wurde eine für den Herbst 1874 geplante Zusammenkunft der Freunde in Flims genannt, die sich aber nicht verwirklichte.

»lehrreicher Brief Rohdes«, er enthielt eine Kritik der 2. Unzeitgemäßen.

176: »Ich dachte an Ihren Aufsatz« usw. Die Titel der hier angedeuteten Aufsätze von *Dr.* Fuchs lauten: »Symptome« (gegen Lotze und Gervinus), »Betrachtungen mit und gegen Arthur Schopenhauer« (Neue Berliner Musikzeitung 1867), »Gedanken aus und zu Grillparzers ästhetischen Studien«, »Schatzgräber-Versuche eines Musikers auf dem Felde der Musik«; die meisten davon waren im Musikalischen Wochenblatt 1872-1874 erschienen.

»für unsere Art ›Kulturkampf‹ ... ein öffentliches Theater gründen«, ist eine Andeutung von Nietzsches Plan, ein »Jahrbuch der Freunde« zu gründen, den er in einem späteren Brief an *Dr.* Fuchs (Ende Sommer 1878 S. 215) näher ausführt.

178: »An Oswald Marbach«, über seine Beziehungen zu Marbach schreibt Nietzsche am 9. Juli 1874 an Gersdorff: »Etwas ganz Rührendes habe ich von seiten des alten Oswald Marbach erlebt. Er hatte mir, obwohl wir uns nicht kennen, seine ausgezeichnete Übersetzung der Oresteia überschickt, als Dank für die ihm inzwischen bekannt gewordene »Geburt der Tragödie«, über die er sich aussprach. Ich antwortete ihm, wenngleich spät. Und nun hat er sich in einem neuen Briefe gegen mich ausgeschüttet, daß es ergreifend zu hören ist: wie er sich nur zweier Begegnungen in seinem Leben freuen könne; die eine sei die mit Wagner, die andre die – mit mir.«

179: »*Dr.* Keck, Herausgeber und Verstümmler des Agamemnon...« bezieht sich auf: Äschylus, Agamemnon. Griechisch und deutsch, mit Einleitung, einer Abhandlung zu Äschylus, Kritik und Kommentar von Karl Heinrich Keck. Leipzig, Teubner 1863.

183: »wieder etwas Neues überreicht«, die 3. Unzeitgemäße Betrachtung »Schopenhauer als Erzieher«.

187: »wie es mit Deiner Zeit jetzt stehen werde«, da Gersdorff zu den Orchesterproben (1. August) nach Bayreuth wollte, konnte er nicht gut vorher noch eine Reise nach Basel unternehmen.

188: Korb voll Arbeit für die nächsten sieben Jahre«, betrifft einen Plan von Vorlesungen für sieben Jahre, die zur Grundlage eines umfassenden Werkes über die Griechen dienen sollten.

190: »Zum ersten Male fühle ich mich gleichsam geborgener«, im Hinblick auf die von Mitte August an gemeinsam mit seiner Schwester eingerichtete Haushaltung.

191: »Grotes Plato«: George Grote, *Plato and the other Companions of Sokrates*. London 1865.

195: »Präliminarien zu einer Kritik der Tonkunst. Leipzig, E. W. Fritzsch 1870.«

»Bereit sein ist Alles«, aus Shakespeares Hamlet, Akt 5, Sz. 2.

196: »Abfertigung Lotzes« vgl. zu S. 176.

»Die weimarischen Briefe... Liszt«, *Dr.* Fuchs hatte Liszt in Weimar vorgespielt und war von ihm mit großer Auszeichnung behandelt worden.

197: »in was für einem Lichte Du diesmal den Morgen Deines Geburtstages erblickest!« bezieht sich auf ein unglückliches Liebeserlebnis Rohdes.

198: »Über Deinen philologischen Vortrag«, auf der Rostocker Philologenversammlung »Über griechische Novellendichtung und ihren Zusammenhang mit dem Orient«, wieder abgedruckt in Rohdes »Griechischem Roman« 2. Aufl. 1900.

199: »Wir Philologen« war erst als 4., später als 5. Unzeitgemäße Betrachtung geplant. Was davon fertig geworden ist, findet sich in Werke X S. 341-423.

200: »Deine Bücher«, Gersdorff hatte Nietzsche das dreibändige Werk von Otto Böhtlingk: »Indische Sprüche« geschenkt.

»so wandle ich einsam wie das Rhinozeros« vgl. »Morgenröte« Aph. 469.

»Des unsäglich leidenden Freundes Rohde« vgl. zu S. 195.

202: »Rütimeyers Programm«: »Über Pliocen und Eisperioden auf beiden Seiten der Alpen«, Universitätsprogr. Basel 1875. 56 S.

204: *»excelsior«*, am 14. April 1876 schreibt Nietzsche an Rohde: »Immer von neuem höre ich, daß hier und dort ein Kreis von Menschen sitzt, die auf mich hören und die erwarten, daß man noch höher steigt, freier wird, um selber dabei freier zu werden. Kennst Du Longfellows Gedicht ›Excelsior‹?« Vgl. damit Aph. 285 der »Fröhlichen Wissenschaft«.

»Printanière«, Hotel bei Chillon-Montreux.

»Buch unserer herrlichen Freundin Meysenbug«, ihre »Memoiren einer Idealistin«, die damals deutsch erschienen waren.

205: »Villa Diodati«, Wohnsitz der Gräfin Diodati, der Übersetzerin von Nietzsches »Geburt der Tragödie« ins Französische.

207: »Hymnus an die Einsamkeit«, die Aufzeichnungen darüber sind verlorengegangen.

»Der entfesselte Prometheus«, von Siegfried Lipiner, Leipzig, Breitkopf & Härtel 1876.

208: *»si male nunc, non olim sic erit«*, Horaz, Od. II 7, 17f. vgl. zu S. 59.

212: »öffentlich sein Ideal und sein Ziel bekannt zu haben«, bezieht sich auf das Anfang Mai erschienen Buch »Menschliches, Allzumenschliches«.

»*Via-mala*-Konsequenzen«, bezieht sich nach Nietzsches eigenen Worten (in einem späteren Brief an Seydlitz) auf seine damaligen Ansichten über Moral und Kunst, die das Härteste seien, was ihm der Wahrheitssinn bis jetzt abgerungen.

214: »Büste Voltaires«, »Menschliches, Allzumenschliches« war dem Andenken Voltaires zu dessen hundertjährigem Todestag (30. Mai 1878) gewidmet. Daraufhin wurde Nietzsche die erwähnte Büste anonym zugesandt.

»Wagner hat eine große Gelegenheit... unbenutzt gelassen« vgl. »Menschliches, Allzumenschliches« II Aph. 384.

215: »gequälten Zeiten Brenners«, er starb am 17. Mai 1878 an Schwindsucht.

»unstet und flüchtig«, 1. Mose 4, 12.

218: »Jahrbuch der Freunde« vgl. zu S. 176.

219: »Über Ihre Dichtungen«, der Brief ist die Anwort auf einige französische, an Nietzsche gerichteten Gedichte von Frau Baumgartner.

»Die letzten Bissen des Manuskriptes«, Frau Baumgartner fertigte eine Abschrift von Nietzsches »Vermischten Meinungen und Sprüchen« (jetzt in »Menschliches, Allzumenschliches« II) an.

»fangen Sie mit den letzten Seiten an«, Nietzsche pflegte seine Notizhefte von der letzten Seite nach vorne zu beschreiben.

222: »mein Manuskript«: »Der Wanderer und sein Schatten« jetzt in »Menschliches, Allzumenschliches« II.

»Dante... in den ersten Worten seines Gedichts«: *»Nel mezzo del cammin di nostra vita.«*

»in der Mitte des Lebens so vom Tod umgeben«, Anklang an das von Luther nach Notker Balbulus gedichtete Kirchenlied: »Mitten wir im Leben sind mit dem Tod umfangen.«

»Alle an mir geärgert«, Matth. 26, 38.

224: Tieck: »Liebe denkt in süßen Tönen, denn Gedanken stehn zu fern.«

»hinter dem Gedanken steht der Teufel«, Variation des spanischen Sprichworts *Detras de la cruz está el diablo.*

225: »Das Sorrentiner Manuskript«, Gast hatte die Vermutung ausgesprochen, dieses Manuskript müsse noch manches enthalten, das in »Der Wanderer und sein Schatten« aufgenommen werden könne, und hatte sich zum Entziffern desselben erboten; die betreffenden Stellen sind jetzt in Bd. XI der Gesamtausgabe enthalten.

226: »Entstehung eines Lexikons«, das des Suidas aus Hesychius, Milesius, Demetrius Magnes u. a.

228: »in meinem moralischen Bergwerke«, d. h. an dem Material zur »Morgenröte«.

229: »Wagners Arbeit an Palestrina«, zur Zeit der Entstehung des Parsifal beschäftigte sich Wagner auch mit altitalienischer Kirchenmusik; eine Frucht dieser Studien war die Bearbeitung des doppelchörigen *Stabat mater* von Palestrina, 1878 bei C. F. Kahnt erschienen.

232: »halten mich durchaus für einen Polen«, wegen seines Äußeren. Vgl. Biogr. I S. 10ff.

»Menschen des 18. Jahrhunderts«, ein Auszug aus den *Causeries du Lundi* von Sainte-Beuve, der von Frau Overbeck übersetzt und 1880 bei Schmeitzner in Chemnitz erschienen war.

239: »auch in dieser Angelegenheit ...« bezieht sich auf einen Brief Overbecks, in dem dieser seinen Eindruck von der »Morgenröte« geschildert hat.

240: »ich betrübe mich sehr« usw., Beileidsbrief beim Tode von Pastor Theobald Oehler, dem Bruder von Nietzsches Mutter.

»eines der mutigsten und erhabensten und besonnensten Bücher«, die »Morgenröte«.

244: »An meinem Horizonte sind Gedanken aufgestiegen, dergleichen ich noch nicht gesehen habe«, der Gedanke der Ewigen Wiederkunft und die Riesengestalt Zarathustras als des Verkünders der Lehre vom Übermenschen.

245: »Burckhardt schrieb so ein kleinlautes verzagtes Brieflein«, als Dank für die »Morgenröte«.

253: »eigentlich haben wir voneinander schon einen letzten Abschied genommen«, vgl. Brief an Malwida von Meysenbug vom 14. Januar 1880, S. 227f.

255: *»Mihi ipsi scripsi«* vgl. »Menschliches, Allzumenschliches« II Aph. 167.

257: »immer mehr werden, die wir sind«, vgl. zu S. 58.

»Sie ist das intelligenteste aller Weiber«, dies Urteil hat Nietzsche später nicht mehr festgehalten; er erkannte bald, daß er völlig mißverstanden wurde, und sah sich in allen Hoffnungen getäuscht. Vgl. auch S. 313.

»Übersendung Ihrer Bogen«, Heinrich von Stein hatte Nietzsche die Aushängebogen seiner neusten Schrift »Helden und Welt. Eingeführt durch Richard Wagner. Chemnitz 1883« zugesandt.

263: »Das Hochland von Mexiko« schwebte Nietzsche immer als das Land seiner Klimawünsche vor. Vgl. S. 245.

264: »Vedânta-Lehre«, »Das System des Vedanta nach den Brahma-Putras des Bâdarâyana« von Paul Deussen. Leipzig, Brockhaus 1883.

265: »ein Manifest von mir« ist »Also sprach Zarathustra« I, Chemnitz, Schmeitzner 1883.

»Beim Lesen Ihres letzten Briefes«, Gast hatte sich im höchsten Maße bewundernd über den ersten Teil von »Also sprach Zarathustra« geäußert, u. a. in seinem Brief gesagt: »Unter welche Rubrik Ihr neues Buch gehört? – Ich glaube fast unter die ›heiligen Schriften‹«.

266: »der du mit dem Flammenspeer« usw., Motto zu »Fröhliche Wissenschaft« Buch IV.

»incipit tragoedia«, vgl. »Fröhliche Wissenschaft« Aph. 342.

»Vorreden zu neuen Auflagen meiner früheren Schriften«, sie wurden erst 1886 geschrieben, als Nietzsches Schriften in den Verlag E. W. Fritzsch übergingen.

267: »der Apulische Hirtenreigen« ist eine von Gast beabsichtigte Komposition.

268: »Schluß der Fröhlichen Wissenschaft«, Aph. 342, er ist hier »Schluß« genannt, weil das 5. Buch erst 1886 hinzukam.

271: »Diese Gegend sei mir blutsverwandt«, vgl. »Menschliches, Allzumenschliches« S. 368.

»Ihren gütigen Brief«, ein sehr liebenswürdiger Dankbrief Kellers für die Zusendung der »Fröhlichen Wissenschaft«.

272: »was mir im vorigen Jahr und diesen Winter begegnet ist«, die Erlebnisse mit Rée und Fräulein Lou Salomé, vgl. Biogr. II S. 403 ff.

273: »Die 500 000 Gesangbücher«, der Druck des Zarathustra I hatte sich verzögert, weil die Firma Teubner bis Ostern eine halbe Million Gesangbücher fertigzustellen hatte.

»Sah daraufhin mir noch einmal Epikurs Büste an«, während der letzten Tage in Rom, im *Museo Capitolino*.

274: »Man hat mich ein Jahr lang zu einer Gattung von Gefühlen gehetzt«, betrifft die Affäre Lou Salomé-Rée. Vgl. Biogr. II S. 418 f.

275: »Da läßt sich schon das edle Griechenland... vergessen«, Gast hatte in seinem Brief folgende Stelle aus Epikur zitiert: »Es hat mir in der Fülle so vielen Glückes wenig geschadet, daß dies edle Griechenland mich kaum angehört, geschweige denn gewürdigt hat.«

281: »Das geliebte edle Wesen«, die Pflegetochter von Malwida von Meysenbug, Frau Olga Monod.

290: »Denkweise... welche ganz und gar nicht die meine ist«, *Dr.* Förster war stark ausgeprägter Antisemit.

292: »Euer Tier«, als Nietzsche im Herbst 1885 in Naumburg bei seinen Angehörigen weilte, kam für ihn die scherzhafte Bezeichnung »unser berühmtes Tier« auf.

293: »Rosental«, ausgedehnte Parkanlagen nahe Leipzig.

297: »Anlaß, Dir Glück zu wünschen«, zur Vermählung mit Frl. Volkmar.

298: »Nietzsches gefährliches Buch«, ein Artikel von J. V. Widmann im »Berner Bund«.

»Dein Werk«, »das System des Vedanta«, Leipzig 1883, vgl. zu S. 264.

299: »Reise nach Korsika«, am 17 August 1886 hatte Nietzsche an Frhrn. v. Seydlitz geschrieben: »Aus meinem letzten deutschen Aufenthalte habe ich ein *ressentiment* noch nicht überwunden. Die ›moralische Luft‹ daselbst blässt gegen mich, das ist kein Zweifel. Wahrscheinlich mache ich eine Wallfahrt nach Korte auf Korsika (woselbst Napoleon zwar nicht geboren, aber – was vielleicht sehr viel mehr ist, konzipiert worden ist).«

302: »Generalangriff auf den Kausalismus«, jetzt veröffentlicht im Nachlaß, Taschenausgabe IX S. 405-414.

»Schwester des Barbiers von Bagdad«, die Tochter des Prof. Cornelius.

309: »Goethes Löwennovelle«, vgl. Biogr. I S. 78.

310: »Ihren Aufsatz«, mit dem Titel *»Delenda Venetia«* in der »Süddeutschen Presse«, April 1887.

316: »gerade diesen Aphorismus«, vgl. »Menschliches, Allzumenschliches I S. 318, Aph. 430.

317: »Es gäbe so viele Gründe« usw., Begleitbrief bei Übersendung der »Morgenröte« und der »Fröhlichen Wissenschaft«.

»Die Worte über Jakob Burckhardt«, sie lauteten: *»Vous me faites un grand honneur dans votre lettre en me mettant à coté de M. Burckhardt de Bale que j'admire infiniment; je crois avoir été le premier en France à signaler dans la presse son grand ouvrage sur la Culture de la Renaissance en Italie.«*

»Charakteristik Napoleons in der Revue«, in *Revue des deux mondes* Bd. 79 (1887) S. 721-752 und Bd. 80 S. 5-48.

»Buch *M. Barbey d'Aurévilly's*«, *»XIXe siècle. Les œuvres et les hommes«* Bd. 8 (1887) S. 379-431.

»obwohl ich das Buch nicht mag«, es ist der Roman von Bourget *»André Cornélis«* Paris 1887.

319: »Um das Rhinozeros zu sehn, Beschloß nach Deutschland ich zu gehn«, nach dem Anfang der Gellertschen Fabel »Der arme Greis«: »Um das Rhinozeros zu sehn (Erzählte mir mein Freund), beschloß ich auszugehn.«

»mein letztes Buch«, »Jenseits von Gut und Böse«.

325: »Hymnus« ist Nietzsches Komposition »Hymnus an das Leben«, die Chorbegleitung für Orchester hatte Gast ausgearbeitet.

326: *»un monstre gai...«* der Vers ist nicht von Galiani, sondern von Voltaire selbst. Er wird von Nietzsche auch in der Umwertung zitiert, Taschenausgabe Bd. IX S. 31 und 71.

333: »meine Komposition«, der »Hymnus an das Leben«.

334: »Verse und Orchestrierung sind nicht von mir«, die Verse sind von Frl. Lou Salomé, jetzt Frau Prof. Andreas-Salomé, die Orchestrierung ist von Peter Gast.

336: *»Mrs. de Roberty, L'ancienne et la nouvelle philosophie; essai sur les lois générales du développement de la philosophie. Paris 1887.«*

»einst wird kommen der Tag«, Homer, Il. VI 448f. ἔσσεται ἦμαρ, ὅτ'ἄν ποτ' ὀλώλῃ Ἴλιος ἵρη, καὶ Πρίαμος καὶ λαὸς ἐυμμελίω Πριάμοιο.

340: »Ich fand bei Plutarch«, vgl. Werke VIII S. 139.

341: »Fritzsch schweigt« über den Auftrag, Nietzsches Werke an Georg Brandes zu schicken.

344: »Ihre Nachrichten«, die Mitteilung, daß Brandes in Kopenhagen vor etwa 300 Zuhörern Vorlesungen über den deutschen Philosophen Nietzsche hielt, vgl. S. 348, 351.

346: »meine Ableitung von *bonus*«, vgl. Werke VII S. 309.

347: »Ausschweifung ins Cadore«, *Pieve di Cadore*, die Heimat Tizians, S. 340.

353: »eine kleine ästhetische Schrift«, der »Fall Wagner«.

355: »die drei Abhandlungen vom vorigen Sommer«, die »Genealogie der Moral«.

»Dasselbe habe ich diesen Sommer... noch einmal geleistet«, bezieht sich auf die »Götzendammerung«.

356: »die größte Überraschung«, Prof. Deussen hatte eine Geldspende von 2000 Mk. eines ungenannten Verehrers, die als Beitrag zu den verschiedenen Druckkosten Nietzsches gemeint war, an diesen übermittelt.

357: »Müßiggang eines Psychologen«, dies der ursprüngliche Titel der »Götzendämmerung«.

»Das erste Buch« (der Umwertung), der »Antichrist«.

361: »Panada«, ein Restaurant in Venedig, in dem Nietzsche und Gast eine Zeitlang zu Mittag aßen.

362: »Schluß mit der Dionysos-Moral«, bezieht sich auf Nr. 4 und 5 des Abschnittes »Was ich den Alten verdanke« in der »Götzendämmerung«, Werke VIII S. 170ff.

363: »An meinem Geburtstag«, am 15. Oktober.

»Ihre Kunstwart-Humanität«, bezieht sich auf eine Besprechung des »Fall Wagner« von Gast im Kunstwart, November 1888.

364: »Eins ist notwendiger als das andre«, »Also sprach Zarathustra« S. 413.

R. O.

Der »Narr des Schicksals« Nietzsche in seinen Briefen

Nachdem die kritische Edition der Briefe Friedriech Nietzsches durch den allzu früh verstorbenen Mazzino Montinari abgeschlossen wurde, liegt nunmehr die erste vollständige und unverfälschte Sammlung der Nietzscheschen Briefe vor, mehr als 2800 sind es, und mehr als die Hälfte von ihnen war bislang unbekannt oder durch Eingriffe verfälscht. Trotz einiger Längen und Wiederholungen, nicht zuletzt weil auch Briefentwürfe aufgenommen wurden, liest sich dieses Corpus der Briefe so spannend wie ein Roman. Es ist der Roman einer unverwechselbaren, einer beispiellosen Existenz, und wer hier von ›exemplarisch‹ sprechen wollte, hat sich im Gegenstand getäuscht. Das Wort klingt anmaßend angesichts dessen, was sich hier abspielt; beispielhaft ist allein der Mut, die Entschlossenheit dieses Daseins zu nennen, die von seinem Denken kaum abzulösen sind.

Das fängt aber langsam und recht unauffällig an; der junge Fritz ist stets recht brav gewesen, und er liefert aus der alten Fürstenschule von Schulpforta ineressante Details über die dort herrschende Strenge – ab 6 Uhr morgens ist schon Unterricht, auch im Winter! –, an der er offenkundig nicht gelitten hat. Er macht, da er doch ein begabter Zögling ist, fleißig dazu, frühreife, etwas altkluge Bemerkungen, die in Stil und Denken durchaus noch ›geliehen‹ sind, es sind die Äußerungen eines ungewöhnlich guten Schülers, an ihnen ist nichts Bemerkenswertes. Das setzt sich fort bis in die Studienjahre; der junge Nietzsche ist ganz comme il faut, rechtdenkend, protestantisch, patriotisch, brav, fleißig und begabt, so daß er mit einer erfolgreichen Karriere wohl rechnen kann. Vielleicht wird er noch einmal Gymnasialprofessor in Schulpforta. Das wäre immerhin etwas, Mutter und Schwester, alle Verwandten würden stolz sein können.

Immerhin melden sich bei dem zwanzigjährigen Studenten gelegentlich schon einmal Bedenken am Studium, gerade an dem der Klassischen Philologie. Doch auch das ist normal, und frühe Erfolge drängen sie wieder zurück; die philologischen Arbeiten des Studenten werden sogar gedruckt, und er ist doch noch längst nicht promoviert. Das ist schon etwas ungewöhnlich. Anderes ist es auch: nicht der Hang zum mondänen Leben, der aufgrund von Schule und Elternhaus durchaus etwas Kompensatorisches haben mag, aber seine leidenschaftliche Bewunderung für Arthur Schopenhauer und dann für den umstrittenen Musiker der Epoche: Richard Wagner, dem er vorgestellt wird.

Durch Friedrich Ritschl, der vielleicht der bedeutendste Philologe seiner Zeit in Deutschland war, erfuhr Nietzsche die größtmögliche Förderung, gewiß war er ein Musterschüler; er schließt auch Freundschaften, die über Jahrzehnte hinweg dauern: mit Erwin Rohde, Paul Deussen und Carl v. Gersdorff. Da erreicht ihn, während er an seine Dissertation denkt, die Berufung auf einen Lehrstuhl nach Basel. Der 24jährige ahnt immerhin, daß Intelligenz und philologisches Geschick allein nicht ausreichen werden, das Amt kann auch eine Fessel sein, aber die Ehre ist groß – und in der Nähe von Luzern lebt der verehrte Wagner mit Cosima v. Bülow, das verheißt doch immerhin von Zeit zu Zeit Erholung von den dienstlichen Pflichten.

Es fällt auf, daß schon in der Schulzeit wiederholt von heftig auftretenden Kopfschmerzen die Rede ist, der Leser spürt weiter Versuche, vorsichtig Abstand zu finden von der recht kleinbürgerlichen Familie, was nichts mit dem Hochmut des ›Studierten‹ zu tun hat, sonst ist bis auf die sehr frühe Berufung, der Begabung entsprechend in diesen ersten zwei Jahrzehnten alles nur normal zu nennen. Ein ausgezeichneter Schüler, ein hervorragender Student, ein dienstwilliger Freiwilliger, ein Philologe, der aufbauen kann auf dem disziplinierenden Unterricht seiner Schule – nichts deutet auf anderes hin als auf eine wissenschaftlich-pädagogische Laufbahn.

Nun erreicht ihn der Ruf nach Basel, er möchte, so jung noch, Promotion und Habilitation noch rasch und wie nebenbei erledigen. Schopenhauer wie Wagner sind ihm bedeutend geworden, auch für sein Denken, wodurch sich allerdings auch der Blick auf das Fach, das er ›vertreten‹ soll, ein wenig geändert hat. Indem er die Mühen der Professur (ohne doch den notwendigen Fundus schon zu besitzen), der Verantwortung seiner Aufgabe bewußt, auf sich zu nehmen gewillt ist, beginnt ihm die Philologie, die akademische Institution überhaupt, bereits fragwürdig zu werden. Er fürchtet sich vor einem Dasein ›gegen die Natur‹.

Während Nietzsche unter der Last der Arbeit stöhnt (zum Universitätsunterricht kommen noch Stunden am sog. Pädagogium), werden die ersten rebellischen Töne laut, er will schließlich mehr sein »als ein Zuchtmeister tüchtiger Philologen«; Zweifel wird wach, aus Zweifel wird Auflehnung: »Man ist nicht ungestraft in Amt und Würden – es handelt sich nur darum, ob die Fesseln von Eisen oder von Zwirn sind. Und ich habe noch den Muth, gelegentlich einmal eine Fessel zu zerreissen und anderwärts und auf andre Weise das bedenkliche Leben zu versuchen.«

Schon die Antrittsvorlesung ist nicht ganz so, wie es sich gehört, und bald ist er sicher, daß er in der Lehr- und Forschertätigkeit den Inhalt seines Lebens kaum wird finden können. Das Beispiel der außer-, ja antiakademischen Existenz Schopenhauers wird wirksam.

Die Wagner gewidmete Schrift über »Die Geburt der Tragödie aus dem Geiste der Musik« läßt Nietzsche schon im vollen Bewußtsein der Tatsache erscheinen, daß er damit der Philologenzunft den Fehdehandschuh hinwirft, ja, daß er ›ausbricht‹. Dennoch wundert er sich über die mangelnde Resonanz, er ärgert sich, daß ein Aufsatz von Rohde dazu nicht in einer Fachzeitschrift publiziert werden soll. Die Weichen sind schon gestellt: »Man erträgt ja das Leben: was bedeutet dagegen ein Amt, eine Pflicht! Wird's zu toll, nun dann nützt das alte Hausmittel: ›man setzt sich auf den Zuschauerplatz und sieht die allerschönste Komödie‹.«

Mit dieser Frühschrift ist der Bann gebrochen; zwar noch mit Betroffenheit, innerlich aber ganz entschieden, nimmt Nietzsche nun wahr, daß die Kollegen von ihm abrücken, auch sein Lehrer Ritschl, dem er nicht wehtun möchte. Aber, mag dieser gedacht haben, Nietzsche ist noch so jung, er wird von seinem Irrweg schon wieder zurückfinden. Nietzsche fand nicht mehr zurück, im Gegenteil: er ist es leid, immer etwas repräsentieren zu müssen, wofür er nicht voll einstehen kann. »Wissenschaft, Kunst und Philosophie wachsen jetzt so sehr in mir zusammen, daß ich jedenfalls einmal Centauren gebären werde.«

Um so stärker wird also die Berufung auf Schopenhauer und die zuweilen fast das Devote streifende Bindung an Wagner. Schmerzlich ist nichtsdestoweniger, weil er sich doch für das Amt verantwortlich fühlt, daß fürs erste keine Philologen mehr zum Studium nach Basel kommen. Andererseits verstärkt sich dadurch wieder der Abstand zu seinem Fach. Auch unter den Kollegen in Basel fühlt er sich nicht wohl, eigentlich fesselt ihn nur Jacob Burckhardt, später kommt Franz Overbeck dazu, der treueste der Freunde. Auch Erwin Rohdes Einsatz für die verlästerte Tragödienschrift rührt ihn, der Vereinsamte spürt, was Freundschaft bedeutet. Immer häufiger taucht der Gedanke auf, dem akademischen Beruf völlig zu entsagen. Nietzsche ist überarbeitet und eingeengt, die daraus (?) resultierende

Krankheit verstärkt den Wunschtraum von einem philosophisch-musischen Kloster.

Wie zum Trotz beginnt er die »Unzeitgemäßen Betrachtungen« zu entwerfen, er wird polemisch, und im Reich ist er nach Veröffentlichung der Streitschrift gegen D. F. Strauß nicht mehr allein der Pseudophilologe, sondern auch als antideutsch gesinnter Schriftsteller verdächtig, hat er doch nicht allein eine Kultfigur der Deutschen, sondern die Kulturgewißheit der Deutschen überhaupt angegriffen. Als der Angegriffene einige Zeit später stirbt, hofft er sehr, ihm die letzte Lebenszeit nicht erschwert zu haben, vielleicht habe er auch gar nichts von ihm erfahren – »es greift mich etwas an«, gesteht er. Aber er weiß schließlich, worum es eingentlich geht, und wundert sich, daß seine Schriften als unverständlich gelten sollen: »Ich dachte, wenn man von der Noth redet, dass solche die in der Noth sind, einen verstehen werden. Das ist auch gewiss wahr: aber wo sind die, welche ›in der Noth‹ sind?«

Nun spitzt sich Nietzsches Situation dramatisch zu: die Migräneanfälle werden in dem Maße heftiger, in dem ihm die ihm widernatürliche Existenzweise bewußter wird, in die er sich verstrickt hat; er weiß, daß er anderes zu tun hat; Bayreuth wird dann auch zur Enttäuschung, das Verhältnis zu Wagner kühlt sich ab – trotz der Schrift über den einst Verehrten, die zu verfassen ihm schon reichlich schwer wurde. Mit der Unerträglichkeit seiner physischen Zustände aber verschafft sich Nietzsche den erwünschten, wiewohl teuer erkauften Grund, der Pflichten seiner akademischen Laufbahn enthoben zu werden. Er hat längst nicht mehr philologisch gearbeitet. Während weitere »Unzeitgemäße Betrachtungen« im Stadium der Planung, Antiquarisches im Entwurf stecken bleiben, während er sich seiner Isolation bewußt wird, ist doch auch erkennbar, daß der Ton seiner Briefe immer selbstgewisser wird, dies aber nicht im Sinn stolzer Überhebung, wie zuweilen in den Jugendbriefen, vielmehr spricht aus solchen Bekenntnissen das Bewußtsein, daß er so etwas wie eine Aufgabe zu erfüllen habe, bei der die Professur nur als Hindernis wirken kann. Offen und in völliger Klarheit über sich gesteht er, wie paradox dies auch erscheinen mag: »Diese allzufrühzeitige Baseler Professur entpuppt sich nachgerade als das Hauptunglück meines Lebens.«

Bald ist es keine Aufgabe mehr, sondern schon ein Schicksal, das er vor sich sieht (ohne daß nun schon von einem Sendungsbewußtsein gesprochen werden kann): »Ein ruhiger, aber ganz entschiedener Gang von Stufe zu Stufe – das ist es, was mir verbürgt noch ziemlich weit zu kommen. Es kommt mir so vor als ob ich ein geborner Bergsteiger sei.« Das Bild vom Steigen in Eisregionen kehrt dann in seinen Schriften wieder. Von nun an jedenfalls beschleunigt sich sein Dasein: »Menschliches, Allzumenschliches« erscheint, gefolgt von einem 2. Band und von »Der Wanderer und sein Schatten«. Die Spannung steigert sich, Nietzsche vollzieht nun den Ausbruch, zu dem die Krankheit ihn zwingt, wie man das oberflächlich sehen könnte. Man muß hinzufügen, daß die bürgerliche Welt, die er in Basel in ihrer vielleicht oft etwas engen, im Grunde aber weltoffenen und liberalen Erscheinungsform als Rückhalt hatte, sich dem Frührentner gegenüber mehr als nur rücksichtsvoll erweist; sie zeigt sich von ihrer großzügigen Seite: Nietzsche muß zwar etwas sparsam sein, aber ins Elend wird er nicht entlassen.

Den Kampf gegen eine lebensferne Wissenschaft vom klassischen Altertum, der auch das Klassische fremd blieb, hatte er schon vorher aufgenommen, die Entfremdung in den akademischen Institutionen und den allgemeinen Bildungsverfall hatte er längst beschrieben und angeprangert, nun aber geht es um mehr als die Symptome.

Als sein verehrter Lehrer stirbt, ist er eine Verpflichtung losgeworden, im Reich ist er etwas anrüchig, in Bayreuth ist man sogar böse auf ihn, die Differenz zu Schopenhauer wird ihm immer deutlicher; Bindungen, Fesseln, Hemmungen lockern sich wie von selbst; Nietzsche fühlt sich freier, als das erste Aphorismenbuch erschienen ist, in dem so viel über Wagner steht (auch dort, wo er nicht genannt ist). Er ist jetzt nur noch ein wenig bekannter philosophischer und kritischer Schriftsteller, ziemlich krank, erfolglos überdies, zuweilen verbittert, dann wieder rauschhaft arbeitend und ohne Blick für das Publikum, das ihn eigentlich lesen sollte.

Nietzsche drängt fort von allem, was ihn bislang (fremd) bestimmte. Aber dieses Wollen ist kein rational gefaßter Entschluß, wie etwa einer seine Firma wechselt, es ist, das spürt man in den Briefen, ein Impuls in ihm, mehr: ein Muß – und manches wäre wohl leichter festzustellen, wenn ihn die Krankheit, als solche muß man die Gesundung für sein eigenes Existieren wohl doch bezeichnen, fortan freigeben würde. Das aber ist nicht der Fall.

Tragische Akzente werden wahrnehmbar: »Es ist schrecklich und gefährlich zu leben – ich beneide jeden, der auf eine rechtschaffne Weise todt wird.« Und was er einmal an Wagner schreibt, mag für ihn selbst nicht minder gelten: »Wo alles zu einem Ziele hin drängt und stürmt, da weicht der Zufall aus, er fürchtet sich, scheint es. Alles wird nothwendig und ehern, bei der größten Bewegtheit.« Bürgerliche Bindungen hat er grundsätzlich abgesagt: »Geheirathet wird *nicht*, zuletzt hasse ich die Beschränkung und die Einflechtung in die ganze ›civilisirte‹ Ordnung der Dinge so sehr, dass schwerlich irgend ein Weib freisinnig genug ist, um mir zu folgen.« An Malwida v. Meysenbug schreibt er 1878 auf einer Postkarte: »Die *Krisis* des Lebens ist da: hätte ich nicht das Gefühl der übergroßen Fruchtbarkeit meiner neuen Philosophie, so könnte mir wohl schauerlich einsam zu Muthe werden.« Er weiß nun, daß er sich Freiheit erstritten hat, jene Unabhängigkeit, die Jacob Burckhardt an seinem Aphorismen-Buch geschätzt und gerühmt hat.

Dazu gehören aber auch die Untertöne: Migräne, Kopfschmerz, Übelkeit, Reizbarkeit, Augenschwäche; er läßt sich von der Mutter für seine Diät Zwieback und Tee schikken, Schinken und Wurst, noch hält er durch, tut sich Zwang an, das aber verschlimmert seine Lage nur. Als fugitivus errans, wie er sich nunmehr nennt, geht er nach seiner Entlassung nach St. Moritz, denkt sogar daran, zwischendurch zu Hause in Naumburg ein Gärtchen zu bestellen, aber daraus wird natürlich auch nichts. Einen Arzt läßt er wissen, wie es um ihn bestellt ist: »Meine Existenz ist eine *fürchterliche Last*: ich hätte sie längst von mir abgeworfen, wenn ich nicht die lehrreichsten Proben und Experimente auf geistig-sittlichem Gebiete gerade in diesem Zustande des Leidens und der fast absoluten Entsagung machte – diese erkenntnißdurstige Freudigkeit bringt mich auf Höhen, wo ich über alle Marter und alle Hoffnungslosigkeit siege.«

Vielleicht hängt es damit zusammen, daß er endlich beschließt, sein eigener Arzt zu sein – was ihm dann auch nicht bekommt; zuweilen sieht er sogar seine Gedanken als Arzenei an (»diese meine Gedanken mit ihren kleinen kleinen Streifen *unbewölkten Himmels* über sich«), aber er spricht auch anders über seine Gedanken: »Eine *sehr* langsame und lange Bahn wird das Loos meiner Gedanken sein – ja ich glaube, um mich etwas blasphemisch auszudrücken, an mein Leben erst *nach* dem Tode und an meinen Tod *während* des Lebens. Und so ist es billig und natürlich! –« Das ›amor fati‹ ist also schon da, bevor es in seinen Büchern auftaucht.

Das nomadische Leben hat jetzt begonnen. Nietzsche hat

seine Bücher nicht zur Hand, kommt schließlich auch wenig zum Lesen, da er die Phasen relativer Gesundheit lieber zum Schreiben benutzt, läßt sich aber die Bücher – es sind über 100 Kilo – dann doch wieder nachschicken, in denen er oft nur blättert, bis er einen Gedanken gefunden, den er verwerfern oder gutheißen, von dem aus er weiterdenken kann.

Auf der Suche nach einem erträglichen Klima, das ihm nicht zu helles Licht und wenig Kopfschmerzen bei vorsichtig ausgewogener Ernährung verheißt, wechselt er ständig die Aufenthaltsorte, vom Meer ins Gebirge, vom Hochplateau zur Küste, von Genua ins Engadin, von da nach Nizza – und schließlich nach Turin. Er benötigt Wäsche und Dinge für den bescheidensten Haushalt in einer Pension, Einsamkeit wird oftmals zum Bedürfnis, Menschen strengen ihn an.

Heinrich Köselitz, alias Peter Gast, den er fürchterlich überschätzt, tritt ihm hilfreich und ergeben zur Seite. Der leidende Nietzsche ist nicht nur dankbar, er ist auch voller Rücksicht und Verständnis für andere Menschen. Kurzen Phasen einer halben Gesundheit preßt er seine Notizen ab, die er meist auf langen Spaziergängen in ein Büchlein kritzelt. Gelegentlich findet er zu einem ergreifenden Pathos, wenn er von seinem Denken, seinen Büchern spricht. Die Wunde Wagner schmerzt noch lange nach.

Aber da ist noch eine andere schmerzliche Erfahrung: das ›Wunder‹ Lou v. Salomé wird ihm zugeführt, Nietzsche lebt auf, hält sich schon für genesen, verstanden und gerechtfertigt; er entwirft neue Lebenspläne, aus denen nichts wird. Gleichzeitig beginnt auch das Zerwürfnis mit seiner Schwester, die eifersüchtig wird und noch später eine unheilvolle Rolle spielen sollte. Schlimmer noch: Lou wird zur bitteren Enttäuschung. In einem Briefentwurf findet sich der nicht nur ironische Satz: »Damals war ich geneigt,

Sie für eine Vision, und die Erscheinung meines Ideals auf Erden zu halten. Bemerkten Sie schon? Ich *sehe sehr schlecht.*«

Nicht minder aufschlußreich ist das Geständnis: »(...) ich glaube sogar, daß der Tod Wagners die wesentlichste Erleichterung war, die mir jetzt geschafft werden konnte. Es war hart, sechs Jahre lang Gegner dessen sein zu müssen, den man am meisten verehrt hat, und ich bin nicht grob genug dazu gebaut.«

Nach dem Bruch mit Lou erscheint dann der von Nietzsche selbst peinlich hochgepriesene »Zarathustra«: »Was stand ihm im Wege?« fragt er Peter Gast und erwidert sich: »Eine halbe Million christlicher Gesangbücher, die Teubner bis Ostern fertig machen mußte. Unter welche Rubrik gehört eigentlich dieser ›Zarathustra‹? Ich glaube beinahe, unter die ›Symphonien‹. Gewiß ist, daß ich damit in eine andere Welt hinübergetreten bin – der ›Freigeist‹ ist erfüllt. Oder?«

Seinem Verleger aber schreibt er voraussehend: »Mag man mich zu den ›Anarchisten‹ rechnen, wenn man mir übel will: aber gewiß ist, daß ich europäische Anarchien und Erdbeben in ungeheurem Umfange *voraussehe* – Alle Bewegungen führen dahin – Ihre antijüdischen eingerechnet.« Aber seit dem »Zarathustra« zeigen sich auch die ersten Anflüge einer maßlosen Selbsteinschätzung, und aus Enttäuschung wohl entwickelt er das Ideal der Stärke, das auch einiges mit notwendigem Selbstschutz zu tun haben könnte. Doch er weiß auch, wer er ist, weiß es vielleicht zu gut; der sonst so Taktvolle geniert sich nicht, bombastisch von sich zu reden: der »Zarathustra« sei der dritte Schritt nach Luther und Goethe gewesen, erklärt er, ein notwendiger dazu. Schließlich meint er gar, Unheil ahnend: »Wer weiß wie viele Generationen erst vorüber gehen müssen, um einige Menschen hervorzubringen, die es in seiner ganzen Tiefe nachfühlen, *was* ich getan habe! Und dann selbst noch macht mir der Gedanke Schrecken, was für Unberechtigte und gänzlich Ungeeignete sich einmal auf meine Autorität berufen werden.« Dem folgt der fatale Nachsatz: »Aber das ist die Qual jedes großen Lehrers der Menschheit (...)« Er nimmt dann auch Ironie nicht mehr wahr und amüsiert sich wohl zu Unrecht, daß Jacob Burckhardt, auf den »Zarathustra« angesprochen, verlegen wirkt und ihn schließlich fragt, ob er es nicht »auch einmal mit dem Drama versuchen wolle«! Schließlich behauptet er gar, Wesen wie Wagner oder Schopenhauer ebenso zu verachten wie zu bedauern und daß er den Stifter des Christentums als oberflächlich empfinde im Vergleich zu sich.

Nietzsche versteigt sich schließlich, 1885 schon!, zur Verleugnung seiner eigenen Vergangenheit – wohl, weil sie noch auf ihm lastet. »Es ist der Humor meiner Lage, daß ich verwechselt werde«, schreibt er, »– mit dem ehemaligen Basler Professor Herrn Dr. Friedrich Nietzsche. Zum Teufel auch! Was geht mich dieser Herr an! –«

Einsamkeit, Verbitterung, Krankheit mögen die Ursache dafür sein, daß sich der sonst so Liebenswürdige schroff, ja ungerecht zeigt, so auch gegenüber Rohde, der eine unglückliche Bemerkung mit Zurückweisung bezahlen muß: er habe, sagt Nietzsche, dem Verleger den Auftrag erteilt, ihm sein neuestes Werk zuzusenden:« nicht eigentlich, damit Du es lesen sollst (denn sein Problem liegt glücklicherweise außerhalb Deiner Sorgen und Verantwortlichkeiten), sondern nur um es Dir nicht nicht zu senden. Ich weiß, alter Freund, Du verstehst die Nuance dieser doppelten Negation.« Die Enttäuschung über den Freund muß groß gewesen sein, wenig früher hatte es schon mit dem Blick auf Rohde geheißen: »In dieser Universitäts-Luft entarten die Besten.« Zuweilen macht die Verbitterung auch hellsichtig. Ehrenvolle Zuschriften, rühmende Erwähnungen jedoch, das ist die Kehrseite, teilt er nur allzugern der Mutter oder den Freunden mit, und es fehlt zuweilen dabei nur das ›seht her!‹

Kurzfristig zurückgewonnene Gesundheit beflügelt ihn; er probiert Städte aus wie andere Leute Anzüge; nach Nizza und Sils-Maria zieht es ihn immer wieder; Naumburg ist eher fürchterlich; die Enttäuschungen nehmen zu, Rohde ist nur ein Beispiel. Zum Ärger über die Schwester und den antisemitischen Schwager kommen Schwierigkeiten mit dem Verleger. Er überschätzt schnell und verwirft dann wieder mit Nachdruck. Deutsche Bücher liest er möglichst nicht, dagegen schätzt er Bourget, Taine, Stendhal und Dostojewski. Immer mehr zieht er sich in seine »Einsamkeit und Burg« zurück, zu der er sich ›verurteilt‹ weiß.

Auffallend ist das Schwanken zwischen Stolz und Niedergeschlagenheit, Euphorie und Verzweiflung; Jahre vor dem Zusammenbruch sind die Anzeichen für eine keineswegs normale Seelenlage schon vorhanden – aber was heißt in einem solchen Falle schon ›normal‹? Den »Zustand chronischer Verwundbarkeit« erkennt Nietzsche selbst. Aus ihm heraustretend, zeigt er sich stark. Nicht nur der »Zarathustra« ist erhaben: »Ich bilde mir ein, dass meine Bücher durch Reichthum psychologischer Erfahrungen, durch Unerschrockenheit vor dem Gefährlichsten, durch eine erhabene Freimüthigkeit ersten Ranges sind. Ich scheue auch, hinsichtlich der Kunst der Darstellung und der artistischen Ansprüche, keine Vergleichung.« Bescheiden wird man das nicht nennen; unerträglich aber wird es, wenn er an Hans v. Bülow schreibt, der einen Brief unbeantwortet gelassen hatte: »Sie sollen ein für alle Mal vor mir Ruhe haben, das verspreche ich Ihnen. Ich denke, Sie haben einen Begriff davon, daß der erste Geist des Zeitalters Ihnen einen Wunsch ausgedrückt hatte.« Nun, das versteht man, wenn man sich klar macht, daß er die skizzierte »Umwerthung aller Werthe« als »das größte philosophische Ereigniß aller Zeiten« bezeichnet.

Die Selbstkontrolle hat ausgesetzt. Aber wann ist der Faden gerissen? Wir wissen es nicht, wir sehen nur die Euphorien, die ihm die schwerste Arbeit plötzlich als leicht erscheinen lassen, begreifen auch seine Verzweiflung – und stehen dann verstört vor den seltsamen Formen seiner Selbsterhöhung. Er behauptet seine Bedeutung, er will eine gehaßte Herausforderung sein, und dann sehen wir ihn Hemden und Krawatte begehren, Nachthemden, Servietten und – Schinken, denn er braucht in zehn Tagen ein ganzes Kilo.

Eine unheimliche Luft ist um ihn, oft zeigt er keinen Takt und Stil mehr, der Bezug zur Realität, in einigen Briefen an die Mutter noch behauptet, droht verlorenzugehen, die Maßstäbe sind eh schon zerbrochen, nun scheint auch seine Identität gefährdet: »Jedermann ist erstaunt über die Heiterkeit und den Stolz, mit dem ich hier in Turin lebe: ich werde behandelt wie ein Prinz, – ich bin es vielleicht auch.« Und am selben Tage heißt es in einem anderen Brief: »Die nächsten Jahre steht die Welt auf dem Kopf: nachdem der alte Gott abgedankt ist, werde ich von nun an die Welt regieren.« Wo nur eine Andeutung zu ihm dringt, redet er sich Echo und Erfolge ein, Klarheit scheint wieder zu walten, wenn allzu anmaßende Worte aus dem Entwurf im abgeschickten Brief nicht mehr zu finden sind. Bald aber wird er im Quirinal wohnen, so läßt er verlauten, und die knappen Botschaften aus den Januartagen von 1889 machen es offenkundig; an Jacob Burckhardt geht ein Brief, in dem es zu Ende heißt: »Ich gehe überall hin in meinem Studentenrock, schlage hier und da Jemandem auf die Schulter und sage: siamo contenti? son dio, ho fatto questa caricatura ...

Ich habe Kaiphas in Ketten legen lassen, auch bin ich

voriges Jahr von den deutschen Ärzten auf eine sehr langwierige Weise gekreuzigt worden. Wilhelm Bismarck und alle Antisemiten abgeschafft.

Sie können von diesem Brief jeden Gebrauch machen, der mich in der Achtung der Basler nicht heruntersetzt. – «

Nur mit Erschütterung liest man diese über hundert Jahre alten Briefe, die nunmehr unverstellt, obgleich zuweilen lückenhaft, sich nach Ansicht des Herausgebers gegen jede Mythologisierung sperren. Wir verfolgen den Bildungsgang, die Freundschaften, die Erfolge, die Anstrengungen der Arbeit, die Lektüre, die Fluchten und Reisen, wir nehmen seine Alltagsbedürfnisse wahr, seine Vorlieben, seine Irrtümer und Idiosynkrasien, seine Verstiegenheit und seine Zerstörung, die ihn letzte Briefe als Dionysos oder als der Gekreuzigte signieren läßt. Im Verfasser der Wahnsinnsbriefe erkennen wir noch den Denker, in dem die europäische Vernunft zum Wahnsinn geriet, indes er eine, seine Zivilisation ihrem Untergang zutreiben sah – und der darüber zum Schicksal wurde, zum Schicksal, das wir wohl noch immer nicht verstanden haben.

Ralph-Rainer Wuthenow

Register

Die Zahlen bezeichnen die Seiten

Zu dieser Ausgabe

insel taschenbuch 1546
Friedrich Nietzsche
Briefe

Dieses Buch, das der Insel Verlag nach nunmehr gut 70 Jahren unverändert vorlegt, sollte ursprünglich nicht in dieser Auswahl und Textgestaltung erscheinen, denn die kritische Edition von Giorgio Colli und Mazzino Montinari enthält inzwischen die ganze Fülle der neu aufgetauchten und erschlossenen Briefe Nietzsches sowie die von Elisabeth Förster-Nietzsche verstümmelten und verfälschten Briefzeugnisse des Bruders in, soweit möglich, gereinigter, ergänzter, unter Umständen auch bei rückgängig gemachten Tilgungen unverfälschter Gestalt. Der Walter de Gruyter Verlag, der die Rechte an der kritischen Ausgabe besitzt, hat sich bedauerlicherweise nicht bereit erklären können, die Lizenz für eine längst wünschbare Auswahlausgabe zu gewähren, so daß dieses Buch, textlich gewissermaßen nicht korrekt, dennoch als ein Zeugnis der Nietzscheschen Korrespondenz erscheint, so wie sie von zwei bis drei Generationen von Lesern zur Kenntnis genommen worden ist.